携帯版

The Nuts and Bolts
of Workplace English

即戦力がつく

ビジネス英会話

基本から応用まで

音声ダウンロード　日向清人
Kiyoto Hinata

Business

本書は、2014年にDHCより刊行した『即戦力がつくビジネス英会話 基本から応用まで 改訂増補版』を携帯版サイズに縮小したものです。

携帯版の刊行によせて

　2007 年に刊行された『即戦力がつくビジネス英会話　基本から応用まで』は、おかげさまで 30 回もの増刷を経て、2014 年には改訂増補版も刊行されました。その後、増刷を重ね売上部数は 10 万部を超えました。数あるビジネス英会話本の中からよくぞこの本を選んでくださったと感謝の気持ちでいっぱいになります。

　見聞きしてきた現場の実務の英語を、手加減せず、そのままお伝えしている本であるため、学習者向けに加工してあるものと比べ、とっつきにくい感じがあったとは思いますが、レビューのコンセンサスは「辛かったけれど、実際に使えて報われた」というもののようで、わが意を得た思いがします。改めてお礼申し上げます。

　本書は、もともとは NHK ラジオ「ビジネス英会話」テキストの 2004 年 4 月号から 9 月号として書いたものですが、書籍化に当たって、読者思いの当時の編集者の指示で語釈等ずいぶんと書き足し、内容の充実をはかりました。

　今回の携帯版は、本書を持ち運びたい方のご要望に応えるものです。隙間時間も活用して学習したいと願う読者の方々のお役に立てば幸いです。音声も従来の付属 CD からダウンロード形式に替えておりますので、スマートフォンなどで外出先でもお聴きいただけます。

　携帯版の刊行によって、本書がより多くの方々の英語力を高める一助となれば幸いです。

2020 年 7 月
日向清人

目次

基礎編

CHAPTER 1

ビジネスコミュニケーション入門 Introduction to Business Communication　　内容紹介 p12

スモールトークをこなす（1）Making Small Talk (1)

LESSON 1	DIALOG	同僚を紹介する	p14 🎧 002
	FOCUS	人を紹介する	p16 🎧 003
LESSON 2	DIALOG	自己紹介をする	p18 🎧 005
	FOCUS	出だしをカットして，きびきびした会話体に	p20 🎧 006

スモールトークをこなす（2）Making Small Talk (2)

LESSON 3	DIALOG	空港に出迎えに行く	p26 🎧 008
	FOCUS	疑問詞のある疑問文を使いこなす	p28 🎧 009
LESSON 4	DIALOG	帰国する人と立ち話をする	p30 🎧 011
	FOCUS	会話の節目を伝える合図のいろいろ	p32 🎧 012

食事に誘う、会食する Talking over a Meal

LESSON 5	DIALOG	同僚と食事をする	p38 🎧 014
	FOCUS	自動詞と他動詞	p40 🎧 015
LESSON 6	DIALOG	顧客と食事をする	p42 🎧 017
	FOCUS	will と be going to	p44 🎧 018

出退勤時のあいさつ Exchanging Greetings at Work

LESSON 7	DIALOG	出勤時のあいさつ	p50 🎧 020
	FOCUS	一味違う受動態	p52 🎧 021
LESSON 8	DIALOG	退勤時のあいさつ	p54 🎧 023
	FOCUS	センテンスの一部を強調する	p56 🎧 024

CHAPTER 2

社外とのコミュニケーション Managing External Communication　　内容紹介 p64

アポイントの段取り Making an Appointment

LESSON 9	DIALOG	アポイントを取る	p66 🎧 026
	FOCUS	アポイントを取るためのスキル	p68 🎧 027
LESSON 10	DIALOG	約束した相手を訪ねる	p70 🎧 029
	FOCUS	I'm here to ~. を使いこなす	p72 🎧 030

電話での対応 Business Telephoning

LESSON 11	DIALOG	電話をかける	p78 🎧 032
	FOCUS	電話をかけるときのポイント	p80 🎧 033
LESSON 12	DIALOG	電話を受ける	p82 🎧 035
	FOCUS	電話を受けるためのスキル	p84 🎧 036

クレームとその処理 Making / Responding to Complaints

LESSON 13	**DIALOG**	苦情を言う	p90 ∩ 038
FOCUS		クレームを言う	p92 ∩ 039
LESSON 14	**DIALOG**	苦情に対処する	p94 ∩ 041
FOCUS		クレームへの対応	p96 ∩ 042

面接への対応 Preparing / Answering Interview Questions

LESSON 15	**DIALOG**	面接の質問を用意する	p102 ∩ 044
FOCUS		面接での会社側質問パターン	p104 ∩ 045
LESSON 16	**DIALOG**	面接の質問に答える	p106 ∩ 047
FOCUS		面接でよく聞かれる質問と答え	p108 ∩ 048

CHAPTER 3

社内でのコミュニケーション Managing Internal Communication
内容紹介 p116

依頼と指示 Requests and Instructions

LESSON 17	**DIALOG**	仕事を依頼する	p118 ∩ 050
FOCUS		依頼するときの言い回し	p120 ∩ 051
LESSON 18	**DIALOG**	仕事の指示をする	p122 ∩ 053
FOCUS		部下に指示するときの言い回し	p124 ∩ 054

説明と見直し Explanations and Reviews

LESSON 19	**DIALOG**	支払いの段取りを説明する	p130 ∩ 056
FOCUS		段取りの説明	p132 ∩ 057
LESSON 20	**DIALOG**	業務の体制を見直す	p134 ∩ 059
FOCUS		段取りを見直す	p136 ∩ 060

イニシアティブの発揮 Proactive Initiatives

LESSON 21	**DIALOG**	他の人々の力を活用する	p142 ∩ 062
FOCUS		相談と助言の言い回し	p144 ∩ 063
LESSON 22	**DIALOG**	仕事を割り振る	p146 ∩ 065
FOCUS		分担を決める	p148 ∩ 066

組織内での情報伝達 Communicating within the Organization

LESSON 23	**DIALOG**	業務上の連絡をする	p154 ∩ 068
FOCUS		社内での情報伝達をこなす	p156 ∩ 069
LESSON 24	**DIALOG**	社内手続きに従って報告する	p158 ∩ 071
FOCUS		組織内での正式の報告	p160 ∩ 072

リスク管理 Risk Management

LESSON 25	**DIALOG**	リスク管理に取り組む	p166 ∩ 074
FOCUS		企業でのリスク管理	p168 ∩ 075
LESSON 26	**DIALOG**	非常事態に対処する	p170 ∩ 077
FOCUS		非常事態への対処	p172 ∩ 078

3

目次

実 践 編

CHAPTER 4

会議で使う言い回し The Language of Meetings　　内容紹介 p180

会議の開始　Starting the Meeting

LESSON 27	**DIALOG** 会議を始める	p182 ∩ 080
FOCUS	会議を始めるときの流れ	p184 ∩ 081
LESSON 28	**DIALOG** 意見を求める、コメントする	p186 ∩ 083
FOCUS	発言を促し、意見の交換をする	p188 ∩ 084

討議に入る　Entering a Discussion

LESSON 29	**DIALOG** 討議を始める	p194 ∩ 086
FOCUS	強弱のアクセントをつけて発言する	p196 ∩ 087
LESSON 30	**DIALOG** 会議で質問する	p198 ∩ 089
FOCUS	目的に応じた質問	p200 ∩ 090

賛成と反対　Agreeing and Disagreeing

LESSON 31	**DIALOG** 会議で賛成する	p206 ∩ 092
FOCUS	賛成意見を強める・弱める	p208 ∩ 093
LESSON 32	**DIALOG** 会議で反対する	p210 ∩ 095
FOCUS	反対意見を強める・弱める	p212 ∩ 096

会議の終了　Ending the Meeting

LESSON 33	**DIALOG** 会議をまとめる	p218 ∩ 098
FOCUS	会議を締めくくる	p220 ∩ 099
LESSON 34	**DIALOG** 決議をする	p222 ∩ 101
FOCUS	決議の手順	p224 ∩ 102

CHAPTER 5

交渉で使う言い回し The Language of Negotiations　　内容紹介 p232

段取りの決定と条件提示　Preparing the Ground and Bringing up the Topic

LESSON 35	**DIALOG** 交渉の段取りを決める	p234 ∩ 104
FOCUS	交渉を始める	p236 ∩ 105
LESSON 36	**DIALOG** 個別の論点に入る	p238 ∩ 107
FOCUS	オファーの提示、オファーへの対応	p240 ∩ 108

互いの主張を明確にする　Clarifying Positions

LESSON 37	**DIALOG** 相手の主張を理解する	p246 ∩ 110
FOCUS	相手の主張を確認しながら話を進める	p248 ∩ 111
LESSON 38	**DIALOG** 効果的に主張する	p250 ∩ 113
FOCUS	メリハリをつけて主張する	p252 ∩ 114

合意への障害を取り除く Removing Obstacles to Agreement

LESSON 39 **DIALOG** 問題点を明らかにする　　　　　　　　　p258 ∩ 116
FOCUS 合意への道筋を探る　　　　　　　　　　　　p260 ∩ 117
LESSON 40 **DIALOG** 踏み込んだ質問で合意を目指す　　　　　p262 ∩ 119
FOCUS 合意に向けた詰めの確認　　　　　　　　　　p264 ∩ 120

妥結点を見出す Bargaining for a Deal and Bringing Negotiations to a Close

LESSON 41 **DIALOG** 駆け引きをする　　　　　　　　　　　　p270 ∩ 122
FOCUS 落とし所を探る　　　　　　　　　　　　　　p272 ∩ 123
LESSON 42 **DIALOG** 交渉を終える　　　　　　　　　　　　　p274 ∩ 125
FOCUS 交渉を締めくくる　　　　　　　　　　　　　p276 ∩ 126

CHAPTER **6**

プレゼンテーションで使う言い回し The Language of Presentations 　　　内容紹介 p284

プレゼンテーション入門 Introduction to Presentations

LESSON 43 **DIALOG** プレゼンテーションとは　　　　　　　　p286 ∩ 128
FOCUS プレゼンテーションを始める　　　　　　　　p288 ∩ 129
LESSON 44 **DIALOG** プレゼンテーションに臨む心構え　　　　p290 ∩ 131
FOCUS プレゼンテーションの手順　　　　　　　　　p292 ∩ 132

小規模なプレゼンテーション Presentation for a Small Audience

LESSON 45 **DIALOG** 組織を説明するプレゼンテーション　　　p298 ∩ 134
FOCUS 組織を説明する　　　　　　　　　　　　　　p300 ∩ 135
LESSON 46 **DIALOG** 事業・業務を説明するプレゼンテーション　p302 ∩ 137
FOCUS 事業・業務内容を説明する　　　　　　　　　p304 ∩ 138

大規模なプレゼンテーション（1） Presentation for a Large Audience (1)

LESSON 47 **DIALOG** 業績アップをアピールするプレゼンテーション　p310 ∩ 140
FOCUS 業績アップの表現を使い分ける　　　　　　　p312 ∩ 141
LESSON 48 **DIALOG** 業績ダウンを報告するプレゼンテーション　p314 ∩ 143
FOCUS 業績ダウンの表現を使い分ける　　　　　　　p316 ∩ 144

大規模なプレゼンテーション（2） Presentation for a Large Audience (2)

LESSON 49 **DIALOG** 業績変化の幅を伝えるプレゼンテーション　p322 ∩ 146
FOCUS 業績変化の幅を表現する　　　　　　　　　　p324 ∩ 147
LESSON 50 **DIALOG** ケーススタディを盛り込んだプレゼンテーション　p326 ∩ 149
FOCUS 変化のスピードを表現する　　　　　　　　　p328 ∩ 150

プロフェッショナルなプレゼンテーション Presentation by a Professional

LESSON 51 **DIALOG** 顧客向けのプレゼンテーション（1）　　p334 ∩ 152
FOCUS 可能性に応じて見通しを語る　　　　　　　　p336 ∩ 153
LESSON 52 **DIALOG** 顧客向けのプレゼンテーション（2）　　p338 ∩ 155
FOCUS 予想と結果を比較する　　　　　　　　　　　p340 ∩ 156

コラム ……………………………………………………………………………p346
索引 ……………………………………………………………………………p359

5

本書の構成と学習の進め方

本書は、「基礎編」3章、「実践編」3章の6章、全52レッスンからなり、各レッスンは、以下のとおり、DIALOG / FOCUS と、2レッスンごとの CHECK UP で構成されています。「基礎編」では、業種を問わず必須のコミュニケーションスキルを扱っています。初心者・上級者を問わず、しっかりマスターしていただきたい分野で、初心者の方は、充実した語

レッスンの構成

【DIALOG—会話】 ビジネス現場で交わされるやりとりを、聞いて理解できるようになるためのダイアログです。むずかしく感じる部分もあるでしょうが、何を言っているかわかる程度までは 音声を聴き込んでください。単語や決まり文句はおぼえていくようにしましょう。

ダイアログ
ビジネス現場のリアルな会話

イラスト
内容理解を助けるイラスト

Translation
会話のニュアンスを伝える訳

Vocabulary
辞書なしで読める語句注

【FOCUS—フレーズ解説】 仕事現場で最低限必要な基本フレーズをおぼえます。聞いてわかるだけでなくみずから言えるようにするためのフレーズです。状況別に整理して、おぼえやすく配置してありますので、反復練習してしっかり身につけてください。

Key Phrase
Dialog から抜粋したフレーズ

基本フレーズ＋解説
状況別基本フレーズと使い方がわかる解説

[more] FOCUS の基本フレーズの応用表現や、より守備範囲が広がるフレーズを取り上げています。余裕のあるときに取り組んでください。

【CHECK UP—エクササイズ】 DIALOG / FOCUS のチェックコーナーです。FOCUS のコーナーでは基本フレーズを確認して言えるようにし、DIALOG のコーナーではディクテーションを行い、聴き取りができているか確認します。答えは元の文を参照してください。

FOCUS
FOCUS の基本フレーズを書いて言ってみる（more の文も少し入っています）

DIALOG
DIALOG のディクテーション（空欄の聴き取り）

句注という補助輪付きでビジネス英語の世界に触れることができ、上級者の方はこの方面の「標準語」を確かめることができるでしょう。「実践編」では、会議・交渉・プレゼンに関わる言い回しを扱っています。関心の強い部分、どこから取り組んでいただいても結構です。各章冒頭の内容紹介を参考に選んでいただけます。

学習の進め方

■ STEP 1　DIALOG

　音声をダウンロードして会話を聴いてください。聴き取れない場合は、英文を読んで内容をよく理解してください。語句注とイラスト、そして英文のニュアンスを伝える和訳がありますので、イメージを膨らませながらしっかり読んでください。内容を理解したら、繰り返し音声を聴きましょう。少なくとも4回は聴くようにしてください。

■ STEP 2　FOCUS

　解説を読んで基本フレーズを理解したら、音声を繰り返し聴き、音声のあとについて言ってみましょう。英文は、いくつかの単語のうちの一つの音節だけが強く聞こえ、他はそれに吸収される感じであること、強く発音される部分が一定間隔のビートに乗っていることなどを意識しながら、声を出して反復練習しましょう。

　more コーナーも学習の進め方は同じですが、むずかしいと感じた場合は、まずしっかり読んで内容をよく理解してから、音声について声を出して練習しましょう。

■ STEP 3　CHECK UP

　FOCUS のコーナーでは、基本フレーズの太字部分を中心に書いてみて、記憶を確かなものにします。DIALOG のコーナーでは、音声を聴きながら空欄部分の英語を書き取るか、あるいは頭に浮かべてみましょう。ディクテーションは、リスニングとライティング（＝文法）の力が総合的に試される効果的な練習として、ヨーロッパでは古くから行われています。

基本フレーズの反復練習について

　FOCUS の基本フレーズは、仕事の現場で英語を使う人々にとっては、まさに The Nuts and Bolts of Workplace English（本書の英語タイトル）の the nuts and bolts であり、いちいち考えなくても使えるようにならねばならない「下位技能」です。いくらしゃれた言い回しを学んでも、この下位部分が不安定では台無しです。むずかしく感じるかもしれませんが、ビジネスの社会で普通に話そうという以上、これなしでは済まない性質のものばかりです。基本フレーズを、状況に応じた表現がぱっと頭に浮かび、口を突いて出るようになるまで口頭での反復練習を続けてください。その際、音のつながり具合に注意しながら、どういう「音のかたまり」になっているのかを捉えていくのがポイントです。

　語学の達人と言われる人たちも、こうした地道な訓練を経ているものです。D. キーン、E. G. サイデンステッカー、E. ライシャワーといった日本語の大家を輩出した、戦時中の米海軍日本語学校がいい例です。1 日 14 時間、週 6 日、年 50 週で新聞を読め、日常会話をこなせるようになった速習プログラムですが、訓練の柱は口頭による反復練習でした。教官向けマニュアルには余計な説明はするなとまで書いてあったそうです。

　字が読めなくても英語を話している人が大勢いる事実が示すとおり、言語は音が本質ですから、何度も音声を聴いてマスターしてください。

7

音声ダウンロードのご利用方法

　本書をお買い上げの方は、付録の音声をご利用いただけます。以下の手順でDHC音声アプリからお聴きいただくか、弊社ウェブサイトからもダウンロードしてお聴きいただけます。

※ダウンロードファイルはZIPされているため、ZIP解凍ソフトをあらかじめご用意ください。パソコンにはすでに装備されていることが多いですが、スマートフォンやタブレットの場合は装備されていないことが多いので、ご注意ください。

❶ DHC音声アプリをダウンロードする場合

DHC語学系通信講座の補助アプリです。

手順

<1> インストール

➡ iOS版

対応環境：iOS 9.0以上

　Apple AppStoreから無料でダウンロードしていただけます。
　ご利用の端末で左のQRコードを読み込むか、「DHC語学」でストアを検索してください。

➡ Android版

対応環境：Android 5.0以上

　Google Playストアから無料でダウンロードしていただけます。
　ご利用の端末で左のQRコードを読み込むか、「DHC語学」でストアを検索してください。

<2> セットアップ

アプリを起動すると、右のような画面が表示されます。受講生番号に【0000】、パスワードに【book】と入力し、【ログイン】ボタンを押してください。ログインすると講座・書籍の一覧が表示されます。

受講生番号	0000
パスワード	book
ログイン	

<3> アプリの利用

音声データのダウンロード
該当の書籍名の行をタップするとダウンロードが始まります。

音声データの再生
ダウンロードの終了後、同じ行を再度タップすると音声再生の画面に移ります。

※ログインおよびダウンロード時はネットワーク接続が必要です。容量が大きいため Wi-Fi 接続をご利用ください。なお、通信料金はお客様のご負担になります。
※画像は iPhone 版です。
※アプリの画面、対応環境などは変更される可能性があります。

❷ アプリではなくウェブサイトからダウンロードする場合

<1> インターネットで専用ウェブサイトにアクセス

下記の URL を入力してください。

音声ダウンロード専用サイト

https://top.dhc.co.jp/shop/book/handybusiness/

<2> ダウンロード開始

内容

すべての例文の音声を英語で収録（MP3 ファイル）

ネイティブスピーカーによる音声です。

基礎編

Chapter 1

ビジネスコミュニケーション入門
Introduction to Business Communication

内容紹介   p12

スモールトークをこなす（1）Making Small Talk (1)

LESSON 1 DIALOG 同僚を紹介する   p14 ∩ 002
    FOCUS 人を紹介する　more 人を紹介するときのバリエーション　p16 ∩ 003 ∩ 004
LESSON 2 DIALOG 自己紹介をする   p18 ∩ 005
    FOCUS 出だしをカットして、きびきびした会話体に　more 場面別の自己紹介 p20 ∩ 006 ∩ 007

スモールトークをこなす（2）Making Small Talk (2)

LESSON 3 DIALOG 空港に出迎えに行く   p26 ∩ 008
    FOCUS 疑問詞のある疑問文を使いこなす
    more 初対面の人とのスモールトークでよく使われるフレーズ　　p28 ∩ 009 ∩ 010
LESSON 4 DIALOG 帰国する人と立ち話をする   p30 ∩ 011
    FOCUS 会話の節目を伝える合図のいろいろ　more その他の「合図」　p32 ∩ 012 ∩ 013

食事に誘う、会食する　Talking over a Meal

LESSON 5 DIALOG 同僚と食事をする   p38 ∩ 014
    FOCUS 自動詞と他動詞　more「一緒にどう?」と声をかけるときの言い回し　p40 ∩ 015 ∩ 016
LESSON 6 DIALOG 顧客と食事をする   p42 ∩ 017
    FOCUS will と be going to　more 会食のとき役立つ決まり文句　p44 ∩ 018 ∩ 019

出退勤時のあいさつ　Exchanging Greetings at Work

LESSON 7 DIALOG 出勤時のあいさつ   p50 ∩ 020
    FOCUS 一味違う受動態　more 出勤時に同僚と交わすあいさつの定番　p52 ∩ 021 ∩ 022
LESSON 8 DIALOG 退勤時のあいさつ   p54 ∩ 023
    FOCUS センテンスの一部を強調する
    more 退勤時のあいさつのバリエーション　　p56 ∩ 024 ∩ 025

Chapter 1　内容紹介

ビジネスコミュニケーション入門
Introduction to Business Communication

　第1章は慣らし運転かたがた、ビジネス用語を織り込んだスモールトークで始めます。スモールトークとは言いますが、決して「スモール」ではありません。英語が公用語化しているような外資系企業で、基本フレーズの暗記で何とかミーティングやプレゼンをこなしている中級レベルの人でも、このあたりになると苦労しているものです。例えば、休憩などで外国人と一緒になったりすると、話がもたず、ばつの悪い思いをしているのが一般的です。英語の世界は以心伝心が通じず、口に出して初めてカウントされる世界ですから、状況に応じた会話が成り立つように、よく使われる言い回しのセットを体得しておく必要があります。そこで、会話のきっかけを作るのに使われるフレーズや、話が途切れないようにするための間投詞などを織り込んだ会話例を組み立ててみました。

　ビジネス英会話をこなせるようになるためには、こうした会話で使われるツールとしてのフレーズの意味合いを理解し、あとは条件反射的に口を突いて出る域に達するまで反復練習を続けることです。この種のフレーズを研究対象にしてしまい、ああだこうだと論評しているような方は決して話せるようになりません。He who can, does. He who cannot, teaches. という言葉があるぐらいですから、昔から自分でできない人に限って、人様にあれこれ指南したりするのでしょう。そういったことにならないよう、DO 志向で、地道な練習を繰り返してツールを身につけていきましょう。

ダイアログ紹介

スモールトークをこなす（1）　Making Small Talk (1)

Lesson 1　同僚を紹介する　Introducing your Colleagues

　自己紹介や同僚の紹介は簡単だと軽んじられがちです。しかし、ビジネスでは、「何をどういう順番で言うのか」「同僚を紹介するため、呼びかける相手は誰か」が様式化されていますので、意識しなくても自動的にできるぐらいにイメージに植え付けておく必要があります。繰り返し聴いて、パターンをおぼえてしまいましょう。

Lesson 2　自己紹介をする　Introducing Yourself

　初めて出会った若い社員と研修生のカジュアルな雰囲気のやりとりで、余計なものが省かれているために、キビキビとしたやりとりになっています。話し言葉では、書くときとは語順が違っていたり、聞き手が頭の中で自動的に補充できる言葉はどんどん省略されますので、ここではそういうことに気をつけてダイアログを聴いてください。

スモールトークをこなす（2）　Making Small Talk (2)

Lesson 3　空港に出迎えに行く　Meeting a Customer at the Airport

自己紹介と並んで、外国からの訪問客の出迎えも、ビジネス英語でよく取り上げられるシーンですが、ここでも話し言葉特有の表現が多数出てきます。I'm sorry to hear that. は Sorry to hear that. と I'm を省き、Fortunately, I have not encountered an air pocket. が Fortunately not. になっています。こうしたことに注意して耳を傾けてください。

Lesson 4　帰国する人と立ち話をする　Saying Farewell to a Colleague

帰国する人とちょっとしたあいさつを交わす機会はよくあります。英会話の本やレッスンで正面から取りあげられることはないようですが、ここで出て来る discourse marker と呼ばれる、Ah, Um, Well といった言葉は、「何て言ったらいいのかなあ、すぐに言葉が出て来ないので、ちょっと待ってくださいな」という合図を相手に送っているわけで、実際の会話では、一つ一つが重要な役割を果たしています。

食事に誘う、会食する　Talking over a Meal

Lesson 5　同僚と食事をする　Chatting with a Co-worker

同僚との食事は、ビジネスコミュニケーションの重要な場にもなります。スモールトークの力をつけて会話を楽しむことが、英語力全般のアップにつながります。こうした場面では、話し手のメッセージを一語に簡略化したものとも言える Now, Oh, Okay, Right, Fine などが、実は大変大きな役割を果たしています。気をつけて聴いてみてください。

Lesson 6　顧客と食事をする　Having a Client Dinner

英語で行う顧客との食事は、慣れないと気が重いこともあると思いますが、場面ごとによく使われる基本的な言い回しを押さえておけば、なんとかなります。ここでは「私はこれを注文します」などというとき、I will have ~ か、I'm going to have ~ か、つまり will / going to どちらを使うのかという、初心者が迷いがちな点に注目して学習を進めます。

出退勤時のあいさつ　Exchanging Greetings at Work

Lesson 7　出勤時のあいさつ　Saying Hello to your Co-worker

1日のはじまりに会社で顔を合わせたときのスモールトークです。ここでは、What's the matter with you? Watch yourself! I appreciate the concern. Good for you. など、相手に対する思いやりの言葉が主体です。英語圏の人々は、文化的にそういう訓練を子どもの頃から受けているのか、相手の立場に立ったものの言い方に徹する感じがあります。

Lesson 8　退勤時のあいさつ　Saying Good-bye to your Co-worker

日本語だと一仕事終わった相手に対しては「よかったね」ぐらいのことしか言いませんが、英語だとそこから更に踏み込んで、「じゃあ、早く帰りなよ。よくやったんだから」というふうに、ただのあいさつにプラスして何かしらコメントするものです。そのせいか、おしゃべりな人ほど英語の上達も速いのが一般的です。

CHAPTER 1 ビジネスコミュニケーション入門

LESSON 1 スモールトークをこなす（1）❶ ❷

Introducing your Colleagues

John Benson of Digital English is waiting in XYZ Trading's visitor's room when Kazunori Tanaka comes in with a co-worker.

Benson: John Benson, Vice President for Marketing, Digital English. Good morning, Tanaka-san. And nice to meet you all.

Tanaka: Good morning, Mr. Benson. Welcome to XYZ Trading. Good to see you again. How are you?

B: Fine, thank you. And you?

T: Very well, thank you.

B: Oh, and congratulations on your promotion to senior managing director.

T: Thank you. **Mr. Benson, I'd like to introduce Jiro Saito. He heads up our China operations.**

B: How do you do, Saito-san? Here, this is my card.

Saito: How do you do, Mr. Benson? Here's my card.

T: Er, my boss, I mean my immediate supervisor, is supposed to be here, but she's running late, I'm afraid.

Mukai: Sorry I'm late. Hanako Mukai, Regional Director, Asia and Pacific.

B: Pleased to meet you. This is my business card. Mukai-san, your reputation has preceded you.

M: Nothing bad, I hope.

B: Of course not. I've heard a lot of good things about you from our mutual friend David Morse of XYZ America.

M: Is that right? It's a small world, isn't it?

Mr. Benson, I'd like to introduce Jiro Saito. He heads up our China operations.
ベンソンさん、斉藤次郎をご紹介します。
中国での事業の責任者です。

How do you do, Saito-san? Here, this is my card.
斉藤さん、はじめまして。
名刺でございます。

| スモールトーク | スモールトーク | 食事に誘う、 | 出退勤時の |
| をこなす(1) ① ② | をこなす(2) ▶ ▶ | 会食する ▶ ▶ | あいさつ ▶ ▶ |

·········· DIALOG 同僚を紹介する

🎧 DL 002

Translation

同僚を紹介する

デジタル・イングリッシュ社のジョン・ベンソン が X
YZ商事の応接室で待っていると、田中和典が同僚を連
れて入ってきます。

ベンソン： ジョン・ベンソン。デジタル・イングリッシュ
のマーケティング担当副社長でございます。
おはようございます、田中さん。みなさんに
お目にかかれて、うれしく思います。

田中： おはようございます、ベンソンさん。XYZ
商事にようこそ。またお目にかかれて、うれ
しいことです。どうですか、その後？

ベンソン： 元気でやっております。どうですか、そちら
は？

田中： 大変元気です、ありがとうございます。

ベンソン： そうそう、専務取締役へのご昇進、おめでと
うございます。

田中： ありがとうございます。ベンソンさん、斉藤
次郎をご紹介します。中国での事業の責任者
です。

ベンソン： 斉藤さん、はじめまして。名刺でございます。

斉藤： ベンソンさん、はじめまして。私の名刺です。

田中： うーん、私のボスが、いや、つまり、直属の
上司がここに来ていなければならないんです
が、彼女、あいにく遅れていまして。

向井： 遅くなって申し訳ありません。向井華子、ア
ジア太平洋地区担当の地域統括部長でござい
ます。

ベンソン： お目にかかれてうれしく思います。私の名刺
です。向井さん、おうわさはかねがね耳にし
ております。

向井： 悪いうわさではないでしょうね。

ベンソン： もちろん、そんなことはありません。共通の
友人、XYZアメリカのデイビッド・モース
さんがずいぶんとほめていました。

向井： そうでしたか。世間は狭いですね。

Vocabulary

introduce ~ ～を紹介する
colleague 同僚 ＊ colleague「col（共
に）league（選ばれたもの）」
co-worker 同僚
Vice President for Marketing マ
ーケティング担当副社長 ＊ vice「副、
次」。米国の「副社長」は部長クラスの
こともある。日本でいう「副社長」は
executive vice president ともいう
Nice to meet you. はじめまして。＊
Pleased to meet you. とも言う。
all を足すと「みなさん」ということ
Good to see you again. またお目に
かかれてうれしく思います。＊再会の場
合には **meet** ではなく **see** を使う
Congratulations on ~.. ～おめでとう。
promotion 昇進 ＊「降格」は demotion
senior managing director 専務取
締役 ＊ managing director「（常務）
取締役」
head up ~ ～を率いる、～の長である
＊ **head** は名詞では「頭、長」
China operations 中国での事業 ＊
operation「事業、営業、業務」など
card / business card 名刺
immediate supervisor 直属の上司、
所属長 ＊ supervisor「super（上で）
visor（見る人）」
be supposed to ~ ～ということに
なっている
run late 遅れる、遅刻する ＊ run=
become
Regional Director 地域統括部長 ＊
director は「指揮する人」で、ここで
は「責任者」の意味
reputation 評判
precede 先行する ＊ Your reputation
has preceded you.「あなたの評判
があなたより先に着いています→おうわ
さはかねがね耳にしております」

LESSON **1**

CHAPTER 基礎編

2
3

実践編

4
5
6

ビジネスコミュニケーション入門

15

LESSON 1

FOCUS 人を紹介する

> **Key Phrase**
> Mr. Benson, I'd like to introduce Jiro Saito.
> He heads up our China operations.
> ベンソンさん、斉藤次郎をご紹介します。中国での事業の責任者です。

人を紹介する場合、ビジネスの現場では、「立てるべき人（上位の人）」に声をかけ、その人に下位の立場の人の氏名を告げ、あわせて役職名などを伝えます。取引先の人は上位の人になります。レディーファースト（女性優先）はありません。

❶ 立てるべき人（上位）に声をかけ、紹介する人（下位）の氏名を告げる

〈社内序列で上位の人に下位の人を紹介する〉

Mr. Brown, **I'd like to introduce** Yoji Shinagawa.
（ブラウン部長、品川洋司**をご紹介します**）

〈取引先の人（上位）に社内の人（下位）を紹介する〉

Mr. Clark, **I'd like to introduce** the executive vice president of our company, Taro Mita.
（クラークさん、私どもの副社長、三田太郎**をご紹介します**）
■ executive vice president「副社長」

❷ 紹介する人の立場（役職名など）を説明する

〈役職名を言う〉

Mr. Nakata is the **IT Manager**.（中田は IT 部門の部長です）

〈～部門に属している／～畑のものだと言う〉

Ms. Koyama **works in** Accounting.（小山は経理部門で働いています）
※ in Accounting 部分は in the Accounting Department と同じです。in Accounting では、the は入りません。自社の部署名は in the Accounting Department のように、普通、大文字で始めます。

Mr. Ono**'s on the** technical **side**.（小野は技術畑のものです）

〈～部門の責任者であると言う〉

Mr. Kubo **is the head of** our China operations.　■ head〈名〉「（集団の）長、責任者」
Mr. Kubo **heads up** our China operations.　■ head～〈動〉「～の長である、～を率いる」
（久保は私どもの中国での事業**の責任者です**）
※句動詞（head up）を使うとインフォーマルな表現になります。

Mr. Takahara **is responsible for** Marketing.
（高原はマーケティング**の責任者です**）

※「～の責任者です」は be in charge of ~ とも言いますが、ややおおげさに聞こえるためか頻度は落ちます。

ビジネスコミュニケーション入門—スモールトークをこなす (1)

また、「〜の責任者」という意味では、~ is the person in charge of ... とも言えますが、~ is the head of ... のほうが多数派と思われます。

more » 人を紹介するときのバリエーション

人を紹介する場合には、格式ばる必要がある場合、その必要はない場合などいろいろなケースがあります。基本を押さえて状況に応じた言い方ができるようにしましょう。

● 格式ばる必要のない場合

Kishi: Ms. Jones, **this is** Mr. Smith.
Jones: Hi, Mr. Smith. **Nice to meet you.**
Smith: Hi, Ms. Jones. **Nice to meet you too.**

(岸:ジョーンズさん、**こちらは**スミスさん**です**。 ジョーンズ:こんにちは、スミスさん、**はじめまして**。 スミス:こんにちは、ジョーンズさん、**はじめまして**)

● 格式ばった言い方が必要な場合(相手が重要人物のときなど)

Kishi: Ms. Jones, **it is with great pleasure that** I introduce Mr. Smith, our controller.
Jones: I**'m delighted to** meet you, Mr. Smith.
Smith: I'm pleased to make your acquaintance. I've been looking forward to meeting you.

(岸:ジョーンズさん、私どもの財務部長のスミスをご紹介**させていただきます**。 ジョーンズ:スミスさん、お目にかかれ**てたいへんうれしく存じます**。 スミス:お近づきになれてうれしく思います。お会いできるのを楽しみにしておりました) ■ controller「経理の責任者」 *ここでは「財務部長」

● 自己紹介する場合

〈一般社員どうしで〉

Hi, **I'm Roy Clark**, a friend of Ken's.(こんにちは。健の友人の**ロイ・クラークです**)
We haven't met. I'm Jim Hara.(はじめてお目にかかります。原ジムです)

〈初対面の人どうしで改まったあいさつをする場合〉

White: **How do you do? Rick White. Sales.**
Lee: **How do you do? John Lee. Logistics.**

(ホワイト: **はじめまして。営業のリック・ホワイトです**。 リー: **はじめまして。物流のジョン・リーです**) ■ sales (department)「営業部」 logistics (department)「物流部」

※ How do you do? には距離を置こうという姿勢が見えます。How do you do? と返すのが決まりです。

〈目上の人に対して〉

May I introduce myself? Ken Kono. Sales Manager, North America.
(**自己紹介させていただきます**。河野健。北米担当の営業課長です)

CHAPTER 1 ビジネスコミュニケーション入門

LESSON 2 スモールトークをこなす（1） ❶❷

Introducing Yourself

Taro Shibuya from Sales notices a foreigner in the lobby who seems to be having trouble, and starts talking to him.

Shibuya: Care if I join you?

Adams: Not at all.

S: Taro Shibuya. I'm in Equity Sales.

A: William Adams. Ah, I'm just an intern and this is my first day here.

S: I noticed you still have your travel bag with you. Come straight from the airport?

A: Yeah. My instructions were to come straight here and report to the HR department. But I don't even know where it is.

S: Look, seems we have something in common. I'm only into my second week here and I find that organizational charts and seating charts don't tell you who reports to who.

A: I see what you mean. That's been my experience as well.

S: Tell me. You said you're on an internship. Does that mean you're still in school or something?

A: Er, yes. I'm still in university.

S: May I ask what university that is?

A: I'm still an undergraduate at Kahala University. Major's computer science. Computers are my life and passion.

S: Hmm...life and passion. Know what?

A: No, what?

S: I'm sure you'll be a welcome addition to our staff. We have some computers that crash all the time.

18

スモールトーク をこなす(1) ❶ ❷	スモールトーク をこなす(2) ▶▶	食事に誘う、 会食する ▶▶	出退勤時の あいさつ ▶▶

DIALOG 自己紹介をする

DL 005

Translation

自己紹介をする

営業の渋谷太郎が、ロビーで困っている様子の外国人を見かけ、話しかけています。

渋谷： ちょっと、よろしいですか？

アダムズ：どうぞどうぞ。

渋谷： 渋谷太郎って言います。株式営業です。

アダムズ：ウィリアム・アダムズ。えー、実はただの研修生で、きょうが初日です。

渋谷： 旅行カバンをまだ持ち歩いているけど、空港からまっすぐ？

アダムズ：そう。ここにまっすぐ来て、人事部に出頭せよという指示でね。ところが、その人事部がどこにあるやらも全然わからないという状態。

渋谷： いやあ、これは似ているね。こっちも入社してまだたったの2週間。組織図や座席の配置表をもらったところで、誰が誰の部下なのかなんてわからないよ。

アダムズ：わかるね。同じ経験したよ。

渋谷： ちょっと聞いていいかな。研修って言っていたよね。まだ学生かなんかってこと？

アダムズ：うーん、そう、まだ大学生。

渋谷： どこの大学か聞いてかまわないかな？

アダムズ：カハラ大学の学部学生。専攻はコンピュータ。コンピュータが生きがいかな。

渋谷： そうか生きがいね。こりゃいいや、わかる？

アダムズ：わかるって？

渋谷： 歓迎されるよ、君は。しょっちゅうフリーズするパソコンが何台かあるんでね。

Vocabulary

introduce oneself 自己紹介する

(Do [Would] you) care if I join you? 私がご一緒したら、気になりますか。→ちょっとよろしいですか。＊=(Do [Would] you) mind if ~? care「気にする」。Focus 参照

be in Equity Sales 所属は株式営業である＊「株式」は一般に stock/share だが、正式には equity securities で、証券会社では主にこちらが使われる。be in ~ は work in ~ と同義

intern 研修生＊自らの専攻・将来のキャリアに関連した就業体験のために、企業で一時的に勤務する人

instructions 業務上の指示

report to ～に出頭する、報告する

HR department 人事部＊ HR = human resources「人材」で、「人事部」の意味にもなる。personnel department という人事部の言い方は廃れつつある

organizational chart 組織図

seating chart 座席表

who reports to who(m) 誰が誰の部下か＊ report to ~「～の部下である、～の指揮下にある」

on an internship 研修期間中で＊ internship「研修生としての身分、研修期間」

undergraduate 学部学生＊大学院生は graduate student

major 専攻科目＊ Major's は major is の略

life and passion 生きがい＊ life「最も大切なもの」、passion「夢中になるもの」

Know what? わかる？＊話を振ったり、話題を変えるときの決まり文句

welcome addition 歓迎されて加わる人＊ addition「加わる人や物」

staff 部員、スタッフ

crash （コンピュータが）まるで動かなくなる、フリーズする

LESSON 2

CHAPTER 基礎編
1 2 3
実践編
4 5 6

ビジネスコミュニケーション入門

19

LESSON 2

FOCUS 出だしをカットして、きびきびした会話体に

Care if I join you? — Not at all.
ちょっと、よろしいですか？ — どうぞどうぞ。

上の Care if ~ の文は、Do [Would] you care if I join you? の Do [Would] you がカットされたものです。インフォーマルな会話では、いちいち言わなくてもわかる主語や Do [Would] you のたぐいはよくカットされます。こうしたセンスを身につけましょう。

❶ 疑問文では、be 動詞／助動詞＋主語（代名詞）をカット

ここで言う「助動詞」には、完了形の have も含みます。

〈**Are you ~?** の文では **are**、**are you** をカット〉

Are you tied up? → **You** tied up? → Tied up?　（手一杯ですか）

〈**Have you seen [heard]** ~? の文では **Have you**（助動詞＋主語）をカット〉

Have you seen her lately? → **Seen** her lately?
（最近、彼女、見かけた？）

Have you heard about the huge deal? → **Heard** about the huge deal?
（巨額取引のこと、聞いてる？）

〈**Do [Would] you** ~? の文では、**Do [Would] you**（助動詞＋主語）をカット〉

Do you want another coffee? → **You** want another coffee? →
Want another coffee? → Another coffee?　（コーヒー、もう一杯いかが）

※動詞自体も略されて名詞だけ残ることもあります。

Do you think they'll accept this? → **Think** they'll accept this?
（これ、先方が呑むと思う？）

Would you like some more wine? → **Like** some more wine?
（ワイン、もう少しいかが）

※疑問文でのカットで注意を要するのは、I や It の前の助動詞は省略することができないことです。May I help you? を Help you? にはできませんし、Is it down again?「また（システム）ダウンしたの」を It down again? とも言えません。

❷ 疑問文ではない普通の文では、主語や there is がよくカットされる

I thought as much. → **Thought** as much.
（だろうと思った）

※ think のほか、Hope so.（だといいね）、Can't believe it.（信じられない）など、「私は思う」というたぐいの動詞（think / hope / believe）では、よく主語が略されます。

We have to wait and see. → **Have to** wait and see.
（成りゆきを見ないと）

20

ビジネスコミュニケーション入門—スモールトークをこなす（1）

There's no problem. → No problem.
（問題ない**です**）

more » 場面別の自己紹介

　自己紹介については、前レッスンの"more"でも見ましたが、ここではカットの入っているケースを見てみましょう。

● 社員食堂など社内での自己紹介

We met at John's farewell party. **Remember?** [=Do you remember?]
Yoko Tsuji. I work in the Marketing Department [in Marketing]. /
Yoko Tsuji. Marketing Department.

（ジョンの送別会で**お目にかかりました。覚えていらっしゃいますか。辻陽子**です。マーケティング部で**働いています**）

※ I work in the ~ Department. を I work for the ~ Department. とは言いません。I work for ~ は、I work for XYZ Trading. のように、勤めている会社名を挙げるときに使い、自分が所属する部署名を挙げる場合には普通、使いません。
　また、I work in <u>the</u> Marketing Department. では部署名に the を付けますが、Department を省略して I work in Marketing. と言ったり、Marketing Department. と前置詞なしで言う場合には the を付けないことにも注意してください。

　◯ Taro Mita. Marketing Department.　　× Taro Mita. The Marketing Department.

Kishi:　**Visiting** [=Are you visiting] **from** another office?
Jones:　Yes. **I'm from** the Singapore office.
Kishi:　**Pleased to meet you. Saburo Kishi. I'm on** the IT support team.

（岸：よその支店**から**お見えですか。
ジョーンズ：ええ。シンガポールオフィス**から来ています**。
岸：**お目にかかれて嬉しいです。岸三郎**です。IT サポートチーム**に所属しています**）

● 外部のパーティーなどでの自己紹介

Oka:　　Is this seat taken?
Jones:　I don't think so.
Oka:　　**Mind** [=Would you mind] if I sat down here?
Jones:　No, please go ahead.
Oka:　　Oh, **we haven't met. Takashi Oka. Sales. XYZ Trading.**

（岡：この席は空いていますか。
ジョーンズ：空いていると思います。
岡：掛けてもいいでしょうか。
ジョーンズ：どうぞ。
岡：**はじめてお目にかかります。岡隆司**です。**XYZ商事の営業におります**）

LESSON 1&2 CHECK UP

FOCUS!

>>> 空欄を埋めて話してみよう <<<

人を紹介する／出だしをカットして、きびきびした会話体に

1. ❶ クラークさん、私どもの副社長、三田太郎をご紹介します。
   M_ C___, I'___ l___ t___ i___ t_ e_____ v__ p_____ o__ o__ c_____, T___ M__.

---

2. ❷ 中田は IT 部門の部長です。
   M_ N_____ i_ t__ I___ M___.

---

3. 小山は経理部門で働いています。
   M_ K_____ w____ i____ A_____.

---

4. 久保は私どもの中国での事業の責任者です。
   M_ K____ h____ u___ o_ C____ o_____.

---

5. **more** こんにちは。健の友人のロイ・クラークです。
   H_ I'____ R____ C____, a f____ o_ K__'.

---

6. はじめてお目にかかります。原ジムです。
   W____ h_'_ m____. I'_ J__ H__.

---

7. 自己紹介させていただきます。河野健。北米担当の営業課長です。
   M____ I i___ m___? K__ K___. S___ M_____, N___ A_____.

---

8. **more** ジョンの送別会でお目にかかりました。
   W____ m____ a____ J____' f_____ p__.

---

9. 辻陽子です。マーケティング部で働いています。
   Y____ T____. I w____ i____ t__ M_____ D_____.

LESSON 1&2　ビジネスコミュニケーション入門―スモールトークをこなす（1）❶❷

10.　　よその支店からお見えですか。

　　　 V___ f___ a_____ o___?

11.　　ええ。シンガポールオフィスから来ています。

　　　 Y__. I'___ f___ t__ S_____ o__.

12.　　お目にかかれて嬉しいです。岸三郎です。IT サポートチームに所属しています。

　　　 P__ t__ m___ y___. S____ K___. I'__ o___ t__ I_ s____ t___.

13.　　掛けてもいいでしょうか。

　　　 M___ i____ I s_ d___ h__?

14.　　どうぞ。

　　　 N_, p____ g___ a___.

15.　　はじめてお目にかかります。岡隆司です。XYZ 商事の営業におります。

　　　 O_, w_ h_' m___. T_____ O__. S___. X___ T___.

>>> 音声を聴き取ろう <<<

Introducing your Colleagues

John Benson of Digital English is waiting in XYZ Trading's visitor's room when Kazunori Tanaka comes in with a co-worker.

Benson: John Benson, ____ _____ __ _____, Digital English. ____ _____, Tanaka-san. And ___ to ____ ___ all.

Tanaka: Good morning, Mr. Benson. _____ _ XYZ Trading. ____ to ___ ___ ____. ____ __ ___?

B: ____, thank you. ___ ___?

T: Very well, thank you.

B: Oh, and _____ __ your _____ to _____ _____ _____.

T: Thank you. **Mr. Benson, '_ ___ to _____ Jiro Saito. He _____ __ our _____ _____.**

B: ____ do___ __, Saito-san? Here, this is my ____.

Saito: _____ __ ___ __, Mr. Benson? _____' my card.

T: Er, my ____, I mean my _____ _____, __ _____ __ be here, but she's _____ ___, I'm afraid.

Mukai: _____ '_ ___. Hanako Mukai, _____ _____, Asia and Pacific.

B: _____ to ____ ___. This is my _____ ____. Mukai-san, your _____ has _____ you.

M: _____ ___, I hope.

B: Of course not. '_ _____ a __ of good things _____ ___ from our _____ _____ David Morse of XYZ America.

M: Is that right? __' a _____ _____, isn't it?

LESSON 1&2 ビジネスコミュニケーション入門—スモールトークをこなす（1）❶❷

Introducing Yourself

Taro Shibuya from Sales notices a foreigner in the lobby who seems to be having trouble, and starts talking to him.

Shibuya: ____ _ I ___ ___?
Adams: ___ __ __.
S: Taro Shibuya. I'm __ _____ ____.
A: William Adams. Ah, I'm just an _____ and ___ _ my ____ ___ ____.
S: I _____ you still have your _____ ___ with you. _____ _____ from the airport?
A: Yeah. My _____ were to _____ _____ here and _____ _ the ___ _____. But I don't ____ ____ _____ __ __.
S: Look, _____ we have _____ in _____. I'm only into __ _____ ____ here and I find that _____ _____ and _____ _____ don't tell you ___ _____ to ____.
A: I see ____ ___ ____. That's been my _____ __ ___.
S: Tell me. You said you're __ an _____. ____ ___ ____ you're still in _____ or _____?
A: Er, yes. I'm still __ _____.
S: May I ask ____ _____ ___ __?
A: I'm still an _____ at Kahala University. _____'s _____ _____. Computers are my __ ___ _____.
S: Hmm...life and passion. _____ ____?
A: No, what?
S: I'm sure you'll be a _____ _____ __ our staff. We have some computers that _____ __ the ____.

25

CHAPTER 1 ビジネスコミュニケーション入門

LESSON 3 スモールトークをこなす（2）❶ ②

Meeting a Customer at the Airport

Ryoji Kawai goes to Narita Airport to pick up Jim Patton, a client. In the car on the way downtown, they start talking.

Kawai: How was the flight?

Patton: Oh, we hit some air pockets, so it was pretty rough.

K: Sorry to hear that. Air pockets may not cause a plane to crash. But even so, they're unpleasant, aren't they?

P: Oh, unpleasant is too mild a word. That one was hair-raising. Have you ever encountered an air pocket?

K: Fortunately not. Oh, excuse me. Got to get the toll ticket ready.

K: So, what do you think of our weather?

P: Much cooler than I thought.

K: Is it? What was it like in your part of the world?

P: Spring came early and was warmer than usual where I live.

K: And where is that, may I ask?

P: It's Rockford. Near Chicago.

K: Oh, Rockford.

P: By the way, what's the plan for the day?

K: We've booked you in a hotel close to our offices. You'll have some time to freshen up, of course, and then I'll pick you up at seven o'clock. Is that okay?

P: Perfect. And thank you for making all the arrangements.

Unpleasant is too mild a word.
That one was hair-raising.
不愉快なんてもんじゃありませんよ。あれは身の毛もよだつやつでしたね。

| スモールトーク
をこなす(1) | ▶▶ | スモールトーク
をこなす(2) ❶ ❷ | 食事に誘う、
会食する | ▶▶ | 出退勤の
あいさつ | ▶▶ |

·········· **DIALOG** 空港に出迎えに行く

🎧 DL
008

Translation

空港で取引先の人を出迎える

成田空港まで取引先のジム・バットンを出迎えに行った河合
遼二。都心に向かう途中、車内で2人の会話が始まります。

河合： フライトはいかがでしたか？

バットン： いやあ、何度かエアポケット（乱気流）に入っ
てしまい、結構揺れましたね。

河合： それはお気の毒に。エアポケットは飛行機を
墜落させないかも知れませんが、やはり不愉
快ですよね。

バットン： いやあ、不愉快なんてもんじゃありませんよ。
あれは身の毛もだつやつでしたね。エアポ
ケット、経験されたことありますか？

河合： 幸い、経験はありませんね。ちょっと失礼。（高
速道路の）通行券を用意しませんと。

河合： **それで、こちらの天気、どう思われます？**

バットン： 思っていたよりずっと寒いですね。

河合： そうですか？ お住まいの所、どうでした？

バットン： 私が住んでいる所では春が早めに来まして、
いつもより暖かめですね。

河合： どちらですか、お住まいは？ 差し支えなけ
れば、ですが。

バットン： ロックフォードです。シカゴ近くの。

河合： ああ、ロックフォードですか。

バットン： ところで、きょうの予定は？

河合： うちのオフィスの近くにあるホテルに予約を
入れてあります。もちろん、一休みできる時
間は考えてあります。そして、7時にお迎え
にあがります。よろしいでしょうか？

バットン： 申し分ありません。何から何まで手配してい
ただき、ありがとうございます。

Vocabulary

pick up ~ ～を車で迎えに行く＊本文
では最後のほうに pick ~ up の形で
出ている

client 顧客、取引先

downtown 都心（の商業地区）へ

hit an air pocket エアポケットに入る
＊機体が突然ストンと落ちる状態。hit
「（障害に）行き当たる」、air pocket「急
激な下降気流」

rough 荒れた、ひどい

Sorry to hear that. それはお気の毒
です。

cause ~ to crash ～が墜落する原因
となる

unpleasant 不愉快な、いやな

too mild a word 弱すぎる表現

hair-raising 身の毛もよだつような、
ぞっとさせる＊raise「立たせる」

encounter an air pocket エアポ
ケットに入る＊encounter「遭遇す
る」。hit an air pocket の言い換え

(I've) got to ~ 私は～しなければなら
ない＊I've は省略されている

get ~ ready ～を準備する

toll ticket （有料道路などの）通行券
＊toll「道路通行料」。toll-gate「（高
速道路の）料金所」

What was it like? それはどんな感じ
でしたか。

in your part of the world あなたが
住んでいらっしゃるところでは

Rockford ロックフォード＊米国イリ
ノイ州の都市

plan for the day きょうの予定

book ~ in a hotel ～のためにホテル
を予約する＊booking「予約、ブッ
キング」

freshen up （外出先などから戻って）
身繕いをする

make arrangements 手配をする

LESSON
3

CHAPTER
基礎編

1
2
3

実践編

4
5
6

ビジネスコミュニケーション入門

27

LESSON 3

FOCUS 疑問詞のある疑問文を使いこなす

So, what do you think of our weather?
それで、こちらの天気、どう思われます？

　スモールトークをこなすコツの一つは、YES / NO で答えればすむ質問ではなく、Who や What などの疑問詞を使った質問で、話が長く続くようにすることです。ただ、意外に多くの人がこうした疑問文の作り方に迷うようです。慣れておきましょう。

❶ be 動詞の文では〈疑問詞＋ be 動詞＋主語〜？〉の形

　be 動詞の文で、where, when, what, why, how などの疑問詞で始まる疑問文を作るときは、〈疑問詞＋ be 動詞＋主語〜？〉の形になります。つまり疑問詞のあとに be 動詞の疑問形（You are 〜. → Are you 〜? など）を続けます。

Where are you from? — I'm from Japan.
　（どちらからいらっしゃっているん**ですか**。—日本からです）

When is he going to leave? — He's going to leave tomorrow.
　（彼はいつ発つ**ですか**。—明日発ちます）

❷ 一般動詞の文では〈疑問詞＋ do/does/did ＋主語＋動詞の原形〜？〉の形

　一般動詞の文で、where, when, what, why, how などの疑問詞で始まる疑問文を作るときは、〈疑問詞＋ do/does/did ＋主語＋動詞の原形〜？〉の形にします。つまり疑問詞のあとに、助動詞 do, does, did などで始まる、一般動詞の疑問形を続けます。

Where do you come from? — I come from Japan.
　（ご出身はどちら**ですか**。—日本です）

When does he plan to leave? — He plans to leave tomorrow.
　（彼はいつ発つ予定**ですか**。—明日発つ予定です）

　Why did you say that?
　（なぜそのようにおっしゃった**のですか**）

❸ 一般動詞でも、主部を尋ねるときには do/does/did などの助動詞は入らない

　上で見たように、一般動詞の疑問文では、一般に do, does, did などの助動詞を使いますが、述部ではなく主部について尋ねるときには、こうした助動詞は入りません。

〈一般形〉

　Which do you prefer?（どちらがいいですか）
　※ You prefer 〜. の〜部分（述部）を尋ねており、助動詞 do が入ります。

〈主部について尋ねる形〉

　Which costs more?（どちらがよりコストがかかりますか）
　※ 〜 costs more. での〜部分（主部）を尋ねています。この場合、助動詞は入りません。

28

〈一般形〉

What <u>did</u> he disregard?（彼は**何を**無視したのですか）
※ He disregarded ~. の~部分（述部）を尋ねており、助動詞 did を使います。

〈主部について尋ねる形〉

What changed?（**何が**変わったのですか）
※ ~ changed. での~部分（主部）を尋ねています。助動詞は使いません。

more » 初対面の人とのスモールトークでよく使われるフレーズ

初対面で話す場合、よく使われる次のようなフレーズをおぼえていると、スムーズに会話に入っていくことができます。〈疑問詞＋ do you ＋動詞~？〉の形と、〈疑問詞＋ be 動詞＋主語~？〉の形があることを確かめながら見ていきましょう。

● 旅行等の感想を話してもらう

What do you think of Japan so far?
（日本でのご滞在、これまでのところ、**どうですか**）

How's your stay in Tokyo **going**?
（東京でのご滞在、**いかがですか**）

How do you like Japanese food?
（日本の食べ物は**いかがですか**）

● 天気の話をしてもらう

How do you find the weather here?
（どうですか、こちらの天候は？）

How was the weather back home?
（あちらの**天候はどうでしたか**）　■ back home「自国［住んでいるところ］では」

● 相手に自分の話をしてもらう

Where do you come from?
（ご出身はどちらですか）

What's your home town **like?**
（住んでいらっしゃるのは、**どんな感じの**所**ですか**）

※ What's your home town like? は、間違って How's your home town like? と言う人が多いようです。What's ... like? は町の様子や人のルックスなど、あまり変化しないものについて使い、How's は How's business?（仕事の調子はどう？）のように変化するものについて使います。

CHAPTER 1 ビジネスコミュニケーション入門

LESSON 4 スモールトークをこなす（2）

Saying Farewell to a Colleague

Judy Mita, on a short business trip from headquarters, talks with Hiroshi Tamura, with whom she has been working in Japan.

Mita: I'm glad I bumped into you. I'm leaving for Narita in an hour or so. But before that, I just wanted to ask you a question about something.

Tamura: You're leaving...so soon! Ah, anyway, what's the question?

M: Um, do you happen to know who prepared the promotion plan?

T: Well, it was that chatty girl in Sales.... Um, her name doesn't come to mind. Oh, Tae, Takako... whatever. But her initials are TE for sure. Saw it on the circulation slip.

M: That's okay. Anyway, I can look it up in the company directory. Right, I really have to leave now.

T: I'm sorry to see you leave. It's been a pleasure working with you.

M: Me too. Oh, if there's anything that I can do for you at my end, just send me an e-mail.

T: Thank you. I sure will.

M: Any time.

T: Of course. But I mustn't keep you. Have a safe trip home.

M: Thanks. Take care. Bye.

T: And send my regards to your staff, who put together all the research.

M: I will. Well, I'd better be off. Keep in touch.

T: Good-bye.

I'm sorry to see you leave.
It's been a pleasure working with you.
名残惜しいな。一緒に仕事できて、よかったよ。

Me too.
こちらこそ。

| スモールトーク | スモールトーク | 食事に誘う、 | 出退勤時の |
| をこなす(1) ▶▶ | をこなす(2) ① ② | 会食する | あいさつ ▶▶ |

.... **DIALOG** 帰国する人と立ち話をする 🎧 DL 011

Translation

仕事仲間に別れのあいさつをする

短期の出張で本社から来ていたジュディ・ミタが、滞在中一緒に仕事をしてきた田村弘と話をしています。

ミタ： ああ、ちょうど会えてよかった。あと1時間くらいで成田に発つところなんだけれど、ちょっと聞いておきたいことがあったのよ。

田村： 発つって、こんなに早いとはね。えー、で、聞きたいことって？

ミタ： えーっと、あの販促計画作ったの、誰だか知っている？

田村： えーっと、そうだな、営業にいるあのおしゃべりな娘で、うーん、名前が思い出せないな。そうだな、タエ、タカコとか、何かそんな。でも、イニシャルは確かに TE だよ。回覧用の付せんに載っていたから。

ミタ： ま、いいわ。何であれ、職員録で調べればいいんだし。じゃあ、これで行かなくちゃ。

田村： 名残惜しいな。一緒に仕事できて、よかったよ。

ミタ： こちらこそ。そうそう、何か私のほうでできることがあったら、メールちょうだい。

田村： ありがとう。そうさせてもらうよ。

ミタ： いつでもどうぞ。

田村： 了解。そろそろ行ったほうがいいんじゃない。旅行中気をつけて。

ミタ： ありがとう。元気でね。さようなら。

田村： それと、あの資料をまとめてくれたきみのスタッフにもよろしく。

ミタ： ええ。じゃあ、これで、行かなくっちゃ。また連絡しますね。

田村： さようなら。

Vocabulary

say farewell to ~ ~に別れを告げる ＊ say good-bye to ~ (Lesson 8 にある) より改まった表現

headquarters 本社＊必ず s が付く。head office ともいう

bump into ~ ~に出くわす＊ bump「ドンとぶつかる」

leave for ~ ~に向けて発つ

Do you happen to know ~? ひょっとして~を知らない？＊ happen to ~「偶然 [たまたま] ~する」

promotion plan 販促計画＊広告キャンペーンその他の販売促進策をまとめたもの。この promotion は sales promotion「販売促進」の意味

chatty 雑談好きの、おしゃべりな

Sales 営業部＊ in Sales=in the Sales Department

for sure 確かに

Saw ＊ I saw の I が略されている

circulation slip 回覧用の付せん＊資料を何人かの間で回覧するときに、表紙につけるメモないし付せんで、回覧される人の名前が書いてある

look up ~ ~を調べる

company directory 社員名簿、職員録＊誰がどの部署にいるかが書いてある。directory「人名簿」

Right じゃあ／では＊ Focus 参照

at my end 私のほうで＊ end「端」。こちらの「端」という意味

send one's regards to ~ ~によろしく伝える＊ regards「あいさつ、よろしくとの伝言」。send [give] ~ my (best) regards「~によろしくお伝えください」

put together (計画などを) まとめる

I'd better be off. 私はここを離れたほうがよい→そろそろ行かなくちゃ。＊ had better「~するほうがよい」、be off「ここを離れる(=leave)」。

keep in touch 連絡する＊「連絡を取り合いましょう」の感じで、別れ際によく使われる

LESSON 4

CHAPTER
基礎編
2
3
実践編
4
5
6

ビジネスコミュニケーション入門

31

LESSON 4

FOCUS 会話の節目を伝える合図のいろいろ

Ah, anyway, what's the question?
えー、で、聞きたいことって？

　会話が流れるようにするコツのひとつは、しかるべき所で Anyway, Um, Well... といった「合図 (discourse marker)」を入れていくことです。こうしたものには、話し手がしゃべろうとしていることの「位置づけ」を相手に知らせる意味あいもあります。

❶ **Anyway** — 話を元に戻したり、そろそろおしまいという合図として使う

Ah, **anyway**, you were saying?
（えー、ところで、何でしたっけ？）

Anyway, I can look it up in the company directory.
（何であれ、職員録で調べればいいんだし）

❷ **Um** — 言葉を探したりして、言いよどむときに使う

Um, do you happen to know who prepared the promotion plan?
（えーっと、あの販促計画作ったの、誰だか知っている？）

Um, her name doesn't come to mind.
（うーん、名前が思い出せない）

❸ **Well** — 言いよどんだり、話題を転じるときなどに使う

Well, it was that chatty girl in Sales....
（えーっと、営業にいるあのおしゃべりな娘で…）

Well, I'd better be off.
（じゃあ、これで、行かなくっちゃ）

次のように、相手の期待どおりではないことを言う際の緩衝材として使ったり、新たに話を始めるときにも使います。

Well, I don't think I can agree with that.
（うーむ、それには同意する気になれない）

Well, let's get down to business.
（それでは、始めましょう）

❹ **Oh** — 迷いながら話したり、急に思いついたことを話すときなどに使う

Oh, Tae, Takako... whatever.
（そう、タエ、タカコとか、何かそんな）

Oh, if there's anything that I can do for you at my end, just send me an e-mail.
（そうそう、何か私の方でできることがあったら、メールちょうだい）

❺ Right ― 話に区切りをつけて別のことを言い出すときなどに使う

Right, I really have to leave now.
（じゃあ、もうほんとに行かなくちゃ）

次のような場合にも使います。

Right, now you've all had your say. Let's have a show of hands.
（では、よろしいですね、みなさん、おっしゃりたいことは尽きたかと思います。挙手で決をとりましょう）　■ have one's say「意見を言う」 a show of hands「挙手」

❻ And ― 情報を追加するのに使う

And, send my regards to your staff, who put together all the research.
（それと、あの資料をまとめてくれたスタッフにもよろしく）

more » その他の「合図」

so, now などもよく使われる合図です。例を見ておきましょう。

● **So** ― 場面を転換し、新しい話題を打ち出したり、話の流れを受けるのに使う

So, what do you think of our weather?
（それで、こちらの天気、どう思われます？）

A: Okay, thanks for coming over. I look forward to seeing the report next month.
B: Sure. **So,** we'll be in touch next month.
（A: こんなところでしょうか。お越しください、ありがとうございました。来月になるという報告書、お待ちしています。
B: お任せください。**そういうことで**、来月、また連絡しあうということになりますね）

● **Now** ― さて／ところで／次に／一方などの意味

A: So, please see to it that this document is hand-delivered to our outside counsel. **Now,** the other thing is, we'll have to send someone to meet Mr. James at Narita.
B: Okay, is that all, then?
A: Yes, that's it.
（A: それじゃ、この書類、メッセンジャー［手渡し］でうちの顧問弁護士に届くように手配してください。**さてと**、もう一つの件は、ジェームズさんを成田で出迎えるため、誰かに行ってもらう必要があるということです。
B: わかりました。それだけでしょうか、となると。
A: そう、以上です）　■ see to it that ~「（間違いなく）～となるよう取り計らう」

LESSON 3&4 CHECK UP

FOCUS!

>>> 空欄を埋めて話してみよう <<<

疑問詞のある疑問文を使いこなす／会話の節目を伝える合図のいろいろ

1. ❶ どちらからいらっしゃっているんですか。
   W___ a___ y___ f___? — I'_ f___ J____.

2. ❷ ご出身はどちらですか。——日本です。
   W___ d___ y___ c___ f___? — I c___ f___ J____.

3. ❸ どちらがいいですか。
   W___ d___ y__ p___?

4. どちらがよりコストがかかりますか。
   W___ c___ m__?

5. 彼は何を無視したのですか。
   W___ d___ h_ d_____?

6. 何が変わったのですか。
   W___ c_____?

7. ❶ 何であれ、職員録で調べればいいんだし。
   A___ , I c_ l___ i_ u_ i_ t__ c_____ d_____.

8. ❷ うーん、名前が思い出せない。
   U___ , h_ n___ d____' c___ t_ m__.

9. ❸ じゃあ、これで、行かなくっちゃ。
   W___ , I'_ b___ b_ o__.

LESSON 3&4　ビジネスコミュニケーション入門―スモールトークをこなす（2）❶❷

10.　うーむ、それには同意する気になれない。

W＿＿, I ＿＿＿' t＿＿＿ I c＿ a＿＿＿ w＿ t＿＿.

11. ❹　そう、タエ、タカコとか、何かそんな。

O＿＿＿, T＿＿, T＿＿＿＿…w＿＿＿＿＿＿.

12.　そうそう、何か私の方でできることがあったら、メールちょうだい。

O＿＿＿＿, i＿ t＿＿＿' a＿＿＿＿＿ t＿＿ I c＿ d＿ f＿ y＿ a＿ m＿ e＿＿,
j＿＿ s＿＿＿ m＿ a＿ e-＿＿＿.

13. ❺　じゃあ、もうほんとに行かなくちゃ。

R＿＿＿, I r＿＿＿ h＿＿ t＿ I＿＿＿ n＿＿.

14. ❻　それと、あの資料をまとめてくれたスタッフにもよろしく。

A＿＿＿, s＿＿ m＿ r＿＿＿＿＿ t＿ y＿＿ s＿＿, w＿ p＿ t＿＿＿＿＿ a＿
t＿ r＿＿＿＿＿.

15. **more** それで、こちらの天気、どう思われます？

S＿＿＿, w＿ d＿ y＿ t＿＿ o＿ o＿ w＿＿＿＿＿?

DL 013

>>> 音声を聴き取ろう <<<

Meeting a Customer at the Airport

Ryoji Kawai goes to Narita Airport to pick up Jim Patton, a client. In the car on the way downtown, they start talking.

Kawai: ____ was the ____?

Patton: Oh, we __ some __ _____, so it was _____ _____.

K: _____ _ ___ ___. Air pockets may not _____ a plane _ _____. But even so, they're _____, aren't they?

P: Oh, unpleasant is __ ___ a ____. That one was ___-_____. Have you ever _____ an __ _____?

K: _____ ___. Oh, excuse me. ___ _ __ the __ ticket _____.

K: So, _____ __ ___ _____ __ our weather?

P: Much _____ ___ I _____.

K: Is it? ____ ___ _ ___ in your ___ __ the _____?

P: Spring came ____ and was _____ ___ ____ where I live.

K: And _____ __ ___, may I ask?

P: _'_ Rockford. ____ _____.

K: Oh, Rockford.

P: By the way, what's the ____ __ the ___?

K: We've _____ you _ a ____ ____ __ our offices. You'll have some time to _____ __, of course, and then I'll ___ ___ __ at seven o'clock. __ ___ ___?

P: _____. And thank you for _____ all the _____.

LESSON 3&4 ビジネスコミュニケーション入門—スモールトークをこなす (2) ❶❷

Saying Farewell to a Colleague

Judy Mita, on a short business trip from headquarters, talks with Hiroshi Tamura, with whom she has been working in Japan.

Mita: I'm glad I _____ ___ you. I'm _____ __ Narita in an ____ __ __. But before that, I ___ _____ to ___ ___ a question about something.

Tamura: You're _____...so soon! Ah,_____, _____' the question?

M: Um, __ ___ _____ to _____ who prepared the _____ ___?

T: Well, it was that _____ ___ in _____.... Um, her name _____' ____ __ _____. Oh, Tae, Takako... _____. But her initials are TE __ ____. ___ it on the _____ ___.

M: That's okay. Anyway, I can ____ it __ in the _____ _____. _____, I really _____ __ _____ now.

T: I'm sorry to ___ ___ _____. It's ____ a _____ _____ ___ you.

M: Me too. Oh, if _____' _____ ___ I can do for you __ __ ___, just _____ __ an e-mail.

T: Thank you. I _____ ___.

M: Any time.

T: __ _____. But I _____' ____ you. Have a ____ ___ _____.

M: Thanks. _____ ___. Bye.

T: And _____ __ _____ __ your staff, who __ _____ all the research.

M: I will. Well, '_ _____ __ __. _____ __ _____.

T: Good-bye.

CHAPTER 1 ビジネスコミュニケーション入門

LESSON 5 食事に誘う、会食する ❶ ❷

Chatting with a Co-worker

Yoshio Ohmura is talking in the company cafeteria with Brian Black, who has just arrived from US headquarters.

Ohmura: So, the bottom line is, you'll need to change your visa status.

Black: How do I go about doing that?

O: The problem was explained to HR, and it's being taken care of. You'll hear from them shortly.

B: What a relief!

O: Now, on an entirely different subject, some of us are going to go have a drink after work. Would you care to join us?

B: Oh, actually, I don't touch alcohol, I mean, I don't drink. If I have even a drop of wine, I get dizzy.

O: Don't worry. We've all grown out of binge drinking. You can drink whatever you like. And at your own pace.

B: Who's coming?

O: People around our age. Nobody from management. It's nothing more than a chatty evening with friends, prattling on about who's who, and who does what in the company, and other stuff like that. But you do learn something at times, I must say.

B: Sounds interesting. Okay, count me in.

O: Right. We meet at the employee's entrance at 7:30.

B: Fine. See you later.

Some of us are going to go have a drink after work. Would you care to join us?
何人かで仕事のあと飲みに行くけど、一緒にどう?

Oh, actually, I don't touch alcohol.
いやあ、実は飲めないんだ。

DIALOG 同僚と食事をする

Translation

同僚とおしゃべりをする

社内のカフェテリアで大村良雄が、アメリカ本社からやって来た新人ブライアン・ブラックと話をしています。

大村：　というわけで、結論はきみの在留資格を変更する必要があるということなんだ。

ブラック：それって一体どうやったらいいのかな？

大村：　この問題は人事部に説明済みで、処理が進められているから、近いうちに連絡があると思うよ。

ブラック：そりゃ大助かりだ。

大村：　ところで、話変わって、何人かで仕事のあと飲みに行くけど、一緒にどう？

ブラック：いやあ、実は飲めないんだ。ワイン一滴でも、ふらふらになってしまうんでね。

大村：　心配ないよ。みんな一気飲みのたぐいは卒業だから。好きなものを飲めばいいじゃない。自分のペースで。

ブラック：どんな人が来るの？

大村：　われわれと同年輩の連中。管理職クラスは抜きでね。友達どうしで夜、雑談している感じで、社内のどの人がどんなポストにいて、何をやっているのかといったことをあれこれしゃべっているだけさ。でも、時には役立つ情報をつかんだりするのも確かだな。

ブラック：そりゃおもしろそうだ。人数に入れておいてよ。

大村：　了解。待ち合わせは、従業員通用口で7時半。

ブラック：いいよ。じゃあ、あとで。

Vocabulary

the bottom line is ~　結論は～だ * bottom line は「企業の最終損益」を表すが、そこから転じて、「結論は」「要するに」「とどのつまり」という意味でも使われる

visa status　（入国査証に示される）在留資格 * visa「入国査証」

go about ~ing　～に取り組む、～を処理する * =deal with ~

HR (department)　人事部

hear from ~　～から連絡をもらう

What a relief!　ああ、ほっとした［助かった］。* relief「安堵」

subject　話題、テーマ

go have a drink　飲みに行く * go and have ~「～しに行く」の略

I don't touch alcohol.　私はお酒が飲めません。* not touch alcohol「お酒が飲めない／飲めない」

get dizzy　ふらふらになる、目が回る * dizzy〈形〉「目がくらむ」

grow out of ~　（比喩的に）～は卒業する * grow「成長する」、out of ~「～から離れて」

binge drinking　むちゃ飲み * 一気飲みなどのように大量のアルコールを短時間でとるような飲み方。binge [bindʒ]「（飲食、買い物を）しまくること」

management　経営者、管理職

nothing more than ~　～にすぎない

chatty　雑談好きの、おしゃべりな * chat「雑談（する）」

prattle on　とりとめなく話し続ける * prattle「ぺちゃくちゃしゃべる」

who's who　誰が誰だか→誰がどのポストにいるか * 「紳士録」の意味も

who does what　誰が何をしているか

stuff　こと（発言や行為など）* インフォーマルな表現

count ~ in　（パーティーなどの参加者としてその人を）勘定に入れる * 逆（入れない）は count ~ out

Fine.　OKです。大丈夫です。* Fine with [by] me. ともいう

LESSON 5

FOCUS 自動詞と他動詞

Key Phrase

Oh, actually, I don't touch alcohol, I mean, I don't drink. (1)
いやあ、実は飲めないんだ。

You can drink whatever you like. (2)
好きなものを飲めばいいじゃない。

上の（1）の drink は自動詞、（2）の drink は他動詞です。（1）の drink には目的語がありませんが、（2）には目的語（whatever）があります。他動詞は必ず目的語を必要とし、自動詞は直接には目的語を取りません。例を見ていきましょう。

❶ 自動詞は直接には目的語を取らない

次の文の wait は自動詞で、目的語 (you) を直接続けられませんから、I'll be waiting you... は間違いです。I'll be waiting for you... と、前置詞 for をあとに置きます。

I'll be **waiting for you** in front of the reception desk.
（レセプションの前で**あなたをお待ちして**います）

※未来進行形〈will be ~ing〉は、「段取りとしてそういうことになっている」という意味で使われます。

❷ 他動詞は直接目的語を取る

I'd **appreciate it** if you could call me back later.
（折り返しお電話いただけると**大変ありがたい**のですが） ■ appreciate ~「~に感謝する」

他動詞は目的語を伴っていなければなりませんから、appreciate のあとの it を落とさないよう注意が必要です。

Let's **discuss our sales target**.
（**売上目標の話をしましょう**）

この文を Let's discuss <u>about</u> our sales target. とすると間違いになります。discuss は他動詞で、about などの前置詞を置かずに直接目的語を取ります。

❸ 自動詞と他動詞、いずれの用法もある動詞

drink や open など、自動詞と他動詞どちらの用法もあり、どちらでも意味が変わらない動詞も多くあります。ただその一方で、自動詞か他動詞かで意味が違ってくる動詞もあり、注意を要します。次の decline の例を見てみましょう。

Our stock price **declined** yesterday.
（昨日、当社の株価が**下落した**） ※ decline は自動詞で「低下する」

We **declined** their offer.
（当社は先方のオファー**を断った**） ※ decline は他動詞で「断る」

❹ 区別のポイント

他動詞は〈主語＋他動詞＋目的語〉がセットになっていて、動詞が目的語に手を差し出し、いつも目的語と手をつないでいるイメージです。これに対し、自動詞は〈主語＋自動詞〉で完結していて、目的語に差し出す手はありません。自動詞のあとに目的語のような形で語を置くときには for, on などの前置詞が必要になります。

He is **running** a restaurant.（彼はレストラン**を経営している**）
He is **running for** mayor.（彼は市長**に立候補している**）

上の run は他動詞、下の run は自動詞です。自動詞の場合、前置詞（この場合 for）を介して言葉をつなげます。

more » 「一緒にどう？」と声をかけるときの言い回し

　食堂などで「一緒にどう？」と声をかけたり、「一緒にどうですか」と食事に誘ったりする言い回しを見ていきましょう。

● 社員食堂で、見かけた知人に「一緒にどう？」と声をかける

Jack:　Jill, over here.
Jill:　　Hi, Jack.
Jack:　**Why don't you have a seat here?**
　（ジャック：ジル、こっち、こっち。
　　ジル：　　あら、ジャック。
　　ジャック：**よかったら、こっちに座らない？**［一緒にどう？］）

● 社員食堂で、こちらから「ご一緒していいですか」と声をかける

May I join you?（ご一緒していいですか）
Would you mind if I join(ed) you?（ご一緒してもよろしいですか）

● 社員食堂で「席が空いていますか」と尋ねる

Do you mind if I sit here?（こちらに掛けてもかまいませんか）
Is this seat open [taken / free]?（この席、空いていますか）
Are you saving this seat?（この席、どなたかいらっしゃるのですか）

● 食事に行くときに「一緒にどうですか」と声をかける

Would you like to join us for dinner this evening**?**
　（今晩、**一緒に夕食に行きませんか**）※ for のあとは名詞（句）で受けます。
What do you say we eat out sometime this week**?**
　（今週、**食事に行きませんか**）

CHAPTER 1 ビジネスコミュニケーション入門

LESSON 6 食事に誘う、会食する ① ❷

Having a Client Dinner

Kenji Shibata invited Amy Tang, a client, to a restaurant to mark the successful start of a merger.

Maitre d': Good evening. Would you like the menu?
Shibata: Thank you. And we'd like two glasses of champagne.
M: Very well.
S: What would you like as a starter?
Tang: I think I'll have the salmon.
S: And then?
T: Mmm. Everything sounds so tempting. I'm having trouble deciding. Any suggestions?
S: I always go for their sea food. But, of course, if you're not a big fish eater...
T: No. I am a sea food fan. Okay, I think I'll have the catch of the day with white wine butter sauce.
S: Mmm. Good choice. I'll have the clams steamed in a garlic butter broth.
Waiter: Here's your champagne.
S: Thank you. Well, here's to a successful launch.
T: Cheers! And here's to a successful partnership.
S: Tell me, Amy, what should I say if I'm asked to make a toast at a company function?
T: Well, something like "Please join me in drinking a toast to a successful launch." or whatever the occasion, is what you normally hear, I think.
S: Thank you.

Here's to a successful launch.
今回のプロジェクトが無事スタートしたのを祝って、乾杯といきましょう。

Here's to a successful partnership.
パートナー関係がうまくいくよう願って乾杯といきましょう。

DIALOG 顧客と食事をする

Translation

顧客と食事する

合併がうまくスタートしたことを祝って、柴田健二は、取引先のエイミー・タンをレストランに招待しました。

メートルドテル： 今晩は。メニューでございます。
柴田： ありがとう。グラスでシャンパンを2杯お願いします。
メートルドテル： かしこまりました。
柴田： 前菜はいかがなさいますか？
タン： サーモンはどうかな、と思っています。
柴田： その次は？
タン： うーん。どれもみなおいしそうで。決めるのに苦労します。何かお勧めは？
柴田： 私はいつもここのシーフードですね。もちろん、それほど魚がお好きでないとなると…
タン： いいえ、シーフードは大好きです。そうですね、この本日のお魚、白ワイン仕立てのバターソースでいきます。
柴田： うむ。いいですね。私は、はまぐりのガーリックバター蒸しにします。
ウェイター： シャンパンをお持ちしました。
柴田： ありがとう。それでは、今回のプロジェクトが無事スタートしたのを祝って、乾杯といきましょう。
タン： 乾杯！ そして、パートナー関係がうまくいくよう願って乾杯といきましょう。
柴田： ちょっと教えてください、エイミー。何か会社の行事で乾杯の音頭を取るよう言われたとしたら、どう言ったらいいのでしょう？
タン： そうですね、よく耳にするのは、様々な行事で「順調なスタートを祝って、みなさんと乾杯したいと存じます」というような言い方だと思いますね。
柴田： ありがとうございます。

Vocabulary

mark （出来事を）記念する
merger 合併
Maitre d' [mèitər di:] メートルドテル
＊レストランのサービス責任者［給仕長］
champagne [ʃæmpéin] シャンパン
starter 前菜＊appetizer ともいう
tempting 〈形〉食欲（など）をそそる
have trouble (in) ~ing ～するのに苦労する
suggestion お勧めのもの＊recommendation と言うこともできる
go for ~ ～を求める、選ぶ
fish eater 魚好きの人＊「肉好きの人」は meat eater、meat person と言うが、fish person という言い方はあまりしない
catch of the day 本日の鮮魚＊メニューでの言い方
clam 2枚貝（はまぐりやあさり）
broth [brɔ́:θ] ブロス、スープ＊肉、魚、野菜などを煮出したスープ
Here's to ~. ～に乾杯。
successful launch 順調な開始＊launch [lɔ́:ntʃ]（事業やプロジェクトとの）開始、新発売
Cheers! 乾杯！＊アメリカ人は Bottoms up! とも言う
make a toast 乾杯の音頭をとる
company function 会社の行事[祝典]
join me 私と一緒にやる
drink a toast to ~ ～のために乾杯する
whatever the occasion その他の行事＊本文は successful launch or whatever the occasion (may be) ということで、「順調なスタートとかそのほかのどのような行事であれ」の意味
normally ふつうに＊=usually
hear 耳にする

LESSON 6

FOCUS will と be going to

I think I'll have the salmon.
サーモンはどうかな、と思っています。

　これからの話をするとき、とっさの判断で言うときには will を、心積もりが決まっている場合や、ある手がかりを基に見通しを語る場合には be going to を使います。

❶ will を使う場合

その場でぱっと決めた判断を伝えるのが will です。次の文で be going to を使うと、前々から電話に出るのを予定していたような妙な印象を与えてしまいます。

A: Can someone answer the phone?
B: **I'll get it.**
（A: 誰が電話に出てくれる？　B: **私が出ます**）

will は、次の文のように、約束したり申し出るときにも使います。

A: **I'll see you** tomorrow, okay?
B: Good. See you.
（A: 明日**会いましょう**、いい？　B: いいよ。じゃあね）

❷ be going to を使う場合

週末や休暇などの予定を尋ねられたときなど、予定に基づいて「こういうつもりだ」ということを伝えたい場合は、もっぱら be going to を使います。

A: Any plans for the weekend?
B: I**'m going to** play tennis.
（A: 週末に何かするの？　B: テニスを**します**）

次のように、友だちどうしのような気楽な場面で「自分はこうする」と伝えるときにも使えます。この場合 going to は gonna [gɔ́:nə] という音になるのが普通です。

A: What are you going to have?
B: I**'m going to [gonna]** have a cheeseburger.
（A: 何にする？　B: チーズバーガー**にする**）

※注意したいのは、be going to は既定のことを伝える要素が強いため、レストランに招待されて注文を申し出る際に I'm going to have ~. と言うのはストレート過ぎます。I'll have ~. と、will を使ったほうが無難です。

❸ will と be going to の微妙な違い

will も be going to も、見通しを語るときに使われますが、次のはじめの文のように、話し手がこうなるだろうと主観的な見通しを語るのであれば will を使い、その下の文のように、現時点でそう言える材料があって、それを基に見通しを語るような場合には be going to を使うというのが一般的です。

It's unwise to extend further credit to them. **I have this hunch** that they**'ll collapse** sooner or later.
(これ以上あの会社に貸すのは賢明ではない。**私の勘では**、遅かれ早かれ**破綻するような気がする**) ■ extend credit「貸し付ける」 hunch「勘」

All indications suggest that they**'re going to collapse** sooner or later.
(すべての徴候は彼らが遅かれ早かれ**破綻する**ことを**示唆している**)

■ indication「徴候、兆し」 suggest「示唆する、うかがわせる」

more » 会食のとき役立つ決まり文句

会食した場合に、始まりと終わりの決まり文句を知らないとつらいものです。役立つ決まり文句をおぼえておきましょう。

● 会食の始まりに使う決まり文句

Would you care for a drink? (何か飲み物はいかがですか)

What would you like as a starter? (前菜[オードブル]はどうなさいますか)

● 会食の終盤に使う決まり文句

I hope you liked the food. (お食事は**お口に合いましたか**)

How did you like the food? (お食事はいかがでしたか)

Everything was delicious, and I **thoroughly enjoyed our evening**.
(すべてがおいしく、ほんとうに楽しい晩でした)

● 料理の感想を言う決まり文句

※以下が代表的表現です。absolutely ~「実に~」という言い方を押さえておきましょう。

The clams were **absolutely fresh** and perfectly seasoned.
(はまぐりが**実に新鮮**で、味つけも申し分ありませんでした)

The meat was **absolutely tender** and full of flavor.
(お肉が**実にやわらかく**、とてもおいしかったです)

Your choice of wine was **excellent** [superb / inspired].
(選んでくださったワインは**逸品**でした)

● ワインを勧める決まり文句

Would you care for some wine? Red [White], **perhaps**.
(ワインなどいかがでしょう。赤[白]とか)

I think a Riesling should **go well with** your fish.
(あなたのお魚料理には[ワインは]リースリング**が合う**と思います)

LESSON 5&6 CHECK UP

FOCUS!

>>> 空欄を埋めて話してみよう <<<

自動詞と他動詞 / will と be going to

1. ❶ レセプションの前であなたをお待ちしています。
   I'_ b_ w____ f____ y___ i_ f____ o_ t__ r_____ d___.

2. ❷ 売上目標の話をしましょう。
   L__' d____ o__ s____ t___.

3. ❸ 昨日、当社の株価が下落した。
   O__ s____ p____ d____ y_____.

4. 当社は先方のオファーを断った。
   W_ d____ t____ o__.

5. ❹ 彼はレストランを経営している。
   H__ i__ r____ a r_____.

6. 彼は市長に立候補している。
   H__ i__ r____ f____ m___.

7. ❶ 誰か電話に出てくれる？
   C__ s_____ a____ t__ p____?

8. 私が出ます。
   I'____ g____ i____.

9. 明日会いましょう、いい？
   I'____ s____ y__ t_____, o___?

46

LESSON 5&6　ビジネスコミュニケーション入門—食事に誘う、会食する ❶❷

10. ❷　週末に何かするの？

A___ p___ f__ t__ w_____?

11.　テニスをします。

I'___ g___ t___ p__ t____.

12.　何にする？[何を注文する ?]

W__ a___ y_ g___ t___ h__?

13.　チーズバーガーにする。

I'__ g___ t___ h___ a c_____.

14. ❸　私の勘では、遅かれ早かれ破綻するような気がする。

I h___ t___ h___ t__ t___' c___ s_____ o_ l___.

15.　すべての徴候は彼らが遅かれ早かれ破綻することを示唆している。

A_ i___ s___ t__ t___' g___ t___ c___ s_____ o_ l___.

>>> 音声を聴き取ろう <<<

Chatting with a Co-worker

Yoshio Ohmura is talking in the company cafeteria with Brian Black, who has just arrived from US headquarters.

Ohmura: So, ___ _____ ___ is, you'll _____ __ _____ your ___ _____.

Black: How do I __ _____ _____ that?

O: The problem was _____ to __, and it's _____ _____ ___ __. You'll ___ ___ them _____.

B: ____ a ____!

O: Now, on an _____ different _____, some of us are going to __ ___ a _____ after work. _____ ___ ___ to ___ __?

B: Oh, _____, I ___' _____ _____, I mean, I don't drink. If I have ___ a ____ of ____, I ___ ____.

O: Don't worry. We've all _____ __ __ _____ _____. You can drink _____ ___ ___. And at ____ ___ ____.

B: ____' _____?

O: People _____ __ ___. Nobody from _____. It's _____ ___ ___ a _____ evening with friends, _____ __ about ___' ___, and ___ ___ ____ in the company, and other ____ like that. But you __ _____ something __ _____, I must say.

B: _____ interesting. Okay, _____ me __.

O: ____. We meet at the _____' _____ at _:__.

B: Fine. ___ ___ ___.

Having a Client Dinner

Kenji Shibata invited Amy Tang, a client, to a restaurant to mark the successful start of a merger.

Maitre d': Good evening. _____ ___ ___ the _____?

Shibata: Thank you. And __' ___ ___ _____ of champagne.

M: Very well.

S: ____ ____ __ __ as a _____?

Tang: I think '_ ____ the salmon.

S: And then?

T: Mmm. Everything _____ so _____. I'm _____ _____ _____. Any _____?

S: I always __ __ their sea food. But, of course, _ you're __ a big ____ ____…

T: No. I am a ___ ___ __. Okay, I think '_ ___ the _____ _ the ___ ___ white wine butter sauce.

S: Mmm. ____ _____. '_ ___ the _____ _____ in a garlic butter ____.

Waiter: Here's your champagne.

S: Thank you. Well, ____'_ _ a _____ _____.

T: _____! And here's to a _____ _____.

S: Tell me, Amy, ____ _____ I __ _ I'm asked to _____ a ____ at a _____ _____?

T: Well, something like "Please ___ __ in _____ a ____ __ a successful launch." or whatever the occasion, is what you _____ ___, I think.

S: Thank you.

CHAPTER 1 ビジネスコミュニケーション入門

LESSON 7 出退勤時のあいさつ ❶ ②

Saying Hello to your Co-worker

Mary Bell, a junior investment banker, walks into work. Alex Harris, her colleague, looks exhausted.

Bell: Morning, Alex.
Harris: Morning, Mary.
B: What's the matter with you? You look haggard!
H: Do I look that bad?
B: Yes, you do. Go have a look in the mirror and you'll see what I mean.
H: Well, I'm assigned to a team doing a road show for an IPO. You know what it's like. I've been working 16-hour days lately.
B: But that's two full workdays! How can you do that?
H: Easy. Just when I'm about to go to bed, I get tons of emails with huge attachments and my cell phone starts ringing incessantly. You know the rest.
B: Oh, I get it. Watch yourself! You'll get stuck in a rut and burn out. That's what'll happen if you go on like this.
H: You can say that again. I appreciate the concern. But it'll be over and things will be back to normal in a couple of days.
B: Good for you. Anyway, don't work too hard.
H: Thank you. I'll try not to.

What's the matter with you?
You look haggard!
どうしたの？
げっそりしているじゃない。

Do I look that bad?
そんなにひどい？

DIALOG 出勤時のあいさつ

DL 020

Translation

仕事仲間に出勤時のあいさつをする

朝、投資銀行部門の若手社員であるメリー・ベルが出勤してくると、同僚のアレックス・ハリスは疲れきった様子でいました。

ベル: おはよう、アレックス。

ハリス: おはよう、メリー。

ベル: どうしたの？ げっそりしているじゃない。

ハリス: そんなにひどい？

ベル: ひどいわよ。鏡を見たほうがいいわよ。言っている意味がわかるから。

ハリス: IPOに備えたロードショーを担当しているチームに配属されていてね。わかるでしょう、どんなだか。このところずっと1日16時間労働だよ。

ベル: でもそれってまるまる2日分の労働時間じゃない。どうしてそうなるの？

ハリス: 何でもないさ。ベッドに入ろうとすると膨大な添付資料付きのメールが山のように到来するし、携帯電話が休みなく鳴り続けるって具合さ。あとはわかるでしょう？

ベル: ああ、そういうことね。気をつけないとだめよ。溝にはまったままで、燃え尽きちゃうからね。そうなるわよ、このままで行くと。

ハリス: 言えてるね。お気づかい、ありがとう。でも、あと2、3日もすれば終わって、普段どおりの仕事に戻れるよ。

ベル: それはよかった。とにかく働くのもほどほどにね。

ハリス: ありがとう。そう心がけてみるよ。

Vocabulary

say hello to ~ ~にあいさつをする

investment banker 投資銀行業務の専門家

What's the matter with you? 一体どうしたの？ * the matter 「困難、難儀」

haggard げっそりした

be assigned to ~ ~へ配属される * assign ... to ~ 「…を~に任命する、就かせる」。発音は [əsáin]

road show ロードショー * 株式公開などで資金調達を予定している企業による、投資家向け説明会

IPO 新規株式公開 * initial public offering の略で、initial 「新規の」、public offering 「公に売りに出すこと→株式公開」。企業の株式が、証券取引所での売買の対象となること

16-hour (work)day 1日16時間労働

workday 1日の労働時間 * workweek は 「1週間の労働時間」

be about to ~ まさに~しようとしている

cell phone 携帯電話 * =cellular phone. 英国では mobile phone

the rest そのあと、残り

get stuck in a rut 溝にはまって動けなくなる * stuck は動詞 stick 「くっつく」の過去分詞。機能的には 「はまり込んで動かなくなる」 という意味の形容詞。rut 「溝」

You can say that again. 君の言うとおりだ。まったくだ。

I appreciate the concern. お気づかいありがとう。 * appreciate 「高く評価する、ありがたく思う」

be over 終わっている

things 事態、状況

be back to normal 平常に戻る * return to normal ともいう

Good for you. それはよかった。

LESSON 7

CHAPTER 基礎編

1
2
3

実践編

4
5
6

ビジネスコミュニケーション入門

51

LESSON 7

FOCUS 一味違う受動態

> **Key Phrase**
> **You'll get stuck in a rut and burn out.**
> 溝にはまったままで、燃え尽きちゃうからね。

　上の文の get stuck のように、get を使った受動態は、本人と無関係の力が働いていることを強調する意味あいで、会話ではよく使われます。どのような場面でこうした受動態が使われるかを、be動詞の受動態のケースも含めて見ていきましょう。

❶〈get ＋過去分詞〉のニュアンス

〈予想外のこと、特にネガティブな意味合いのことを言う〉

I **got stuck** in a traffic jam.（交通渋滞に**はまって動けなくなった**）
■ stuck stick「くっつく」(stick-stuck-stuck)の過去分詞で、機能的には形容詞「はまり込んで動かなくなる」

He suddenly **got demoted**.（彼は突然**降格された**）

上の例はいずれも、I was stuck ~., He was demoted. とも言えますが、get を使うと本人の力ではどうしようもない状況であることが強調されます。

〈例外的に、本人に都合よくいったことも表す〉

She **got promoted**.（彼女は**昇格した**）

He **got picked** for the development team.
（彼は開発チームのメンバーに**抜てきされた**）

❷〈get / have ＋名詞＋過去分詞〉という応用形のニュアンス

〈他の人、特に専門とする人に何かをやってもらう、と言う〉

I'll **have the agreement reviewed** by the legal department.
（法務部に契約書を見直してもらおう）

〈自分たちにはコントロールできない被害であることを言う〉

We **got our server hacked** three times last year.
（去年、3回、**うちのサーバーをハッカーにやられた**）
ネガティブなニュアンスがあるときは、have より get を使う方が一般的です。

❸ be 動詞の受動態がよく使われるケース

英文では一般に受動態より能動態で表すことが多いのですが、以下のような場合には、〈be 動詞＋過去分詞〉の受動態が多く使われます。

〈行った主体より行われた内容に重点がある場合〉

The company **was founded** in 1998.（その会社は 1998 年に**設立された**）

※「誰が設立したか」を述べるなら、~ founded the company... の形になりますが、話の焦点はここでは「誰が」より「設立された」にあるため、受動態が使われます。

〈相手にカドがたたないようにしたい場合〉

Smoking **is prohibited**. （喫煙は**禁じられています**）

※ここで We prohibit your smoking. などとするとカドがたちます。

〈話し手にとって重要なことを主語にしたい場合〉

Our shipment **was lost** in transit.

（当社の荷が運送中に**なくなってしまった**）

※話し手にとって、荷の紛失という事実のほうが、誰が持っていったかより重要であるため、荷を主語とした受動態で表しています。

more » 出勤時に同僚と交わすあいさつの定番

同僚と顔を合わせたときに交わすあいさつの表現を、状況別に見ておきましょう。

● 出勤初日の場合

Hello, I'm Greg Smith. **This is my first day here.**

（こんにちは。グレッグ・スミスと申します。きょうからお世話になります）

● 週明けの場合

Jill: **Good morning, Jack! How was your weekend?**
Jack: **Great**, the video conference went really well.

（ジル：**おはよう、ジャック。週末どうだった？** ジャック：**よかったよ。**テレビ会議がうまくいってね）

返答は、大しておもしろくなかった場合でも Great. といった程度ですませます。また、ファーストネームを入れて親しみを出すのが慣行です。

● 相手が休暇から戻ってきた場合

Jill: Hi, Jack. **How was your vacation? Did you have fun?**
Jack: Hi, Jill. **It was just great, thank you.** But I've used up all my annual leave.

（ジル：あら、ジャック。**休暇どうだった？ 楽しんだ？** ジャック：やあ、ジル。**じつによかったよ、ありがとう。**でも有給休暇を使い果たしちゃったよ）

※長めの休暇のあとに顔を合わせたときは、Welcome back! も使います。

● 病欠していた人と顔を合わせた場合

Jill: Hi, Jack. **Is everything okay?**
Jack: I was down with a bad cold. But **I'm feeling much better. Thank you.**

（ジル：あら、ジャック。どう、**大丈夫？** ジャック：ひどい風邪をひいちゃって。でも、**だいぶ良くなったよ。ありがとう**）

CHAPTER 1　ビジネスコミュニケーション入門

LESSON 8　出退勤時のあいさつ ❶❷

Saying Good-bye to your Co-worker

Mary Bell is on her way out of the office, after pretty much finishing up a backlog of work. On the way out, she speaks to Akira Yamamoto.

Bell: I'm leaving for the day, Akira.

Yamamoto: Oh, you managed to clear the backlog, then.

B: Not really. But I was able to get the bulk of it done today. I'm pretty sure I'll be done with the rest of it in about two hours.

Y: Good. Off you go. Take that well-earned rest.

B: Um, can I ask you a favor?

Y: Sure, anything.

B: If Emi, I mean Emi, the secretary to Mr. Carter, comes looking for me or, rather, one of these files, just tell her everything will be ready by noon.

Y: Got it. The emphasis is on "by noon," right? It's supposed to soothe their nerves.

B: Exactly. Ah, can I ask you another favor?

Y: Well, it depends. Try me. But, I'm leaving in about an hour myself.

B: That's okay. If someone from IT shows up, tell him or her that my PC fails to detect a CD when put into the drive. I put in a help request two days ago, but haven't heard from them yet. I know our IT department is understaffed. But this is too much, isn't it?

Y: I couldn't agree more! Don't they realize it's a misnomer to call them the "help" desk?

Can I ask you a favor?
ちょっと頼まれてくれるかしら？

Sure, anything.
いいよ、何なりと。

54

DIALOG 退勤時のあいさつ

Translation

仕事仲間に退勤時のあいさつをする

たまっていた仕事をだいたい片付けて、メリー・ベルが帰ろうとしています。出がけに山本明に声をかけました。

ベル： きょうは、ここまで。明、お先に。

山本： じゃあ、たまっていた仕事を何とか片づけたんだね。

ベル： いや、そうでもないかな。でもね、きょうで、あらかた処理できたわ。きっと、あと2時間もあれば残りが片付くでしょう。

山本： そりゃよかった。もう、帰りなよ。帰ってゆっくり休む資格大ありだもんな。

ベル： えっと、ちょっと頼まれてくれるかしら？

山本： いいよ、何なりと。

ベル： 江美、あのカーターさんの秘書の江美が来て、私を、いや、と言うか、このファイルのどれかを探しに来たら、昼までにはすべて用意できてるって伝えて。

山本： 了解。「昼まで」ってのがミソなんだ。でしょ？やきもきしている気持ちをなだめるってことなんだ。

ベル： そう、そのとおり。うーん、もう一つ頼んでいい？

山本： そうね、ことによるね。まあ、言ってみなよ。ただ、こっちもあと1時間ほどで帰るよ。

ベル： それは大丈夫。ITから誰かから来たら、その人にPCのドライブにCDを入れても認識しないって言ってもらえるかしら。2日前にヘルプデスクに頼んだんだけれど、何も言ってこないのよ。うちのITが人手不足なのはわかっているけれど、あんまりじゃない、ねえ。

山本： 同感。「ヘルプ」デスクって言ってるけど、名前負けしているの、わかっているのかな？

Vocabulary

pretty much ほぼ * =almost
backlog やり残した仕事 * log「貯蔵してある薪（まき）」
I'm leaving for the day. きょうはここまでにして帰ります。 * for the day「きょうのところは」。 I'll call it a day.「きょうはこれまでにします」などとも言う
manage to ~ 何とか~する
get ~ done ~を済ませる
bulk of ~ ~の大部分 * bulk「主要部分」
be done with ~ ~を済ませる
that その * 強意の形容詞
well-earned rest 当然の休息 * well-earned「受けるに十分値する」
Can I ask you a favor? お願いがあるのですが。 * favor [féivər]「好意、援助」。 Can I ask a favor (of you)? などとも言う。 Lesson 17 Focus 参照
secretary to ~ ~付きの秘書
file （関係書類を入れた）ファイル［書類入れ］
emphasis [émfəsis] 強調（点）
soothe one's nerves ~の神経を鎮める、~の気持ちをなだめる
IT (department) システム部、IT部 * 企業内でコンピュータその他システム関係を担当している部署。ITは information technology の略
PC パソコン * personal computer
detect （CDなどを）認識する
drive ドライブ、駆動装置
put in ~ ~を申請する
help request （IT部門に出す）サポートの依頼
understaffed 人手不足の * staff「職員を配置する」
I couldn't agree more! 同感！ * You can say that again! と同じ
misnomer [misnóumər] 似つかわしくない命名、名前負けしていること
help desk ヘルプデスク * 顧客や社員の問い合わせに対応する企業内の部門

LESSON 8

 センテンスの一部を強調する

Key Phrase
Off you go.
もう、帰りなよ。

　上の文は You go off.（go off「立ち去る」）の off が文頭に出ています。このように英文では、強調したい部分を先頭に出すことがあります。語順が普通でないと、聞き手も「何かある」と緊張して聞くことになります。もう少し詳しく見ていきましょう。

❶ 副詞が強調されている例

Off we go.（**さあ**、行きましょう）

Off we go. は引率の教師がよく使いますが、一般にはインフォーマルな会話表現です。同僚どうしなどでは使いますが、目上の人には使えません。次の表現も同じです。

Now you tell me!（何よ、**今になって**！［言うならもっと前に言ってよ！］）

❷ 形容詞が強調されている例

Right you are.（**そのとおり**）

You are right. の right「正しい」が先頭に置かれ、強調されています。ただ、Right you are. はよく使われますが、Wrong you are. という言い方は聞きませんから、何でもひっくり返せるというものではありません。

❸ 副詞句や名詞句が強調されている例

〈副詞句の場合〉

副詞句は副詞と同じように、動詞、形容詞、副詞、文全体を修飾する句です。次の文の on the whole は〈前置詞（on）＋名詞句（the whole）〉の形の副詞句です。

On the whole, the arrangements are okay.
（**概ね**、段取りはいいんじゃない）

この文は The arrangements are okay <u>on the whole</u>. の on the whole「概ね」が強調されて先頭に出たものです。
次の文のように just now「たった今」、on the right「右手に」など、時間や場所を表す副詞句が強調されて、先頭に置かれることもよくあります。

Just now, I was told that the Board approved our proposal.
（**たった今**、取締役会がわれわれの提案を承認したと聞きました）

〈名詞句の場合〉

名詞句は、普通名詞と同じように、主語、補語、目的語になる、一連の単語群です。次の文の this issue も、短いですが名詞句です。

This issue we have already discussed.
（**この問題**はすでに検討済みです）

ビジネスコミュニケーション入門—出退勤のあいさつ

この文では We have already discussed this issue. の this issue が先頭に出されて強調されています。会議の席などで、ちょっと改まった感じで、このように目的語を前に置く人もいます。次は文の補語（a nice guy）が強調されたケースです。

A nice guy he is.（いい人よ、彼は）

more » 退勤時のあいさつのバリエーション

退勤時のあいさつの定番表現を、状況別に見ておきましょう。

● 平日のやりとり

Jack: **I'm going home now. See you tomorrow.**
Jill:　**See you.** Go straight home!
（ジャック：　お先。じゃあ、また、あした。　ジル：じゃあね。まっすぐ帰るのよ）

相手が自動車通勤の場合、「運転、気をつけてね」という意味でよく Drive safely. と言います。相手は普通、「もちろん」という意味で I will, thank you. と応じます。

● 上司にうかがいを立ててから退社する場合

I've finished today's work. **If there isn't anything urgent, I'd like to call it a day.**
（きょうの仕事は終わりました。何か急ぎのものがなければ、きょうはこれで失礼させていただきます）　■ call it a day「（仕事などを）終わりにする」

● 週末を控えている場合（金曜日の退勤時）

Jack: **Have a nice weekend.**
Jill:　**You too**, Jack.
（ジャック：ウィークエンド、楽しんでね。　ジル：そっちもね、ジャック）

Jack: **See you on Monday**, Jill.
Jill:　**See you. / Take care. / Take it easy.**
（ジャック：　ジル、また月曜に。　ジル：　じゃあね）

※ Take care. や Take it easy. は直訳すると「気をつけて」や「気楽にね、のんびりね」になりますが、軽く「じゃあね」の感じで頻繁に使われます。

●「休みをとるよ」と知らせる場合

Jack: **I'm taking a day off tomorrow.**
Jill:　Okay, **have a good day**.
（ジャック：　あした休みをとるんだ。　ジル：わかったわ。楽しんでらっしゃい）

※ I'm going to take ~ とも言えますが、I'm taking ~ と（近未来）進行形にすると、休暇届けを出しているなど、手はずが整っているニュアンスが出ます。休暇が1週間ぐらいのときは、I'll be gone for a week on vacation. See you.（休暇で1週間いないけど、またね）と言ったりします。

LESSON 7&8 CHECK UP

FOCUS!

>>> 空欄を埋めて話してみよう <<<

一味違う受動態 / センテンスの一部を強調する

1. ❶ 交通渋滞にはまって動けなくなった。
   I g___ s___ i_ a t___ j___.

2. 彼は突然降格された。
   H_ s_____ g___ d___.

3. 彼女は昇格した。
   She g___ p___.

4. ❷ 法務部に契約書を見直してもらおう。
   I'_ h___ t_ a___ r___ b__ t_ l___ d_____.

5. 去年、3回、うちのサーバーをハッカーにやられた。
   W_ g___ o___ s___ h___ t___ t___ l__ y__.

6. ❸ その会社は1998年に設立された。
   T__ c_____ w__ f___ i_ 1998.

7. 喫煙は禁じられています。
   S_____ i___ p___.

8. 当社の荷が運送中になくなってしまった。
   O_ s_____ w__ l___ i__ t____.

9. ❶ さあ、行きましょう。
   O___ w_ g__.

LESSON 7&8　ビジネスコミュニケーション入門─出退勤時のあいさつ ❶❷

10.　　何よ、今になって！[言うならもっと前に言ってよ！]

N___ y__ t__ m__!

11. ❷　そのとおり。

R___ y__ a___.

12. ❸　概ね、段取りはいいんじゃない。

O___ t___ w___, t_ a_____ a__ o__.

13.　　たった今、取締役会が我々の提案を承認したと聞きました。

J___ n___, I w__ t__ t__ t__ B___ a_____ o_ p_____.

14.　　この問題はすでに検討済みです。

T___ i___ w__ h__ a_____ d_____.

15.　　いい人よ、彼は。

A n____ g____ h___ i__.

>>> 音声を聴き取ろう <<<

Saying Hello to your Co-worker

Mary Bell, a junior investment banker, walks into work. Alex Harris, her colleague, looks exhausted.

Bell: Morning, Alex.

Harris: Morning, Mary.

B: ____' the _____ ___ ___? You ____ _____!

H: Do I ____ ___ ___?

B: Yes, you do. ___ ____ a ____ in the _____ and ___' ___ what I mean.

H: Well, I'm _____ _ a team doing a ____ ____ for an ____. You know what '____. I've been _____ _-____ ____ lately.

B: But that's ____ ___ _____! How can you ___ ___?

H: Easy. Just when I'm _____ _ go to bed, I get tons of emails with huge attachments and my ___ _____ starts ringing incessantly. You know ___ ___.

B: Oh, I ___ _. Watch yourself! **You'll ___ _____ _ a ___ and ____ ___.** That's ____' _____ if you ___ __ like this.

H: ___ ___ ___ that again. I _____ the _____. But it'll __ ___ and _____ will be ____ to _____ in a _____ of days.

B: ____ __ ___. Anyway, don't work ___ ____.

H: Thank you. I'll ___ ___ _.

LESSON 7&8 ビジネスコミュニケーション入門—出退勤時のあいさつ ❶❷

Saying Good-bye to your Co-worker

Mary Bell is on her way out of the office, after pretty much finishing up a backlog of work. On the way out, she speaks to Akira Yamamoto.

Bell: '_ _____ _ the ___, Akira.

Yamamoto: Oh, you _____ _ clear the _____, then.

B: ___ ____. But I was able to __ the ____ _ it ____ today. I'm _____ ____ I'll be ____ ____ the ___ of it in about ___ hours.

Y: Good. ___ ___ __. Take that ____-_____ ___.

B: Um, ___ I ___ ___ a ____?

Y: ____, anything.

B: If Emi, I mean Emi, the _____ _ Mr. Carter, comes _____ __ me or, _____, one of these ___, just tell her _____ ___ __ _____ by noon.

Y: ___ _. The _____ is on "by noon," right? It's _____ to _____ their nerves.

B: _____. Ah, can I ask you _____ ____?

Y: Well, _ _____. ___ ___. But, I'm _____ in _____ an ____ myself.

B: That's okay. If someone from IT _____ __, tell him or her that my __ ___ to _____ a CD when put into the ____. I ___ _ a ____ _____ two days ago, but _____' _____ ____ them __. I know our IT department is _____. But this is too much, isn't it?

Y: I _____' ____ ____! Don't they _____ it's a _____ to __ them the "help" desk?

基礎編

Chapter 2

社外とのコミュニケーション
Managing External Communication

内容紹介 p64

アポイントの段取り　Making an Appointment

LESSON 9 **DIALOG** アポイントを取る p66 🎧 026
FOCUS アポイントを取るためのスキル　more 予定を変更するときの表現 p68 🎧 027 🎧 028
LESSON 10 **DIALOG** 約束した相手を訪ねる p70 🎧 029
FOCUS I'm here to ~. を使いこなす　more 受付の人が使う言い回し p72 🎧 030 🎧 031

電話での対応　Business Telephoning

LESSON 11 **DIALOG** 電話をかける p78 🎧 032
FOCUS 電話をかけるときのポイント
more 電話をかける場合のバリエーション p80 🎧 033 🎧 034
LESSON 12 **DIALOG** 電話を受ける p82 🎧 035
FOCUS 電話を受けるためのスキル　more 本人が電話に出られない理由を言う p84 🎧 036 🎧 037

クレームとその処理　Making / Responding to Complaints

LESSON 13 **DIALOG** 苦情を言う p90 🎧 038
FOCUS クレームを言う　more 社内での苦情や苦言の切り出し方 p92 🎧 039 🎧 040
LESSON 14 **DIALOG** 苦情に対処する p94 🎧 041
FOCUS クレームへの対応　more 責任を否定する言い回し p96 🎧 042 🎧 043

面接への対応　Preparing / Answering Interview Questions

LESSON 15 **DIALOG** 面接の質問を用意する p102 🎧 044
FOCUS 面接での会社側質問パターン　more「5W1H」で質問を展開する p104 🎧 045 🎧 046
LESSON 16 **DIALOG** 面接の質問に答える p106 🎧 047
FOCUS 面接でよく聞かれる質問と答え　more 担当業務を述べる p108 🎧 048 🎧 049

Chapter 2　内容紹介

社外とのコミュニケーション
Managing External Communication

　第1章で慣らし運転は終了しましたので、第2章では「社外とのコミュニケーション」というくくりで、ビジネス独特の用語用例を積極的に取りあげていきます。まずはアポイントの取り方での約束事、相手のオフィスに行ってからの話の切り出し方から始めます。基本中の基本中ですが、レッスンで取りあげたことをしっかり身につければ、誰でもある程度こなせる、そういったスキルです。

　このあとの「電話をかける」「電話を受ける」「苦情を言う」「苦情に対処する」のいずれのレッスンについても同じことが言えます。最後のレッスン 15・16 では、採用面接で頻出する言い回しを見て行きます。自分が面接する側に立った場合に知っておく必要のある質問のしかたと、面接される側に立った場合の質問のこなし方を両方会得しておけば、余裕を持って面接に臨めるはずです。転職の際にもお役立てください。

　このようにビジネスに特有の単語や言い回しが増えてくるとは言っても、基本はみなさんがすでに身につけている英語です。英語は Who? What? に答えるべく、主部と述部から成り立ち、その味付けのために、When? Where? Why? How? に答える副詞的要素がそのあと並ぶ、といった英語固有の骨組みを意識しながら、レッスンに出てくるフレーズをまるごとおぼえていき、ご自分の英語の「肉付け」を進めていってください。むずかしく聞こえる話も結局は基本の組み合わせでしかないのですから。

ダイアログ紹介

アポイントの段取り　Making an Appointment

Lesson 9　アポイントを取る　Making an Appointment

　面談日時の設定場面です。ご都合は？と切り出し、最後に日時を確認する「すりあわせ」の手順、How are you fixed...? I'm tied up... といった決まり文句、そして suit, make, manage といった頻出単語に注意して聴いてください。アポイントの設定では、曜日や時間を間違いなく聴き取れるリスニング力が重要です。

Lesson 10　約束した相手を訪ねる　Visiting a Business Associate

　ビジネス英会話のコースを運営する企業が、音声認識技術をもつ企業を訪ねて協業を申し出る、という訪問場面です。Pleased to meet you. で始まり、I understand you wanted talk about ~ で実質的内容へと水を向け、さらに、I don't want to keep you any longer. と切り上げる際のやり取りに注目しながら流れをつかんでください。

64

電話での対応　Business Telephoning

Lesson 11　電話をかける　Placing a Phone Call

　電話での対応は、相手の表情が見えないため、緊張する人が多いようですが、基本を押さえておけばむずかしいものではありません。〈This is ＋自分の名前＋ from 社名（直通電話で本人が出た場合は Hi, it's ~)〉、〈May I speak to のあとに相手の名前〉、が基本形です。場面ごとの電話特有の言い回しを、繰り返し聴いて自分のものにしましょう。

Lesson 12　電話を受ける　Answering a Phone Call

　ある広告企画（この媒体にこの商品広告を出してはどうかといった企画）が、電話で持ち込まれています。かかってきた電話を保留して取り次ぐ場合、Hold on. といったくだけた言い方はビジネスでは不可とされています。ニュートラルなのが Hold the line, please. で、一番丁寧なのがこのダイアログにある Would you care to hold ？ です。普段やりとりしている相手ならともかく、場合によってはフォーマルな言い方をする必要があります。

クレームとその処理　Making / Responding to Complaints

Lesson 13　苦情を言う　Making a Complaint

　このダイアログでは、日ごろからやり取りのある会社間で、請求書に記載ミスがあり、請求書の再発行などを求めていくケースを取り上げています。書面でクレームをつけるときと同じで、電話の場合も、クレームがあるよ、事実関係はこうだよ、どう処理してくれますか、というふうに一定の流れがあります。

Lesson 14　苦情に対処する　Responding to a Complaint

　ネットでスペイン語を勉強できるコースを申し込んだところ、あとになって、希望の入門コースではなく、上級者コースに間違って申し込んだことに気づいたユーザーが電話をしてきたという想定です。対応している人が常に相手を気遣う言い方をしていることに注目してください。

面接への対応　Preparing / Answering Interview Questions

Lesson 15　面接の質問を用意する　Preparing Interview Questions

　秘書が必要になった幹部と、人事部の求人担当者が、秘書募集の面接の段取りを話し合う場面です。ポイントは求人担当者が面接での質問事項の確認をしているくだりで、実際に面接で聞かれることが、「転職されたい理由は？」「ご自分の最大の強みは何ですか？」といった形でそのまま並んでいます。

Lesson 16　面接の質問に答える　Answering Interview Questions

　前回のダイアログのつづきで、秘書の求人担当者が応募者のひとりに面接をしている場面です。応募理由、自分の長所、短所といった基本的な質問が繰り出され、それに応募者がうまく返答していきます。「数字やデータに強い」といった決まった言い方にも注意を払いながら聴いてください。

CHAPTER 2 社外とのコミュニケーション

LESSON 9 アポイントの段取り ❶ ❷

Making an Appointment

Koji Kita calls an acquaintance, Janet Sunday, to make an appointment.

Kita: Can we set up a meeting next week?

Sunday: Sure.

K: How are you fixed that week?

S: Umm, let me just check my appointment book. Oh, I'll be away for the first half of the week so that's not an option. But I'll definitely be back on Wednesday morning. How about Wednesday afternoon?

K: Sorry, I can't make it Wednesday afternoon. Would Thursday morning suit you?

S: Oh, I'm afraid I'm tied up in the morning, but I'll make myself free Thursday afternoon.

K: That's very kind of you, but Thursday afternoon is no good, I'm afraid. Can you manage Friday?

S: That'd be fine.

K: Let's say Friday then. What time suits you best?

S: Shall we say ten thirty?

K: Okay, so it's Friday at ten thirty in the morning at your office.

S: Friday at ten thirty. Fine.

K: See you then.

How are you fixed that week?
その週のご予定はどんな感じですか？

Umm, let me just check my appointment book.
えーっと、ちょっと予定表を見てみましょう。

DIALOG アポイントを取る

Translation

アポイントを取る

北光司が知り合いのジャネット・サンデーに電話し、アポイントを取ろうとしています。

北：	来週、お目にかかってお話しできますでしょうか？
サンデー：	もちろんですとも。
北：	来週のご予定はどんな感じですか？
サンデー：	えーっと、ちょっと予定表を見てみましょう。ああ、来週の前半は出かけているので、無理ですね。でも、水曜の午前中には確実に戻っています。水曜の午後はいかがですか？
北：	申し訳ない。水曜の午後は無理です。木曜の午前中はいかがですか？
サンデー：	ああ、午前中はふさがっていますが、木曜の午後でしたら、あけておくようにします。
北：	それは恐れ入ります。でも、あいにく木曜の午後はだめなのです。金曜日は大丈夫ですか？
サンデー：	大丈夫です。
北：	それでは金曜にしましょう。何時がよろしいですか？
サンデー：	10時半でどうでしょう？
北：	結構です、となると、金曜の午前10時半、そちらのオフィスでということですね。
サンデー：	金曜の10時半。結構です。
北：	それでは金曜日に。

Vocabulary

make an appointment アポイントを取る＊会って話す約束をする

set up a meeting ミーティングの段取りをつける＊会って話ができるようにする。set up をもっと改まった言い方にしたければ arrange を使う

be fixed 予定が入っている＊fix「(日にちを)決める」の使い方は Focus も参照。受動態では How are you fixed up for Monday? (月曜のご予定はどうですか) など

appointment book スケジュール帳、予定表＊イギリス英語では diary のほうが一般的

be away 出かけている

the first half of the week 週の前半＊「週の後半」は the second [latter] half of the week

option 選択肢

definitely be back 確実に戻っている

make it 都合をつける

suit ~ ~の都合に合っている

be tied up 忙しくて[予定が詰まっていて]自由がきかない、手一杯である

make oneself free 予定をあけておく

That's very kind of you. それはご親切に。ありがとうございます。

no good 役に立たない、都合が悪い

manage (日時の)都合をつける＊make it と同意

Let's say ~ then. では~にしましょう。

What time suits you best? 何時がいちばんよろしいですか。

Shall we say ~? ~でどうでしょう。~はいかがですか。＊How about ~? と同意

LESSON 9

FOCUS アポイントを取るためのスキル

Can we set up a meeting next week?
来週、お目にかかってお話しできますでしょうか？

アポイントを取る場合、基本的には、面会を申し入れ、日時を決め、確認するという手順をとります。流れに即して場面別の言い回しを見ていきましょう。

❶ 面会を申し入れる

make an appointment / arrange a meeting は面会を申し込む際に不可欠の表現です。

I'd like to **make an appointment with** Mr. Johnson.
（ジョンソン氏**にお目にかかるお約束をしたい**のですが）

Can we **arrange** [set up / fix (up)] **a meeting**?
（お会いしてお話しできますでしょうか）

※ arrange 部分に set up / fix (up) などを使えば、インフォーマルな感じを出せます。

❷ 日にちと時間を決める

「（日にちを）決める」は fix (up) で表します。up を加えると「準備する」というニュアンスが強まります

Let's **fix** a date. / Let's **fix up** a date. （日にち**を決め**ましょう）

〈都合のいい日時を聞く〉

What day and time would be good [convenient] **for you?**
（日時はいつがよろしいですか）

※まず日にちだけを決めるなら、What day would be good for you? になります。

suit と manage を使った言い方もよく使われます。suit と manage は日程のすりあわせをする上で欠かせない動詞ですので、使い方をよくおぼえておきましょう。

What day [time] **suits** you best?（何日［何時］が**よろしいですか**）

A: Can you **manage** Tuesday [ten thirty]? / Shall we say Tuesday [ten thirty]?
B: I'm afraid Friday [two in the afternoon] **suits** me better.
（A: 火曜日［10時半］のご**都合は**いかがですか。 B: あいにく金曜日［午後2時］のほうが**都合がいい**のですが） ■ Shall we say ~? ダイアログにある表現で How about ~? と同意

※ manage は「（日時の）都合をつける」、suit は「（その人に）都合がよい」という意味で、manage は人が主語、suit は日時が主語になることに注意してください。

「火曜日は都合が悪い」は次のように言うことができます。

I can't **manage** Tuesday. / Tuesday doesn't **suit** me.
I can't **make it** on Tuesday. ■ make it「都合をつける」＊=manage
I'**m tied up** on Tuesday. ■ be tied up「手一杯である、ふさがっている」
Tuesday's **no good**. ■ no good「都合が悪い、全然だめ」

社外とのコミュニケーション―アポイントの段取り ❶❷

I'm tied up ~ を使って「午前中は都合が悪い／火曜日の午前中は都合が悪い」と言う表現も見ておきましょう。「~曜日の午前中」は on ~ morning になります。
I'm tied up in the morning. / **I'm tied up** on Tuesday morning.

❸ 日時を確認する

最後に日時を確認します。Fine. または That'd be fine. を使って合意したことを確認しつつ、最後に、So, it's [曜日] at [時刻] (at [場所]). で締めくくります。

A: **How about** ten thirty?
B: **Fine. / That'd be fine.**
A: So, it's Friday at ten thirty in the morning at your office.

（A: 10時半**ではいかがですか**。 B: **結構です**。 A: では、金曜の午前10時半に御社でということで）

more » 予定を変更するときの表現

アポイントを取っても、何かの用ができて、予定を変更せざるを得なくなるというのはよくあることです。次のケースを見ておきましょう。

● アポイントの変更

〈電話で〉White: Hello, Ms. Black, I'm afraid I can't make our meeting scheduled for May 19. **Something came up. Er, can we change the date?**
Black: Sure. That's not a problem.

（ホワイト： もしもし、ブラックさん、すみませんが5月19日に予定していた打ち合わせが難しくなりました。**急ぎの用事ができてしまって。それで日を変えていただけますか**。
ブラック： わかりました。だいじょうぶです）

〈メールで〉**The May 10 meeting has been rescheduled for Tuesday, May 11, at 10:00 a.m. in the Board Room.** If you have any schedule conflicts, please contact Sara at Ext.1234. Thank you.
（5月10日の会議は、5月11日火曜日、午前10時から、場所は役員室に変更になりました。もし、都合の悪い場合は、サラまでご連絡ください。内線1234です）

● 遅刻しそうなとき

Mita: Ms. Black, I'm calling from a taxi. **I'm afraid I'm going to be late.** I'm stuck solid in a traffic jam. But the driver tells me I can be there in about twenty minutes.
Black: Mita-san, that's too bad. Okay, we'll be waiting for you.

（三田： ブラックさん、タクシーから電話しています。**すみませんが遅れます**。交通渋滞にはまってしまって。でも運転手は約20分でそちらに着けると言っています。
ブラック： それはお気の毒ですね、三田さん。わかりました、お待ちしています）

CHAPTER 2 社外とのコミュニケーション

LESSON 10 アポイントの段取り ❶ ❷ ·······························

Visiting a Business Associate

Yoshio Takamura is visiting Jill Scott's office after an exchange of e-mail.

Takamura: Good afternoon. I'm here to see Ms. Jill Scott. I have an appointment with her at 2 o'clock.

Receptionist: Ah, Mr. Takamura. Ms. Scott's expecting you. Would you like to take a seat? She won't be long.

Scott: Pleased to meet you, Mr. Takamura.

T: Pleased to meet you too, Ms. Scott.

S: It's very good to have you here. I understand you wanted to talk about a possible collaboration.

T: That's right. As I told you in my e-mail, we're running a web-based business English course. And it occurred to me that if we could jointly develop an online test of spoken English, which is the missing piece of our program, we'd mutually benefit.

S: I see, you want to administer a test based on our voice recognition technology. That definitely sounds feasible. I'll have our marketing people do some research and get back to you.

T: I'm glad that you're going to look at our proposal. Well, I don't want to keep you any longer. Thank you for taking time from your busy schedule.

S: Thank you for coming. It was nice talking to you.

T: Same here. Good-bye, Ms. Scott.

S: Good-bye.

It occurred to me that if we could jointly develop an online test of spoken English....

オンラインの英会話テストを共同開発できれば…と思いつきました。

COLLABORATION — ONLINE TEST
Business English Course   Voice Recognition Technology
ビジネス英語コース   音声認識技術

I see, you want to administer a test based on our voice recognition technology.

なるほど、私どもの音声認識技術を使ったテストを実施なさりたいのですね。

Content

Technology

| アポイントの段取り ① ② | 電話での対応 ▶▶ | クレームとその処理 ▶▶ | 面接への対応 ▶▶ |

DIALOG 約束した相手を訪ねる

DL 029

Translation

仕事先を訪ねる

高村良夫は、ジル・スコットとEメールを交換したのち、そのオフィスを訪ねてきています。

高村: こんにちは。ジル・スコットさんにお目にかかる約束になっております。2時の約束です。

受付: ああ、高村さんでいらっしゃいますね。スコットがお待ちしております。お掛けになってお待ちください。ほどなくこちらに本人が参りますので。

スコット: はじめまして、高村さん。

高村: こちらこそ、はじめまして、スコットさん。

スコット: お越しくださり、大変うれしく思っております。ところで、協業のことでお話があるということでしたが。

高村: そのとおりです。Eメールでも触れましたが、私ども、オンラインでのビジネス英語コースを運営しています。そこで思いついたのですが、私どものプログラムに欠けている、オンラインの英会話テストを共同開発できれば、互いに利益になるのではないでしょうか。

スコット: なるほど、私どもの音声認識技術を使ったテストを実施なさりたいのですね。実用化はまず問題ないでしょう。うちのマーケティングの者にリサーチをさせて、のちほどご連絡をさしあげましょう。

高村: 提案を取り上げていただけるようで、うれしいです。これ以上お時間を取らせるわけにもいきません。お忙しいなか、時間を割いていただき、ありがとうございました。

スコット: お越しいただき、ありがとうございます。お話できてよかったです。

高村: こちらこそ。スコットさん、では失礼します。

スコット: 失礼します。

Vocabulary

business associate 仕事[商売]仲間、取引先 * associate「仲間、同僚」

I'm here to see ~. ~にお目にかかることになっております。

I have an appointment with ~. ~とお約束があります。

expect ~ ~を待つ、~が来るのを期待する

~ won't be long. ~はまもなく来ます。* be long=use a large amount of time を否定した形

possible collaboration 協業の可能性 * possible「考えられる」。「協業」は会社同士が協力し合うこと

web-based ネット上の

it occurred to me that ~ ~を思いついた * occur「起きる」

online test オンライン試験 *インターネットを利用して実施される試験

missing piece 欠けているもの

mutually benefit 互いに利益を得る * benefit「利益を得る、ためになる」

administer a test テストを実施する * administer「執行する、実施する」。

voice recognition technology 音声認識技術 *音声をコンピュータで利用可能なデータに換える技術。マイクを通して話すと、話の内容がパソコン画面に表示されたり、音声でパソコンに指示を与えたりできる

sound ~ ~のように思われる *=seem

feasible 実用化できる、ビジネスとして成り立つ

have ~ do ... ~に…させる

marketing people マーケティング部門に属する人たち *ある部門に属する人々を、~ people と言うことがある。research people「研究部門の人たち」

get back to ~ ~にあとでまた連絡する

look at ~ ~に関心をもつ

proposal 提案

Same here. 私も同じです。→こちらこそ。

LESSON 10

CHAPTER
基礎編
1
2
3
実践編
4
5
6

社外とのコミュニケーション

LESSON 10

FOCUS I'm here to ～. を使いこなす

I'm here to see Ms. Jill Scott.
ジル・スコットさんにお目にかかる約束になっております。

I'm here to ～. は、ニュアンスとしては、The reason I'm here is to ～. 「私がここにいる理由は～するためです」というものですが、決まり文句として、次のようなシーンで頻繁に使われます。

❶ 受付で

受付では、I'm here to see ～. の形で使います。次のように面会相手の名前のあとに肩書きを入れたり、面会時間を入れたりすることもあります。

I'm here to see Mr. Yamada, Sales Manager.
（営業部長の山田さんに**お目にかかる約束になっております**）

I'm here to see Mr. Johnson at ten.
（ジョンソンさんに10時に**お目にかかる約束になっております**）

❷ 出迎えなど、初対面のとき

空港や駅などで初対面の人を出迎えるとき、次のように使うことができます。

Toda: Are you Mr. Ford from XYZ ONE?
Ford: Yes...
Toda: **I'm here to meet** you, Mr. Ford. I'm Chika Toda from XYZ TWO.
（戸田：XYZ ONE社のフォードさんでいらっしゃいますか。フォード：はい…
戸田：**お迎えにあがりました**、フォードさん。私は XYZ TWO社の戸田千香でございます）
※受付の場合は I'm here to <u>see</u> ～ と言いますが、はじめて会う人には I'm here to <u>meet</u> you. となります。

❸ ビジネスの話を切り出すとき

ビジネスで、訪問の目的をはっきりさせるため、次のように話を切り出すときなどにも使います。

I'm here to interest you in entering into a collaboration with us.
（私どもとの協業を考えていただきたく、**参りました**）
■ interest ～「～の関心をひく、興味を起こさせる」 collaboration「協業」

次のように「単刀直入に本題に入らせていただきます／申し上げます」と前置きをして、本題に入るときにも使います。

Well, I don't want to waste your time, so let me **get straight to the point**. Today, **I'm here to introduce** our new products.
（お時間を無駄にするのも何でしし、**単刀直入に申し上げます**。本日は私どもの新製品を**ご紹介するために参りました**） ■ get straight to the point「単刀直入に本題に入る」

社外とのコミュニケーション―アポイントの段取り ❶❷

❹ 会議の冒頭などで

We're here to discuss the sales figures for the first half of the year.
（お集りいただいたのは、本年上期の売上データを**検討するためです**）
■ sales figures「営業の数字、売上データ」

このような場合、はじめに As we all know from the agenda,「議題をご覧になってすでにご承知かと思いますが、」という前置きを入れることもあります。

❺ 歓送迎会などで

We're here to welcome our new team members.
（チームの新メンバーを**歓迎するために**お集まりいただきました）

このあと「みなさん、盛大な拍手で迎えてあげましょう」と呼びかけるなら、Ladies and gentlemen, please join me in giving them a big hand. と言います。

more » 受付の人が使う言い回し

受付の人がよく使う表現を見ておきましょう。

● 前の客との話が予定より長くなった場合

Ms. Black has someone with her at the moment. She'll be free in about ten minutes. Won't you have a seat?

（ブラックは**ただいま来客中です**。10分ほどで手があくと思います。お掛けになってお待ちいただけますか）

● 急用で本人が席を離れている場合

Ms. Black was called away on an emergency. She's supposed to be back in ten minutes. Would you mind waiting?

（ブラックは**急用で席をはずしております**。10分ほどでもどると思います。お待ちいただけますか）■ call away ~「~を呼び出す」 emergency「急用」

● オフィスに案内する

〈内線で〉　　Ms. Black, I have a Mr. Sato at reception.

〈内線を切って〉　Mr. Sato, let me show you to Ms. Black's office.
Step this way, please.

（〈内線で〉　　ブラックさん、受付に佐藤様という方がお見えになっています。
〈内線を切って〉佐藤様、ブラックのオフィスにご案内いたします。**こちらへどうぞ**）

※ I have a Mr. Sato at reception. と固有名詞に不定冠詞 a をつけるのは、面識のない人であることを示す言い方です。Mr. Sato がこのあと、よくこの会社に出入りするようになり、受付の人とも顔見知りになれば、そこから先は、I have Mr. Sato... という言い方になります。

LESSON 9&10 CHECK UP

FOCUS!

>>> 空欄を埋めて話してみよう <<<

アポイントを取るためのスキル / I'm here to 〜 . を使いこなす

1. ❶ ジョンソン氏にお目にかかるお約束をしたいのですが。
   I'_ l__ t__ m___ a___ a___ w___ M_ J_____.

2. お会いしてお話しできますでしょうか。
   C___ w__ a____ a m___?

3. ❷ 日にちを決めましょう。
   L__'_ f____ (up) a d___.

4. 日時はいつがよろしいですか。
   W___ d___ a_ t___ w___ b_ g___ f___ y__?

5. 何日 [何時] がよろしいですか。
   W____ d____ [t____] s____ y___ b___?

6. 火曜日のご都合はいかがですか。
   C___ y___ m____ T_____?

7. 火曜日は都合がつきません。
   I'____ t____ u____ o__ T_____.

8. ❸ 10 時半ではいかがですか。
   H___ a____ t___ t___?

9. 結構です。
   T__'_ b__ f___.

74

LESSON 9 & 10　社外とのコミュニケーション—アポイントの段取り ❶❷

10. ❶　ジョンソンさんに 10 時にお目にかかる約束になっております。

I'__ h___ t___ s___ M_ J_____ a__ t__.

DL
030

11. ❷　お迎えにあがりました、フォードさん。

I'__ h___ t___ m___ y__, M_ F___.

12. ❸　私どもとの協業を考えていただきたく、参りました。

I'__ h___ t__ i__ y_ i_ e_____ i__ a c_____ w__ u_
.

13.　本日は私どもの新製品をご紹介するために参りました。

T____, I'__ h___ t_ i___ o__ n__ p_____.

14. ❹　お集まりいただいたのは、本年上期本年度の売上データを検討するためです。

W__' h____ t____ d____ t__ s__ f_____ f__ t__ f__ h__
o__ t__ y__.

15. ❺　チームの新メンバーを歓迎するためにお集まりいただきました。

W__' h___ t___ w___ o_ n_ t___ m_____.

CHAPTER
基礎編
1
2
3
実践編
4
5
6

社外とのコミュニケーション

>>> 音声を聴き取ろう <<<

Making an Appointment

Koji Kita calls an acquaintance, Janet Sunday, to make an appointment.

Kita: Can we ___ __ a _____ next week?

Sunday: Sure.

K: How ___ you ____ that week?

S: Umm, let me just _____ my _____ ____. Oh, I'll __ ____ for __ ___ ___ of the ____ so that's __ an _____. But I'll _____ be ____ __ Wednesday _____. ____ ____ _____ afternoon?

K: Sorry, I can't _____ _ Wednesday afternoon. Would _____ _____ ___ you?

S: Oh, I'm afraid I'm ___ __ in the morning, but I'll _____ _____ ___ _____ afternoon.

K: ____' very ____ __ ___, but Thursday afternoon is __ ____, _' ____. Can you _____ Friday?

S: ____' __ __.

K: __' __ Friday ____. ____ ___ ___ __ ___?

S: ____ __ __ ten thirty?

K: Okay, so it's _____ at __ _____ in the morning at ____ ____.

S: Friday at ten thirty. Fine.

K: ___ ___ ____.

LESSON 9 & 10　社外とのコミュニケーション—アポイントの段取り ❶❷

Visiting a Business Associate

Yoshio Takamura is visiting Jill Scott's office after an exchange of e-mail.

Takamura: Good afternoon. '__ ____ __ ____ **Ms. Jill Scott.** I ____ an _____ ____ her at _ '_____.

Receptionist: Ah, Mr. Takamura. Ms. Scott's _____ you. Would you like to ____ a ____? She ____'__ __ ____.

Scott: _____ to ____ ___, Mr. Takamura.

T: Pleased to meet you too, Ms. Scott.

S: It's ____ ____ to ____ ___ ____. I understand you wanted to ___ _____ a _____ _____.

T: That's right. __ I ____ ___ in my e-mail, we're _____ a ____-____ business English course. And _ _____ to ___ ___ if we could _____ _____ an _____ ___ of spoken English, which is the _____ ____ of our program, we'd _____ _____.

S: I see, you want to _____ a ___ based on our ____ _____ _____. That definitely _____ _____. I'll ____ our _____ _____ __ some research and __ ____ _ you.

T: I'm glad that you're going to ____ _ our _____. Well, I don't want to ____ ___ ___ _____. Thank you for _____ ____ ____ your ____ _____.

S: Thank you for _____. It was ___ _____ __ ___.

T: ____ ____. Good-bye, Ms. Scott.

S: Good-bye.

77

CHAPTER 2 社外とのコミュニケーション

LESSON 11 電話での対応 ❶ ❷

Placing a Phone Call

Robert Haig in New York is calling Junji Ueno in Tokyo in reply to a phone message.

Receptionist: Good morning, XYZ Trading. How may I help you?

Haig: This is Robert Haig from Haig & Associates. May I speak to Mr. Yueno, please?

R: I'm sorry. We don't have anybody of that name here.

H: It's spelled U-E-N-O, that's U as in umbrella, E as in echo, N as in November, umm...

R: U-E-N-... Oh, I get it. Ueno. Yes, we do have a Mr. Ueno here, in fact, we have three people with the surname Ueno. Can you tell me his first name or which department he works in?

H: I believe he works in Marketing.

R: I see. We have a Junji Ueno in Marketing. Would you care to hold? I'll transfer you.

H: Thank you.

Ueno's Voicemail: You have reached the voicemail service of Junji Ueno. Today is Tuesday, May 11. I'm in the office today, but I'm currently away from my desk. Please leave a message at the tone and I'll get back to you. To listen to this message again, press "star." Thank you.

H: This is Robert Haig from Haig & Associates, returning your call. Sorry I didn't call you sooner. I'll be in the office until 7 p.m. your time. Talk to you later. Good-bye for now.

You have reached the voicemail service of Junji Ueno. ... I'm in the office today, but I'm currently away from my desk. Please leave a message at the tone...

お聞きになっているのは上野純二のボイスメールです。… 私は本日、社内におりますが、ただいま、席をはずしております。信号音のあとにメッセージをお残しください。…

アポイントの 段取り	電話での 対応 ①②	クレームと その処理	面接への 対応	

DIALOG　電話をかける

DL 032

Translation

電話をかける

東京の上野純二から留守中に電話をもらったロバート・ヘイグが、ニューヨークから電話をかけています。

受付：　おはようございます、XYZ 商事でございます。ご用件を承りますが。

ヘイグ：　ヘイグ＆アソシエイツのロバート・ヘイグと申します。ユエノさんをお願いできますか？

受付：　申し訳ありません。そのような名の者は当社におりません。

ヘイグ：　スペルは U、E、N、O、つまりアンブレラ（かさ）の U、エコー（こだま）の E、ノベンバー（11 月）の N、うーん…

受付：　U、E、N…ああ、わかりました。上野ですね。はい、上野という者は確かにおります。ただ、同じ上野姓の者が 3 人おります。下の名前か、どの部署に所属しているかをご存じですか？

ヘイグ：　マーケティング部だと思いますが。

受付：　わかりました。マーケティングに上野純二という者がおります。少々お待ちいただけますか、おつなぎしますので。

ヘイグ：　ありがとうございます。

上野の録音メッセージ：　お聞きになっているのは上野純二のボイスメールです。本日は 5 月 11 日、火曜日。私は本日、社内におりますが、ただいま、席をはずしております。信号音のあとにメッセージをお残しください。こちらから折り返し連絡させていただきます。このメッセージをもう一度お聞きになりたいときは、＊印を押してください。よろしくお願いいたします。

ヘイグ：　ヘイグ＆アソシエイツのロバート・ヘイグです。お電話を頂戴したとのことで、電話をさしあげました。連絡が遅くなってしまい、申し訳ありません。そちらの時間で 7 時までオフィスにおります。のちほどお話しできればと思っています。それでは、これで。

Vocabulary

place a phone call　電話をかける＊ call / make a phone call などと同じ

in reply to ~　~に応えて

~ & Associates　~＆アソシエイツ＊ 広告代理店を中心によくある企業名の形

spell ~　~と綴る

U as in umbrella　アンブレラ（傘）の U ＊ ~ as in ...「…の~」は綴りを伝えるときの言い方

a Mr. Ueno　上野という人＊「a 人名」は面識のない人であることを示す

surname [sə́ːrnèim]　姓、名字

department　（社内の）部署＊ division で表すこともある

work in ~　~（配属された部署）で勤務する

Marketing　マーケティング部、営業部 ＊ =the Marketing Department. 会社によっては、営業に加えて広告宣伝や調査も担う

Would you care to ~?　~していただけますか。＊ Lesson 12 FOCUS 参照

hold　電話を切らずに待つ

I'll transfer you.　おつなぎします。 ＊ transfer you=transfer your call 「あなたの電話を転送する」の意。I'll put you through. ともいう

voicemail service　社内の電話システムに組み込まれている留守録機能

be away from one's desk　席をはずしている

leave a message　メッセージを残す、伝言を残す

at the tone　信号音が聞こえたら＊ tone「音色、口調、発信音」

star　＊のついているキー＊一般に米印と称される

return one's call　~の電話に折り返しの電話をかける

your time　そちらの現地時間＊反対は our time になる

LESSON
11

CHAPTER
基礎編
1
2
3
実践編
4
5
6

社外とのコミュニケーション

79

LESSON 11

FOCUS 電話をかけるときのポイント

> **Key Phrase**
>
> **This is Robert Haig from Haig & Associates. May I speak to Mr. Yueno, please?**
> ヘイグ&アソシエイツのロバート・ヘイグと申します。
> ユエノさんをお願いできますか？

電話での会話は、相手に名乗る際に My name is... とは言わないなどの約束ごとが多い反面、次のような基本的フレーズをおさえておけば、何とかなるものです。

❶ 名乗る

電話で名乗る場合、This is［自分の姓名］from［社名］. が基本パターンです。from のところに with や of を使う人もいますが、この場合は from ~ が多数派です。I'm calling from ~「~から電話しています」を縮めた from と理解できます。

This is Taro Shibuya **from** XYZ Trading.
（XYZ 商事の渋谷太郎**です**）

❷「誰々をお願いします」と言う

電話で「~さんをお願いします」と言う場合の基本表現は May I speak to...? です。アメリカ人の中には May I speak with...? と言う人もいます。

May I speak to Mr. Haig, please?
（ヘイグさん**をお願いします**）

May I talk to...? という言い方もありますが、talk to は通常、相手が目の前あるいは電話の向こうにいる場合に使う言い方で、話したい相手が登場していない段階では speak to が普通だとされています。
なお May I...?, Could I...?, Can I...? の順に丁寧さの度合いが落ちますが、Can I...? が失礼にあたるということはありません。

❸ 用件を簡単に伝える

「何々の件で」と用件を伝える場合の基本パターンは、I'm calling about ~. です。

I'm calling about your visit to Tokyo next week.
（来週、東京にご来社**の件でお電話させていただいております**）

次のように、to 不定詞のあとに用件を続けて言うこともできます。

I'm calling to find out if you're visiting Tokyo as planned.
（予定どおり東京に来られるかを知り**たく、お電話をさしあげております**）

❹「伝言をお願いします」と言う

基本形は leave a message「伝言を残す」を使った次の表現です。

Can I **leave a message**?（**伝言をお願い**できますか）

80

「電話があったことを伝えてほしい」と言いたいなら、次の Please tell [ask] ~ that.... の形を覚えておきましょう。

Please tell her **that** Taro Shibuya of XYZ Trading called.
（ＸＹＺ商事の渋谷太郎から電話があった**旨お伝えください**）

※ ❶で見たように、電話で自分の名前を告げる場合、社名の前には普通 from を置きますが、伝言の場合には、客観的に勤務先を表す of 「～の」を使い、「誰々 of 何々会社（Taro Shibuya of XYZ Trading)」と言うのが一般的です。

call me back「折り返し電話する」を使った次の表現もおぼえておくと便利です。

Can you ask him to **call me back**?（**折り返しお電話くださる**ようお伝えください）

伝言を頼んだ場合には、Thanks for your help.（お世話様。ありがとうございました）と言って切るのが自然です。

more » 電話をかける場合のバリエーション

電話をかける場合、基本フレーズだけではすまない場合もあります。内線番号を告げたり、担当者がわからないなどのケースについても見ておきましょう。

● 内線番号を告げる

Can I have extension 1234, please?（内線 1234 をお願いします）
May I speak to Mr. Suzuki **at [on] extension 1234**, please?
（**内線 1234** の鈴木さんをお願いします）
※アメリカでは at を、イギリスでは on を使います。

● 電話先の担当者名がわからないとき

担当者がわからず「何々ご担当の方」と言いたい場合、次のように someone who deals with ~ (deal with ~「～を扱う」)を使います。deal in ~ と言うと「取引する」「売買する」という意味になるので、間違わないようにしましょう。

May I speak to **someone who deals with** overseas sales?
（海外販売**を扱っている方**をお願いします）

人ではなく「何々を扱っている部門」と言いたいときは、次のようになります。handle「扱う」は、句動詞である deal with に比べて改まった感じがする語です。

Can you put me through to **the department that handles** overseas distributors?
（海外代理店**を扱っている部門**につなげていただけますか）

handles のあとには、sales「営業」, accounting「経理」, overseas orders「海外からの注文」など具体的事項を入れます。

CHAPTER 2 社外とのコミュニケーション

LESSON 12 電話での対応 ① ②

Answering a Phone Call

John Hilton of Bush & Bush calls Yuji Sano to discuss advertising ideas. They have a bad connection.

Receptionist: XYZ Trading America, good morning. How may I help you?

Hilton: Good morning. This is John Hilton from Bush & Bush. May I speak to Mr. Sano in Overseas Marketing?

R: Would you care to hold, Mr. Hilton? I'll put you through.

Sano: Overseas Marketing, Yuji Sano speaking.

R: Mr. Sano, I have a call for you from Mr. John Hilton of...um... Bush & Bush.

S: Yuji Sano speaking.

H: Good morning, Mr. Sano. This is John Hilton from Bush & Bush. Roberto Ingles of XYZ ONE suggested that I call you. I'd like to discuss some advertising ideas for your South American operations.

S: Hmm, South American operations...that's really my colleague's area, Maria Lopez. But she's off sick today.

H: Hello? You still there? Hello? Mr. Sano?

S: Could you speak up a little?

H: Sorry, I'm calling from a cellular and reception is poor. Can I call you back on a land line?

S: Actually, I'm due for a meeting and got to run. Can I take a message for Ms. Lopez?

H: Uh... No, thank you. That won't be necessary. I'll call again tomorrow. Good-bye.

S: If you can't get hold of her, just let me know. I can see you tomorrow afternoon.

H: That's very kind of you. Good-bye.

Could you speak up a little?
もう少し大きい声でお願いします。

Sorry, I'm calling from a cellular and reception is poor.
すみません、携帯からかけておりまして、受信状態がよくないようです。

| アポイントの段取り ▶▶ | 電話での対応 ❶❷ | クレームとその処理 ▶▶ | 面接への対応 | ▶▶ |

········ DIALOG 電話を受ける

🎧 DL 035

Translation

電話を受ける

ブッシュ＆ブッシュ社のジョン・ヒルトンが広告の企画を持ち込もうと佐野佑司に電話を入れたものの、通信状態が途中で悪くなります。

受付: XYZ 商事アメリカでございます。おはようございます。ご用件を承ります。

ヒルトン: おはようございます。ブッシュ＆ブッシュ社のジョン・ヒルトンと申します。海外営業の佐野さんをお願いできますか？

受付: ヒルトン様、少々お待ちいただけますか？ おつなぎいたします。

佐野: 海外営業、佐野佑司です。

受付: 佐野さん、えー、ブッシュ＆ブッシュ社のジョン・ヒルトン様からお電話が入っております。

佐野: 佐野佑司です。

ヒルトン: おはようございます。佐野さんでいらっしゃいますね。ブッシュ＆ブッシュ社のジョン・ヒルトンと申します。XYZ ONE のロベルト・イングレスさんのご紹介でかけさせていただいております。ご担当の南米での事業向けのちょっとした広告企画についてご相談をさせていただければと、お電話させていただきました。

佐野: うーん、南米の事業とおっしゃると…実際のところ、同僚の担当分野なんですよ。マリア・ロペスと言います。ただ、きょうは病気で休んでいます。

ヒルトン: もしもし。聞こえていますか？ もしもし。佐野さん？

佐野: もう少し大きい声でお願いします。

ヒルトン: すみません、携帯からかけておりまして、通信状態がよくないようです。普通の電話（固定電話）からかけ直してよろしいですか？

佐野: 実は、会議の予定が入っていて、急いで行かなければなりません。ロペスへの伝言を承りましょうか？

ヒルトン: えー、いや、結構です。それには及びません。明日、また電話します。それでは失礼します。

佐野: もし彼女に連絡がつかない場合は、私のほうまでどうぞ。明日の午後でしたらお会いできますので。

ヒルトン: それは恐れ入ります。失礼します。

Vocabulary

answer a phone call 電話に出る〔を受ける〕 * receive [get, have] a (phone) call も同じ意味

advertising ideas 広告の〔広告を出す〕企画 * idea「発案、考え、計画」

bad connection （電話の）通信状態が悪いこと

Overseas Marketing 海外営業部門

Would you care to hold? 少々お待ちいただけますか。* 秘書向けマニュアルなどでは、一番丁寧な言い方として推奨されている

I'll put you through. おつなぎします。* 前レッスンでは I'll transfer you. の形で見た

I have a call for you from ~. ～様からお電話です。* 電話を取り次ぐときの定番表現

~ suggested that I call you. 私があなたに電話をするよう～さんが勧めた。→～様のご紹介で電話させていただきました。

colleague's area 同僚の担当分野 * area「〔担当／研究〕分野、（活動）範囲」。会社の主力業務を言うときは、We have three main business areas. などと、business area を使う

be off sick 病気で欠勤している * be on sick leave「（許可 (leave) をとって）病欠している」

cellular (phone) 携帯電話 * 米国では cell phone, cellular だが、英国では mobile phone という

reception （テレビ・電話などの）通信状態 * 「受付」の意味もある。reception is poor「受信状態がよくない」は connection is bad とほぼ同意

land line 固定電話 * 携帯電話に対する言い方で、landline とも綴る

be due for ～ ～に出ることになっている * due「することになって」

get hold of ~ ～に連絡を取る、～をつかまえる

LESSON **12**

CHAPTER

基礎編
1
3

実践編
4
5
6

社外とのコミュニケーション

83

LESSON 12

FOCUS 電話を受けるためのスキル

> **Key Phrase**
>
> **XYZ Trading America, good morning. How may I help you?**
> XYZ 商事アメリカでございます。おはようございます。ご用件を承ります。

電話を受けるために必要な手順と使うフレーズは、以下のとおり限られていますので、おぼえてしまいましょう。

❶ 社名 [部署名、オフィス名] を告げる

代表番号にかかってきた電話をとる場合の標準的な形は、「社名＋あいさつ＋ How may I help you?」です。

XYZ Trading, good afternoon. How may I help you?
（XYZ 商事です。こんにちは。ご用件を承ります）

※ How may I help you? は May I help you? よりフォーマルな表現で、企業の電話応対マニュアルで How may I help you? を特に指定していることがあります。

部署の番号にかかってくるときは、「部署名＋個人名」の形が標準となります。

Overseas Marketing, Yoko Nakano speaking [here].
（海外営業部、中野洋子です）

※ Yoko Nakano speaking. のように、ビジネスでは原則として「姓・名」をフルに言います。Nakano speaking. のように「姓」だけの言い方は英語圏ではまず聞きません。

特定の役員等の秘書が電話を受ける場合は、一般に次のような言い方をします。

Mr. John Benson's office.（ジョン・ベンソンのオフィスです）

❷ 電話をつなぐ

電話を「つなぐ」状況では、hold「（電話を）切らずにいる」、put ~ through to ... / transfer your call (to) ...「…につなぐ」などの表現が基本です。

Hold the line, please. / Please **hold on**. I'll **put you through to** Mr. Oka.
（少々お待ちください。岡におつなぎします）

Would you care to **hold**? I'll **transfer your call**.
（少々**お待ち**いただけますか。**電話をお回し**します）

※「ちょっと待って」という感じの Hold on a second [sec]. は、外部の人には使いません。

❸ 名前を尋ねる

May I ask **who's calling**, please?（お名前を [どなたが電話しているか] 伺えますか）
May I **have your name**, please?（お名前を伺えますか）
※この表現は、受付など電話以外の場面でも、人の名前を尋ねるときよく使います。

❹「伝言を承りましょうか」と尋ねる

「伝言を残す」は leave a message、「伝言を受ける」は take a message です。

May I **take a message**?（伝言を承りましょうか）
Would you like to **leave your phone number**?（電話番号を承りましょうか）

用件を尋ねる場合は May I ask what this concerns?「ご用件を伺えますか」と言います。

❺ 聞き返す

Could you **spell your name**, please?（お名前のスペルを教えていただけますか）
Could you **speak up a little**, please?（もう少し大きな声で話していただけますか）
Could you **speak a little slower**, please?（もう少しゆっくり話していただけますか）
Could you **repeat that**, please?（もう一度くり返していただけますか）

※ Would you mind spelling your name, please? などと、Would you mind ~ing ...? の形を使うと一段と丁寧になります。

more » 本人が電話に出られない理由を言う

本人が電話に出られない場合の言い回しを、状況別に見てみましょう。

● 具体的理由を言わずに「電話に出られない」という場合

I'm afraid she's **not available** at the moment.
（あいにく彼女はただいま**電話に出られません**）

● 状況に応じた表現

I'm afraid she'**s away from her desk** at the moment.
（あいにくただいま**席をはずしております**）

I'm afraid she'**s on another line** at the moment.
（あいにくただいま**別の電話に出ております**）

I'm afraid **her line is busy**. Would you mind holding?
（あいにく**話し中になっています**。そのままお待ちいただけますか）

I'm afraid she'**s left for the day**.
（あいにく**社を出ており、本日は戻ってまいりません**）

I'm afraid she'**s taking a day off today**.
（あいにく**本日お休みさせていただいております**）

I'm afraid she'**s away on a business trip** and won't be back till later this week.
（あいにく**出張に出ており**、戻るのは今週の後半になります）

I'm afraid she'**s no longer with this company**.（**当社を退職しております**）

LESSON 11&12 CHECK UP

FOCUS!

>>> 空欄を埋めて話してみよう <<<

電話をかけるときのポイント / 電話を受けるときのスキル

1. ❶ XYZ 商事の渋谷太郎です。
   T___ i___ T___ S_____ f____ X____ T_____.

2. ❷ ヘイグさんをお願いします。
   M____ I s____ t____ M__ H___, p____?

3. ❸ 来週、東京にご来社の件でお電話させていただいております。
   I'__ c____ a____ y__ v___ t__ T____ n___ w__.

4. ❹ 伝言をお願いできますか。
   C____ II___ a m_____?

5. XYZ 商事の渋谷太郎から電話があった旨お伝えください。
   P____ t____ h___ t___ T__ S_____ o__ X__ T_____ c____.

6. 折り返しお電話くださるようお伝えください。
   C__ y__ a__ h__ t__ c___ m___ b___?

7. ❶ XYZ 商事です。こんにちは。ご用件を承ります。
   X____ T___, g____ a____. H____ m____ I h____ y___?

8. 海外営業部、中野洋子です。
   O____ M_____, Y____ N_____ s_____.

9. ❷ 少々お待ちいただけますか。電話をお回しします。
   W____ y____ c___ t__ h____? I'__ t____ y____ c____.

LESSON 11&12　社外とのコミュニケーション―電話での対応 ❶❷

10. ❸　お名前を［どなたがお電話しているか］伺えますか。

M____ I a____ w____' c____, p____?

11. ❹　伝言を承りましょうか。

M____ I t____ a m____?

12. ❺　お名前のスペルを教えていただけますか。

C____ y____ s____ y____ n____, p____?

13.　もう少し大きな声で話していただけますか。

C____ y____ s____ u____ a l____, p____?

14.　もう少しゆっくり話していただけますか。

C____ y____ s____ a l____ s____, p____?

15.　もう一度くり返していただけますか。

C____ y____ r____ t____, p____?

社外とのコミュニケーション

>>> 音声を聴き取ろう <<<

Placing a Phone Call

Robert Haig in New York is calling Junji Ueno in Tokyo in reply to a phone message.

Receptionist: _____ _____, XYZ Trading. ____ ___ I ____ ___?
Haig: ____ _ Robert Haig ____ Haig & Associates. ____ I _____ __ Mr. Yueno, please?
R: I'm sorry. We don't ____ _____ of ___ ____ here.
H: It's _____ U-E-N-O, that's U __ __ umbrella, E __ __ echo, N __ __ November, umm…
R: U-E-N-… Oh, I ___ _. Ueno. Yes, we __ ____ _ Mr. Ueno here, in fact, we have three people with the _____ Ueno. ___ you __ __ his first name or which _____ he _____ _?
H: I _____ he works in _____.
R: I see. We have a Junji Ueno in Marketing. _____ ___ ____ _ hold? ʼ_ _____ you.
H: Thank you.
Ueno's Voicemail: You have _____ the _____ _____ of Junji Ueno. Today is _____, May __. I'm _ __ _____ today, but I'm currently ____ ____ my desk. Please _____ a _____ the ____ and I'll get back to you. To _____ _ this _____ again, _____ "___." Thank you.
H: ____ _ Robert Haig ____ Haig & Associates, _____ your ___. Sorry I ____ʼ ___ ___ _____. ʼ_ __ in the office ____ _ p.m. ____ ____. Talk to you later. Good-bye for now.

LESSON 11 & 12 社外とのコミュニケーション―電話での対応 ❶❷

Answering a Phone Call

John Hilton of Bush & Bush calls Yuji Sano to discuss advertising ideas. They have a bad connection.

Receptionist: XYZ _____ America, good morning. ____ ____ I ____ ____?

Hilton: Good morning. ____ _ John Hilton ____ Bush & Bush. ____ I _____ _ Mr. Sano in _____ _____?

R: _____ ___ ____ to ____, Mr. Hilton? _'_ ___ ___ _____.

Sano: Overseas _____, Yuji Sano _____.

R: Mr. Sano, I ____ a ___ for you ____ Mr. John Hilton of...um... Bush & Bush.

S: ___ ____ _____.

H: Good morning, Mr. Sano. ____ _ John Hilton ____ Bush & Bush. Roberto Ingles _ XYZ ONE _____ ___ I ___ you. I'd ___ _ _____ some _____ ____ for your South American _____.

S: Hmm, South American _____...that's really my _____'_ ____, Maria Lopez. But she's __ ___ today.

H: Hello? You ___ ____? Hello? Mr. Sano?

S: Could you _____ _ a little?

H: Sorry, I'm _____ from a _____ and _____ is ____. Can I ___ you ____ on a ____ ___?

S: Actually, I'm ___ __ a meeting and ___ _ ___. Can I ____ a _____ for Ms. Lopez?

H: Uh... No, thank you. ____ ____' be _____. I'll call again tomorrow. Good-bye.

S: If you can't ___ ____ her, just __ __ ____. I can ___ ___ tomorrow afternoon.

H: ____' very ____ _ you. Good-bye.

CHAPTER 2　社外とのコミュニケーション
LESSON 13　クレームとその処理 ❶ ❷

Making a Complaint

Goro Okano calls Jim Ford to have a mistake (on an invoice) corrected.

Okano: Hello, is that Jim?
Ford: Hi, Goro. How are you doing?
O: I'm calling about an error on an invoice…the one for the voice recorders.
F: Voice recorders…oh, the order for 1,000 units. That was last month.
O: Correct.
F: What seems to be the problem?
O: As you may recall, when we placed the order for those 1,000 units, you agreed to allow us 90 days credit, didn't you?
F: That's right.
O: Unfortunately, the invoice I received says payment is due Net 30 days from the date of invoice.
F: Ah, I'm sorry for that. Let me bring up your purchase order on my screen…mmm…I did make a notation that special payment terms apply. Obviously, someone in Accounting failed to follow these instructions.
O: Okay, now that you've identified the problem, I'd like to know how you're going to deal with this.
F: First things first, I'll have a corrected invoice sent to you. Is there anything else we can do for you?
O: Yes. I'd like to have this in writing. An e-mail will do. And in that e-mail, we'd like to be assured that this incident will not adversely affect our credit. Can you do that?
F: Consider it done, Goro. And my apologies for the mishap.
O: That's all right. And one last thing. Perhaps you'd like to review your procedures to prevent a recurrence.
F: Certainly. I'll raise this issue with management. Thank you.

You agreed to allow us 90 days credit, didn't you?
支払期限は90日でいいってことだったよね？

That's right.
そのとおり。

DIALOG 苦情を言う

Translation

苦情を言う

岡野悟郎がジム・フォードに電話して、(請求書の)間違いを直してくれと申し入れます。

岡野： もしもし、ジム？
フォード： やあ、悟郎。どうしている？
岡野： 請求書に間違いがあったんで電話しているんだけれど…デジタルボイスレコーダーの請求書。
フォード： ボイスレコーダーね…ああ、1000台の注文。先月だ、それは。
岡野： そう、それ。
フォード： どこがおかしいの？
岡野： 覚えているだろうけれど、あの1000台を注文したとき、支払期限は90日でいいってことだったよね？
フォード： そのとおり。
岡野： それがだな、困ったことに、受け取った請求書には請求日から30日以内に全額を、となっているんだ。
フォード： いや、悪いことしたな。発注書を画面に出してみよう…うーん…支払条件に特約ありとちゃんと注記を入れたのにな。経理の誰かがこうした指示に従わなかったんだ、これは。
岡野： なるほど、問題がわかったのだから、今度はどう処理してくれるのか教えてほしいんだけれど。
フォード： 何はさておき、訂正した請求書を送らせますよ。ほかに何かできることあるかな？
岡野： うん、これ、書面にしてくれないかな。メールでいいよ。そのメールに、今回の件がウチの信用履歴に悪影響を及ぼすことはないと請け合ってほしいんだ。してもらえるかな？
フォード： おやすい御用だよ、悟郎。今回のミス、申し訳ない。
岡野： ああ、いいよ。もう一つあるんだ。再発防止のため、手続きを見直したらどうなの？
フォード： もちろん。経営陣に話を上げておくよ。ありがとう。

Vocabulary

make a complaint 苦情を言う＊complaint [kəmpléint]「苦情、不平」。動詞は complain「不満を言う」
have a mistake corrected 間違いを修正してもらう
Is that ~? ～さんですか。＊電話口で相手を確かめるときの決まり文句
error 間違い＊ふつう誤記・誤植などの事務手続き上の単純ミスを指す
invoice 請求書、送り状
as you may recall 覚えているでしょうが＊recall「思い出す(=remember)」
place an order for ~ ～の注文をする
90 days credit 90日の支払猶予＊この credit は「(掛売りでの)支払い猶予期間」。日本では「90日サイト」とも
payment is due 支払期限が来る
Net 30 days (請求日から)30日以内に全額＊net は「正味[全額]」
bring up ~ on one's screen ～を(パソコンの)画面に呼び出す
purchase order 発注書
make a notation 注記をする、メモをつける＊notation「メモ、注釈」
payment terms 支払条件
apply 適用される
follow the instructions 指示に従う
now that ~ ～したからには
identify 確認する、特定する
first things first 大事なことをまず先に、何はさておき
in writing 書面で
assure 保証する、請け合う
incident 出来事、事件
adversely affect 悪影響を及ぼす＊adversely「不利益に」、affect「影響する」
credit 信用、信用履歴(=credit history)＊岡野は相手のミスで信用履歴に傷がつくのを避けようとしている
Consider it done. まかせておけ。引き受けた。＊「それが行われたと考えよ」
mishap [míshæp] 不幸な出来事、事故
procedure [prəsíːdʒər] 手続き、手順
prevent a recurrence 再発を防止する
raise ~ with ... ～を…に上げる、提起する

LESSON 13

社外とのコミュニケーション

LESSON 13

FOCUS クレームを言う

Key Phrase

I'm calling about an error on an invoice.
請求書に間違いがあったんで電話しているんだけれど。

　クレームを伝えるときには、まず問題があると伝えた上で、事実関係を述べ、善処を求めるという手順になります。場面別に言い回しをおさえていきましょう。

❶ 担当部署に回してもらう

無関係の部署の人と話しても無駄ですから、担当部署に回してもらいます。

I'd like to speak to **someone who deals with customer complaints**.
（苦情処理の担当者の方とお話ししたいのですが）　■ customer complaint「顧客の苦情」

❷ クレームを切り出す

I'm calling about ~ は電話で用件を切り出すときに便利な基本表現です。

I'm calling about a billing error.（請求書の間違いのことで電話しています）

I **have a complaint about** your product.（御社の製品に不満[苦情]があります）

I'm afraid we're **not satisfied with** your service. Listen, **here are the facts**.
（残念ですが、御社のサービス**に不満があります**。いいですか、**事情はこうです**）

❸ 事実関係を述べる

〈納品に時間がかかりすぎると言う〉

We're concerned that **delivery is later than usual**. We were told to expect delivery in about two weeks, but **more than four weeks have elapsed** since you acknowledged our order.
（**納品がいつもより遅れている**ようで、心配しております。納期は2週間ぐらいと聞かされたのですが、御社が当社の注文を確認してから**4週間以上経っています**）
■ delivery「納品、配送」　elapse「経過する」　acknowledge「確認する」

〈品物が間違っていると言う〉

I'm afraid we received the **wrong item**.（受け取った**品物が違って**いました）
I received an item that was the **wrong size**.（**サイズの違う**品物を受け取りました）

〈品物に損傷があったと言う〉

We received a **damaged shipment**.（受け取った**品物が壊れて**いました）
■ shipment「配送途上の注文品、積み荷」

〈品物に不足があったと言う〉

We received our shipment, but **some items are missing**.
（品物を受け取ったのですが、**いくつか不足しています**）　■ missing「不足している」

❹ 善処を求める

〈調べてほしいと言う〉

I would appreciate it if you could **look into the matter** and take appropriate steps.（この件を調べて適切な対策をとって下さい）
■ look into ~「~を注意深く［詳しく］調べる」

〈対処してほしいと言う〉

Could you **deal with this**?（この件に対処していただけますか）■ deal with ~「~に対処する」

〈どう対処してくれるのかを尋ねる〉

Could you let us know **how you plan to deal with this**?
（この件にどう対処していただけるのか、お知らせください）

more » 社内での苦情や苦言の切り出し方

社内の人に言いにくいことを切り出すときの表現を見ておきましょう。

● I don't think it's a good idea to ~ 「~するのはよくないね」を使う

I don't think it's a good idea to post your password on a sticky note. Our boss is known as a stickler for proper security, so **you'd better stop** doing that at once.
（自分のパスワードを付せんに書いて貼っておく**のはよくないね**。ボスは機密保持にうるさいことで知られているのだから、すぐに**やめたほうがいいよ**）
■ sticky note「付せん」 stickler「うるさ型」 proper security「規則通りの情報保護」

●〈~, but... 〉の形で、前置きを置く

I wish I didn't have to bring this up, but you've missed two reporting deadlines in a row. **I know you can do better than this.** Is there anything I can do to help you?
（**もちだしたくはないんだけど**、きみは、報告書の提出期限を2回続けて守らなかったよね。**きみとしたことがどうしたの**。私に何かできることがあるなら、言ってほしいんだけれど）
■ bring up「提起する」 reporting deadline「報告書の提出期限」 in a row「続けて」

What I'm about to tell you may not be easy for you, but I don't like what I see in your sales report. If you're having a problem, we need to talk it through.
（**これから話すことはきみにとっていやなことかもしれないが**、きみの営業報告書の内容が気に入らないんだ。もし問題を抱えているなら、きちんと話し合う必要があるよ）

This may not sit well with you, but I'm afraid I just received a complaint of sexual harassment against one of your people.
（**これから話すことはきみにとって心外かもしれないが**、きみの部下のひとりに関してセクハラの苦情を今受けたんだ） ■ complaint of sexual harassment「セクハラだとの申し立て」

CHAPTER 2 社外とのコミュニケーション
LESSON 14 クレームとその処理 ① ②

Responding to a Complaint

George Thompson, Customer Service, DLP Co., fields a call from Moe Hamada, a customer.

Thompson: DLP, Customer Service, George Thompson speaking.

Hamada: Hi. Yesterday, I enrolled in your Online Spanish Course... course for Elementary Level, but after entering the course site, using the user ID and password you sent me, I realized that I was in the wrong place. The course was for Advanced.

T: I'm sorry to hear that. Let me get your details up on the screen. May I have your name, please? I'll access your record.

H: Name's Moe Hamada.

T: Moe Hamada...H as in Hawaii?

H: Right.

T: Yes, there we are. Ms. Hamada, I'm afraid we have a form here for the Advanced Level.

H: Must have made a mistake. Can I get a refund?

T: I wish I could say "yes," but the Terms of Use, which you have agreed to, provide that tuition fees are not refundable once you enter the course site, which you did.

H: I see your point....

T: However, you do have an option here. We can offer you credit for your current purchase and apply that toward Elementary, ah, meaning you can enroll in the course without additional payment. Sorry, I should have suggested this in the first place.

H: That's all right. It's tantamount to getting a refund. How could I object? Oh, how do I go about enrolling in Elementary? Fill out another form?

T: We'll take care of that using the form you filled out for Advanced. All you need is a new set of User ID and password, which you'll get in no time by e-mail.

Can I get a refund?
返金してもらえますか？

I wish I could say "yes," but...
「はい」と申し上げたいところですが…

アポイントの段取り	▶▶	電話での対応	▶▶	クレームとその処理 ①②	面接への対応	▶▶

.... DIALOG 苦情に対処する

🎧 DL 041

Translation ─────────

苦情に対処する

ＤＬＰ社カスタマー・サービスのジョージ・トンプソンが、顧客の浜田もえからの電話に応対しています。

トンプソン：DLP、カスタマー・サービス、ジョージ・トンプソンでございます。

浜田：こんにちは。きのう、御社のオンライン・スペイン語コース…初級コースに申し込んだのですが、送られてきたユーザー ID とパスワードを使ってサイトに入ってから、間違った所に入っていることに気づきました。入った所は上級コースでした。

トンプソン：それはお気の毒です。お客様のデータを呼び出してみましょう。お名前を頂戴できますか？　記録を調べますので。

浜田：浜田もえです。

トンプソン：モエ·ハマダ…H はハワイの H でしょうか？

浜田：ええ。

トンプソン：ああ、ありました。浜田様、あいにく、この申込書は上級レベル用のものですね。

浜田：間違ってしまったんですね。返金してもらえますか？

トンプソン：ご返金に応じたいところですが、同意してくださった利用規約で、いったんコースの専用サイトに入られた場合は授業料をお返しできないと定められておりまして、お客様はいったん入られているんですね。

浜田：おっしゃりたいことはわかりますが…。

トンプソン：ただ、ひとつご提案できることがあります。今回のお支払い分を初級レベル（のための授業料）に充当することもできます。えー、つまり追加のお支払いなしで、このコースに入れるということです。最初からご提案申し上げればよかったわけで、申し訳ありません。

浜田：とんでもありません。払い戻しを受けられたも同然で、異論などありません。ところで、初級レベルに登録するためには具体的にはどうすればよいでしょうか？　別の申込書に記入するのですか？

トンプソン：上級コースのために記入されたものを使いますので、それはこちらにお任せください。あとは新たなユーザー ID とパスワードが必要なだけですが、これはすぐ E メールでお手元に届きます。

Vocabulary ─────────

respond to ~ 〜に返答する、応じる
complaint [kəmpléint] 苦情、不平
field a call from ~ 〜からの電話に対応する＊ field「うまく受け止める、巧みにさばく、当意即妙に答える」
enroll 受講生となる＊ roll「名簿」
elementary level 初級レベル
site サイト、情報が置かれている場所
user ID ユーザー ID、利用者識別番号［英数字］＊ ID=identification「身分証」
password パスワード＊本人であることを証明する一種の合言葉
advanced (level) 上級レベル
get ~ up on the screen 〜を（パソコン）画面に呼び出す＊ Lesson 13 に bring を使った同意表現がある
details [ditéilz, díːteilz] 詳細な記述
access ~ （電子情報などを）画面に表示する、〜にアクセスする
record 記録（文書）
there we are (捜していたものが) あった
Must have ~. 〜したに違いない。＊主語 I が省略されている
get a refund 返金してもらう
Terms of Use 利用規約＊ウェブサイトを使った同意表現がある。terms「（契約）条件」
provide that （契約書や法令などで）〜と定めている＊ provision「条項」
tuition fee 授業料＊ tuition [tʃuːíʃən]「教育、トレーニング、授業料」
refundable 返金できる
see one's point 〜の言い分がわかる
offer [give] a person credit for ~ 〜を貸し方に記入する［入金する］、〜（著作者であることなど）を認める
apply ~ toward ... 〜を…に充当する
tantamount to ~ 〜と同等の、〜も同然で＊ [tǽntəmàunt]
object [əbdʒékt] 反対する、異議を唱える＊ objection「反対」
go about ~ing 〜に取り組む
fill out a form 用紙に記入する＊ form「書式、申込用紙」
in no time すぐに

LESSON **14**

CHAPTER
基礎編
1
2
3
実践編
4
5
6

社外とのコミュニケーション

95

LESSON 14

FOCUS クレームへの対応

Key Phrase

I'm sorry to hear that.
それはお気の毒です。

　クレームへの対応はまずは同情・共感を表すフレーズから始めます。「それは残念なことで」「それはお気の毒なことで」という気持ちを表すために sorry を交えた言い回しで始め、事実関係を確かめ、対応策を話し合うといった流れになります。

❶ 同情・共感を表す

※まずは I'm sorry to hear that. と言って、同情・共感を表します。

I'm sorry to hear that. I can certainly understand your frustration.
（**それはお気の毒です。**ご不満はよくわかります）

I'm sorry to hear that. I understand how you must feel.
（**それは残念なことです。**ご気分を害されたのもわかります）

※非が明らかで、素直に謝ったほうがいいケースであれば、I apologize for this.「申し訳ございません」という言い方ができます。

❷ 事実関係を問う

What seems to be the problem? Could you please **elaborate** [**give me the details**]?
（どういった問題があったのでしょうか。**詳しく説明していただけませんか**）

■ elaborate「詳しく述べる」

❸ 対応策を話し合う

〈自分でできることなら…〉

I'll **get on to** [**onto**] this right away. / I'll **deal with** this right away.
（ただちに**対処します**）

※ get on to [onto] ~ も deal with ~ も「~に対処する」ですが、get on to [onto] ~ を使うと「取り組む」という響きが強く出ます。

〈他に回すべきことなら…〉

I'll make sure this **is dealt with**. （この件、きちんと**対応させ**ましょう）
■ make sure「確実を期する」 deal with ~「~に対処する」

〈どう対処できるか調べるということなら…〉

Let me see what I can do to help you. And I'll get back to you with an answer as soon as possible.
（**どのようなことができるか確かめさせてください。**できるだけ早くご連絡いたします）
■ let me see ~「~を確かめさせてください」 get back to ~「~にあとでまた連絡する」

❹ 連絡してくれたことにお礼を述べる

次のような言葉で、クレームへの対応を締めくくります。

Thank you for **bringing this to our attention**.
（**お知らせいただき**、ありがとうございます）

Thank you. **What you told me will help us** improve our product.
（ありがとうございます。**お知らせいただいたことは**私どもの製品の改善**に役立ちます**）

more » 責任を否定する言い回し

顧客のクレームに対し、否定的返答をする場合の言い回しを見ておきましょう。

● 条件付きで否定する

I'm afraid we're unable to repair or replace the item **unless you have a warranty**.
（残念ですが、**保証書がない限りは**、修理も交換もいたしかねます）
■ repair「修理する」 replace「交換する」 warranty「保証書」

I'm afraid we're unable to issue a refund **unless you have a receipt**.
（残念ですが、**領収書がない限りは**、返金いたしかねます）
■ issue「出す、支給する」 refund「返金」 receipt「領収書」

● 全面的に否定する

I'm afraid this delay is beyond our control and therefore **we cannot assume any liability**.
（遅延は私どもの力の及ぶ範囲外であり、**一切責任を負うことはできかねます**）
■ beyond one's control「〜の力が及ばない」 assume liability「（法的）責任を負う」

I'm afraid we're unable to comply with your request as **we do not accept responsibility for any damage or loss in transit**. You need to contact the carrier to submit a claim.
（**輸送中の損傷や滅失［紛失］には私どもは責任を負っておらず**、ご要望に応じかねます。運送会社に連絡して保険金をご請求ください）
■ comply with ~「〜に応じる」 accept responsibility for ~「〜の責任をとる」 damage or loss in transit「輸送中の損傷・滅失［紛失］」 carrier「運送会社」 submit a claim「保険金を請求する」
＊ submit「提出する」、claim「請求、主張」（insurance claim「保険金の請求」）

I'm afraid you've made modifications to our product that **invalidate the warranty**.
（恐れ入りますが、お客様は品物に対して**保証を無効とする**改変を加えていらっしゃいます［改変されたので、保証できません］）
■ modification「変更・手を加えること」 invalidate「効力を失わせる」

LESSON 13&14 CHECK UP

FOCUS!

>>> 空欄を埋めて話してみよう <<<

クレームを言う／クレームへの対応

1. ❶ 苦情処理の担当者の方とお話ししたいのですが。
   I'_ l__ t_ s___ t_ s__ w___ d___ w__ c___ c___.

2. ❷ 請求書の間違いのことで電話しています。
   I'__ c___ a___ a b____ e___.

3. 御社の製品に不満 [苦情] があります。
   I h___ a c___ a___ y___ p_____.

4. ❸ 受け取った品物が違っていました。
   I'_ a___ w__ r_____ t__ w__ i___.

5. サイズの違う品物を受け取りました。
   I r_____ a__ i__ t__ w__ t__ w__ s__.

6. 受け取った品物が壊れていました。
   W__ r_____ a d___ s___.

7. 品物を受け取ったのですが、いくつか不足しています。
   W_ r_____ o__ s_____, b_ s___ i__ a___ m__.

8. ❹ この件を調べて適切な対策をとって下さい。
   I w__ a_____ i_ y__ c___ l__ i__ t_ m___ a__ t_
   _ a_____ s__.

9. この件にどう対処していただけるのか、お知らせください。
   C__ y__ l_ u_ k__ h__ y_ p__ t_ d__ w__ t__?

LESSON 13&14　社外とのコミュニケーション―クレームとその処理 ❶❷

DL
042

10. ❶　それはお気の毒です。

　　I'__ s___ t___ h___ t___.

11. ❷　どういった問題があったのでしょうか。詳しく説明していただけませんか。

　　W__ s__ t__ b__ t__ p_____? C___ y__ p____ e___

　　[g____ m___ t___ d____]?

12. ❸　ただちに対処します。

　　I'__ d___ w__ t__ r___ a___.

13.　　この件、きちんと対応させましょう。

　　I'__ m___ s___ t___ i___ d___ w___.

14.　　どのようなことができるか確かめさせてください。

　　L__ m___ s__ w___ I c___ d___ t__ h__ y___.

15. ❹　お知らせいただき、ありがとうございます。

　　T___ y__ f__ b___ t__ t___ o__ a___.

99

>>> 音声を聴き取ろう <<<

Making a Complaint

Goro Okano calls Jim Ford to have a mistake (on an invoice) corrected.

Okano: Hello, _ ___ Jim?
Ford: Hi, Goro. ____ __ ___ ____?
O: '_ _____ _____ **an** _____ **on an** _____…___ __ __ the voice recorders.
F: Voice recorders…oh, the _____ __ 1,000 units. That was ___ _____.
O: Correct.
F: What _____ __ __ the _____?
O: __ ___ ___ _____, when we _____ the _____ __ those 1,000 units, you _____ to _____ __ 90 days _____, didn't you?
F: That's right.
O: Unfortunately, the _____ I received ____ _____ is ___ Net 30 days from the ___ of _____.
F: Ah, I'm sorry __ ___. Let me _____ __ your _____ _____ __ my _____…mmm…I did _____ a _____ that special _____ _____ ____. Obviously, someone in Accounting _____ __ _____ these _____.
O: Okay, ___ that you've _____ the problem, I'd like to know how you're going to ___ ___ this.
F: ____ _____ ___, I'll have a _____ _____ ___ to you. __ _____ _____ else __ ___ __ for you?
O: Yes. I'd like to _____ this __ _____. An e-mail ___ __. And in that e-mail, we'd like to be _____ that this _____ will not _____ _____ our credit. Can you do that?
F: _____ __ _____, Goro. And my _____ for the _____.
O: That's all right. And one last thing. Perhaps you'd like to _____ your _____ to _____ a _____.
F: Certainly. I'll ____ this issue ____ management. Thank you.

Responding to a Complaint

George Thompson, Customer Service, DLP Co., fields a call from Moe Hamada, a customer.

Thompson: DLP, _____ _____, George Thompson _____.
Hamada: Hi. Yesterday, I _____ in your Online Spanish Course… course for _____ ____, but after _____ the _____ ___, using the ____ __ and _____ you sent me, I _____ ____ I was _ the _____ _____. The course was __ _____.
T: '__ _____ **to** ____ ____. Let me __ your _____ __ __ the _____. ____ I ____ your _____, please? I'll _____ your _____.
H: _____' Moe Hamada.
T: Moe Hamada…H __ __ Hawaii?
H: Right.
T: Yes, _____ __ ___. Ms. Hamada, '__ _____ we have a ____ here __ the Advanced Level.
H: ____ ____ _____ a _____. Can I ___ a _____?
T: I ____ I _____ __ "yes," but the _____ of ___, which you have _____ __, _____ that _____ ___ are not _____ ____ you _____ the course site, which ___ ___.
H: I ___ your _____….
T: However, you do have an _____ here. We can ____ you _____ for your current _____ and ____ that _____ Elementary, ah, meaning you can _____ in the course without _____ _____. Sorry, I _____ ____ _____ this in the ___ _____.
H: That's all right. It's _____ __ getting a _____. How could I _____? Oh, how do I __ _____ _____ in Elementary? ___ ___ another ____?
T: We'll ____ ____ of ___ using the form you ____ ___ for Advanced. _____ ____ _ a new set of User ID and password, which you'll get __ __ ____ by e-mail.

CHAPTER 2 社外とのコミュニケーション

LESSON 15 面接への対応 ❶ ❷

Preparing Interview Questions

David Walsh discusses the conditions for hiring a new secretary with Laura Brown.

Brown: Human Resources, Laura here.
Walsh: Hi, Laura. It's David Walsh.
B: Good morning, Mr. Walsh.
W: Kate will be leaving at the end of the month, so I want you to advertise and screen for a permanent, full-time secretary.
B: Okay. A full-time secretary to Mr. Walsh. Any particular questions you want to be asked at the screening stage?
W: Yes, in addition to the standard things, please make sure any gaps in the employment history are adequately accounted for. Also, I'd prefer someone good with figures, ah, meaning spreadsheet skills are a must.
B: Okay, from what you've just told me, the list of questions will look something like this: **Why do you want to change jobs?** Can you tell us about your responsibilities at your current job? What is your greatest strength? What are your weaknesses? And of course, if there's a gap: What were you doing during that period?
W: Looks like that covers everything.
B: How many on the short list?
W: Short list?
B: I mean, how many should be left for the final interview?
W: Make it two, no, three.
B: So it's three then. Got it. I'll send in a memo with all the details.
W: Thanks.

I want you to advertise and screen for a permanent, full-time secretary.

フルタイムの正社員ということで秘書を募集し、面接などをやってもらえるかな。

Okay. Any particular questions you want to be asked at the screening stage?

はい。選考段階で特に何か聞いておきたいことはありますか?

アポイントの段取り	電話での対応	クレームとその処理	面接への対応 ❶❷

········· DIALOG 面接の質問を用意する

🎧 DL 044

Translation

面接の質問を用意する

デイビッド・ウォルシュが、ローラ・ブラウンと、新たに雇う秘書の採用条件を話し合っています。

ブラウン： 人事部、ローラです。

ウォルシュ： やあ、ローラ。デイビッド・ウォルシュだけれど。

ブラウン： おはようございます、ウォルシュさん。

ウォルシュ： ケイトが今月末で辞めるんで、フルタイムの正社員ということで秘書を募集し、面接などをやってもらえるかな。

ブラウン： はい、ウォルシュさん付きのフルタイムの秘書ですね。選考段階で特に何か聞いておきたいことはありますか？

ウォルシュ： うん、普通の質問事項に加えて、職歴に空白があったら、ちゃんと説明がつくかどうかを見ておいてくれないかな。それと数字に強いほうがいいな…つまり表計算ソフトをこなせるというのは不可欠だから。

ブラウン： わかりました。今うかがったお話では、質問事項はこんな感じになります。転職されたい理由は？ 現在のお仕事で担当されている内容は？ ご自分の最大の強みは何ですか？ ご自分の短所は何ですか？ そして、もちろん、空白があるときは、この間はどうなさっていたのですか？

ウォルシュ： それで全部カバーしているようだな。

ブラウン： 最終選考リストには何人載せましょうか？

ウォルシュ： 最終選考リスト？

ブラウン： つまり、最終面接に何人残すべきでしょうか？

ウォルシュ： 2人にして、いや、3人。

ブラウン： 3人ですね。了解です。詳しくは社内メモでお届けします。

ウォルシュ： ありがとう。

Vocabulary

interview 面接
conditions for hiring 採用条件 ＊ hire「採用する」
Human Resources (Department) 人事部 ＊ human resources「人材」
Hi,.... It's ~. やあ［こんにちは］…。 ～です。＊直通電話で本人が対応するときの言い方
leave (a job) 離職する ＊口語では quit も使う
advertise 広告する、募集広告を出す ＊「（広告を出して）募集する」意味にもなる
screen for ~ （面接などで）～を審査［選別］する ＊選別する場合でない電話を選別することも screen という
permanent 正規の ＊「終身の」などの意味もあるが、ここでは臨時ではなく「正社員の」ということ
full-time 正規の ＊ part-time「臨時の、パートの」に対する語
screening stage 選考段階 ＊書類審査や面接など
gap 切れ目、すき間、空白期間
employment history 職歴 ＊ =job history
~ be accounted for ～の説明がつく ＊ account for ~「～を説明する」
good with figures 数字に強い ＊ =good with numbers
spreadsheet skills 表計算ソフトを使いこなす能力 ＊ spreadsheet「計算用紙、ワークシート」
a must 必ず必要なこと
look like ~ ～のように思われる
change jobs 転職する
responsibilities at one's job 職務、職責
current 現在の
strength 長所、強み
weakness 短所、弱点
cover カバーする、扱う、取り上げる
short list 一次選考等で最初の人数を絞り込んだリスト、最終選考候補者リスト
final interview 最終面接
memo (社内) 連絡メモ ＊ memorandum の略。単なるメモではなく、簡単な報告書 (internal memo) なども含む

LESSON **15**

CHAPTER
基礎編
1
2
3
実践編
4
5
6

社外とのコミュニケーション

103

LESSON 15

FOCUS 面接での会社側質問パターン

Key Phrase
Why do you want to change jobs?
転職されたい理由は？

　上のフレーズは転職理由を尋ねる一般的表現です。会社側から求人の応募者に質問する際には，状況別の「TPO」とでも言うべき質問パターンに沿って質問が繰り出されます。次の例で見ていきましょう。

❶ 具体的に応募の動機を尋ねる

上のキーフレーズの英文のほか、次のような表現ができます。

Why are you looking for a **career change**?
（**なぜ転職**を考えていらっしゃるのですか）　■ career change「転職」 ※ =job change

次のように、前置きして why で始まる疑問節を続けることもあります。

I'm interested in hearing about the reason why you're applying for this position. Why are you looking for a career change?
（あなたがこの仕事に応募なさっている**理由に関心があります**。なぜ転職されたいのですか）

❷ 過去の具体的経験を尋ねる

a time when ~, an occasion when ~ などで、過去の経験を尋ねることができます。

Could you **tell me about a time when** you negotiated well?
（うまく交渉をまとめた**経験について話してください**）

Was there ever an occasion when things didn't work out quite so well?
（ことが思ったように運ばなかった**というご経験はありますか**）　■ occasion「場合」

※この例は、応募者の答えに非の打ち所がなく、逆に心配になってきたときや、自信満々の人に揺さぶりをかけるためなどによく使われます。

How have you **dealt with** difficult people?　（気難しい人に**どう接してきましたか**）

❸ もっと詳しく「続き」を聞く

詳しく聞きたい場合に使われる、「例をあげる」「詳しく述べる」「具体的に話す」などの表現を押さえておきましょう。

Could you give me an **example**?　（例をあげていただけますか）

Could you give me **more details**?　（もう少し詳しく述べていただけますか）

Could you be **more specific**?　（もう少し具体的に話していただけますか）

❹ 念を押したり、確かめる

You **were with** XYZ America for ten years?
（あなたは 10 年間 XYZ アメリカで**働いていた**のですね）

Will you be able to **start on Monday** next week?
（来週の**月曜日から働き始められ**ますか）

※こういったケースでは，YES / NO で答えられる疑問文が多く使われます。

❺ イニシアティブを確保したいとき

With time so short, shall we **move on to** another area?
（**あまり時間がありませんので**、別の話に**移りましょうか**）

※しゃべり続ける人に対して、「次にいきましょうか」と促す場合に使います。

more » 「5W1H」で質問を展開する

相手の答えが短すぎるときは、Can you give me an example? と言ってさらに聞きだすこともできますが、who, what, why, when, where, how など 5W1H を使って質問すれば、より具体的な答えが期待できます。

● インタビューの例

A: Can you tell me about your **current job**?
B: Oh, just general **secretarial duties**.
（A: あなたの**今のお仕事**について話していただけますか。
B: はあ、ごく一般的な**秘書の仕事**です）

〈5W1H を使ってさらに話を深める〉

Who do you report to?
（**誰に**報告するのですか／**誰が**上司ですか）

What special skills are required for your position?
（あなたのお仕事には**どのような**特別な技能が求められるのですか）

Why did you decide to make a career change?
（**なぜ**転職を決意したのですか）

When were you assigned to this department?
（**いつ**この部署に配属されたのですか）

■ be assigned to ~「~に配置［配属］される」

Where do you fit in the overall organizational structure?
（社内組織全体の中では**どのあたりの**ポストになるのでしょうか）

■ organizational structure「社内の組織」

How did you get into the type of work you're currently doing?
（あなたが今おやりになっている職種には**どのようにして**入られたのですか）

CHAPTER 2　社外とのコミュニケーション
LESSON 16　面接への対応 ① ❷

Answering Interview Questions

A member of the HR department, Laura Brown, interviews an applicant for an open position.

Brown: What interests you most about this job?

Applicant: What interests me most is the opportunity to work in a large, developed organization such as this. By "opportunity," I mean the high potential for career development.

B: I see. Could you be more specific about what you call "potential for career development"?

A: Yes. My career goal is to become a bilingual professional. And the advertised job would allow me to add to my knowledge and skills in my chosen field while actively participating in that kind of work.

B: Right. Now tell us a little about yourself. What's your greatest strength?

A: While I'm good with facts and figures, my greatest strength is in communication, both written and oral. Things like drafting memos and reports have always come easily to me.

B: Hmm. In what areas of your current job are you weakest?

A: I don't have any major weaknesses that interfere with how I do my work. Maybe one thing I should mention is that I'm a detail person and tend to overdo things—but I know where to draw the line between being meticulous and being unproductive.

B: Do you have any questions?

A: Will there be a second interview?

B: Yes, shortlisted candidates will be invited to a second and final interview. Thank you for coming. You'll hear from us next week.

A: Thank you for your time.

What interests you most about this job?
この仕事で一番惹かれるのは何ですか？

What interests me most is ...
この仕事で一番惹かれるのは…

| アポイントの段取り | 電話での対応 | クレームとその処理 | 面接への対応 ①② |

DIALOG 面接の質問に答える

Translation

面接の質問に答える

人事部の担当者、ローラ・ブラウンが求人に応募してきた人と面接しています。

ブラウン： この仕事で一番惹かれるのは何ですか？
応募者： この仕事で一番惹かれるのは、御社のように規模が大きく、組織の整った企業で働けるチャンスだという点です。「チャンス」と申し上げたのは、キャリアアップという見地から非常に大きな可能性があるからという意味ででです。
ブラウン： なるほど。その「キャリアアップという見地からの可能性」について、もっと具体的におっしゃっていただけますか？
応募者： はい。私のキャリアプランでのゴールは、バイリンガルのプロになることです。募集されているポストは、目指す分野での仕事に積極的に関与しながらその分野での知識と技能を伸ばせるはずです。
ブラウン： わかりました。さて、ご自身のことをちょっと聞かせてください。ご自分の最大の強みは何ですか？
応募者： 数字やデータにも強いのですが、一番の強みは書面と口頭の両方を含めてのコミュニケーションです。社内メモや報告書の起案といったものは、これまでいつも楽にこなしてきました。
ブラウン： ふーむ。現在のお仕事に関して、どのあたりが弱点ですか？
応募者： 自分の仕事をこなす上で支障となるような、目立った弱点というのはありません。ただ、一つ申し上げておいたほうがよいと思うことは、細かいことにこだわるタイプで、とかくやり過ぎてしまいがちなことでしょうか。でも、どこまでが徹底的にやることで、どこからが非生産的かということについてはわきまえております。
ブラウン： 何かご質問は？
応募者： このあと再度、面接があるのでしょうか？
ブラウン： はい。最終選考リストに残った方々を2回目の最終面接にお呼びします。きょうはご足労いただきありがとうございました。来週、こちらからご連絡さし上げます。
応募者： お時間を割いていただき、ありがとうございました。

Vocabulary

applicant for ~ ~への応募者 * applicant [ǽplikənt] は apply「出願する」の派生語。application「応募」
open position 空席となった職 * position「勤め口、職、ポスト」
opportunity 機会、チャンス
developed organization 発達した組織→整った組織
potential 可能性
career development キャリア開発、キャリアアップ * 自分に適した分野を決め、その分野で腕を上げていくこと。英語で career up とは言わない
specific 具体的な
what you call いわゆる
career goal キャリア・ゴール * 将来の設計図を描いたときの到達目標
bilingual professional 2か国語を話す［バイリンガルの］プロ
advertised job 募集広告が出された仕事
knowledge and skills 知識と技能
facts and figures 数字やデータ、統計
communication （書面または口頭での）意思の疎通・伝達
written and oral 書面と口頭の
draft 起草［起案］する、下書きをする
come easily [easy] to ~ ~にとってたやすいことだ
current 現在の
interfere with ~ ~のじゃまをする、を妨げる * [intərfír]
detail person 細かいことにこだわるタイプの人
overdo ~ ~をやりすぎる
draw the line between A and B AとBの間の違いを明確に区別する
meticulous [mətíkjuləs] 細かいことにこだわる、綿密な
unproductive 非生産的な * productive「生産的な」
second interview 二次面接 * final interview「最終面接」
shortlisted 最終選考リストに残った
candidate [kǽndidèit] 候補者

LESSON 16

FOCUS 面接でよく聞かれる質問と答え

Key Phrase: What interests you most about this job?
この仕事で一番惹かれるのは何ですか。

面接ではだいたい同じことを聞かれるものです。そこで代表的質問の想定問答集を作ってみました。質問にある言葉を自分の答えに取り込むと話しやすくなります。

❶ 志望の動機

上の Key Phrase も志望動機の質問ですが、次の言い方もよく使われます。

A: **Why do you want to work for us?**
B: **I want to work for you** because I see an opportunity to make a real contribution with my skills.

（A: あなたはなぜ当社に応募されたのですか。
B: 御社に応募した理由は、私のスキルを最大限発揮できるチャンスだと思ったからです）

❷ 現在の職務の説明

A: Can you tell me about **your responsibilities** at your current job?
B: **My responsibilities** include sales, invoicing, personnel, inventory, shipping, profit and loss control, and the production of weekly reports.

（A: あなたの現在の仕事の**職責**について話してください。
B: 私の**職責**は営業、請求書発行、人事、在庫、発送、損益管理、そしてウィークリーレポートの作成といったものに及んでいます）

❸ 自己評価

A: How would you **describe yourself**?
B: I think I can **describe myself** as a morning person, and in fact, I get more done in the morning than in the rest of the day.

（A: あなたは**自分**をどのような**タイプ**だと思っていますか。
B: 朝型人間タイプだと思っています。実際、朝はそれ以降よりも多くのことができます）

❹ 長所

A: What are **your strengths**?
B: **My strengths** lie in my ability to analyze facts and figures and to prepare reports using statistical information.

（A: あなたの**強み**は何ですか。
B: 私の**強み**は、データや数字を分析し、統計資料を使ったレポートを作成する能力です）
■ facts and figures「数字やデータ、統計 (=statistics)」 statistical information「統計情報［資料、データ］」

❺ 短所

A: What are **your weaknesses**?
B: I have no **weaknesses** that affect my ability to do this job.

（A: あなたの**短所**は何ですか。
B: この仕事を行う能力に影響するような**短所**はありません［この仕事を行う上で、なんら**支障**はありません］）

社外とのコミュニケーション—面接への対応 ❶❷

❻ 将来の希望

A: What are **your ambitions**?
B: **My goal** is to pursue an international career in my chosen field of specialization.

（A: **あなたが将来目指しているもの**は何ですか。
　B: **私の目標**は、自分の専門分野で国際的なキャリアを積むことです）

more » 担当業務を述べる

担当業務について述べる表現を見ておきましょう。現職についてはそのまま現在形で、過去の職歴についてはこれを過去形にすることで履歴書にも使えます。

● 一般事務・秘書業務

I **type invoices, handle incoming and outgoing calls**, greet clients, and open and distribute incoming mail.

（**請求書をタイプし**、**電話での連絡・取次ぎ**、顧客対応、受取郵便物の開封と配付を行っています）

I **schedule meetings** and appointments and also **make travel arrangements**.

（**会議・アポイントの日程調整**をし、さらに**出張の手配**もしています）

● 販売職

I **help customers, operate the cash register, check inventory**, price merchandise, and manage in-store displays. ■ price〈動〉「値札をつける」

（**接客し、レジを打ち、在庫を調べ**、商品に値札をつけ、店内ディスプレイを管理しています）

I complete and **submit invoices** and process payments.

（**請求書の作成・送付**ならびに支払の処理をしています）■ submit「提出する」

● 営業職

I **represent** a line of low-end corporate PCs. Duties include making **cold calls** and **following up leads** in addition to working an assigned territory.

（業務用低価格 PC の**営業を担当しています**。担当地域での営業に加え、**飛び込み販売**および**見込み客情報のフォロー**にも当たっています）

■ represent ~「～の営業を担当する」 line「(一定規格の)商品」 low-end「低価格の」 duties「職務」 cold call「見知らぬ相手への(訪問や電話による)売り込み」 follow up leads「手がかり(leads)をたどる→見込み客のフォロー」 assigned「割り当てられた、担当の」＊名詞は assignment「割り当て」

● 管理職

I conduct all **hiring, promotions**, salary adjustments, and **terminations**.

（**採用、昇格**、昇給、そして**解雇**のすべてを担当しています）■ salary adjustments「支給額の加減」

I **manage** a team of 10 **sales representatives**, including daily assignments and annual reviews.

（10名の**営業員**から成るチームを、日々の仕事の割り振りおよび年次勤務評定も含めて、**管理しています**）■ annual review「年次勤務評定」＊review「再検討、批評」

LESSON 15&16 CHECK UP

FOCUS!

>>> 空欄を埋めて話してみよう <<<

面接での会社側質問パターン／面接でよく聞かれる質問と答え

1. ❶ なぜ転職を考えていらっしゃるのですか。
   W___ a___ y__ l_____ f__ a c___ c___?

2. ❷ うまく交渉をまとめた経験について話してください。
   C___ y__ t___ m__ a____ a t___ w___ y__ n_____ w__?

3. 気難しい人にどう接してきましたか。
   H___ h___ y___ d___ w___ d____ p___?

4. ❸ 例をあげていただけますか。
   C____ y___ g__ m__ a___ e___?

5. もう少し具体的に話していただけますか。
   C____ y___ b__ m___ s__?

6. ❹ 来週の月曜日から働き始められますか。
   W__ y__ b__ a__ t__ s___ o__ M___ n__ w__?

7. ❺ あまり時間がありませんので、別の話に移りましょうか。
   W__ t___ s__ s___, s__ w__ m___ o___ t__ a____ a___?

8. ❶ 御社に応募した理由は、私のスキルを最大限発揮できるチャンスだと思ったからです。
   I w____ t__ w___ f___ y___ b___ I s__ a__ o_____ t__ m___ a r__ c_____ w__ m__ s__.

LESSON 15 & 16　社外とのコミュニケーション―面接への対応 ❶❷

9. ❷　私の職責は営業、請求書発行、人事、在庫、発送、損益管理、そしてウィークリーレポートの作成といったものに及んでいます。

M___ r__ i__ s___, i_____, p___, i_____, s___, p__ a_ _ l__ c_____, a__ t_ p_____ o_ w___ r____.

10. ❸　朝型人間タイプだと思っています。実際、朝はそれ以降よりも多くのことができます。

I t___ I c__ d____ m____ a_ a m_____ p____, a__ i_ f__, I g__ m__ d__ i_ t_ m_____ t__ i_ t_ r__ o_ t__ d__.

11. ❹　私の強みは、データや数字を分析し、統計資料を使ったレポートを作成する能力です。

M___ s_____ l_____ i__ m__ a_____ t___ a_____ f_____ a_ f___ a__ t_ p_____ r_____ u__ s_____ i_____.

12. ❺　この仕事を行う能力に影響するような短所はありません [この仕事を行う上で、なんら支障はありません]。

I h__ n__ w___ t__ a___ m__ a___ t__ d___ t__ j__.

13. ❻　私の目標は、自分の専門分野で国際的なキャリアを積むことです。

M___ g___ i__ t_ p____ a_ i_____ c____ i__ m__ c_____ f__ o___ s_____.

14. more　担当地域での営業に加え、飛び込み販売および見込み客情報のフォローにも当たっています。

🎧 DL 049

D_____ i_____ m_____ c_____ c____ a___ f___ u__ l____ i___ a_____ t__ w_____ a__ a_____ t_____.

15.　10名の営業員から成るチームを、日々の仕事の割り振りおよび年次勤務評定も含めて、管理しています。

I m_____ a t_____ o_ 10 s_____ r____, i_____ d____ a_____ a___ a____ r_____.

111

>>> 音声を聴き取ろう <<<

Preparing Interview Questions

David Walsh discusses the conditions for hiring a new secretary with Laura Brown.

Brown: _____ _____, Laura ____.
Walsh: __, Laura. _' David Walsh.
B: Good morning, Mr. Walsh.
W: Kate ___ __ _____ at the ___ of the _____, so I ____ ___ _ _____ and _____ __ a _____, __-___ secretary.
B: Okay. A full-time secretary _ Mr. Walsh. Any _____ _____ you want to be _____ at the _____ ____?
W: Yes, in _____ to the _____ _____, please ____ ___ any ____ in the _____ _____ are adequately _____ __. Also, I'd _____ someone ____ ___ _____, ah, meaning _____ ____ are _ ____.
B: Okay, ____ ____ you've ___ ___ __, the list of questions will ____ _____ ___ this: **Why do you want to _____ ____?** Can you tell us about your _____ _ your _____ __? What is your greatest _____? What are your _____? And of course, if there's a ___: What ____ you _____ _____ that _____?
W: _____ ___ that _____ everything.
B: ___ _____ on the _____ __?
W: Short list?
B: I mean, how many _____ __ __ for the ___ _____?
W: _____ _ ___, no, three.
B: So it's _____ ____. Got it. I'll ____ in a _____ with all the _____.
W: Thanks.

LESSON 15 & 16 社外とのコミュニケーション―面接への対応 ❶ ❷

Answering Interview Questions

A member of the HR department, Laura Brown, interviews an applicant for an open position.

Brown: What _____ you ____ about this job?

Applicant: What interests me most is the _____ to work in a large, _____ _____ such as this. By "opportunity," I mean the high _____ for _____ _____.

B: I see. _____ __ be more _____ about ____ __ __ "potential for _____ _____"?

A: Yes. My _____ __ is to become a _____ _____. And the _____ __ would ____ __ to __ to my _____ and ____ in my _____ __ while actively _____ in that kind of work.

B: Right. Now tell us a little ____ _____. What's your _____ _____?

A: While I'm ____ with ____ and _____, my greatest strength is in _____, both _____ and ___. Things like _____ _____ and reports have always ____ _____ __ me.

B: Hmm. In what ____ of your _____ __ are you _____?

A: I don't have any _____ _____ that _____ ___ how I do my work. Maybe ___ ____ I should _____ is that I'm a ____ _____ and ____ to _____ things — but I know ____ to ____ the ___ between being _____ and being _____.

B: Do you have any questions?

A: ___ ___ be a _____ _____?

B: Yes, _____ _____ will be _____ to a second and ____ _____. Thank you for coming. You'll ____ ____ us next week.

A: _____ ___ __ ____ ____.

113

基礎編

Chapter 3

社内でのコミュニケーション
Managing Internal Communication

内容紹介　　　　　　　　　　　　　　　　　　　　p116

依頼と指示　Requests and Instructions

LESSON 17 DIALOG 仕事を依頼する　　　　　　　　　　p118 ⌢ 050
　　FOCUS 依頼するときの言い回し　more 依頼の断り方　p120 ⌢ 051 ⌢ 052
LESSON 18 DIALOG 仕事の指示をする　　　　　　　　　　p122 ⌢ 053
　　FOCUS 部下に指示するときの言い回し　more「～しなくていい」と伝える　p124 ⌢ 054 ⌢ 055

説明と見直し　Explanations and Reviews

LESSON 19 DIALOG 支払いの段取りを説明する　　　　　　p130 ⌢ 056
　　FOCUS 段取りの説明　more framework, process, procedure の使い方　p132 ⌢ 057 ⌢ 058
LESSON 20 DIALOG 業務の体制を見直す　　　　　　　　　p134 ⌢ 059
　　FOCUS 段取りを見直す　more review の使い方　p136 ⌢ 060 ⌢ 061

イニシアティブの発揮　Proactive Initiatives

LESSON 21 DIALOG 他の人々の力を活用する　　　　　　　p142 ⌢ 062
　　FOCUS 相談と助言の言い回し　more 行き詰まっている、迷っていると伝える表現　p144 ⌢ 063 ⌢ 064
LESSON 22 DIALOG 仕事を割り振る　　　　　　　　　　　p146 ⌢ 065
　　FOCUS 分担を決める　more 開始日、終了日、目標日（予定日）などの言い方　p148 ⌢ 066 ⌢ 067

組織内での情報伝達　Communicating within the Organization

LESSON 23 DIALOG 業務上の連絡をする　　　　　　　　　p154 ⌢ 068
　　FOCUS 社内での情報伝達をこなす　more 情報をコントロールする　p156 ⌢ 069 ⌢ 070
LESSON 24 DIALOG 社内手続きに従って報告する　　　　　p158 ⌢ 071
　　FOCUS 組織内での正式の報告　more 官公庁への通知・報告　p160 ⌢ 072 ⌢ 073

リスク管理　Risk Management

LESSON 25 DIALOG リスク管理に取り組む　　　　　　　　p166 ⌢ 074
　　FOCUS 企業でのリスク管理　more リスクと一緒に使う動詞　p168 ⌢ 075 ⌢ 076
LESSON 26 DIALOG 非常事態に対処する　　　　　　　　　p170 ⌢ 077
　　FOCUS 非常事態への対処　more 計画と手順に関する言い回し　p172 ⌢ 078 ⌢ 079

Chapter 3 内容紹介

社内でのコミュニケーション
Managing Internal Communication

　第3章では、社内でのコミュニケーションというくくりで、いわゆるホーレンソウ（報告・連絡・相談）などが英語ではどう行われるかを見ていきます。この分野は地味なせいか、ビジネス英語として正面切って取りあげた本は少ないようですが、社内での英語の大部分を占めるのが、業務絡みの依頼、指示、そして報告・連絡・相談ですから、これなしでは済みません。ネイティブ・スピーカー並みの英語を話す人というのは、この種の言い回しを実にたくさん知っています。その意味で一つのカンドコロです。

　この章からビジネス英語特有の用語・用例が大幅に増えてきます。しかし、英語としての基本に変わりはないわけですから、初心者の方は臆することなく反復練習に努めてください。中級以上の方も、この程度は知っていると済ませることなく、ぱっと口を突いて出るかをチェックしてくださればと思っています。

　この章の特色は、「リスク管理」というテーマを設けてリスク管理に関係した言い回しを取りあげていることです。ことの性質上、社外の人は知る機会もありませんが、大手企業はどこもこういったことに力を入れており、従って、この分野での「リスクを評価する」といった言い方を知らないと不自由することになります。この際、基本的なものだけでもおぼえておきましょう。

ダイアログ紹介

依頼と指示　Requests and Instructions

Lesson 17　仕事を依頼する　Making Requests

　人事考課表を作成するよう命じられた社員が行き詰まってしまい、同僚に知恵を貸してもらうという想定のダイアログです。「クロージング力」など、辞典には出てなくても知っておく必要のある「会社用語」がたくさん出てきますので、チェックしておいてください。

Lesson 18　仕事の指示をする　Giving Instructions

　監督官庁は、行政法規の実施を監視するため、会社・工場などに立ち入り検査を行うことがあります。このダイアログは検査官が来ているやや緊張した場面で、支店長が各部門の責任者にてきぱき指示を出しています。訳は「～してください」になっていても、英語での実際の響きは、「～しておいて、～しておくように」という、もっと厳しい感じのものです。

説明と見直し　Explanations and Reviews

Lesson 19　支払いの段取りを説明する　Explaining the Payment Process

　外部の人に仕事を依頼した場合、請求書はいつまでに出す、支払いはいつと、自社のルールを説明する必要がありますが、こうした場合、ダイアログの流れのとおり、一般的ルールの説明から具体例へと説明していくのが普通です。

116

Lesson 20　業務の体制を見直す　Reviewing the Process

　企業では、健全かつ効率的な経営、適正な財務報告、そして、法令順守のため、不正行為などおかしなことが起きないよう内部統制（または内部管理）のための仕組みづくりが強調されます。このダイアログでは、本社の業務監査を受けた東京支店の幹部がこうした見地から、問題点は何か、解決のための方策はなど、業務体制の見直しを話し合っています。

イニシアティブの発揮　Proactive Initiatives

Lesson 21　他の人々の力を活用する　Using Other People's Skills

　モノの値段は原価 (cost of goods sold) ないし仕入れ値に、どれだけ利幅を乗せるかで決まります。原価 100 円のものに利幅を 20% のせたら販売価格は 120 円、30% なら 130 円です。「シナリオ分析」というと少しむずかしく聞こえますが、ダイアログは、シナリオ分析の表計算ソフトの機能を使えば、計算結果がすぐ出てきますよという話をしているだけです。

Lesson 22　仕事を割り振る　Assigning Work

　法律改正は日常的に行われており、そのつど、関連部署は資料をアップデートする必要がありますが、そういった場合、このダイアログに出てくるような言い回しを使いながら、作業項目を洗い出して仕事を割り振り、優先順位をつけて処理していきます。

組織内での情報伝達　Communicating within the Organization

Lesson 23　業務上の連絡をする
Exchanging Information within the Organization

　企業内では業務改善に向けて始終、経営サイドからの「お達し」的な社内メモが回ってきます。ここでは、E メールを出す際、必要もないのに cc (carbon copy) で写しを上層部に回すのはやめよ、それと、顧客のことなどを公の場でうかつに口にするなという内容の「お達し」が取り上げられています。

Lesson 24　社内手続きに従って報告する
Reporting Up and Down the Management Hierarchy

　社員が不適切な業務遂行をしていないかを監視する業務を内部監査と言います。外資系企業内で、内部監査部門が不正を発見した場合、同部門は法令順守部門ないしは法務部門と連絡しあいながら、不正の生じた部門の長に報告します。ダイアログでは、監査責任者から報告を受けた支店長が、監督官庁への報告を含め、善後策を講じています。

リスク管理　Risk Management

Lesson 25　リスク管理に取り組む　Managing Business Risks

　米国の証券会社などが、9.11 テロで被害を受けた業務を元通り始められたのは、ここで取り上げている BCP（業務継続計画）が整備されていたからです。わが国でも、BCP は日銀や金融庁の検査項目になっているぐらいで、金融機関にとってはそれほど重要な課題です。

Lesson 26　非常事態に対処する　Dealing with Contingencies

　大企業では、非常事態に対処するための訓練を定期的に行っていることが多いものです。避難手順などをステップバイステップで説明する場合、ダイアログにある walk through という言い方をよくします。説明はすべて現在形です。おぼえておけば、いざというとき必ず役立ちます。

CHAPTER 3 社内でのコミュニケーション

LESSON 17 依頼と指示 ❶ ❷

Making Requests

Ryota Nagano from HR wants to ask his colleague, Sally Wilson, for some help on an appraisal sheet, and gets near her seat.

Nagano: I have a favor to ask, Sally. If it wouldn't be too much trouble, do you think you could help me with this draft appraisal form?

Wilson: Ah, sure. This can wait a few minutes.

N: As you can see, the column headed "APPRAISAL AREAS," which denotes the areas of measurement, contains, from top to bottom, "General Job Skills: Knowledge of product, Awareness of customer's needs, Closing ability, etc.," then comes "Productivity: Number of sales calls, New customer sales, Quota performance, etc."

W: Uh-huh, General Job Skills and Productivity...mundane yet essential they are, as these things go, I mean.

N: And as you can see on the form, opposite each item is a space for a numerical rating. The rating is based on a scale of one to five, with five being "outstanding," three being "meets expectations," and one being "unacceptable." The trouble is that I'm out of ideas to round out this column.

W: How about adding things like, ah, "Communications: Negotiating skills, Phone skills, Feedback (receiving and giving)," and you can't forget to include "Personal Qualities" to round it out.

N: Excellent. Thank you. Ah, about "Personal Qualities," what goes into that item, to be more specific?

W: Well, I'd say "Dedication to work," "Dependability," "Flexibility," "Professionalism," and, of course, the sure-fire item, "Grooming and appearance."

I'm out of ideas to round out this column.
この縦列を完成させるための項目案が種切れになってしまったんだ。

APPRAISAL AREAS 〈評価項目〉
General Job Skills: 〈基本的職能〉
　Knowledge of product 〈商品知識〉
　Awareness of customer's needs 〈顧客ニーズの把握〉
　Closing ability 〈クロージング力〉
　.........
Productivity: 〈生産性〉
　Number of sales calls 〈営業先への訪問回数〉
　New customer sales 〈新規顧客開拓〉
　Quota performance 〈ノルマ達成度〉

How about adding things like...
こういうのを足したらどうかしら...

依頼と指示 ①②	説明と見直し	イニシアティブの発揮	組織内での情報伝達	リスク管理

········· DIALOG 仕事を依頼する

🎧 DL 050

LESSON
17

CHAPTER
基礎編
1
2
3
実践編
4
5
6

社内でのコミュニケーション

Translation

仕事を依頼する

人事部の長野良太が、人事考課表の作成を手伝ってもらおうと、同僚のサリー・ウィルソンの席に近づきます。

長野： サリー、頼みがあるんだ。<u>無理な注文でなければ、この考課表の原案作りを手伝ってもらえないかな。</u>

ウィルソン： ええ、いいわよ。今やっている仕事はちょっとぐらいなら余裕があるし。

長野： この表だけど、見てのとおり、評価対象を指す、「評価項目」という見出しが付いている縦列は、上から、「基本的職能：商品知識、顧客ニーズの把握、クロージング力など」で、次に、「生産性：営業先への訪問回数、新規顧客開拓、ノルマ達成度など」となっているんだ。

ウィルソン： えーと、基本的職能と生産性ね…ごくごく普通だけれど必須の項目ということね。この手のものとしては、という意味でね。

長野： これも表にあるとおり、各項目の横に、数字で評価区分を入れるようにしてあるけれど、この区分は5段階評価で、5が「優秀」、3が「期待どおり」、1が「不可」ということ。困っているのは、この縦列を完成させるための項目案が種切れになってしまったことなんだ。

ウィルソン： こういうのを足したらどうかしら。えーと、「コミュニケーション能力：交渉手腕、電話応対術、フィードバック（フィードバックを受ける、フィードバックをする）」。あと、ひととおり入れるということになると、忘れてはいけないのが「個人的特性」でしょう。

長野： すばらしい。ありがとう。ああ、それから「個人的特性」だけれど、具体的にはどういったものが入るの？

ウィルソン： そうね、私が入れるとしたら、「仕事への意欲」「信頼性」「柔軟性」「プロ意識」、そして、当然、誰も文句のつけようがない項目、「身だしなみ・外見」かな。

Vocabulary

make a request 依頼 [要請] する
HR 「人事部」＊ **Human Resources (department)** の略
appraisal sheet 人事考課表＊ **appraisal** [əpréizəl] 「評価、査定」
draft appraisal form 考課表案＊ **draft** 「原案 (の)、草稿 (の)」
can wait 後回しにできる
column 縦列、縦の欄＊ **line** 「横列、行」
head 見出しをつける、〜の長である
appraisal areas 評価領域→評価項目が並ぶ領域→評価項目
denote 示す＊ **de** (下に) **note** (記す)
areas of measurement 評価が行われる分野→評価対象＊ **measurement** 「評価」
general job skills 一般的仕事力→基本的職能
awareness 気づいていること、認識
closing ability クロージング力＊セールスの最終段階で、契約に持ち込む能力
productivity 生産性
sales call 営業先訪問、営業の電話
quota performance ノルマ達成度＊ **quota** [kwóutə] 「割り当て、ノルマ」
mundane 平凡な、ありきたりの
as these things go この手のものとしては＊ **as 〜 go** 「〜としては」
opposite 〜 〜の向こう側に
numerical rating 数字による順位づけ
on a scale of one to five 5段階評価で＊ **scale** 「目盛り、等級表」
outstanding 〈形〉際立った→優 (秀)
meet expectations 期待に応える→期待どおり
out of ideas アイディアがなくなって
round out 完成に持ち込む＊不足分を補って完成させる
feedback 情報共有のための報告・連絡
personal qualities (個人の) 資質、個性
dedication to 〜 〜への献身 [専念]
dependability 信頼性
sure-fire 確実な、誰でも認める
grooming and appearance 身だしなみと外見＊ **grooming** 「身繕い、身だしなみ」、**appearance** 「外見、服装」

119

LESSON 17

FOCUS 依頼するときの言い回し

Key Phrase

If it wouldn't be too much trouble, do you think you could help me with this draft appraisal form?

無理な注文でなければ、この考課表の原案作りを手伝ってもらえないかな。

社内の同僚などに何か仕事を頼んだり、手伝ってもらいたいときは、まずは「無理な注文でなければ」「よかったら」といった前置きで始めてから頼みごとをします。その際、状況に応じて理由を説明したり、期限を伝えます。

❶ 頼みごとがあるときの前置き

I have a favor to ask. （お願いがあります）

よく使われる表現ですが、次のような疑問文にした方が、丁寧な感じになります。

Can [Could] I ask a favor? （お願いがあるのですが）

簡単なことなら can、それより負担が大きいことなら could を使います。Can I ~? の代わりに May I ~? とも言い、また、Will you ~? を使って Will you do me a favor? とも言いますが、同僚どうしの場合は can を使った言い方が多く使われます。

Can I ask you to help me with something? （ちょっとお願いがあるんですが）
※ with something の部分には、with translation「翻訳を」なども入れられます。

返事としては、まず以下の言い方を覚えておきましょう。

Yes [Sure / Okay / Of course]. **What do you need?** （はい。どのようなことですか）

It depends. （状況によりますが）

No, I'm afraid. （すみませんが、できないんです）　※右ページ"more"も参照。

❷ 頼みごとをする

次の文のうち、はじめの appreciate を使った文も丁寧ですが、あとの Would you mind...? の文は、疑問文の形で相手の意向を尋ねているため、より丁寧です。

A: I'd **appreciate it if you could help me with** this translation.
B: Yes, I can help you with that.
　（A: この翻訳を手伝っていただけませんか。　B: ええ、いいですよ）　■ I'd = I would

A: **Would you mind helping me with** this translation? I'd like you to check it for grammar and usage.
B: I don't mind doing that.
　（A: この翻訳を手伝っていただきたいのですが、よろしいですか。　文法と言葉づかいを見てもらいたいんです。　B: いいですよ）

❸ 理由などを説明する

I appreciate being able to ask you this. I won't be able to finish this in time **because of** my limited English.

（これをお願いできないでしょうか。英語力が足**りず**、期限までに終わらせられないんです）

社内でのコミュニケーション―依頼と指示 ❶ ❷

I need your help **because** I'm out of my depth here.

（手に余る**ので**助けてほしいんだ） ■ be out of my depth「自分の能力を超えている、手に余る」

❹ 期限などを伝える

The report must be finished **by the end of the day**, because our customer wants it first thing tomorrow morning.

（このレポートは、**きょう中に**仕上げる必要があります。お客様が明日の朝イチで求めているからです） ■ by the end of the day「きょう中（業務時間終了時まで）に」

Sorry for the rush, but could you do this **by noon**?

（急がせてすまないが、**昼までに**やってもらえるかな）

※急ぎの場合には、「なるべく早く（as soon as possible [ASAP]）」といったあいまいな言い方ではなく、具体的な期限を明示するのが普通です。

more » 依頼の断り方

頼みごとを断る際には、「あいにくできません」と言ってから、理由を説明したり、「その代わり…」といった代案を出したりします。

● I'm afraid / I wish I could, but で始める

I'm afraid... や I wish I could, but などの「クッション」を置き、「あいにく…」という気持ちを表します。簡単に Sorry や、逆にもう少し長く I'm flattered that you asked me, but「声をかけてもらってうれしいのですが」なども前置きになります。

I'm afraid I'm unable to help you right now.

（**あいにく**今すぐはお手伝い**できません**）

I wish I could, but I'm unable to help you right now.

（**そうしたいのはやまやまですが**、今すぐはお手伝い**できません**）

※断るときには、cannot ではなく、unable to という言い方が好まれます。これにより、自分にはどうにもならない外的制約のため、というニュアンスが出ます。

● 理由、代案をあげる

I'm tied up till the middle of next week. Can it wait till then?

（来週半ば**まで手一杯です**。それまでお待ちになれますか）

I'm sorry for sounding so hurried, but I'm pressed for time. **Can it wait till I'm done with what I'm doing?**

（私だけが忙しいみたいで気が引けますが、時間に追われているんです。**今やっていることが片づくまで待ってもらえますか**） ■ be pressed for time「時間に追われている」

I'm in a meeting all afternoon. **But I'd be happy to help you** tomorrow.

（午後はずっと会議に入っています。**でも**明日なら**喜んでお手伝いできるのですが**）

CHAPTER 3 社内でのコミュニケーション
LESSON 18 依頼と指示 ❶ ❷

Giving Instructions

Tim Jacoby, the head of a branch of XYZ Trust Bank, is giving directions to functional managers because a team of regulatory inspectors arrived for an unannounced audit that morning.

Jacoby: This morning, a team of inspectors has walked into our offices unannounced. They're from our regulatory agencies, including the tax authority. If requested by an inspector, we're required to produce a translation of any written workplace material, including routine communications with outside parties. So Ann, I want you to activate our on-call translators and have a meeting for assigning work.

Ann Morris (Chief Administrative Officer): Right. Activate on-call translators and have a meeting for assigning work.

J: We need to make our employees aware that evasions and obstructions of inspections, such as shredding and hiding documents, are not allowed. Should this occur, it will be grounds for dismissal. Accordingly, an alert to this effect shall be posted on the intranet and all shredders must be sealed. Bob, I want you to take care of this. Also, I want you to contact IT and see to it that no files can be removed from the server.

Bob White (Head of Security): Got it. No changes to existing information, and measures to ensure this.

J: Is there anything I've said that's unclear to you? Anything else that needs to be done?

W: I think we've pretty much covered our To Do list for day one.

M: Yeah, my take, too.

J: Oh, one last thing. I want you to report back to me by the end of the day and let me know where you are in the task.

W: What do you say we meet at the end of the day? That way, we can all share information and compare notes.

J: Good thinking. We meet at 7 p.m., then.

Is there anything
I've said that's unclear to you?
何か不明な点がありますか？

To Do List
- Activate on-call translators...
  〈待機リストの翻訳者に連絡し…〉
- No changes to existing information...
  〈既存の情報を変更してはならない…〉
- Take measures to ensure...
  〈…のための措置を取る〉

| 依頼と指示 ①② | 説明と見直し | イニシアティブの発揮 | 組織内での情報伝達 | リスク管理 |

DIALOG 仕事の指示をする

DL 053

LESSON 18

CHAPTER
基礎編
1 2 3
実践編
4 5 6

社内でのコミュニケーション

Translation

仕事の指示をする

朝、監督庁の検査官一行が抜き打ち検査に入ったため、XYZ信託銀行の支店長ティム・ジャコビーが、各部門の責任者に指示しています。

ジャコビー：今朝、検査官のチームが抜き打ちで当行に入りました。当行の監督庁、それに税務当局からのメンバーです。検査官に求められた場合、われわれはどんなものであろうと、業務上使うすべての文書、これには外部との日常の業務連絡も含まれますが、こういったものの訳文を提出することが義務づけられています。そこでアン、**待機リストに載っている翻訳者に連絡して**、仕事の割り振りのためのミーティングを開いてください。

アン・モリス（総務担当の責任者）：承知しました。待機リストの翻訳者に連絡し、仕事の割り振りのためのミーティングをやる、と。

ジャコビー：行員に対しては、検査の回避や妨害、例えば、書類をシュレッダーにかけたり隠したりするといったことをしてはならない旨周知を図る必要があります。こうしたことが起これば、解雇の理由になります。そこで、こうした警告を社内のネットで流す一方、シュレッダーに封印（して使えなく）しなければなりません。ボブ、この件を頼みます。それと、IT部門に連絡して、サーバーからファイルを削除できないように必要な措置を取ってください。

ボブ・ホワイト（セキュリティーの責任者）：わかりました。既存の情報を変更してはならず、また、これを確実にする措置を取ること、と。

ジャコビー：何か不明な点がありますか？　ほかに何かすべきことがありますか？

ホワイト：初日にカバーすべき必須項目は概ね出尽くしているような気がしますが。

モリス：私も同感です。

ジャコビー：そうそう、最後にもう一つ。きょうの業務終了までに私に報告を入れ、各自の担当している件での進捗状況を教えてください。

ホワイト：提案ですが、業務終了時点で、ミーティングをするというのはどうですか？　そのほうが、情報を共有できますし、情報交換もできますし。

ジャコビー：名案ですね。それでは、午後7時に集合ということで。

Vocabulary

give instructions　指示をする
give directions　指示をする＊同上
functional manager　部門責任者＊function「（組織の）部門（部、事業部など）」
regulatory inspector　監督庁の検査官＊regulatory「取り締まる権限をもつ」
unannounced audit　抜き打ちの検査＊audit [ɔ́ːdit]「会計検査［監査］」
regulatory agency　監督庁、取締り機関
tax authority　税務当局
workplace material　業務で使っている資料＊workplace「職場」
routine communications　日常の業務連絡（で使う文書）
outside parties　外部の関係者たち
activate　活動できる、〈声をかけて〉すぐ働けるようにしておく
on-call translator　待機リスト上の翻訳者＊on-call (call) 次第来る」
assigning work　仕事を割り振る作業＊assign [əsáin]「割り当てる」
aware　〈形〉承知している
evasion　（ここでは検査の）回避
obstruction　妨害
shred　シュレッダーにかける
should this occur　万一これが起きたら＊ =if this occurs
grounds for dismissal　解雇事由
alert [əláːrt]　警告、警報
to this effect　この趣旨の
shall be posted　掲示されなければならない＊shallは話者の意志を表す
intranet　イントラネット、企業内ネット
seal　封印する＊使用できなくする意味
see to it that ~　（間違いなく）~となるよう取り計らう
existing information　既存の情報［資料］
measures　措置＊take ~「措置を取る」
ensure　確かにする
To Do list　やるべき仕事の一覧
My take, too.　同感です。＊直訳は「それは私の判断［見解］でもあります」
end of the day　業務終了時点
task　（一定期間内にやるべき）仕事
share information　情報を分かち合う
compare notes　情報［意見］交換する

123

LESSON 18
FOCUS 部下に指示するときの言い回し

Key Phrase

I want you to activate our on-call translators.
待機リストに載っている翻訳者に連絡しておくように。

業務上の指示を出すときは、提案や助言ではなく、従う必要があることを明確にするため、I want you to ~ や I need you to ~ という言い方が使われます。また法令や社則などに基づく強い必要性があるときは、be required to ~ という言い方も使います。

❶ I want you to ~「~しておくように」—命令口調

Robert, **I want you to** finish the report by Friday.
（ロバート、このレポートは金曜日までに仕上げ**ておくように**）

Jim, **I want you to** make sure this is finished by Friday.
（ジム、これを金曜日までに必ず済ま**せておくように**）

want を使うと命令口調になるため、自分の直接の部下でない場合は、次のように would like you to ~ を使ったほうが無難です。

Kate, **I'd like you to** type this up by 2 o'clock.
（ケイト、これを2時までにタイプ**しておいてもらいたいんですが**）

Roy, **I'd like you to** tell Mr. James to drop in at my office.
（ロイ、ジェームズ氏に私のオフィスに立ち寄るよう伝え**てもらいたいんですが**）

❷ I need you to ~「~しておきなさい」—必要性が強調され、より強い口調になる

I need you to ~ は I want you to ~ に比べると、より直接的で強い響きを持っています。

I need you to contact our outside counsel and seek her advice.
（うちの顧問弁護士に連絡して、彼女の助言を求め**なさい**） ■ outside counsel「顧問弁護士」

I need you to review this agreement and see to it that it duly reflects the negotiated terms of the deal.
（この契約書を検討し、交渉でまとめた取引条件が間違いなく入っているか見**ておきなさい**）
■ see to it that ~「~となるよう取り計らう」 duly reflect「然るべく反映している」 * duly「適切に、十分に、しかるべく」 negotiated terms of the deal「交渉でまとまった取引条件」 * terms「条件」

I need you to oversee things here while I'm out of town.
（留守の間、ここでの業務を見**ておくように**）

❸ You're required to ~「~する必要[義務]があります」—強制力があると感じさせる口調

be required to ~ は、それを求める人の背後に、社内の規則あるいは法令といった強制力のあることをうかがわせる言い方です。

You're required to submit your expense report by the 15th of each month.
（毎月15日までに経費精算書を提出**する必要があります**）
■ submit「提出する」 expense report「経費精算書」

124

社内でのコミュニケーション―依頼と指示

You're required to file a tax return with the Japanese tax authority.
（あなたの場合、日本の税務当局に申告書を提出**する必要があります**）

■ file ~ with ...「…に~を（正式に）提出する」　tax return「税金の申告書」　tax authority「税務当局」

more 》「～しなくていい」と伝える

　これまで見てきた「～しておくように」といった指示する言い方に対して、「～しなくていい」「～する必要はない」という言い方も見ておきましょう。

● 「～しなくていい」の基本は **(You) don't have to ~**

基本は You don't have to ~. ですが、You don't need to ~. の形も使われます。

You **don't have to** submit a detailed proposal. A one-page summary will do.
（詳しい企画書を提出**する必要はありません**。要旨1ページでいいです）
■ proposal「企画書」　summary「要旨」

You **don't need to** finish this today.
（これはきょう終わら**せなくてもいいですよ**）

※イギリス式には You needn't submit a detailed proposal. とも言えますが、アメリカ人の中には違和感をおぼえる人がいます。

「～する必要はない」は左ページで見た You're required to ~ の否定形でも表せます。

You**'re not required to** file a tax return with the tax office.
（あなたは税務署に申告書を提出**する必要はありません**）

● よりフォーマルな場面で「(制度上)～しなくていい」と伝える

〈**under no obligation to ~**「～する義務はない」〉

under (an) obligation to ~「～する義務がある」の否定形を使った形です。

You're **under no obligation to** submit a written request.
（あなたは書面による申請書を提出**する義務はありません**）
■ written request「書面による申請書」

※この文を You're not required to ~ で言い換えると、意味はほぼ同じですが、改まった感じが弱まります。

〈**be exempt from ~**「～から除外される」〉

制度上の義務がある場合に、特例としてその適用除外を伝える言い方です。

Employees graded GS-1 and above **are exempt from** the payment of overtime.
（等級が GS-1以上の社員は、時間外手当支給の**適用除外になります**）
■ graded GS-1 and above「等級が GS-1以上の」　payment of overtime「時間外手当の支給」

LESSON 17&18 CHECK UP

FOCUS!

>>> 空欄を埋めて話してみよう <<<

依頼するときの言い回し / 部下に指示するときの言い回し

1. ❶ お願いがあるのですが。
   C___ I a___ a f___?

2. ちょっとお願いがあるんですが。
   C___ I a___ y___ t___ h___ m___ w___ s_____?

3. はい。どのようなことですか。
   Y____. W____ d___ y____ n____?

4. 状況によりますが。
   I___ d____.

5. すみませんが、できないんです。
   N___, I'_____ a_____.

6. ❷ この翻訳を手伝っていただけませんか。
   I'___ a____ i____ i____ y____ c____ h____ m____ w____ t____ t_____.

7. ❸ 手に余るので助けてほしいんだ。
   I n____ y____ h____ b____ I'___ o____ o____ m____ d____ h___.

8. ❹ 急がせてすまないが、昼までにやってもらえるかな。
   S___ f___ t____ r____, b___ c____ y____ d___ t____ b____ n____?

9. ロバート、このレポートは金曜日までに仕上げておくように。
   R_____, I w____ y____ t____ f____ t____ r_____ b____ F_____.

LESSON 17&18　社内でのコミュニケーション—依頼と指示 ❶❷

10.　ケイト、これを 2 時までにタイプしておいてもらいたいんですが。

K＿＿＿, I'＿＿＿ I＿＿＿ y＿＿＿ t＿＿＿ t＿＿＿ t＿＿＿ u＿＿＿ 2 o'＿＿＿＿.

11. ❷　うちの顧問弁護士に連絡して、彼女の助言を求めなさい。

I n＿＿＿＿ y＿＿＿＿ t＿＿＿＿ c＿＿＿＿ o＿＿＿＿ o＿＿＿＿ c＿＿＿＿ a＿＿＿

s＿＿＿ h＿＿＿ a＿＿＿＿.

12. ❸　毎月 15 日までに経費精算書を提出する必要があります。

Y＿'＿ r＿＿＿ t＿ s＿＿＿ y＿＿ e＿＿＿＿ r＿＿＿b＿＿＿ t＿＿＿ 15th

o＿＿＿ e＿＿＿ m＿＿＿.

13. **more** 詳しい企画書を提出する必要はありません。

Y＿＿＿ d＿＿'＿ h＿＿＿ t＿＿＿ s＿＿＿＿ a d＿＿＿ p＿＿＿.

14.　あなたは書面による申請書を提出する義務はありません。

Y＿'＿ u＿＿＿ n＿＿＿ o＿＿＿ t＿＿＿ s＿＿＿＿ a w＿＿＿＿ r＿＿＿＿.

15.　等級が GS-1 以上の社員は、時間外手当支給の適用対象外になります。

E＿＿＿＿＿ g＿＿＿＿ G＿-＿ a＿＿＿ a＿＿＿ a＿＿＿ e＿＿＿ f＿＿＿ t＿＿＿

p＿＿＿＿ o＿＿ o＿＿＿＿.

>>> 音声を聴き取ろう <<<

Making Requests

Ryota Nagano from HR wants to ask his colleague, Sally Wilson, for some help on an appraisal sheet, and gets near her seat.

Nagano: I ____ a ____ __ ___, Sally. _ it _____'__ too much _____, do you think ___ _____ ___ me ___ this _____ _____ ___?

Wilson: Ah, sure. This ___ ___ a few minutes.

N: As you can see, the _____ _____ "_____ _____," which _____ the areas of measurement, contains, from ___ to _____, "_____ ___ ____: Knowledge of product, _____ of customer's needs, _____ _____, etc.," then _____ "_____: Number of _____ ____, New _____ ____, _____ _____, etc."

W: Uh-huh, General Job Skills and Productivity... _____ yet essential they are, __ _____ _____ __, I mean.

N: And as you can see on the ____, _____ each item is a _____ for a _____ _____. The rating is based __ a ____ of ____ __ ___, with five being "_____," three being "_____ _____," and one being "unacceptable." The _____ _ that I'm ___ __ _____ to _____ ___ this column.

W: How about _____ things like, ah, "_____: _____ ____, Phone skills, _____ (receiving and giving)," and you can't forget to include "_____ _____" to _____ it ___.

N: _____. Thank you. Ah, about "Personal Qualities," what ____ ___ that item, to be _____ _____?

W: Well, I'd say "_____ _ work," "_____," "_____," "Professionalism," and, of course, the ___-___ item, "_____ and _____."

128

LESSON 17 & 18　社内でのコミュニケーション—依頼と指示　❶❷

Giving Instructions

Tim Jacoby, the head of a branch of XYZ Trust Bank, is giving directions to functional managers, because a team of regulatory inspectors arrived for an unannounced audit that morning.

Jacoby: This morning, a team of _____ has _____ ___ our offices _____. They're from our _____ _____, including the __ _____. If _____ by an inspector, ___' _____ to _____ a translation of any written _____ _____, including _____ _____ with _____ _____. So Ann, **I** ____ ___ __ _____ **our __-___** _____ and have a meeting for _____ ____.

Ann Morris (Chief Administrative Officer): Right. Activate on-call translators and ____ a _____ __ assigning work.

J: We ____ __ ____ our _____ _____ that _____ and _____ of inspections, such as _____ and _____ _____, are not allowed. _____ ___ ____, it will be _____ for _____. Accordingly, an ____ __ this _____ ___ be _____ on the intranet and all _____ must be _____. Bob, I ____ ___ to ___ care of this. Also, I ____ ___ __ _____ IT and ___ __ ___ no files can be _____ from the server.

Bob White (Head of Security): Got it. __ _____ to _____ _____, and _____ to _____ this.

J: Is there anything '__ ___ that's _____ to ___? Anything else that _____ to be ____?

W: I think we've _____ ____ _____ our __ __ list for ___ ___.

M: Yeah, __ ___, __.

J: Oh, one last thing. I ____ __ to _____ ___ to me by the ___ __ ___ __ and __ __ _____ where you are in the ___.

W: _____ __ ___ __ we meet at the end of the day? That way, we can all _____ _____ and _____ ____.

J: ____ _____. We meet at _ p.m., then.

129

CHAPTER 3 社内でのコミュニケーション

LESSON 19 説明と見直し ❶ ②

Explaining the Payment Process

Yuri Toda from Finance is explaining cut-off and payment days along with the whole payment system to Allan Dunn, a newly contracted translator.

Toda: Let me explain the overall framework for processing payables. The timeline is of particular importance for you, I believe, so that you can submit your invoices on time. Anyway, there are two key days: the cut-off day and the payment day. Of the two, the cut-off day is the most important as it marks the boundary between the set of invoices processed during the cycle and those processed in the next cycle.

Dunn: Cut-off day and payment day. Uh-huh.

T: As you may know, Japanese companies generally pay once a month and have a cut-off day prior to that payment day. In our case, the cut-off day is the twentieth day of each month and the payment day is the tenth day of the following month. Any invoice received on or after the twenty-first day falls into the next payment cycle.

D: What if the payment day falls on a non-business day?

T: Simple. Payment days that fall on a holiday or weekend roll forward to the next business day. For instance, if the payment day falls on a Saturday, the payment will be made on the following Monday.

D: How do you identify the date the invoice was received?

T: Oh, all invoices are date-stamped upon receipt.

D: I see. I take it that the full amount of the invoice is paid into my bank account on the pay date.

T: Not exactly, I'm afraid. Payments to individuals are subject to a 10 % withholding tax.

D: You're telling me that I don't receive the full amount stated on the invoice unless my business is incorporated.

T: Correct.

D: Hmm.

There are two key days: the cut-off day and the payment day.

節目となる日が二つあります。
締め日と支払日です。

Cut-off day 〈締め日〉 Calendar

Payment day 〈支払日〉

Cut-off day and payment day. Uh-huh.

締め日と支払日ですね。
ふむ。

130

| 依頼と指示 | ▶▶ | 説明と見直し ①② | ▶ | イニシアティブ の発揮 | ▶▶ | 組織内での 情報伝達 | ▶ | リスク管理 | ▶▶ |

·········· DIALOG 支払いの段取りを説明する
DL 056

Translation

支払いの段取りを説明する

経理の戸田由利が、新たに契約した翻訳者のアラン・ダンに、全体的な支払いのシステムとあわせて締め日や支払日について説明しています。

戸田： 私どもの支払手続きに関する全体の枠組みをご説明しましょう。期限どおりに請求書を提出していただくために、日程が特に重要かと思います。ともかく、節目となる日が二つあります。締め日と支払日です。二つのうち、締め日がいちばん重要です。一つの計算期間中に処理される請求書と次の計算期間で処理されるものとを分ける境目となるからです。

ダン： 締め日と支払日ですね。ふむ。

戸田： ご承知のとおり、日本の会社は、一般に、月1回の支払いをしており、その支払日に先立って締め日を設けています。私どもの場合は、当月の20日が締め日で、支払日は翌月の10日になります。21日以降に受領した請求書はすべて次回の計算期間に持ち越されます。

ダン： 支払日が営業日でない日に当たるとどうなるのでしょうか？

戸田： ごくかんたんです。祝日または週末に当たった支払日はそのまま次の営業日へと繰り延べられます。例えば、支払日が土曜日に当たった場合、支払いは次の月曜日に行われます。

ダン： 請求書の受領日はどうやって判定しているんですか？

戸田： ああ、請求書はすべて受け取った時点で日付印が押されます。

ダン： なるほど。支払日に私の銀行口座に請求書の金額が全額払い込まれるんですよね。

戸田： 残念ながら、正確にはちょっと違います。個人への支払いは10%の源泉課税が義務づけられているのです。

ダン： となると、私のビジネスが法人化されていない限りは、請求書に記載されている金額を全額は受け取れないということですね。

戸田： そのとおりです。

ダン： ふーむ。

Vocabulary

payment process 支払い処理

cut-off day 締め日＊ cut-off は「締め切り、期限」

payment day 支払日

along with ~ ～と共に

newly contracted 新たに契約した＊ **contract**「契約する」

overall framework 全体的な枠組み

processing payables 支払いを処理すること→支払手続き＊ payables は **accounts payable** のことで、「買掛金、未払金」。**payable**「払わなければならない、支払い義務がある」

timeline 時間軸、日程

be of importance 重要である

submit 提出する

invoice 請求書＊「送り状」の意味も

key day 重要な日

mark the boundary 境界線［境目］を示す

cycle 周期、一巡、サイクル

prior to ~ ～に先立って、～より前に

on or after ~ day ～日またはそれ以降に

fall into ~ ～に入る

What if ~ ? もし～したらどうなりますか。

fall on ~ （日が）～に当たる

non-business day 非営業日

roll forward to ~ ～に繰り延べになる＊ **roll**「転がる、動く」

identify 特定する、認識する

date-stamp ~ ～に日付印を押す

I take it that ~. ～だと思う［理解する］（が）。～と解釈してよいでしょうね。

bank account 銀行口座

be subject to ~ （税金など）～の対象となる、～が課せられる

withholding tax 源泉徴収税、源泉課税＊ **withhold**「保留する」

state 記述する

incorporate one's business 事業を法人化［会社組織に］する

LESSON **19**

CHAPTER
基礎編
1
2
3
実践編
4
5
6

社内でのコミュニケーション

131

LESSON 19

FOCUS 段取りの説明

> **Key Phrase**
>
> **Let me explain the overall framework for processing payables.**
> 私どもの支払手続きに関する全体の枠組みをご説明しましょう。

　段取りは普通、一定の枠組みの中で「いつ」「何を」やるかを決めていくもので、業務上の段取りを説明する際に使う単語や言い回しは大体決まっています。説明手順に沿って言い回しを見ていきましょう。

❶ 大枠を説明する

　全体の枠組みの説明では、次のように framework/process/produce「枠組み／プロセス／手順」と、consist of ~ や divide ...into~ との組み合わせが多く使われます。

The **overall framework consists of** two elements.
（全体の枠組みは、二つの要素で**構成されています**）

We can **divide the overall process [procedure] into** two elements.
（全体のプロセス［手順］は、二つの要素に分けることができます）

上の elements「要素」部分には stages や phases「段階」を入れることもできます。

The overall process [procedure] **consists of** two **stages [phases]**.
（全体のプロセス［手順］は二つの**段階から構成されています**）

❷ 時間的要素を説明する

Timewise, the order fulfillment process usually takes five days.
（**時間的には**、注文処理のプロセスは通常５日かかります）

A basic timeline for the orientation program for new hires goes like this: Day 1, Telephoning; Day 2, Word processing; Day 3, Spreadsheets.
（新入社員のためのオリエンテーション**の時間割は基本的に**次のようになります。初日、電話の応対。２日目、ワープロソフトの扱い。３日目、表計算）

■ spreadsheet ＊表計算ソフトの行と列からなる表

❸ 各段階で何が行われるかを説明する

At this stage, the application **is passed on** to the Executive Committee.
（**この段階で**、申請は経営委員会に**回されます**）
※プロセスの説明では、何が行われるかの説明が多いため、受動態が多用されます。

During this phase, we begin to research solutions.
（この局面で、われわれは問題解決策を見出す調査に**着手します**）
※プロセスの説明では、主として現在時制が用いられます。

❹ 説明がわかったかどうかの確認

I hope my explanation makes sense. To be honest, it can be hard to describe these things.

社内でのコミュニケーション—説明と見直し ●❷

（私の説明でおわかりいただけたらいいのですが。正直申し上げて、この手のことをご説明するのは難しいものです）　■ describe「説明する、言葉で描写する」

I'm not sure if I'm doing a good job of explaining. Any questions so far?
（うまく説明できたか自信がありません。これまでのところで何かご質問はありますか）

more » framework, process, procedure の使い方

段取りを語るうえで不可欠の名詞 framework、process、procedure を使いこなすポイントは、一緒に使われる頻度の高い動詞や前置詞を押さえておくことです。左ページの「大枠を説明する」で見た組み合せ以外の例を見ておきましょう。

● 動詞 establish と〈framework / process / procedure〉

framework / process / procedure「枠組み／プロセス／手順」はしばしば、establish ... for ~「～のための…を確立する」と組み合せて使われます。

We need to **establish a framework** [**process** / **procedure**] for undertaking regular auditing and management reviews.

（定期的な業務・会計監査と経営陣による見直しを実行するための**枠組み**［**プロセス／手順**］**を確立する**必要があります）
■ undertake「進める、遂行する」　regular auditing「定期的な業務・会計監査」　management review「経営陣による見直し」

● 動詞 follow / go through と〈process / procedure〉

follow と go through は「（手続き）を踏む」という意味で使われますが、go through は手続きを踏んで"済ます"というニュアンスの強い言い方です。

Please **follow the procedure** step by step.
（**手続きを**一つずつ**進めていって**ください）

I'm afraid you have to **go through the** whole approval **process** again.
（あいにくですが、承認**手続き**をもう一度はじめから**やって**もらわなければなりません）
■ approval process「承認手続き」

● 前置詞 within, under との組み合せ

〈**within the framework**〉

We need to prioritize the tasks **within the framework** of cost-benefit analysis.

（費用対効果分析の**枠組みの中で**作業に優先順位をつける必要があります）
■ cost-benefit analysis「費用対効果分析」 ＊かける費用（cost）に対して得る利益（benefit）の分析

〈**under the procedure**〉

You need to apply in writing **under the procedure**.
（この**手続きの下では**書面で申請する必要があります）

CHAPTER 3 社内でのコミュニケーション

LESSON 20 説明と見直し ❶ ❷

Reviewing the Process

The Tokyo Office's executive officers have gotten together to discuss and make changes based on the findings of internal auditors from the US headquarters.

Paul Bailey: You've already looked carefully at what our auditors have come up with. What appear to be the key issues or key problem areas? And what is your reaction to the points raised?

Kana Matsuda: What we've failed to notice before the audit is that there is inadequate segregation of duties in several areas of operation. For instance, our shipping department.

Julia Henderson: What's wrong with the current set-up?

M: Currently, one person has custody of inventory and also maintains the accounting records, which means that, for argument's sake, this person could take some inventory for personal use and cover the shortage with an entry in the accounting records. We can detect this by physical stocktaking, but we'd prefer to prevent a problem, be it an error or irregularity.

H: So, what do you recommend?

M: It's obvious that we need to prevent one person from perpetrating and concealing an error or irregularity. Why don't we redefine the workflow at the shipping department so that the work of one person checks the work of another? In addition, we must be clear where responsibility for enforcement lies, particularly in respect of control activities.

H: Control activities? What are you driving at?

M: I'm talking about putting appropriate policies and procedures in place to ensure that necessary actions are taken to minimize business risks.

H: Got it. The idea is to enforce physical controls like periodic reconciling.

M: Perhaps I wasn't very clear, but that's what I was saying all along.

What's wrong with the current set-up?
現在の体制のどこがいけないんでしょうか？

Currently, one person...
現在、一人の人間が…

| | | 依頼と指示 ▶▶ | 説明と見直し ①② | イニシアティブの発揮 ▶▶ | 組織内での情報伝達 ▶▶ | リスク管理 ▶▶ |

DIALOG 業務の体制を見直す

DL 059

LESSON
20

CHAPTER
基礎編
1 2 **3**
実践編
4 5 6

社内でのコミュニケーション

Translation

（業務の）体制を見直す

米国本社からの内部監査担当者が気づいた事項を受けて、東京支店の幹部たちが、討議して体制を見直そうと集まっています。

ポール・ベイリー： 内部監査担当者が気づいた事項については十分、検討済みと思います。重要な論点ないし問題のある所は何だと思われますか？ 提起された諸点について、みなさんはどういったご意見を持たれていますか？

カナ・マツダ： 今回の監査が入る前に私たちが見落としていたことに、いくつかの業務分野において職務分掌が不十分だということがあります。例えば発送部門です。

ジュリア・ヘンダーソン： 現在の体制のどこがいけないんでしょうか？

マツダ： 現在、一人の人間が在庫品の管理を委ねられ、同時に会計記録もつけています。ということは、もちろん、これは話を進める上での仮定ですが、この人物は、在庫品の一部を私的に流用する一方、会計記録への記帳でこの不足分を埋め合わせることが可能なのです。実地棚卸しでこれを発見することはできます。しかし、手続きミスだろうと不正行為だろうと、問題発生を予防したほうがいいに決まっています。

ヘンダーソン： で、どうしたらいいと？

マツダ： 一人の人間が手続きミスあるいは不正行為を犯し、これを隠ぺいするのを防がねばならないのは言うまでもありません。発送部門での仕事の流れを見直し、それにより一人の作業が他の人の作業をチェックするようにするのはいかがでしょうか？ 加えて、取り締まり実施の責任がどこにあるかを、特に統制活動の点から、はっきりさせておかなければなりません。

ヘンダーソン： 統制活動って、何がおっしゃりたいんですか？

マツダ： ビジネス・リスクを最小限にする上で必要な措置がきちんと取られるように、然るべき方針ならびに手続きを整備する、ということを話しているつもりです。

ヘンダーソン： わかりました。定期的な記録の突き合わせといったような、物理的統制のための具体的な措置を実施するということですね。

マツダ： うまく伝え切れませんでしたが、最初からずっとそういったことを申し上げていたつもりです。

Vocabulary

review 見直す
executive officer 重役、執行役員
get together 集まる
findings （調査などの）結果、結論
internal auditor 内部監査担当者
come up with ~ ~を提出する、思いつく
problem area 問題のある所
raise 提起する
inadequate 不適切な
segregation of duties 職務分掌 ＊仕事内容、範囲、責任・権限などを明確にして担当別に分ける。segregation「分離」
area of operation 業務分野
shipping department 発送・出荷部門
set-up 体制
have custody of ~ ~を保管している、保管する義務がある
inventory 在庫、在庫品
accounting records 会計記録
for argument's sake 議論のための［仮定の話］だが
cover the shortage 不足分を埋め合わせる
entry 帳簿への記入、記入された項目
physical stocktaking 実地棚卸し ＊商品の在り高を実際に確認すること。帳簿上で計算する場合は、帳簿棚卸し
be it ~ or ... ~だろうと…だろうと
error （事務手続き上の）ミス
irregularity 不正行為
perpetrate （犯罪などを）行う、（不正行為を）犯す ＊ perpetrator「犯人」
conceal 隠ぺいする
redefine 再検討する ＊ review の同意語
workflow 業務の流れ
enforcement （違反を許さない姿勢で）実施すること ＊ enforce「実施する」
control activities 管理［監督］業務
What are you driving at? 何を言うとされているのですか。＊ drive at ~「~を目指す、~に言及する」
put ~ in place ~を制定する、整備する
physical controls 具体的管理措置 ＊ physical「物理の→実際の、目に見える」
periodic 定期的な、周期的な
reconciling 突きあわせること、照合手続き ＊ reconcile [rékənsàil]「一致させる」

135

LESSON 20
FOCUS 段取りを見直す

> **Key Phrase**
> What appear to be the key issues or key problem areas?
> And what is your reaction to the points raised?
> 重要な論点ないし問題のある所は何だと思われますか？
> 提起された諸点について、みなさんはどういったご意見を持たれていますか？

　段取りや業務を見直す場合、そのための報告書には findings（調査結果〈指摘事項〉）、recommendations（勧告事項）などの項目が並びますが、会話でも流れは同じです。まず全体を振り返って意見を求め、見直す対象を取りあげ、改善策を話し合います。

❶ 全体を振り返る

Let's **look back at** our experience of this project.
（今回のプロジェクトでの経験**を振り返ってみましょう**）

Let's **reflect on** the training course we just took.
（終えたばかりの研修**を振り返ってみましょう**）

※「振り返る」は、これらのほか think back on ~ / go through [over] なども使います。

We want to discuss **what we learned, or didn't learn** in the course.
（研修で**何を学び、あるいは何を学ばなかったか**を話し合いたいと思います）

❷ 意見を求めて見直す対象を取りあげる

What's wrong with the current set-up?
（現在の体制**のどこがいけないのでしょうか**）

What did you like, or not like, about the set-up?
（この体制**に関して、いい点、あるいは悪いと思った点は？**）

What were **the low points** of the workshop for you?
（このワークショップで**感心しなかった点**はどういったものでしたか）

※英語では対照的な言葉をよくセットで使います。上の文も low point と high point を対照させて、次のように言うこともできます。

What was **the high point, or low point,** of the course?
（研修で**感心した点、あるいは感心しなかった点**は何でしたか）

よかった点や重要だと思った点については、次のように尋ねることもできます。

What **came through as** very important?
（とても重要だ**と実感した**点は何でしたか）

■ come through「ものごとから浮かび上がる、実感として伝わってくる」

What **specific incident** attracted your attention?
（**特に関心を引いた出来事**はありましたか）

❸ 改善策を話し合う

Based on all this, **what are the first steps we need to take** and how do we implement them**?**
（これらを踏まえ、**最初に取るべき措置は何であり、それをどう実行すべきでしょうか**）

Based on the findings, **what new directions do we need to explore?**
（こういった調査結果［事実認識］に基づいて、**我々はどの方向に踏み出すべきだと考えますか**）

more » review の使い方

　社内の手続きを通じて正式に何かを見直す、再点検するというとき頻出する語が review です。review は動詞としても使いますが、改まった言い方が多用される場面では、名詞として使うほうが一般的です。いくつか例を見てみましょう。

● **conduct a review**　見直しを行う ／ **a review finds ~**　見直しで〜がわかる

conduct a review「見直しを行う」と a review found that ~「見直しにより〜がわかった」という形がよく使われます。

The company **conducted an internal review** of its design operations.
（その会社は設計業務を対象に**内部で見直しを行った**）　■ design operation「設計業務」

The review found that the company needed to improve its designs in order to remain competitive.
（**見直しにより**、同社が競争力を維持するためには設計の水準を引き上げる必要がある**とわかった**）

According to the review, the company was losing contracts to competitors due to these long lead times.
（**見直しによると**、同社は納品までにかかる時間が長いために、競争相手に取引を奪われているということだった）　■ lose ... to ~「〜に…を取られる」 contract「契約、取引」 competitor「競争相手」 lead time「納品にかかる時間、リードタイム」

● **conduct a post-mortem review**　事後審査［事後調査］を行う

Management will **conduct a post-mortem review** at the end of the project to gather the insights and lessons learned during the course.
（経営陣はプロジェクト終了時に、期間中得られた新たな視点や教訓をまとめるため、**事後審査を行う**予定だ）
■ post-mortem review「事後の審査・調査」＊ post-mortem は本来は「死後の」という意味

● **appoint a review panel**　調査委員会を設置する

Word is, management is going to **appoint a review panel** to look into what went wrong in the plant that day.
（その日プラントの何が故障したのかを調べるため、経営陣は**調査委員会を設置する**という話だ）
■ Word is, ~「〜という話［うわさ］だ」 review panel「調査委員会」 go wrong「故障する」

LESSON 19&20 CHECK UP

FOCUS!

>>> 空欄を埋めて話してみよう <<<

段取りの説明／段取りを見直す

1. ❶ 全体の枠組みは、二つの要素で構成されています。
   T__ o___ f___ c___ o__ t__ e_____.

2. 全体のプロセスは、二つの要素に分けることができます。
   W__ c__ d___ t__ o__ p___ i___ t___ e_____.

3. ❷ 時間的には、注文処理のプロセスは通常5日かかります。
   T____, t__ o__ f_____ p_____ u_____ t___ f___ d___.

4. ❸ この段階で、申請は経営委員会に回されます。
   A___ t__ s___, t__ a_____ i__ p____ o__ t___ t__
   E_____ C_____.

5. ❹ 私の説明でおわかりいただけたらいいのですが。正直申し上げて、この手のことをご説明するのは難しいものです。
   I h___ m__ e__ m___ s___. T_ b_ h____, i__ c__ b__ h_
   t___ d___ t___ t___.

6. more 定期的な業務・会計監査と経営陣による見直しを実行するための枠組み[プロセス／手順]を確立する必要があります。
   W____ n____ t____ e____ a f____ [p____ /p_____] f____
   u_____ r_____ a_____ a__ m_____ r_____.

7. 手続きを一つずつ進めていってください。
   P_____ f____ t____ p___ s__ b___ s__.

8. あいにくですが、承認手続きをもう一度はじめからやってもらわなければなりません。
   I'_ a____ y__ h___ t_ g__ t__ t__ w__ a_____ p___ a__.

LESSON 19&20　社内でのコミュニケーション―説明と見直し ❶❷

9. ❶　今回のプロジェクトでの経験を振り返ってみましょう。

L_'_ l__ b___ a__ o_ e_____ o_ t__ p____.

10.　研修で何を学び、あるいは何を学ばなかったかを話し合いたいと思います。

W___ w___ t___ d_____ w___ w___ l__, o___ d__'_ l___
i___ t___ c_____.

11. ❷　この体制に関して、いい点、あるいは悪いと思った点は？

W___ d___ y__ l___, o___ n___ l___, a___ t__ s__ -___?

12.　とても重要だと実感した点は何でしたか。

W__ c___ t___ a___ v__ i_____?

13.　特に関心を引いた出来事はありましたか。

W__ s___ i___ a_____ y__ a_____?

14. ❸　これらを踏まえ、最初に取るべき措置は何であり、それをどう実行すべきでしょうか。

B___ o__ a__ t__, w___ a__ t__ f___ s__ w__ n___
t__ t__ a__ h__ d__ w__ i_____ t___?

15.　こういった調査結果 [事実認識] に基づいて、我々はどの方向に踏みだすべきだと考えますか。

B___ o__ t__ f_____, w__ n__ d__ d__ w__ n__ t__
e___?

>>> 音声を聴き取ろう <<<

Explaining the Payment Process

Yuri Toda from Finance is explaining cut-off and payment days along with the whole payment system to Allan Dunn, a newly contracted translator.

Toda: ___ __ _____ **the overall** _____ **for** _____ _____.
The _____ is of particular _____ for you, I believe, so that you can _____ your _____ on time. Anyway, there are two ___ ____: the ___-___ ___ and the _____ ___. Of the two, the ___-___ ___ is the most important as it _____ the _____ between the set of _____ _____ during the ____ and ____ _____ in the ___ ____.

Dunn: ___-___ ___ and _____ ___. Uh-huh.

T: As you may know, _____ _____ generally ___ ___ a _____ and have a cut-off day ____ _ that payment day. In our case, the cut-off day is the _____ ___ of ____ _____ and the payment day is the ____ ___ of the _____ _____. Any invoice received __ __ ____ the twenty-first ___ ___ ___ the next payment cycle.

D: _____ _ the payment day ___ __ a ___-_____ ___?

T: Simple. Payment days that ___ __ a holiday or weekend ___ _____ _ the ____ _____ ___. For instance, if the payment day falls on a Saturday, the _____ ___ be ____ on the _____ Monday.

D: How do you _____ the date the _____ ___ _____?

T: Oh, all invoices are ___-_____ upon _____.

D: I see. I ____ _ ___ the ___ _____ _ the invoice is ___ into my ____ _____ on the ___ ___.

T: ___ _____, I'm afraid. _____ to _____ are _____ _ a 10 % _____ ___.

D: You're telling me that I ___' _____ the full amount ____ on the invoice _____ my business _ _____.

T: _____.

D: Hmm.

LESSON 19&20 社内でのコミュニケーション—説明と見直し ❶❷

Reviewing the Process

The Tokyo Office's executive officers have gotten together to discuss and make changes based on the findings of internal auditors from the US headquarters.

Paul Bailey: You've already looked carefully at what our _____ have _____ __ ___. _____ _____ _____ __ __ **the key issues or key _____ ____?** And ____ is ____ _____ **to the points _____?**

Kana Matsuda: What we've _____ __ _____ before the ____ is that there is _____ _____ of _____ in several _____ of _____. For instance, our _____ _____.

Julia Henderson: _____'_ _____ ___ the current ___-__?

M: Currently, one person ___ _____ of _____ and also _____ the _____ _____, which means that, for _____' ____, this person _____ ___ some _____ for _____ ___ and _____ the _____ with an ____ in the _____ _____. We can detect this by _____ _____, but we'd prefer to _____ a _____, __ _ an ____ __ _____.

H: So, what do you _____?

M: _'_ _____ that we ____ to _____ one person ____ _____ and _____ an error or irregularity. ____ ___' we _____ the _____ at the _____ _____ so that the work of one person _____ the ____ of _____? In addition, we must be clear _____ _____ for _____ ___, particularly __ _____ of _____ _____.

H: Control activities? ____ are ___ _____ __?

M: I'm talking about _____ appropriate _____ and _____ __ ____ to _____ that _____ _____ are _____ to _____ business ____.

H: Got it. The idea is to _____ _____ _____ like _____ _____.

M: Perhaps I wasn't very clear, but ___' ____ I ___ _____ all along.

141

CHAPTER 3 社内でのコミュニケーション

LESSON 21　イニシアティブの発揮 ❶ ❷

Using Other People's Skills

Kenta Tada's boss told him to do cost/profit margin scenario analyses for various products, so he asks his friend, Jessica Wiley from Finance, for some advice.

Tada: Jessica, can I pick your brain? I need some advice.

Wiley: About what, may I ask?

T: It's about the upcoming line of products. My boss handed me a set of figures showing the estimated total costs for each product line. And guess what he wants.

W: What?

T: He wants me to do scenario analyses using different margin percentages.

W: So?

T: I don't know the first thing about scenario analysis, and I know even less about margin percentages.

W: A scenario analysis can be performed by a spreadsheet program. You fill in variables like desired margin percentages with the figures you got there, and the program will do the rest. Not to worry at all. Now, a margin percentage is the percentage of the selling price accounted for by the profit margin, which is just sales less cost of goods sold. Are you with me?

T: Yes. Think I'm getting a better picture of what I'm supposed to do. What's the formula for calculating the selling price using a desired margin percentage, say, 21%? And let's say, the cost of goods sold is two dollars.

W: The formula goes like this: cost of goods sold, divided by 1 minus the margin percentage. So, in this case, two dollars divided by 1 minus .21, which is .79, yields, umm, 2.53.

T: Amazing. And without a calculator! I'm lucky to have a friend like you.

I don't know the first thing about scenario analysis.
シナリオ分析のイロハも知らないんだ。

scenario analysis
〈シナリオ分析〉

A scenario analysis can be performed by a spreadsheet program.
シナリオ分析は表計算ソフトがあればできることよ。

142

依頼と指示 ▶▶	説明と見直し ▶▶	イニシアティブ の発揮 ❶ ❷	組織内での 情報伝達	リスク管理 ▶▶

······· DIALOG 他の人々の力を活用する 🎧 DL 062

LESSON 21

CHAPTER 基礎編 1 2 3 実践編 4 5 6

社内でのコミュニケーション

Translation

他の人々のスキルを活用する

上司にコストと利益率をもとにいろいろな製品のシナリオ分析をしろと言われた多田健太が、財務にいる友人、ジェシカ・ワイリーに助言を求めます。

多田： ジェシカ、知恵を貸してくれないかな？　アドバイスが要るんだ。

ワイリー： どんなことか、聞かせてくれない？

多田： 今度の新製品のラインナップのことなんだ。ボスから数字が何組か並んでいるものをもらったら、各ラインナップの推定コストの合計を示してあるじゃない。何をしろと言ったと思う？

ワイリー： さあ？

多田： 利益率を変えながらシナリオ分析をしろとさ。

ワイリー： で？

多田： シナリオ分析のイロハも知らないし、利益率のことなんて、もっと知らないんだよ。

ワイリー： シナリオ分析は表計算ソフトがあればできることよ。目標とする利益率といった変数の所に手元の数字を入れるでしょ、それで、残りはソフトがやってくれるわけ。何も心配しなくていいのよ。それで、次は利益率だけれど、これは利幅、つまり売上高から原価を引いた数値だけれど、これが販売価格に占めるパーセンテージのこと。話にちゃんとついてきている？

多田： 大丈夫。何をやらなきゃいけないのかが、だんだん見えてきたよ。目標とする利益率が例えば 21% とした場合に、販売価格を求める計算式はどうなる？　そうだな、原価は 2 ドルにしようか。

ワイリー： その算式はこうよ。原価を割ることの 1 マイナス利益率。だから、この場合は、2 ドルを割ることの、1 マイナス 0.21、つまり 0.79、うーん、だから答えは 2.53。

多田： すごい。計算機もなしで。きみみたいな友達を持てて、運がよかったよ。

Vocabulary

cost コスト、費用、原価 (=cost of goods sold)

profit margin 利ざや、利幅＊利益率の意味でも使われる。profit「利益」、margin「端、開き」

scenario analysis シナリオ分析＊変動要因に具体的数字を入れてみて、価格や利益率などの変化を試算する。analysis の複数形は analyses

pick one's brain 〜の知恵を借りる

upcoming line of products 今度の（新）製品ラインナップ＊ upcoming「今度の、やって来る」、line of products / product line「製品のラインナップ、一連の製品群」

figure 数字

estimated total costs 予想コストの合計額＊ estimate「予想する」

margin percentage 利益率＊販売価格における利益の割合。margin は profit margin「利ざや」を指す

spreadsheet program 表計算ソフト

fill in ~ with ... 〜に…を書き込む

variable 変数＊価格や利益率など、条件によって変わる数値

(You need) not to worry. 心配無用。

selling price 販売価格、売値

account for ~ 〜を占める＊ percentage of A accounted for by B「Bに占められるAの割合→BがAに占める割合」

sales 売上高

less ~ 〜を引いて＊ Three less one is two.「3引く1は2」

cost of goods sold 原価

Are you with me? 大丈夫？＊話についてきているか心配なときに使う

get a picture of ~ 〜がわかる＊口語

be supposed to ~ 〜することになっている、〜するべきである

formula 算式、公式

divide 割る＊「掛ける」は multiply

yield （結果として）〜をもたらす

143

LESSON 21

FOCUS 相談と助言の言い回し

Key Phrase

Jessica, can I pick your brain? I need some advice.
ジェシカ、知恵を貸してくれないかな？ アドバイスが要るんだ。

　同僚などに相談を持ちかけるときには、日本語の場合と同じで、「相談したいことがあるんだけれど、いいかな」と切り出してから相談内容を告げます。そうすると、「こうしたらどうかな」と相手が解決策を助言してくれるものです。

❶ 助言を求める

まず ask your advice を使った基本表現を押さえておきましょう。

Can I ask your advice? （アドバイスがほしいんだけれど）
I'd like to ask your advice about something.
（ちょっとアドバイスがほしいんだけれど）

ask (your) advice のほか、次のように seek (your) advice もよく使われます。

I came round to seek your advice on something.
（ちょっとアドバイスがほしくて来たんだけれど）　■ come round [around]「ぶらっと訪れる」

advice ではなく one's take on ~「~についての考え」（米口語）を使って次のように言うこともできます。

Can I have your take on something? It's above and beyond my ability.
（ちょっと意見を聞かせてくれないかな。ぼくの能力をはるかに超えることなんだ）

❷「こうしたらどう」と助言する

Why don't you use the Internet to search for relevant information?
（インターネットを使って関連情報を検索してみたらどう？）
　■ relevant information「関連情報」＊ relevant「関連がある」

次は「こういう手もあるんじゃないかな」といった謙虚な感じの言い回しです。

It could be an idea to contact Corporate Library.
（会社の資料室に連絡してみるというのも手かもしれない）　■ corporate library「会社の資料室」

❸ 選択肢を挙げる

As to what to do with our cash pile, **there are two courses open to us:** buy back stock or finance acquisition.
（ふくれあがっている現金残高をどうするかですが、**二つの道があります**。自社株を買うか、買収の資金に当てることです）
　■ buy back stock「自社株買いをする」＊自社株を購入することで、流通する株式が減り株価水準が高めになるなどのメリットがある　finance ~「~に出資する」 acquisition「買収」

There are two alternatives: (a) to accept the risk and (b) to withdraw from the market.
（**選択肢は二つです**。(a) このリスクを受け入れるか、(b) この市場から撤退するかです）
　■ alternative「選択肢」 withdraw from ~「~から撤退する」

144

社内でのコミュニケーション―イニシアティブの発揮

❹ メリット、デメリットを挙げる

メリット／デメリットについて話す場合、merits and demerits of ~ という言い方もありますが、advantage / disadvantage や upside / downside を使うほうが一般的です。

The advantage is cost, but **the disadvantage is** reliability.
（メリットはコストだが、デメリットは信頼性だ）

The upside is speed, but **the downside is** cost.
（メリットはスピードだが、デメリットはコストがかかることだ）

more » 行き詰まっている、迷っていると伝える表現

アドバイスを求める際、左ページで見た Can I ask your advice? などに続けて、以下のような表現で自分が手詰まりであることを伝えることができます。

● まるで思いつかない

I see no options. （何も思いつかないんです）
I'm faced with a mental block.（頭が全然働かないんです）
■ be faced with ~「~に直面している」 mental block「一時的思考の遮断」

I don't know which way to go on this.
（これをどうしていいかわからないんです）

● アイディアがなかなか浮かばない

I'm running low on ideas. （アイディアが浮かんでこないんだ）
I'm running short of ideas. （アイディアが足りないんだ）

● 二つのうちいずれかで迷っている

I'm wavering between Plan A **and** Plan B.
（プラン A か B かで迷っているんだ）

I'm of two minds about whether to choose Plan A **or** Plan B.
（プラン A を選ぶかプラン B を選ぶかで迷っているんだ）
※イギリス英語の場合、I'm in two minds about... となります。

I'm vacillating between different approaches to this issue.
（この問題へのアプローチ方法をどちらにするか決めかねています）

■ vacillate [vǽsəlèit]「ぐらぐらする、決断力がない」 ＊ I'm vacillating ~ はフォーマルな表現

● 選択肢が多すぎる

I feel overwhelmed by all these options. I don't know which is best.
（これ全部の中でどれを選ぶかで弱っているんだ。どれが最善かわからない）

■ overwhelm [òuvərhwélm]「圧倒される、困惑させる」

CHAPTER 3　社内でのコミュニケーション

LESSON 22　イニシアティブの発揮 ❶ ❷

Assigning Work

In a conference room of Good Securities, the Compliance Division's head and his staff are discussing measures to comply with changes in the Japanese Commercial Code.

Brian Clark (Head of Compliance): As you're all aware, there have been some significant changes in the Japanese Commercial Code, and we need to update our Compliance Manual to accommodate the changes.

John Heath: What's the timeline for this project?

C: We have to complete it in three weeks' time.

H: But that's impossible. It's a 200-page document!

C: Don't worry. We'll see it done within our time frame and without derailing what we're currently doing. Let's hear what Diana has to say. You've done this before, right?

Diana Morgan: Right. First, we create a table showing a side-by-side comparison of the post-amendment provisions with the pre-amendment provisions. Second, upon breaking down the job into manageable lots, er, I mean lots that are realistically doable in terms of time, we engage a number of professional translators to update the existing translation with the changes. Third, we review the new translation for accuracy and for consistency in terminology. And finally, we replace the relevant pages of the manual with the updates.

C: I say we determine just what changes should be made now, which ones can be put off until a later date, and which can be shelved at least for the time being. How does that sound to you?

H: Makes sense.

M: I agree. **First comes determining the tasks to be performed in the initial stage and next comes prioritizing them.**

C: That's the idea. Okay, let's sift through the amendments and separate those of primary practical importance from those of secondary and perhaps tertiary importance.

What's the timeline for this project?
このプロジェクトに当てる時間はどのぐらいですか？

We have to complete it in three weeks' time.
3週間で完了する必要があります。

| 依頼と指示 ▶▶ | 説明と見直し ▶▶ | イニシアティブ の発揮 ❶❷ | 組織内での 情報伝達 ▶▶ | リスク管理 |

········ **DIALOG** 仕事を割り振る 🎧 DL 065

Translation

仕事を割り振る

場所はグッド証券の会議室。日本の商法改正があったのを受け、法務部の部長以下、スタッフが対応策を話し合っています。

ブライアン・クラーク（法務部長）：みなさんご承知のとおり、日本の商法に大幅な改正があり、こうした変更点を反映させるためにコンプライアンス・マニュアルをアップデートする必要があります。

ジョン・ヒース：このプロジェクトに当てる時間はどのぐらいですか？

クラーク：3週間で完了する必要があります。

ヒース：それは不可能でしょう。200ページの書類ですよ！

クラーク：ご心配なく。われわれが設定する時間的枠組みの中で、現行業務に支障をきたさないようにします。ダイアナの意見を聞いてみましょう。[ダイアナに向かって] こういった件は、前にも手がけてますよね？

ダイアナ・モーガン：そのとおりです。第1に、改正前の条項と改正後のそれがわかる比較対照表を作ります。次に、全体の仕事量をこなせる単位、つまり、時間的に考えて実際にできる分量に分けてから、プロの翻訳者に頼んで、既存の訳文に変更点を入れてもらい、アップデートしてもらいます。3番目は、新しい訳文につき、正確かどうか、また、用語に不統一がないかをチェックします。最後に、マニュアルの該当ページをアップデートされたものと差し替えます。

クラーク：こういうのはどうですか？ 今すぐ変更すべき点は何か、後回しにできるものは何か、そして少なくとも当面棚上げできるものは何かを決めるというのは。みなさん、どう思われますか？

ヒース：ごもっともですね。

モーガン：同感です。まずは最初の段階でやるべき作業を決め、次いで、その作業間での優先順を決めるということですね。

クラーク：そういうことです。それでは、改正点を順に見ていき、実務上の重要性において最優先のものを、二次的ないしは三次的なものと区別していきましょう。

Vocabulary

assign 割り当てる、割り振る
Compliance Division 法務部 ＊ Law Division / Legal Department など とも。compliance [kəmpláiəns] 「法令順守」
comply with ~ ～に従う
Commercial Code 商法
update ~ ～を最新のものにする ＊名詞 update「最新情報、更新されたもの」
Compliance Manual コンプライアンス・マニュアル ＊法令や社内の規則に対する違反が起きないように注意点を記載したマニュアル
accommodate 取り入れる、反映させる
timeline 時間予定表、日程
time frame 時間的枠組み
derail （計画などを）狂わせる
what Diana has to say ダイアナが言うためにもっていること→ダイアナの意見
table showing a side-by-side comparison of ~ with ... ～と…との比較対照表
post-amendment 改正後の ＊「改正前の」は pre-amendment
provision 条項、条文
break down ~ into ... ～を…に分ける
manageable lot 処理できる作業量
realistically doable 現実的に処理できる ＊ doable [dúːəbl]「行える」
engage 雇う、従事させる
with the changes 変更を入れて
consistency in terminology 用語の統一性 ＊ terminology「用語、用例」
replace ~ with ... ～を…で置き換える
relevant page 該当ページ ＊ relevant「関係のある (=related)」
I say we ~. ～してはどうですか。 ＊ =I think we should ~. で、何か提案するときに使う
shelve 棚上げする ＊ shelf「棚」
prioritize [praió:rətàiz] ～の優先順位を決める
sift through ~ ～を整理しながら [注意深く] 見ていく ＊ sift「ふるいにかける」
separate ~ from ... ～を…と区別する
primary 第一位の、最初の
tertiary [tə́ːrʃièri] 三次的な、第三位の

LESSON **22**

CHAPTER
基礎編
1
2
3
実践編
4
5
6

社内でのコミュニケーション

147

LESSON 22
FOCUS 分担を決める

> **Key Phrase**
>
> First comes determining the tasks to be performed in the initial stage and next comes prioritizing them.
> まずは最初の段階でやるべき作業を決め、次いで、その作業間での優先順を決めるということですね。

　仕事の割り振りを考える場合、大体どういった作業が必要なのかを見きわめた上で、時間配分や締め切りを考え、各作業の担当者を決めていきます。こういった場面ごとによく使われる言い回しを見ていきましょう。

❶ 作業内容の確認

Let's **identify** the major **tasks involved** and determine who does what.
（必要となる主な**作業**が何かを**明らかに**して、誰が何をするかを決めましょう）

■ identify「特定する」 task「（一定期間に行うべき）業務、仕事」 involve「（仕事などが）必要とする」

What **needs to be done** to complete this project?
（このプロジェクトを完了するには何を**する必要があります**か）

❷ 時間配分を考える

What is the time frame for this particular task**?**
（この作業のために特に**配分される時間はどれだけ**ですか）　■ time frame「時間的枠組み」

How much time do we allow for this task**?**
（この作業に**はどれだけの時間を割り当てましょう**か）

※ allow ... for ~「～のために…を見越す［割り当てる］」。allow for の部分は、devote to / allot to / give to などで表すこともできます。

❸ 締め切りを設定する

A: **What is the cut-off time? / When is it due?**
B: We **set the cut-off time [deadline / time limit] for** submitting proposals for noon on May 20.

（A: **締め切りはいつ？／いつが期限**ですか。B: 企画書提出の**締め切り**は5月20日の正午に**決めました**）

「（期限を）設定する」という場合に使う動詞は set です。「締め切り」は cut-off time, deadline, time limit などで表します。

❹ 担当者［適任者］を決める

How should we **go about assigning the tasks**? （どのように**作業を割り振ります**か）

■ go about ~ing「～に取り組む、取りかかる」 assign「割り当てる」

A: Who will **do the task**?
B: Why not **give it to** Jane?
（A: **この作業は誰がやります**か。B: ジェーン**にまかせたらどうかな**）

社内でのコミュニケーション――イニシアティブの発揮

A: Who's **the right person to finish the tasks** in time?
B: The one who immediately comes to mind is Tina. She's the only **one with any background** in software development.
（A: **この作業を期限内に済ませるための適任者**は誰かな。
　B: すぐ頭に浮かぶのはティナだな。ソフトウェア開発の**経験があるの**は彼女だけだよ）
■ background「仕事をこなすのに必要な知識・経験のこと」

more » 開始日、終了日、目標日（予定日）などの言い方

作業スケジュールを立てるうえで必要となる「開始日」「終了日」「目標日」などの言い方を見ておきましょう。

● **start date / launch date** 開始日

We need to **set** the approximate **start date** of the project.
（プロジェクトのおおよその**開始日を決める**必要がある）

We've **set** our **launch date for** Monday, July 5, but we may be forced to push it back by a month due to funding problems.
（**開始日を**7月5日の月曜日**にしてある**が、資金調達の関係で1か月延ばさざるを得ないかもしれない）
■ push back「延期する、繰り下げる」 funding problem「資金調達上の困難」

● **completion date** 完了日、終了日

I propose that we **move up the completion date for** the project as much as possible.
（プロジェクト**の完了日を**できる限り**繰り上げる**ことを提案したい）
■ move up「繰り上げる、（時間を）詰める」＊「繰り上げる」は push up とも言う

As the whole timetable has been put back a month, we'll have to **extend the completion date** accordingly.
（スケジュールの全体が1か月延ばされている以上、**完了日もこれに合わせて延ばす**必要がある）■ put back「延期する、繰り下げる」＊=push back

● **target date** 目標日、予定日

We have to **set a target date for** completion of the project along with **target dates for** interim progress reports.
（プロジェクトの完了**予定日**とともに中間報告を**出す目標日を定めておく**必要がある）
■ interim「中間の」 progress report「進捗状況報告書、中間報告書」

The first milestone was met 11 days prior to **target date**.
（**目標日**より11日も前に最初のマイルストーンに到達しました）
■ milestone「マイルストーン」＊プロジェクト管理のために設ける里程標

LESSON 21&22 CHECK UP

FOCUS!

>>> 空欄を埋めて話してみよう <<<

相談と助言の言い回し／分担を決める

1. ❶ ちょっとアドバイスがほしいんだけれど。
   I'__ l__ t__ a___ y__ a__ a__ s_____.

2. ちょっと意見を聞かせてくれないかな。
   C___ I h___ y__ t__ o___ s_____? I_'_ a__ a__ b_____ m___ a___.

3. ❷ インターネットを使って関連情報を検索してみたらどう？
   W__ d__'_ y__ u__ t__ I_____ t__ s_____ f__ r_____ i_____?

4. ❸ ふくれあがっている現金残高をどうするかですが、二つの道があります。自社株を買うか、買収の資金に当てることです。
   A_ t__ w__ t__ d__ w__ o__ c__ p__, t___ a___ t__ c___ o__ t__ u__: b__ b__ s__ o__ f____ a____.

5. ❹ メリットはコストだが、デメリットは信頼性だ。
   T__ a__ i__ c__, b__ t__ d___ i__ r_____.

6. メリットはスピードだが、デメリットはコストがかかることだ。
   T__ u__ i__ s___, b__ t__ d___ i___ c__.

7. **more** 何も思いつかないんです。
   I s___ n__ o___.

8. プラン A かプラン B かで迷っているんだ。
   I'__ w___ b___ P__ A a___ P__ B.

LESSON 21&22 社内でのコミュニケーション—イニシアティブの発揮 ❶❷

CHAPTER
基礎編
1
2
3
実践編
4
5
6

社内でのコミュニケーション

9. ❶ 必要となる主な作業が何かを明らかにして、誰が何をするか決めましょう。 🎧 DL 066

L__'_ i____ t___ m____ t___ i__ a___ d_____ w_____

d___ w____.

10. ❷ この作業のために特に配分される時間はどれだけですか。

W___ i___ t___ t__ f__ f___ t___ p_____ t___?

11. ❸ 締め切りはいつ？

W___ i___ i___ d____?

12. ❹ どのように作業を割り振りますか。

H___ s____ w_ g___ a___ a___ t__ t___?

13. **more** プロジェクトのおおよその開始日を決める必要がある。 🎧 DL 067

W___ n___ t___ s___ t___ a_____ s____ d__ o___

t___ p____.

14. プロジェクトの完了日をできる限り繰り上げることを提案したい。

I p_____ t__ w__ m___ u___ t__ c___ d___ f__ t__

p_____ a___ m___ a___ p_____.

15. プロジェクトの完了予定日とともに中間報告を出す目標日を定めておく必要が
ある。

W__ h__ t_ s___ a t___ d___ f___ c_____ o__ t__

p____ a__ w__ t__ d___ f__ i____ p_____ r____.

151

>>> 音声を聴き取ろう <<<

Using Other People's Skills

Kenta Tada's boss told him to do cost/profit margin scenario analyses for various products, so he asks his friend, Jessica Wiley from Finance, for some advice.

Tada: Jessica, can I ____ ____ ____? I need some advice.
Wiley: About what, ____ I ___?
T: It's about the _____ ___ of _____. My boss handed me a set of _____ showing the _____ ___ ____ for each product line. And _____ ____ he wants.
W: What?
T: He wants me to do _____ _____ using different _____ _____.
W: So?
T: I don't know the ____ ____ about scenario analysis, and I know ____ ___ about margin percentages.
W: A scenario analysis can be _____ by a _____ _____. You __ __ _____ like desired margin percentages ____ the figures you got there, and the program will do ___ ___. ___ __ _____ at all. Now, a margin percentage is the percentage of the _____ ____ _____ ___ by the _____ _____, which is just _____ ____ ____ of _____ ____. ___ __ ____ __?
T: Yes. Think I'm _____ a better _____ __ what I'__ _____ __ do. What's the _____ for calculating the _____ ____ using a desired margin percentage, say, __ %? And let's say, the cost of goods sold is ___ _____.
W: The formula goes like this: cost of goods sold, _____ __ 1 minus the margin percentage. So, in this case, two dollars divided by 1 minus .21, which is .79, _____, umm, 2.__.
T: Amazing. And _____ a _____! I'm _____ to have a friend like you.

LESSON 21 & 22 社内でのコミュニケーション—イニシアティブの発揮 ❶❷

Assigning Work

In a conference room of Good Securities, the Compliance Division's head and his staff are discussing measures to comply with changes in the Japanese Commercial Code.

Brian Clark (Head of Compliance): As you're all aware, there have been some _____ _____ in the Japanese _____ ____, and we need to _____ our _____ _____ to _____ the changes.

John Heath: What's the _____ for this project?

C: We have to _____ it in _____ _____' time.

H: But that's _____. It's a ___-____ document!

C: Don't worry. We'll ___ it ____ within our ____ _____ and _____ what we're currently doing. Let's hear ____ Diana ___ to ___. You've _____ this before, right?

Diana Morgan: Right. First, we create a _____ _____ a ____-____-_____ _ the ____-_____ _____ ____ the pre-amendment provisions. Second, upon _____ ____ the job ___ _____ ___, er, I mean lots that are _____ _____ in terms of time, we _____ a number of _____ _____ to _____ the _____ translation ____ the _____. _____, we _____ the new translation __ _____ and __ _____ in _____. And finally, we _____ the _____ ____ of the manual ___ the _____.

C: I ___ __ determine just ____ _____ should be _____ now, which ones can be ___ __ until a later date, and which ___ __ _____ at least for the time being. ____ ____ that _____ to you?

H: _____ _____.

M: I agree. _____ _____ **determining the tasks to be _____ in the _____ _____ and ____ _____ _____ them.**

C: That's the ____. Okay, let's __ _____ the amendments and _____ those of _____ practical importance ____ those of _____ and perhaps _____ importance.

153

CHAPTER 3 社内でのコミュニケーション

LESSON 23 組織内での情報伝達 ❶ ❷

Exchanging Information within the Organization

Laura Garner, head of Administration, drops in on Jim Burt, head of Security, who has tried to contact her earlier to give her a heads-up on a management meeting.

Garner: Good morning, Jim. You wanted to see me? Says you called on this While You Were Out memo.

Burt: Yes. I wanted to give you a heads-up about tomorrow's management meeting.

G: Well, I appreciate that. Coming from you, I guess it has something to do with security, and you want me to prepare a draft memo or something.

B: Nice try. But you're only half right, there. Anyway, the powers that be have a two-fold agenda. First, to put a new e-mail policy in place. The message to be put across is copying your supervisor on all your outgoing correspondence is not a good idea, unless you've been instructed to do so. Understandably, they don't want people to copy them on things they have no interest in or can do nothing about. Second, to reiterate that employees are required to avoid discussing confidential information in elevators and other public places.

G: I'm all for the e-mail policy. Those extraneous e-mails I get are long on bureaucratic mumbo-jumbo and short on substance. It's a drain on my productivity. But the confidentiality thing strikes me as odd. Why so sudden? With all those awareness-raising workshops, we all know from day one that customer confidentiality is not to be taken lightly.

B: It just so happened that the top man overheard one of the secretaries babbling away in the elevator, naming some major clients of ours.

G: Hmm, knowing him, I can almost see him making a mental note to issue a company-wide warning.

Good morning, Jim. You wanted to see me?
おはよう、ジム。
何か用ですって？

Management Meeting〈経営会議〉
New e-mail policy〈Eメール取扱新方針〉
Confidentiality in public places
〈公共の場所での機密保持〉

Yes. I wanted to give you a heads-up...
そう。ちょっと耳に入れておきたいことがあったんでね…

依頼と指示	説明と見直し	イニシアティブの発揮	組織内での情報伝達 ❶❷	リスク管理

DIALOG 業務上の連絡をする

DL 068

Translation

組織内で情報交換をする

総務の責任者ローラ・ガーナーが、セキュリティーの責任者ジム・バートのところにやってきます。ジムは、それより前に、経営会議の内容をあらかじめ知らせておこうと、ローラに連絡を試みています。

ガーナー： おはよう、ジム。何か用ですって？　この電話連絡メモにそうあるけど。

バート： そう。明日の経営会議に先立って、ちょっと耳に入れておきたいことがあったんだ。

ガーナー： それはどうも。あなたが言うってことは、何かセキュリティーがらみで、私に社内メモの草案か何かを準備してくれって話じゃないの？

バート： なかなかの推測だけど、半分しか当たっていないな。何であれ、上層部がやりたいのは二つ。一つは、新たなＥメール取扱方針を制定すること。どういう趣旨かというと、指示がある場合は別として、発信する連絡文書のすべてについて写しが上司に回るようにするのは避けてくれということ。気持ちはわかるけど、自分たちに関わりがないことや手の打ちようがないことについて、社員が写しを回してくるのをやめてほしいというわけだ。二つ目は、従業員はエレベーターその他一般の人が出入りする場所で機密事項を話題にしてはならない義務があることを、改めて説明すること。

ガーナー： Ｅメールの指針については大賛成。受け取る余計なメールときたら、官僚の作文みたいな訳のわからない言葉がたくさん載っているのに、中身は乏しいからね。私の生産性を引き下げているわよ。でも、機密保持のほうは意外な感じを受けるわ。何でまた唐突に、という感じ。意識改革のための研修があれだけあったし、入社初日から、顧客情報の機密性を軽んじるなってことはみなわかっているはずなのにね。

バート： たまたまなんだけれど、社長がエレベーターの中で秘書の誰かがうちの重要顧客の名前を出しながらぺちゃくちゃやっているのを聞いてしまったんだよ。

ガーナー： ふーむ、社長のことよく知っているだけに、全社にお達しを出さねばと頭の中でメモしている様子が目に浮かぶようだわ。

Vocabulary

drop in on someone ～をちょっと訪ねる * drop in at someone's house「～の家をちょっと訪ねる」

heads-up 早めの情報

management meeting 経営会議

says you called あなたから電話があったと書いてある * 主語は it（電話連絡メモ）

While You Were Out memo 電話連絡メモ * While You Were Out と書いてあるのでこの名前がある

draft memo 社内メモの草案

the powers that be 首脳陣、最高幹部

two-fold 二つの要素［部分］をもつ * fold「折った部分、折り目」

agenda 議題、実現したいこと

put ~ in place ～を制定する、整備する

put across ~ ～をうまく伝える

copy ~ on ... （Ｅメールなどで）～に…のコピーを送付する

correspondence 連絡文書

reiterate [riːítəreit] くり返して言う

confidential information 機密事項［情報］

I'm (all) for ~. ～に（大）賛成です。 * be against ~「～に反対です」

extraneous [ikstréinias] 余計な、無関係な

be long on ~ ～がたくさんある * あとの be short on ~「～が不足している」と対

bureaucratic 官僚的な

mumbo-jumbo 難解で意味不明の言葉

substance 内容、実体

be a drain on ~ ～を低下させるものである * drain「排水路、流出」

strike ~ as ... ～に…と感じさせる * strike「打つ、心を打つ」

awareness-raising workshop 意識向上［周知徹底］を図るセミナー［研修］

from day one 最初［初日］から

customer confidentiality 顧客情報の機密性

be not to be taken lightly 軽んじられない * be not to 受け身「～できない」

babble away ぺちゃくちゃしゃべる

make a mental note to ~ ～することを心にとどめておく

issue a warning 警告を発する

company-wide 全社員を対象とする

LESSON 23

CHAPTER 基礎編
1 2 **3**
実践編
4 5 6

社内でのコミュニケーション

155

LESSON 23

FOCUS 社内での情報伝達をこなす

> **Key Phrase**
> **I wanted to give you a heads-up about tomorrow's management meeting.**
> 明日の経営会議に先立って、ちょっと耳に入れておきたいことがあったんだ。

同僚や上司と連絡を取り、状況を知らせるといった場合、状況に応じて次のような言い回しを使います。

❶ (未確認) 情報、伝聞などを早めに知らせる

I've just got a heads-up from our liaison office in Taiwan that our competitor's releasing a new range of models.

（台湾にあるうちの駐在員事務所**からの未確認情報ですが**、ライバル会社が新型モデルのラインナップを発表するようです）
■ heads-up「速報、未確認情報」＊レッスン1で見た句動詞 head up「～の長である」と区別。「速報、予告」の意味では advance tip などの表現も使われる　liaison office「駐在員事務所」＊ liaison [liéizαn]「（組織間の）連絡機構」

I just **got wind from** a friend that XYZ Inc. may be targeted for acquisition.

（今しがた友人**から聞いたうわさ**ですが、XYZ社が買収の対象になっているようです）
■ get wind「うわさを耳にする」

うわさではない最新ニュースを伝える場合には、the latest ということばを使います。

The latest is that XYZ Inc. is filing for bankruptcy.
（**最新情報では**XYZ社が倒産手続の申し立てをする**ということです**）

❷ 「内聞で…」と留保しつつ知らせる

This is just between you and me. There's talk among management that the company should be split into three entities.

（ここだけの話にしてください。経営陣の間では、わが社を3つの会社に分割すべきだという話が出ているんです）■ entity「（独立の）存在→法人企業、会社」

This doesn't leave this room. With the help of our largest shareholder, we've secured the two-thirds majority vote necessary to oust the man.

（ここだけの話ですよ［このことは一切他言無用ですよ］。最大株主の支持を取り付け、あの人を排除するのに必要な3分の2の多数を確保しました）■ oust ~「～を追放する」

❸ 最新の状況を知らせる

I wanted to **brief you on** the current situation in China.

（中国の現状**をお知らせしよう**と思いまして）
■ brief ~ on ...「～に…を説明する、前もって情報を与える」＊ fill ~ in on ... と同意

Let me **bring you up to speed** on the latest. （最新の動きをお知らせしようと思いまして）
■ bring ~ up to speed「～に最新情報を与える」＊ up to speed「同等のレベルにまで」。give ~ an update (update「最新情報」) と同意

❹ 何か動きがあったら知らせる

I'll be out of town next week, but I promise to **keep you in the picture**.
(来週は留守にしていますが、**状況は必ず逐一ご報告**します)
■ in the picture「状況［事情］を知っている」 * picture「状況、事態」

I'll **keep you posted on** whatever happens.
(最新情報**を逐一お知らせします**)
■ post「知らせる、情報を絶えず流す」 * keep ~ posted on ...「~に…のことについて知らせる」

more » 情報をコントロールする

ビジネスでは、相手に情報を提供するのとは逆に、情報をわざと止めて人を「かやの外」に置くケースもあります。そのような状態を表す言い回しを見ておきましょう。

● be in the dark　まるで知らない

The CEO claims he **was in the dark about** the company's imminent collapse.
(その CEO は、会社の破綻が迫っていた**ことをまるで知らなかった**と言っている)
■ claim「主張する」　imminent [ímənənt]「(悪いことが) 今にも起ころうとしている、切迫した」

● be kept in ignorance of / be kept out of the loop　かやの外に置かれる

Everyone from middle management and below **was kept in ignorance of** the impending downsizing.
(中間管理職とその下のレベルの従業員は、間近に迫る事業の整理縮小**についてかやの外に置かれていた**)　■ middle management「中間管理職」　impending「切迫した、今にも起こりそうな」 * 「im (上に) pend (かかる)」の形　downsizing「事業の整理縮小、リストラ」

The dissident directors **were kept out of the loop** in major decisions.
(反対派の取締役は主な決定事項について、**かやの外に置かれた**)
■ dissident [dísədənt]「反対派の」　loop「輪」

● be cut off from the communication loop　社内の情報伝達ルートから外される

She was considered a security risk and **was cut off from the communication loop** once the merger talks began.
(彼女は機密保持上の危険人物とみなされ、合併交渉が始まるや**社内の情報伝達ルートから外された**)　■ security risk「機密保持上の危険人物」　merger talks「合併に向けての交渉」

● be left uninformed of　知らされないままでいる

Senior management claim they **were left uninformed of** the incident until yesterday.
(幹部経営陣は、きのうまで事件**のことは知らされないままでいた**と言っている)
■ senior management「幹部経営陣」 * middle management「中間管理職」　incident「出来事、事件」

CHAPTER 3 社内でのコミュニケーション

LESSON 24 組織内での情報伝達 ① ❷

Reporting Up and Down the Management Hierarchy

Gary Clayton, the head of Auditing, is in discussion with Ayumi Ohno, the branch manager, on an ongoing investigation into irregularities.

Clayton: Good morning, Ms. Ohno. I'm here to discuss the ongoing investigation. Wish this wasn't happening. Things aren't looking too good.

Ohno: No need to feel sorry for me. If something happens on my watch, I'll be the one who's responsible, and the one to fix it.

C: Okay, my preliminary findings are inconclusive, yet some figures here do not tally with the figures on the ledger sheets at head office. Moreover, each time a questionable case arises, the same person's involved.

O: I can see where this is going. Now, I want you to convey your findings and analyses to our general counsel. I want the two of you to see if we can place the culprit on suspension as soon as we get our hands on conclusive evidence.

C: Supposing we detect a case of embezzlement, do we notify the regulatory authorities?

O: Of course, we do. Regulatory requirements include notification of irregularities to the authorities.

C: So we immediately notify the regulatory agency of the outcome of the investigation.

O: Correct, with the proviso that the ongoing audit verifies an irregularity was committed. In addition, within the company, those with legitimate interest need to be advised of this incident.

C: Do we file criminal charges with the police?

O: Personally I think we should, but head office may raise objections for fear of negative publicity. What can I say? If things come to such a pass, it'll be out of my hands.

Findings 〈調査結果〉
Irregularities 〈不正行為〉
Embezzlement 〈横領事件〉

Wish this wasn't happening. Things aren't looking too good.
これが本当でなければと願っているのですが、事態は思わしくありません。

No need to feel sorry for me. I'll be the one who's responsible.
同情は無用です。私は責任者ですから。

| 依頼と指示 ▶▶ | 説明と見直し ▶▶ | イニシアティブの発揮 ▶▶ | 組織内での情報伝達 ❶❷ | リスク管理 ▶▶ |

DIALOG 社内手続きに従って報告する

🎧 DL 071

LESSON
24

CHAPTER
基礎編
1 2 **3**

実践編
4 5 6

社内でのコミュニケーション

Translation

会社組織上層部または下部に報告する

内部監査の責任者ゲイリー・クレイトンが、現在調査中の不正行為について、支店長の大野あゆみと話し合っています。

クレイトン： おはようございます、大野さん。現在進めている調査について話をさせてください。これが本当でなければと願っているのですが、事態は思わしくありません。

大野： 同情は無用です。私の監督下で何かあれば、私の責任ですし、私が処理しますから。

クレイトン： わかりました。まだ確定的なことは言えませんが、こちらにある数字の一部が本社にある元帳の数字と一致しません。その上ですね、不審なケースが浮上するつど、同一人物が関わっています。

大野： その先はわかりました。そこで、調査でわかった事実関係とそれを分析した結果を法務部長に伝えてくれませんか。お二人（内部監査の責任者クレイトンと法務部長）にやっていただきたいのは、決定的な証拠を手にした時点で、この不心得者を停職処分にすることが可能かどうかを調べておくことです。

クレイトン： 横領事件ということがわかったとして、監督官庁に報告しますか？

大野： もちろん報告します。報告義務には、不正行為があったことを当局に通知することも含まれていますから。

クレイトン： となると、調査結果を直ちに監督官庁に通知するということですね。

大野： そのとおり、但し、現在進めている監査により不正行為があったことが確認されたとしての話です。それに社内的には、然るべき人たちにこの件を報告する必要があります。

クレイトン： 告訴はしますか？

大野： 個人的には告訴すべきだと思いますが、本社がネガティブな報道を恐れて反対するかも知れません。私としては何とも言えません。そこまでいけば、もうこちらの手を離れることになりますからね。

Vocabulary

management hierarchy 会社組織、（階層的）職制 ＊ **management**「経営」、**hierarchy** [háiərɑ̀ːrki]「階層制」

audit(ing) [ɔ́ːdit(iŋ)] 検査［監査］ ＊内部監査（規定の順守などの業務監査）、会計監査などを意味する。**Auditing** 部門の主な役目は「内部監査」

ongoing investigation 現在進行中の調査

irregularity 不正行為

on one's watch ～の監督下で

fix 解決する、修繕する

preliminary findings 暫定的調査結果 ＊ **preliminary**「仮の、予備的な」

inconclusive 結論に達しない

tally with ～ ～と符合する、一致する

ledger sheet 帳簿、帳票、元帳

arise 生じる、起こる

involved 〈形〉関与した、絡んだ

convey [kənvéi] 伝える、運ぶ

general counsel 法務部長 ＊法務部がない場合は社内弁護士のトップを指す。**counsel**「法律顧問」

place ～ on suspension 停職処分にする ＊ **suspension**「停止、停職」

culprit [kálprit] 犯人

get [put] one's hands on ～ ～を入手する

conclusive evidence 決定的証拠、確証

embezzlement [imbézlmənt] 横領

regulatory authorities 監督官庁

requirements 必要事項、義務として満たす条件

outcome 結果、結末

with the proviso that ～ 但し～であること ＊ **proviso** [prəváizou]「但し書き」

verify （調査などで）事実だと証明する

commit （犯罪などを）犯す

legitimate interest 正当な利害関係 ＊ **interest**「（この場合）関与の利益」。**those ～** で「正当な利害関係のある人 → 知らされて然るべき立場の人」

be advised of ～ ～を知らされている ＊ **advise ～ of ...**「～に…について伝える」。advise ＝nortify, inform

file criminal charges with ～ ～に告訴する ＊ **file**「（正式に）提出する」、**criminal**「刑事上の」、**charge**「告訴」

publicity 広告、評判、公表

159

LESSON 24

 組織内での正式の報告

Key Phrase

Supposing we detect a case of embezzlement, do we notify the regulatory authorities?

横領事件ということがわかったとして、監督官庁に報告しますか。

企業内で、正式に情報を伝える言い方を見ていきます。一般に何かを伝えるという動詞は tell ですが、ビジネスでは場面に応じて次のような動詞を使い分けます。

❶ 情報を伝達する　inform ~ of ...

社の内外を問わず、一方から他方に「知らせる」ときに使うニュートラルな表現です。

Make sure you **inform** those concerned **of** the decision.
(関係者に**この決定が伝わる**よう確実を期してください)

You need to **inform** your supervisor **of** any problems you're experiencing in performing your job duties.
(職務遂行上の問題点は、すべて上司に**報告する**必要があります)

※ inform ~ of ... は inform ~ that ... の形で表されることもあります。 You need to <u>inform</u> your supervisor <u>that</u> you are experiencing problems in performing your job duties.

❷ 正式に情報を伝達する　notify ~ of ...

同じ「知らせる」でも、「通知する」といった感じの厳しい響きをもつ表現です。

You're required to **notify** HR **of** any address change within two weeks of the change.
(住所変更については、変更後2週間以内に人事部門に**通知し**なければなりません)

Under the agreement, we're required to **notify** the supplier **of** any changes in our account information.
(契約上、取引口座関連事項の変更は、納入業者に**通知する**必要があります)

■ account information「取引口座関連の情報」

❸ 広く情報を知らせる　communicate ... to ~

communicate は情報が一方から他方に流れるようすを客観的に述べる動詞で、inform や notify の「知らせる」という意味とはやや異なります。

Seems that the new safety rules **were not** adequately **communicated to** all involved.
(どうやら新たな安全規則が関係者全員には十分**伝えられていなかった**ようです)

We need to **communicate** this **to** all staff and make sure everyone is aware of the problem.
(この件はスタッフ全員に**伝えて**、この問題を全員が確実に認識するようにしなければなりません)

社内でのコミュニケーション―組織内での情報伝達 ❶❷

❹ 事実、情報、感情などを伝える　convey ... to ~

inform、notify、communicate と異なり、convey されるものは情報とは限りません。

Now that we know that the defect could cause fatal injuries, we should **convey** this information **to** the public.
（この欠陥が致命的傷害の原因となりうることがわかった以上、一般の人々に**この情報を知らせる**べきです）

Please **convey** our concern **to** those higher up in your company.
（私どもの懸念を御社の上層部に**お伝え**ください）　■ those higher up「上層部の人々、幹部たち」

more » 官公庁への通知・報告

官公庁関係の手続きでは、以下のような動詞・名詞が多く使われます。

● apply for ~　～を申請する

We need to **apply for** a business permit prior to engaging in this line of business.
（この種の事業に従事するのに先立ち、事業認可の**申請をする**必要がある）
■ business permit「事業認可、営業許可」＊permit「許可」　prior to ~「～に先立って」

● file ~ with ...　…に～を届け出る［提出する］

We're required to **file** our annual report on Form 10-K **with** the Securities and Exchange Commission.
（書式10-Kを使って証券取引委員会に年次報告書を**届け出**なければならない）
■ Form 10-K「様式10-K」　Securities and Exchange Commission「証券取引委員会」

● submit ~ to ...　…に～を提出する

We need to **submit** a notification of construction **to** the local government.
（地元の自治体に建築届を**提出する**必要がある）　■ notification of construction「建築届」

● regulatory submission　官公庁への提出書類

It's the responsibility of our Legal Department to prepare and file **regulatory submissions**.
（**監督官庁への提出書類**を整え、届け出るのは当社の法務部の仕事です）
■ regulatory「取り締まる権限をもつ→監督官庁の」　submission「（報告書などの）提出」

● reporting requirements　報告義務

We're subject to **reporting requirements** under these laws.
（当社はこれらの法律上、**報告義務**を負っている）　■ requirement「要求されるもの（こと）」

LESSON 23&24 CHECK UP

FOCUS!

>>> 空欄を埋めて話してみよう <<<

社内での情報伝達をこなす / 組織内での正式の報告

1. ❶ 台湾にあるうちの駐在員事務所からの未確認情報ですが、ライバル会社が新型モデルのラインナップを発表するようです。

   I'___ j___ g___ a h___-u___ f___ o_ l___ o___ i_ T___ t__ o_ c_____ r_____ a n___ r____ o__ m____.

2. 最新情報ではXYZ社が倒産手続の申し立てをするということです。

   T___ l___ i___ t___ X__ l___. i_ f___ f___ b_____.

3. ❷ ここだけの話にしてください。

   T___ i_ j__ b___ y___ a___ m___.

4. ここだけの話ですよ。[このことは一切他言無用ですよ]

   T__ d___'_ l___ t___ r___.

5. ❸ 中国の現状をお知らせしようと思いまして。

   I w____ t_ b___ y___ o__ t__ c___ s_____ i_ C___.

6. ❹ 最新情報を逐一お知らせします。

   I'_ k___ y___ p___ o___ w_____ h_____.

7. **more** そのCEOは、会社の破綻が迫っていたことをまるで知らなかったと言っている。

   T__ C__ c__ h__ w___ i_ t__ d___ a_ t__ c_____'_ i_____ c_____.

8. 反対派の取締役は主な決定事項について、かやの外に置かれた。

   T__ d_____ d_____ w__ k__ o___ o__ t__ l___ i__ m____ d_____.

LESSON 23 & 24 社内でのコミュニケーション—組織内での情報伝達 ❶❷

9. ❶ 関係者にこの決定が伝わるよう確実を期してください。

DL 072

M___ s___ y__ i___ t____ c_____ o___ t__ d_____.

10. ❷ 住所変更については、変更後 2 週間以内に人事部門に通知しなければなりません。

Y__'_ r_____ t__ n___ H__ o___ a__ a___ c___ w___
t___ w_____ o__ t__ c_____.

11. ❸ この件はスタッフ全員に伝えて、この問題を全員が確実に認識するようにしなければなりません。

W___ n___ t__ c___ t__ t___ a___ s___ a___ m___ s___
e_____ i___ a___ o__ t__ p_____.

12. ❹ 私どもの懸念を御社の上層部にお伝えください。

P____ c__ o__ c___ t__ t___ h___ u__ i__ y__ c____.

13. **more** この種の事業に従事するのに先立ち、事業認可の申請をする必要がある。

DL 073

W__ n___ t__ a__ f___ a b_____ p___ p__ t__ e_____
i__ t__ l__ o__ b_____.

14. 書式 10-K を使って証券取引委員会に年次報告書を届け出なければならない。

W__'_ r___ t__ f__ o__ a___ r___ o__ F__ 10-__
w___ t__ S_____ a__ E_____ C_____.

15. 地元の自治体に建築届を提出する必要ある。

W__ n___ t__ s__ a n_____ o__ c_____ t__ t__
l___ g_____.

163

>>> 音声を聴き取ろう <<<

Exchanging Information within the Organization

Laura Garner, head of Administration, drops in on Jim Burt, head of Security, who has tried to contact her earlier to give her a heads-up on a management meeting.

Garner: Good morning, Jim. ___ _____ to see me? ____ ___ _____ on this _____ ___ ____ ___ memo.

Burt: Yes. I _____ to ____ you a _____-___ _____ tomorrow's _____ _____.

G: Well, I _____ that. Coming from you, I _____ it has _____ to __ ___ _____, and you want me to _____ a ____ _____ or something.

B: Nice __. But you're only ___ ____, there. Anyway, the _____ ___ __ have a ___-___ _____. First, to __ a new e-mail _____ __ ____. The _____ to be __ _____ is _____ your _____ __ all your outgoing _____ is not a ____ ____, _____ you've been _____ to do so. _____, they don't want people to _____ them __ _____ they have __ _____ __ or can __ _____ about. Second, to _____ that employees ___ _____ to _____ discussing _____ _____ in elevators and other _____ _____.

G: I'm __ __ the e-mail policy. Those _____ e-mails I get __ ___ __ _____ _____-___ and ____ __ _____. It's a ____ on my _____. But the _____ thing _____ me __ odd. Why so sudden? With all those _____-_____ _____, we all know ____ ___ __ that _____ _____ is __ to be _____ _____.

B: It just __ happened ___ the ___ ___ _____ one of the _____ _____ ___ in the elevator, _____ some ____ _____ of ours.

G: Hmm, _____ him, I can almost ___ him _____ a _____ ___ to ____ a _____-_____ _____.

164

LESSON 23&24 社内でのコミュニケーション―組織内での情報伝達 ❶❷

Reporting Up and Down the Management Hierarchy

Gary Clayton, the head of Auditing, is in discussion with Ayumi Ohno, the branch manager, on an ongoing investigation into irregularities.

Clayton: Good morning, Ms. Ohno. I'_ ____ _ discuss the _____ _____. Wish this ____' _____. _____ aren't looking __ good.

Ohno: No need to ___ _____ __ __. If something happens __ __ _____, I'll __ __ ___ who's _____, and the one to __ it.

C: Okay, my _____ _____ are _____, yet some _____ here do not ___ __ the figures on the _____ _____ at head office. Moreover, each time a _____ ___ _____, the same person's _____.

O: I can see _____ this is _____. Now, I want you to _____ your _____ and _____ to our _____ _____. I want the two of you to __ _ we can ____ the _____ on _____ as soon as we ___ __ _____ __ _____ _____.

C: _____ we detect a case of _____, do we _____ the _____ _____?

O: Of course, we do. Regulatory _____ include _____ of _____ to the _____.

C: So we immediately _____ the regulatory agency _ the _____ of the investigation.

O: Correct, ___ the _____ that the ongoing ____ _____ an irregularity was _____. In addition, within the company, those with _____ _____ need to __ _____ _ this incident.

C: Do we __ _____ _____ ___ the police?

O: _____ I think we should, but head office may ____ _____ for fear of _____ _____. What can I say? If _____ come to such a pass, it'll be __ of __ _____.

CHAPTER 3 社内でのコミュニケーション

LESSON 25 リスク管理 ❶ ②

Managing Business Risks

As part of the orientation program for new hires, Miyuki Yamano is sent over to the bank's BCP manager, Richard Neru.

Neru: So, let's talk about BCP. Do you know what this is about?

Yamano: I'm afraid you've got me there.

N: BCP is short for "business continuity plan," which contains the specific steps you would take in the event of a disaster. **The purpose of all this is, of course, to control and minimize exposure to risk.**

Y: I take it that you're talking about disaster recovery. But how does that relate to business continuity?

N: Miyuki, that's the best question I've heard in a while! In fact, we need to work out both how the company will recover from a disaster, and how it will continue its operations if a disaster occurs. For instance, to ensure continued functionality, our plans include the real time replication of critical data and the utilization of alternative procedures such as manual workarounds.

Y: Um, excuse me, I don't mean to be presumptuous, but given that contingency planning is a must for all businesses, a BCP, in my eyes, doesn't go beyond the obvious.

N: Oh, there are compelling legal and financial incentives for us. In fact, failure to have such a plan may give rise to liability for negligence or even violation of statutory requirements. Moreover, business insurers now provide discounts for businesses that have a viable business continuity plan.

Y: So, what you're saying is this: A full-fledged BCP has benefits that more than justify the cost.

N: That's precisely what I was trying to put across.

Let's talk about BCP.
Do you know what this is about?
BCPの話に入りましょうか？
意味はご存じですか？

BCP: Business Continuity Plan
〈業務継続計画〉

Steps to take in the event of disaster 〈災害時に取るべき措置〉
Risk control 〈リスク管理〉

I'm afraid you've got me there.
いいえ、
残念ながら、
お手上げです。

| 依頼と指示 | 説明と見直し | イニシアティブの発揮 | 組織内での情報伝達 | リスク管理 ❶❷ |

DIALOG リスク管理に取り組む

LESSON 25

CHAPTER
基礎編 1 2 3
実践編 4 5 6

社内でのコミュニケーション

Translation

ビジネスリスクを管理する

新入社員向けオリエンテーションの一環として、山野美由紀が銀行のBCP（業務継続計画）担当マネジャーのリチャード・ネルーのもとで研修を受けることになりました。

ネルー： それでは、BCPの話に入りましょうか？ どういうものかご存じですか？

山野： いいえ、残念ながら、お手上げです。

ネルー： BCPは"business continuity plan"を縮めたもので、内容は、災害時に取るべき具体的な措置です。その目的は、言うまでもなく、リスクにさらされる度合いをコントロールし、できる限りそれを少なくすることです。

山野： 災害復旧のことを話してくださっているかと思いますが、業務継続とはどう関わってくるのですか？

ネルー： 美由紀さん、滅多に聞かないいい質問ですね。実際のところ、災害から会社がどう復旧するかということ、ならびに、災害発生時に会社がどう業務を続けていくかという二つがわれわれの課題です。例えばですね、会社の機能継続を確保するために、われわれの計画には、重要データのリアルタイムでの複製と、手作業でしのぐといった代替手段の使用が盛り込まれていたりします。

山野： えー、ちょっと失礼、せん越なことを申し上げるつもりはありませんが、緊急時対応計画の策定はどんな企業にとっても必須ですから、BCPは私の目には至極当然と映りますが。

ネルー： いえね、法的な面で、あるいは財務の面で、強力なインセンティブがあるんです。事実、この種の計画を用意していないと、過失責任を問われたり、場合によっては、法令上の義務違反といったことにもなりえます。それだけでなく、企業保険を引き受けている保険会社ですと、ちゃんとした業務継続計画を持っているところに対して割引をしています。

山野： となると、本格的な業務継続計画にはコストを上回るメリットがあると、こうおっしゃりたいんですね。

ネルー： そうです、まさにそれを言いたかったんです。

Vocabulary

manage business risks ビジネス上のリスクを管理する
new hire 新入社員
You've got me there. その点で私を負かした→一本取られました。* get「人を負かす」, there「その点で」
business continuity plan (BCP) 業務継続計画
specific steps 具体的［特定の］措置 * steps「措置(=measures)」
in the event of a disaster 災害時に
exposure to risk リスクにさらされること * expose「さらす」
I take it that ~ ～だと思う［理解する］(が)
disaster recovery 災害復旧
work out ~ 熟慮して～の計画を立てる
continued functionality 機能の継続
replication 複製 * replicate「複製する」
critical data 非常に重要なデータ
alternative procedure 代替措置 * procedure「手続き、(手順としての個々の)行為、措置」
workaround (急場をしのぐ)予備手段
presumptuous [prizʌ́mptʃuəs] 生意気な
given that ~ ～ということであれば
contingency planning 緊急時対応計画の策定 * contingency「不測の事態」
not go beyond the obvious わかりきったことの範囲を越えない→至極当然
compelling 抵抗しがたい
legal 法律の、法的な
financial 財務の、財務的な
incentive インセンティブ、刺激、動機 *一定方向に誘導するための手段
give rise to ~ ～を引き起こす
liability for negligence 過失責任 * liability「(法的)責任」
violation 違反
statutory requirements 法律上の義務 * statutory「法定の、制定法の」
business insurer 企業保険を扱う保険会社 * insurer=insurance company
viable 実行［成功］可能な
full-fledged 本格的な * fledged「(鳥の)羽毛が生えそろって巣立ちできる」

LESSON 25

FOCUS 企業でのリスク管理

> **Key Phrase**
>
> **The purpose of all this is, of course, to control and minimize exposure to risk.**
>
> その目的は、言うまでもなく、リスクにさらされる度合いをコントロールし、できる限りそれを少なくすることです。

ビジネスでリスク管理が語られる場合、リスクの評価、分類、管理、リスクが具体化した場合の対策などがテーマになります。典型的な言い回しを見ていきましょう。

❶ どういうリスクがあるかを考える

We should first **perform a risk analysis** and a business impact analysis.

（まずは**リスク分析**とビジネス影響度分析**を行う**べきです）

■ risk analysis「リスク分析」 business impact analysis「ビジネス影響度分析」

There are many approaches to **measuring risk exposure**.

（リスク・エクスポージャー［リスクにさらされる度合い］**を測定する**アプローチには様々なものがあります）

❷ リスクを分類する

We should only worry about **material risks**.

（もっぱら**重大なリスク**のみを心配すべきだ）

■ material risk「重大なリスク」 ＊material「物質の、重要な」

The first step in preparing **risk profiles** is identification of risk events.

（**リスク・プロファイル**［対処すべきリスクの概要］を準備する最初のステップは、リスクの原因となる事実の特定だ）

■ profile [próufail]「輪郭、素描」 risk event「リスク事象、支障となるような事柄」 identification「特定、同定」

❸ 分類に従ってリスクを管理する

We **manage** our **inventory risk** through early order commitments of retailers.

（当社では、小売業者に早めに仕入を約束してもらうことで**在庫リスクを管理している**）

■ inventory risk「在庫リスク」 ＊在庫を抱えてしまうリスク　order commitment「注文の約束」

We attempt to **control** our **credit risk** by being diligent in credit approvals.

（当社では与信審査を丹念に行うことで**信用リスク**［貸し倒れリスク］**を統御し**ようとしている）

■ diligent「念入りな」 credit approval「信用（付与）の承認、与信審査」 ＊approval「承認、認可」

❹ リスクの発生を想定して対策をとる

We need to **draw up action plans** to be followed **if the risk does materialize**.

（**リスクが具体化した場合**に実行すべき**行動計画を練っておく**必要がある）

■ draw up a plan「計画を練り上げる」 action plan「行動計画」 materialize「（はっきりした）形をとる」

社内でのコミュニケーション―リスク管理 ❶❷

Reasonable **precautions are being taken** to minimize the damage **if the perceived risk becomes a reality**.

(想定されるリスクが現実のものとなったときに損失を最小限に抑えるため、しかるべき**予防対策が講じられています**)

■ precaution「予防策［措置］」 minimize「最小限にする」 perceive「気づく、認める」＊per（完全に）ceive（つかむ）

LESSON 25

more »　リスクと一緒に使う動詞

risk を使いこなすためには、一緒に使う動詞も知っておく必要があります。

● **take a risk**　リスクを取る

ビジネスで「リスクを取る」とは、めざす利益を得るために、あえてリスクを受け入れるという意味で使われます。

Unlike gamblers, investors **take a** calculated **risk**.

（ギャンブラーと異なり、投資家は計算済みの**リスクを取っている**）
■ calculated risk「計算済みのリスク、織り込み済みのリスク」

● **measure risk**　リスクを測る

If you cannot **measure risk**, you cannot control risk.

（**リスクを測れ**なければ、リスクは制御できない）

● **entail risk**　リスクを伴う

All equity investments **entail risk** of loss.

（すべて株式投資は損失を被る**リスクを伴う**）
■ entail [intéil]「伴う、引き起こす」

● **increase risk**　リスクを高める

Secondhand smoke has been shown to **increase risk** of lung cancer.

（二次喫煙が肺ガンの**リスクを高める**ことは実証済みだ）
■ secondhand smoke「二次喫煙、煙害」 show「示す、証明する」

● **reduce risk**　リスクを低くする

Diversification generally enables you to **reduce risk**.

（一般に分散投資は**リスクを低くする**ことを可能にしてくれる）
■ diversification「多様化、分散→分散投資、多角経営」＊diversify「多様化する、分散させる」

● **diversify risk**　リスクを分散する

When you don't put all your eggs in one basket, you **diversify risk**.

（持っている卵をすべて一つのカゴに入れておかないこと、それが、**リスクを分散すること**だ）

CHAPTER 3 社内でのコミュニケーション

LESSON 26 リスク管理 ① ②

Dealing with Contingencies

Yoshiko Kelly, Chief Administrative Officer, and Jack Fraser, Chief Security Officer, are going through their final checklist ahead of an emergency drill.

Kelly: Let's walk through the evacuation procedure. In particular, I'd like to check the wording of the evacuation announcement.

Fraser: Sure.

K: First, ten minutes before the drill, I announce via the public address system that a fire drill will take place and call on people to remember the acronym RACE. And I go on to explain that R is for Rescue. Rescue those in immediate danger. A is for Alarm. Activate the alarm by smashing one of the "break glass" points in the hallways. C is for Confine. That is, confine the fire by closing all doors and windows in and around the fire area. And E is for Extinguish.

F: Perhaps it's worth adding that PASS is another acronym to remember.

K: What's that? Never heard of it.

F: That's a surprise! Thought it was something universally known. Anyway, P is short for "pull the pin," A is for "aim the nozzle," S means "squeeze the handle," and S stands for "sweep the base of the fire."

K: Hmm....PASS...that's one great acronym. And it certainly does describe all there is to it. Okay, I'll touch on that after explaining RACE for fire. And then... Where was I?

F: And then the fire alarm is sounded.

K: Oh, that's right. When the fire alarm is sounded, a prerecorded announcement is made. The announcement states, "Ladies and gentlemen, could I have your attention, please? This is a drill. I repeat, this is a drill. We have an emergency. Could you please make your way out of the building via the nearest exit to a safe distance from the building? Do not use the elevators. Please evacuate the building calmly, as there is no imminent danger."

PASS...that's one great acronym. PASS、なかなかいい略語じゃない。

Emergency Drill

Rescue 〈救出する〉
Alarm 〈警報を発する〉
Confine 〈封じ込める〉
Extinguish 〈消火する〉

Pull 〈引く〉
Aim 〈狙いをつける〉
Squeeze 〈(レバーを)絞る〉
Sweep 〈(消火剤を)撒く〉

| 依頼と指示 | 説明と見直し | イニシアティブの発揮 | 組織内での情報伝達 | リスク管理 ①② |

DIALOG 非常事態に対処する

DL 077

Translation

非常事態に対処する

防災訓練を控えて、総務の責任者であるヨシコ・ケリーが、セキュリティーの責任者ジャック・フレーザーと最終的なチェックリストの確認をしています。

ケリー： 避難の手順をもう一度順序どおり確認していきましょう。特に、避難誘導のアナウンスで言う言葉をチェックしたいの。

フレーザー： もちろんいいですよ。

ケリー： まずは、訓練開始の 10 分前に、館内放送を使って、火災訓練が行われることをアナウンスし、略語 RACE を思い出すよう呼びかける。次に、RACE の R は、rescue（救出する）の R、つまり危険の差し迫っている人を rescue せよの R であると説明する。A は alarm（警報を発する）の A。廊下にある報知器の「プレートを割って」、スイッチを入れよということ。C は火災の周辺のドアや窓を閉めて火を封じ込めるという意味の confine の C。そして E は extinguish（消火する）の E であると。

フレーザー： もう一つ覚える価値のある略語に PASS があると言えるだろうな。

ケリー： 何、それ？ 聞いたことないわ。

フレーザー： それは意外だね！ 誰でも知っているものだと思っていたよ。何であれ、P は「ピンを抜く」という意味の pull の P。A は「ノズルのねらいをつける」という意味の aim の A、S は「レバーを強く握る」というときの squeeze の S、次の S は「火の下の方をなめる」ように消火剤を撒くという意味での sweep の S。

ケリー： へえ、PASS、なかなかいい略語じゃない。手順のすべてが本当に入っているしね。それでは、火事に備えての RACE の説明のあとにこれを入れましょう。そして…あれっ、どこまで話をしたかしら？

フレーザー： そして、火災警報が鳴る。

ケリー： ああ、そう。火災警報が鳴ると、録音放送が流れる。内容はこう。「みなさん、緊急放送です。これは訓練です。繰り返します、これは訓練です。ただいま緊急事態が発生しました。最寄りの出口からビルの外に出て、安全な場所まで行ってください。エレベーターは使わないでください。差し迫った危険はありませんので、落ち着いて建物から避難してください」

Vocabulary

deal with ~ ～を扱う、～に対処する

contingency [kəntíndʒənsi] 不測の事態 * **emergency**「緊急事態」の同意語

security 安全確保

go through ~（確認のため）～を読み返す

emergency drill 防災訓練 * **drill**「訓練、練習」

walk through ~ ～の各ステップを確かめる * **go [run] through ~** と近いが、一歩一歩ステップをチェックする感じ

evacuation procedure 避難の手順 * **evacuate** [ivékjuèit]「避難する」

wording 言葉遣い、文言（もんごん）

evacuation announcement 避難誘導のアナウンス

public address system 館内放送設備、非常伝達装置 * **PA system**。**address**「演説、呼びかけ」

fire drill 火災訓練

call on ~ to ... ～に…するよう呼びかける

acronym [ǽkrənim] 略語、頭字語 * いくつかの単語の先頭の文字を並べた語

rescue 救助、救助する

alarm 警報装置、警報

activate 起動させる、作動させる

smash 粉砕する、割る

"break glass" (call) points プレートを割って（ボタンを押して）報知器を鳴らすポイントスイッチ

hallway 通路、廊下 (=corridor)

confine 封じ込める、閉じ込める

extinguish 消火する

be short for ~ ～を短くしたものである、～の略称である

aim the nozzle ノズルのねらいをつける

squeeze [skwíːz] 絞る、ぎゅっと握る

sweep 掃く、左右にまんべんなく撒く

(That's) all there is to it. それですべてだ。* 成句。**describe** = で「必要なことすべてを語っている」

touch on ~ ～に触れる、言及する

prerecorded あらかじめ録音されている

state （正式に）述べる、公表する

safe distance from ~ ～から離れた安全な場所 * **distance**「離れた場所」

imminent danger 切迫した危険

LESSON 26

CHAPTER 基礎編 1 2

実践編 4 5 6

社内でのコミュニケーション

171

LESSON 26

FOCUS 非常事態への対処

Key Phrase
Let's walk through the evacuation procedure.
避難の手順をもう一度順序どおり確認していきましょう。

企業が非常事態への対処を考える場合、通常、危機管理計画を作り、通用するかどうかを見きわめながら、その周知を図ります。また、定期研修などを通じて計画の実効性を確保します。

❶ 危機管理計画を作る

Do we have a contingency plan in place?

(危機管理計画はちゃんとありますか)
■ contingency plan「危機管理計画」 * emergency plan ともいう have ~ in place「～を整備する」

We need to plan for events that disrupt our day-to-day operations.

(日々の業務を混乱させるような出来事に備えて計画を立てておく必要があります)
■ plan for ~「～の [～に備えて] 計画を立てる」 disrupt「混乱させる」

❷ 計画の周知を図る

We have to familiarize all employees with the emergency procedures.

(緊急時の対応手順を全従業員に周知させなければなりません)
■ familiarize ~ with ...「～に…を周知させる、精通させる」 emergency procedures「緊急時の対応手順」

We need to raise employees awareness of emergency measures.

(非常事態への対応策を従業員に周知徹底させる必要があります)
■ raise ~ awareness of ...「～に…の認識を高めさせる」 measures「対策」

❸ 計画をテストする

Okay, let's schedule a drill to test the procedure.

(それでは、手順がうまくいくかどうかをテストするための訓練を日程に入れましょう)
■ schedule ~「～をスケジュールに入れる、予定表に組み入れる」

Let's do a simulation to check that the plan really works.

(計画が実際にうまくいくかどうかを見るためにシミュレーションをしてみましょう)
■ simulation「模擬実験」 work「有効に作用する」

❹ 定期的に再確認する

We should review our crisis management procedures at least once a year.

(少なくとも年1回は、危機管理の手順を再検討すべきです)

We should provide refresher training in order to ensure preparedness for emergency response.

(非常事態への備えに怠りがないよう、再 [定期] 訓練をやるべきです)

社内でのコミュニケーション―リスク管理 ❶❷

■ refresher training「定期研修、再訓練」 preparedness「備え、即応態勢」
emergency response「緊急事態への反応［対処］」

Let's **practice an earthquake drill**, say, "duck, cover, and hold" drills.
（**地震のための訓練**、つまり「体をかがめ、机などの下にもぐり、じっとしている」訓練**をしましょう**）

more » 計画と手順に関する言い回し

plan「計画」と procedure「手順」を使いこなすために必要な、動詞との組み合わせを見ておきましょう。

● **make a plan** 計画を立てる

You'd better **make a contingency plan** before a crisis hits.
（危機的状況に見舞われる前に**危機管理計画を立てて**おくのが賢明だ）　■ hit「襲いかかる」
※「(計画を)立てる」は、改まった言い方では make に代えて formulate が、インフォーマルな言い方では map out / draw up などが使えます。

● **review [revamp] a plan** 計画を見直す

We're going to **review [revamp] our emergency plans** to more adequately reflect the current risk environment.
（現在のリスク環境をより的確に反映させるべく**危機管理計画を見直す**予定だ）
■ revamp「刷新する、改訂する」 risk environment「リスク環境（様々なリスク要因の総体）」

● **abandon [drop] a plan** 計画を放棄する

The original disaster recovery **plan was** quietly **abandoned [dropped]** because it was inadequate to deal with the perceived risks.
（想定されたリスクに対処するには不十分なので、最初の災害復旧**計画は**いつの間にか**放棄された**）
■ disaster recovery plan「災害復旧計画」 drop「(計画を)やめる、中止する」 perceive「気づく」

● **develop a procedure** 手順を定める

We need to **develop an emergency procedure** for bomb threats.
（爆弾をしかけたとの脅迫を想定した**緊急時の対応手順を定める**必要がある）
■ develop「考え出す→定める」 bomb threat「爆弾をしかけたという脅迫」 * bomb [bám]「爆弾」

● **follow a procedure** 手順に従う

If there's a gas leak, **follow the emergency procedure**.
（ガス漏れが生じた場合は、**緊急時の対応手順に従ってください**）

● **practice [test] a procedure** 手順を試す

We **practice [test] our emergency procedure** once a year.
（当社は**緊急時の対応手順**を年に 1 回は**試している**）

LESSON 25&26 CHECK UP

FOCUS!

発音も確認
してみよう。

>>> 空欄を埋めて話してみよう <<<

企業でのリスク管理／非常事態への対処

1. ❶ まずはリスク分析とビジネス影響度分析を行うべきです。
   W_ s_____ f___ p___ a r___ a___ a___ a b_____ i____ a_____.

2. リスク・エクスポージャーを測定するアプローチには様々なものがあります。
   T____ a__ m___ a_____ t___ m____ r____ e___.

3. ❷ もっぱら重大なリスクのみを心配すべきだ。
   W_ s_____ o___ w___ a___ m___ r___.

4. ❸ 当社では、小売業者に早めに仕入を約束してもらうことで在庫リスクを管理している。
   W_ m___ o__ i__ r__ t_____ e___ o___ c_____ o__ r_____.

5. ❹ リスクが具体化した場合に実行すべき行動計画を練っておく必要がある。
   W_ n__ t_ d__ u__ a__ p__ t_ b_ f_____ i_ t_r__ d____ m____.

6. more ギャンブラーと異なり、投資家は計算済みのリスクを取っている。
   U_____ g_____, i_____ t___ a c_____ r____.

7. 二次喫煙が肺ガンのリスクを高めることは実証済みだ。
   S_____ s____ h__ b__ s___ t___ i__ r___ o__ l___ c_____.

8. 一般に分散投資はリスクを低くすることを可能にしてくれる。
   D_____ g_____ e_____ y___ t___ r___ r___.

LESSON 25 & 26　社内でのコミュニケーション―リスク管理 ❶❷

9.　持っている卵をすべて一つのカゴに入れておかないこと、それが、リスクを分散することだ。

W___ y___ d__'_ p__ a___ y___ e___ i__ o__ b____, y___
d____ r____.

10. ❶　危機管理計画はちゃんとありますか。

D___ w___ h___ a c_____ p___ i__ p____?

11.　日々の業務を混乱させるような出来事に備えて企画を立てておく必要があります。

W__ n___ t__ p___ f___ e_____ t_ d___ o___ d___-t_-d___
o_____.

12. ❷　非常事態への対応策を従業員に周知徹底させる必要があります。

W__ n___ t__ r___ e_____ a___ o_ e_____ m_____.

13. ❸　計画が実際にうまくいくかどうかを見るためにシミュレーションをしてみましょう。

L__'_ d_ a s_____ t_ c____ t_ t_ p____ r____ w____.

14. ❹　少なくとも年 1 回は、危機管理の手順を再検討すべきです。

W_ s____ r___ o__ c___ m___ p___ a_ l___ o__ a y__.

15.　地震のための訓練、つまり「体をかがめ、机などの下にもぐり、じっとしている」訓練をしましょう。

L__'__ p____ a__ e____ d____, s__ "d___, c___, a_ h__"
d_____.

175

>>> 音声を聴き取ろう <<<

Managing Business Risks

As part of the orientation program for new hires, Miyuki Yamano is sent over to the bank's BCP manager, Richard Neru.

Neru: So, let's talk about BCP. Do you know ____ ___ is ____?

Yamano: I'm afraid ___'_ __ me ____.

N: BCP is ____ __ "_____ _____ ___," which contains the _____ ____ you would take _ the _____ _ a _____. **The _____ of all this is, of course, to _____ and minimize _____ __ ___.**

Y: I ____ _ ___ you're talking about _____ _____. But how does that _____ to _____ _____?

N: Miyuki, that's the best question I've heard _ a ____! In fact, we need to ____ __ ___ how the company will _____ from a disaster, ___ how it will _____ its _____ if a disaster occurs. For instance, to ensure _____ _____, our plans include the real time _____ of _____ ___ and the utilization of _____ _____ such as manual _____.

Y: Um, excuse me, I don't mean to be _____, but _____ ___ _____ _____ is a must for all businesses, a BCP, in my eyes, doesn't __ _____ the _____.

N: Oh, there are _____ ___ and _____ _____ for us. In fact, _____ to have such a plan may ___ __ to _____ for _____ or even _____ of _____ _____. Moreover, _____ _____ now _____ _____ for businesses that have a _____ business continuity plan.

Y: So, what you're saying is this: A ___-_____ BCP has _____ that more than _____ the cost.

N: That's _____ what I was trying to ___ _____.

LESSON 25 & 26 社内でのコミュニケーション—リスク管理 ❶❷

Dealing with Contingencies

Yoshiko Kelly, Chief Administrative Officer, and Jack Fraser, Chief Security Officer, are going through their final checklist ahead of an emergency drill.

Kelly: Let's _____ _____ the _____ _____. In particular, I'd like to check the _____ of the _____ _____.

Fraser: Sure.

K: First, ten minutes before the ____, I _____ via the _____ _____ _____ that a ___ ___ will ___ ____ and ___ __ people _ remember the _____ RACE. And I __ __ to explain that R is for _____. Rescue those in _____ _____. A is for _____. _____ the alarm by _____ one of the "_____ ____" _____ in the _____. C is for _____. That is, confine the fire by _____ all doors and windows __ and _____ the fire area. And E is for _____.

F: Perhaps it's _____ _____ that PASS is another _____ to remember.

K: What's that? _____ _____ of it.

F: That's a _____! Thought it was something _____ known. Anyway, P is _____ __ "___ the pin," A is for "___ the _____," S means "_____ the handle," and S _____ __ "_____ the base of the fire."

K: Hmm....PASS...that's one great acronym. And it certainly does describe __ ____ is _ it. Okay, I'll _____ __ that after explaining RACE for fire. And then... Where ___ _?

F: And then the ___ _____ is _____.

K: Oh, ____'_ ____. When the fire alarm is sounded, a _____ _____ is made. The announcement _____, "Ladies and gentlemen, _____ _ have your _____, please? This is a ___. I repeat, this is a drill. We have an _____. Could you please _____ your ___ out of the building via the _____ ___ to a ___ _____ ___ the building? Do not use the _____. Please _____ the building calmly, as there is no _____ _____."

177

実践編

Chapter 4

会議で使う言い回し
The Language of Meetings

内容紹介 p180

会議の開始 Starting the Meeting

LESSON 27 **DIALOG** 会議を始める p182 ∩ 080
FOCUS 会議を始めるときの流れ
more 本題に戻したり、議題から離れるときの言い回し p184 ∩ 081 ∩ 082
LESSON 28 **DIALOG** 意見を求める、コメントする p186 ∩ 083
FOCUS 発言を促し、意見の交換をする more 進行役が使う言い回し p188 ∩ 084 ∩ 085

討議に入る Entering a Discussion

LESSON 29 **DIALOG** 討議を始める p194 ∩ 086
FOCUS 強弱のアクセントをつけて発言する more 自分の発言を補足する p196 ∩ 087 ∩ 088
LESSON 30 **DIALOG** 会議で質問する p198 ∩ 089
FOCUS 目的に応じた質問 more 質問が通じなかったときの言い直し方 p200 ∩ 090 ∩ 091

賛成と反対 Agreeing and Disagreeing

LESSON 31 **DIALOG** 会議で賛成する p206 ∩ 092
FOCUS 賛成意見を強める・弱める more 支持の気持ちを伝える言い回し p208 ∩ 093 ∩ 094
LESSON 32 **DIALOG** 会議で反対する p210 ∩ 095
FOCUS 反対意見を強める・弱める more 丁寧な言い方で反対する p212 ∩ 096 ∩ 097

会議の終了 Ending the Meeting

LESSON 33 **DIALOG** 会議をまとめる p218 ∩ 098
FOCUS 会議を締めくくる more 終わりを告げるバリエーション p220 ∩ 099 ∩ 100
LESSON 34 **DIALOG** 決議をする p222 ∩ 101
FOCUS 決議の手順 more 採決方法のバリエーション p224 ∩ 102 ∩ 103

Chapter 4　内容紹介

会議で使う言い回し
The Language of Meetings

　会社で実際に使う英語、現場の英語という、本書の実務に徹したアプローチに戸惑っていた方も、そろそろ慣れてきたころかと思います。地味なゆえに正面切って取りあげられないものの、仕事場で頻繁に使う言い回しというのはあるもので、この種のものを押さえていくにつれ、「これは使える、役に立つ」と実感することも多くなってくるはずです。

　さて、第4章のテーマは会議です。英語での会議の序盤はどう展開するのか、席上のやり取りとして普通、どのようなものがあるのか、そして、最後はどうやって締めくくるのかを見ていきます。英語で言えば、the language of meetings ということです。

　ビジネス英語だから、あるいは会議の英語だからと特殊な単語がやたらと出てくるわけではありません。平凡な名詞や動詞を使いながらも、独特の組み合わせによっているだけです。実際本書は、以前に勤務していた仕事場で使われていた英語を思い出しつつ書いたわけですが、そこで気づいたのは、They seem to know what they're doing.（先方は自分たちの仕事はわかっているようだ＝ちゃんとしている）という具合に、意外と日常的な言葉でビジネスが語られているということです。してみるとポイントは、どういったパターンで使うのかを押さえることです。ただ慣れないうちは、一体どこが独特で、パターンとして応用できるのかが見つけにくいわけで、そこをお手伝いしたいと思っています。

ダイアログ紹介

会議の開始　Starting the Meeting

Lesson 27　会議を始める　Opening a Meeting

　このダイアログのように、会議は一般に、はじめに議題と段取りを確認してから本題に入っていきます。英語の会議は、First.... Second.... Now.... Okay let's start with item number one. というふうに、節目でいちいち「ここが節目です」と、言葉でマークしていくことが特色となっています。

Lesson 28　意見を求める、コメントする　Eliciting Information and Interacting with Others

　買収案件を検討している幹部クラスのミーティングです。ジョセフ・ダンが、取引の骨子を決め、予備合意書を作成したらデュー・ディリジェンスだと説明していますが、デュー・ディリジェンスを怠ると、経営者は然るべき注意義務を尽くして業務を進めなかったとして責任を問われるので、企業買収における重要なステップとされています。

180

討議に入る　Entering a Discussion

Lesson 29　討議を始める　Opening a Discussion

　経営委員会の開始場面です。一定の手順を経て始まり、購買の基本方針に関する討議に入ります。一般社員が高額の資材を勝手に購入しては困りますから、会社はいくら以上の購入には事前承認を要するという規定を置くものですが、金額を基準にした承認の合理性は認めるにしても、1000ドル超という区切りが実際的でないのではないかという内容です。

Lesson 30　会議で質問する　Questioning at Meetings

　契約交渉を前にした一種の作戦会議の場面です。契約には天災などの事由があるときは、不履行があっても責任を問われないとする「不可抗力条項」があります。そこで、Xから仕入れてＢ社に納品しているＡ社では、Xが納期を守らなかった場合も不可抗力事由として契約書に入れておけば安心です。しかしＢ社は、それはＡ社側の内部事情だとして簡単には認めないと予想されます。ここでの会話はこういった事態を想定してのものです。

賛成と反対　Agreeing and Disagreeing

Lesson 31　会議で賛成する　Expressing Agreement

　本社からリストラを命じられた支店の幹部が、ことの是非を論じている場面です。営利企業である以上、収益最大化のためのコスト削減、また収益を反映する株価を重視するのは当然ではないかという論議に対して、事業を支えているのは労働時間、知識・経験を投じている従業員ではないのか、そこへの配慮を欠いていいものなのかと展開していきます。

Lesson 32　会議で反対する　Expressing Disagreement

　外注先の業者を選定する会議です。条件面で他より抜きん出ている業者について、訴訟沙汰が多いのではとの疑問が投げかけられます。そういう業者を選定してあとで問題が起きた場合には、自分たちの責任問題になってしまいます。そこで、ひとまず事実関係を確認しておこうという流れになっています。

会議の終了　Ending the Meeting

Lesson 33　会議をまとめる　Summarizing and Recapping

　就業規則に当たる「従業員ハンドブック」の改訂を行うための会議です。会議前半では、ハンドブックの中身をどうするかが論じられ、後半では、改訂版の印刷を頼む業者について、早めの納品を促すためのインセンティブ（金銭的見返り）と遅れた場合の厳しいペナルティーを組み合わせるというアイディアが討議されています。

Lesson 34　決議をする　Making Resolutions

　米国の上場企業の、株主総会議事録からの抜粋を基としたダイアログです。定足数、動議など、特殊な言葉や言い回しが出てきますが、どんな会議でも似たようなものですから、一度押さえてしまえば、あとは楽です。こうした会議では、ダイアログに見るように新しい議題に移るつど、議題の提出と支持の確認が行われます。

CHAPTER 4 会議で使う言い回し

LESSON 27 会議の開始 ❶ ❷

Opening a Meeting

A departmental meeting is about to start. Participating in this meeting are Tom Grant, head of the department, Brian Wells, Junko Minami and other members of the staff.

Grant: Good afternoon, everybody. I see we're all here. Shall we get started? We have a lot to get through this afternoon. Can we agree on the ground rules? First, should we all use English for this meeting?

Participants: [Murmur their approval].

G: Second, the meeting is due to finish at 4 o'clock. We're short of time, so can I ask you to be brief? Brian, can you take the minutes?

Wells: Sure.

G: Now. Later on, we will have to deal with some mundane matters like waste segregation for recycling purposes, but we're here today to make a decision about the ABC deal. I see you've got a copy of the agenda. Okay, let's start with item number one: the term sheet for the ABC deal. Junko, would you like to open this one?

Minami: Of course. Let me give you a copy of the term sheet. The area we need to focus on is time of delivery.

G: Hmm... says, "Time of delivery shall not be of the essence."

M: A bit lacking in originality, but gives protection nevertheless.

W: Indeed. They're very useful, these boilerplate provisions are.

M: Yet, as we're depending on ABC so that we can meet deadlines from our own buyers, naturally, we need to make sure we can terminate the agreement if they fail to deliver on time.

G: In that respect, we need to agree on a date for delivery which gives us time to find another supplier should worst come to worst.

Departmental Meeting〈部会〉
Ground rules〈基本ルール〉
　1. To use English〈英語使用〉
　2. Due to finish at 4 o'clock〈4時終了〉
Agenda〈議題〉
　1. Term sheet for the ABC deal
　　〈ABC社との契約要項〉
　..........
　5. Waste segregation for recycling purposes
　　〈リサイクルのためのゴミの分別〉

I see we're all here. Shall we get started?
みんなそろっていますね。始めましょうか。

会議の開始 ①② 討議に入る 賛成と反対 会議の終了

DIALOG 会議を始める

DL 080

LESSON 27

CHAPTER 基礎編 1 2 3 実践編 4 5 6

会議で使う言い回し

Translation

会議を始める

部会が始まろうとしています。参加者は部長のトム・グラント、スタッフのブライアン・ウェルズ、南純子ほかです。

グラント： みなさん、こんにちは。みんなそろっていますね。始めましょうか？　午後は、課題が詰まっています。基本的なルールを決めておきましょうか？　まずはじめに、この会議は英語で通すということでよろしいですか？

参加者一同：[小さな声で同意]

グラント： 二つ目に、この会議は4時に終わることになっています。時間があまりありませんので、発言は手短にお願いします。ブライアン、議事録をとってくれますか。

ウェルズ： わかりました。

グラント： さて、リサイクルのためのゴミの分別といったありきたりの議題も後ほどありますが、きょう、集まっていただいたのは、ABC社との取引について結論を出したいからです。みなさん、議題集を1部ずつ持っていますね。それでは、議題の第1項目、ABC社との契約要項から始めましょうか。純子、この件、まずはきみから始めてくれないかな。

南： はい。契約要項を1部ずつ配らせてください。焦点を当てたいポイントは、納期です。

グラント： うーむ、「納期は（契約の）本質的要素ではない」とあるね。

南： ありきたりの条項ですが、とはいえ、法的保護は確保できるかと。

ウェルズ： そのとおり。便利ですよね、書式集から抜き出したこういう典型条項というのは。

南： そうは言っても、うちはうちで納品先との納期を守れるかどうかがこのABC社にかかっているのですから、当然のことながら、納期を守れなかったときは契約を解除できるよう、確実を期しておく必要があります。

グラント： そのことで言えば、最悪の事態となったときに、別の仕入れ先を探す時間の余裕を見込んで納期を合意しておく必要がありますね。

Vocabulary

get started　始める
get through　（課題となっていることを）やり遂げる、終える
ground rules　基本ルール
be due to　～　～することになっている
be short of ~　～があまりない、不足している
be brief　短時間である、短い
minutes [mínits]　議事録（常に複数形）
mundane matters　ありきたりのこと * mundane [mʌndéin]「平凡な、ありきたりの」
waste segregation　ゴミの分別 * waste [wéist]「ゴミ（の）」、segregation「分離」
recycling purpose　リサイクルのため * purpose [pə́ːrpəs]「目的」
deal　契約、取引、協定
agenda [ədʒéndə]　議題集
item　議題
term sheet　契約要項
open ~　（～の議論の）口火を切る
focus on ~　～に焦点を当てる
time of delivery　納期
shall　（規則・法令で）～と定める［すべし］
be of the essence　（契約の）本質的要素である * 違反があれば解除し、損害賠償を求めうる
lacking in ~　～が欠けている
boilerplate provision　ひな型的条項 * boilerplate [bɔ́ilərplèit]「契約書のモデル文」
meet a deadline　締め切りに間に合わせる
terminate an agreement　契約を解除する［終了させる］
fail to ~　～しそこなう
deliver on time　時間通りに納品する
in that respect　その点で
supplier　納入業者
should　万一～なら * if worst comes to worst　より多少フォーマルな形
Worst comes to worst.　恐れていた最悪の事態となる。

183

LESSON 27

 会議を始めるときの流れ

> **Key Phrase**
> **We're here today to make a decision about the ABC deal.**
> きょう、集まっていただいたのは、ABC社との取引について結論を出したいからです。

一般に会議は、開始を告げ、目的を示し、本題に入る、という形で始まります。それぞれの場面でよく使われる言い回しを見ていきましょう。

❶ 始まりを告げる

はじめの文は形式張らない会議で、あとの文は主に正式な会議で使います。

If we're all here, **shall we get started?**
(みなさんおそろいのようでしたら、**始めましょうか**)

Thank you for making the time to join us today. As it is 10:00 a.m. and we have a quorum, **I declare the meeting open.**
(本日はご参集いただき、ありがとうございます。午前10時となり、定足数も満たされておりますので、**これより会議を始めます**)

❷ 目的を説明する

あとの文は、We で始まるはじめの文と比べて、フォーマルな言い方です。

We're here today to discuss the proposed business alliance with ABC.
(本日お集りいただいたのは、ABC社との業務提携案を検討するためです)
■ business alliance「業務提携、協業」 proposed ~「提案された~、~案」

The purpose [aim / object / target] **of this meeting is to** determine our position on the terms of the tender offer made by Green & Associates.
(この会議の**目的は**、グリーン&アソシエイツが提示してきた株式公開買付けの条件につき、当社としての立場を決める**ことにあります**)
■ determine「決定する」 terms of the tender offer「株式公開買い付け(TOB)の条件」 ＊ TOB =takeover bid。日本語では TOB が定着しているが、英語では tender offer が一般的。

❸ 本題に入る

You've all received a copy of the agenda. **You'll see there are three items there.** Is there any other business?
(お手許にある議題集をご覧になっておわかりのとおり、**議題は3項目です**。他に何か取り上げるべき議題はありませんか)

※ You'll see ~ の文の there は on that agenda を意味します。Is there any other business? はこの場面でよく使われる表現で、business は「議題(審議事項)」を意味します。

I see you've all got a copy of the agenda. **The first item is sales prospects.**
(みなさん、議題集をお持ちですね。**第1項目は売上予測です**) ■ sales prospects「売上予測」

会議で使う言い回し—会議の開始 ❶❷

❹ 一つの議題を終えて、次の議題に移る

I think that covers the first item. Are we all happy about that? Right. **The next item on the agenda is** handling rush orders.
（議題の第1項は済ませたかと思います。これでよろしいですか。よろしいですね。**次の議題は急ぎの注文をどう処理するかです**）

If nobody has anything to add, let's leave that item. I take it that it's acceptable to everyone. **Now, we come to the question of** security.
（何か付け足したいという方がいなければ、この項目は済ませましょう。どなたもよろしいようですね。**さて、次はセキュリティーの問題です**）

more » 本題に戻したり、議題から離れるときの言い回し

　会議では、話題や議論が議題から離れることもあります。そういった場面で使う言い回しも見ておきましょう。

● 本題に戻す

Going back to what I was saying, payroll data should be kept inaccessible to unauthorized personnel.
（**本題に戻りますが**、給与関連のデータは、権限のない職員に対してアクセス制限を設けておくべきです）
■ payroll「給与支払い台帳」　unauthorized personnel「権限のない（許可されていない）職員」

Can we get back to the point, please? That'll be dealt with under item three.
（**本題に話を戻していただけませんか**。その件は第3項目で取り上げます）

● 議題から離れる、関連事項にふれる

While we're on the subject of payment terms, **it's worth mentioning** online cash management.
（支払条件の**話題が出たついでに**、オンラインの現金管理**にもふれたいと思います**）
■ payment terms「支払条件」　worth ~ing「～する価値がある」

As an extension, although it's not on the agenda, **I'd like to touch on** the issue of company-sponsored daycare.
（**話の延長線で**、議題には入っていませんが、会社負担のデイケアを**ちょっと取り上げたいと思います**）
■ touch on ~「～に簡単に言及する」　company-sponsored「会社負担の」　daycare「昼間の保育」

● 項目を飛ばす、省略する

Shall we **skip the next item**?（次の項目は飛ばしましょうか）
Shall we **take that up at another meeting**?
（**それは別の機会に取り上げる**ことにしませんか）

CHAPTER 4　会議で使う言い回し

LESSON 28　会議の開始 ① ②

Eliciting Information and Interacting with Others

The senior management of Global Widgets Inc., which is contemplating acquisition of a certain business, is discussing their next step.

Sandra Roberts:　Okay, the next item on the agenda is the proposed acquisition of XX Pharmaceuticals.

Martha Pitt:　I've been out of town the last week. Could you bring me up to speed? Where do we stand at this point?

Joseph Dunn:　We reviewed their business plan and our first meeting with management took place yesterday. They seem to know what they're doing and I feel we could work with these individuals.

R:　But we still have to ask senior executives to provide references.

P:　Is that really necessary? I'm wondering about the appropriateness of going to such extremes.

D:　There's nothing extreme about it. Don't you know that it's not uncommon for potential buyers to hire investigation firms to complement their own efforts?

P:　Very well. It's your call.

R:　Joseph, you have experience in this area. Can you tell us something about your experience?　What's next?

D:　Well, our next step is to draft a term sheet. And once the seller accepts our terms, we draft a letter of intent, and we're ready for due diligence.

P:　I'm afraid I'm not sure what you're saying. What exactly do you mean by "due diligence"?

D:　Don't we all want to check that we know what we're buying? Due diligence: it means the research we should do before we put our money down.

P:　I know what it means. I just wanted to know the nature and extent of the due diligence investigations.

What exactly do you mean by "due diligence"?
「デュー・ディリジェンス」が意味するところを正確に話してくれませんか？

Proposed acquisition of XX Pharmaceuticals
〈ＸＸ製薬買収案件〉

・Asking senior executives references〈上級幹部の照会先を求める〉
・Drafting a term sheet〈契約要項案作成〉
・Drafting a letter of intent〈予備的合意書案作成〉
・Entering due diligence〈デュー・ディリジェンスへ〉

| 会議の開始 ① ② | 討議に入る | 賛成と反対 | 会議の終了 |

DIALOG 意見を求める、コメントする

LESSON 28

Translation

情報を聞いて話し合う

ある企業の買収を考えているグローバル・ウィジッツ社の経営幹部たちが、次の一手をめぐり討議しています。

サンドラ・ロバーツ： それでは、議題の次の項目はXX製薬の買収案件です。

マーサ・ピット： この一週間、不在でしたので、現況を教えてください。今、どの段階に来ているのでしょうか？

ジョセフ・ダン： この会社の事業計画書は検討済みで、きのう、初めて経営陣と顔合わせをしました。自分たちの仕事のことはわかっているようで、この人たちとなら一緒にやっていけると感じています。

ロバーツ： しかし、そうは言っても、上級幹部については照会先を求めないとなりませんね。

ピット： そういったことが本当に必要なのでしょうか？そこまで極端なことをするのが果たして妥当かどうか疑問を感じます。

ダン： この種の問い合わせをするのは、決して極端なこととは言えません。買い手側が自らの調査を補うために調査会社に依頼するのが珍しくはないのを、ご存じないようですね。

ピット： まあ、いいでしょう。そちらでお決めになることですから。

ロバーツ： ジョセフ、あなたはこの種の案件での経験がありますよね。経験から何か言いたいことはありませんか？ 次のステップは何かとか。

ダン： そうですね、次のステップは契約要項案の作成ですね。そして売り手側がこちらの条件を受諾した段階で、予備的合意書案を作成し、デュー・ディリジェンスに入る用意が整うということになりますか。

ピット： 申し訳ありませんが、おっしゃることがどうもよくわかりません。「デュー・ディリジェンス」が意味するところを正確に話してくれませんか？

ダン： 買おうとしているものが何であるのかを調べようとしますよね、われわれは。デュー・ディリジェンスですが、これは資金を投じる前に行っておくべき調査分析のことです。

ピット： 言葉の意味は承知しています。デュー・ディリジェンスの調査活動の内容と範囲を知りたかっただけです。

Vocabulary

elicit [ilísit] （〜から）引き出す、聞き出す
interact 交流する、たがいに伝達し合う
senior management 幹部、経営陣
　widget [wídʒit] ＊架空の製品を指す語
contemplate [kɑ́ntəmplèit] 熟考する、もくろむ
acquisition 企業買収
proposed ~ 提案された〜、〜案
pharmaceuticals [fà:rməsú:tikəlz] 製薬会社＊pharmacy「薬局」
bring ~ up to speed 〜に最新情報でようすを知らせる＊up to speed「同等のレベルにまで」
business plan 事業計画
senior executives 上級幹部
provide references 照会先を知らせる＊reference「照会先、身元保証人」
go to extremes 極端な行動に走る
potential buyer 購入する可能性のある人［企業］、潜在的買い手
hire 雇う
investigation firm 調査会社、探偵事務所
complement [kɑ́mpləmənt] 補足する
It's your call. それはあなたが決めることですから。＊It's your decision.と同意のインフォーマルな表現。企業買収は通常、対象企業の信用調査、財務調査などと担当を分けて進めるので、それはダンの担当分野だという意味
draft a term sheet 契約要項案を作成する＊draft「草稿を書く、〜の案をつくる」
terms 条件
letter of intent 予備的合意書＊intent「意図」
due diligence デュー・ディリジェンス＊投資前の調査で、金融関係者はデューデリと言う。due「然るべく」、diligence「注意義務を果たすこと」
put one's money down 支払いをする、資金を投じる
nature and extent 内容［性質］と範囲［程度］＊定型表現

CHAPTER 基礎編 1 2 3 実践編 4 5 6

会議で使う言い回し

187

LESSON 28

FOCUS 発言を促し、意見の交換をする

> **Key Phrase**
>
> Joseph, you have experience in this area. Can you tell us something about your experience?
> ジョセフ、あなたはこの種の案件での経験がありますよね。経験から何か言いたいことはありませんか。

会議は一般に、上のように進行役が出席者に発言を促し、他の人々がコメントするというやり取りで進行します。意見交換に必要な言い回しをおぼえておきましょう。

❶ 相手の意見を求める

Jane, would you like to start? **Perhaps you can tell us something about** how your accounts view this issue.

（ジェーン、あなたから始めてくれませんか。あなたの顧客がこの問題をどう見るか、**何か話すことがあるでしょうから**）

Jill, **what do you think about** this issue? We haven't heard from you yet.

（ジル、この問題についての**考えを聞かせてくれませんか**。まだあなたの意見を聞いていないことだし）

Tom, do you have anything to add? **I'd like to have your point of view.**

（トム、何か付け加えることはない？ **あなたの考えを聞きたいのですが**）

※一人ひとりに声をかけるのではなく、予め進行役が、I'd like you to give your views in turn.（順番に意見を求めます）と言うやり方もあります。

❷ 好意的・否定的にコメントする

I see what you mean. Good point, indeed.

（おっしゃりたいことはわかりました。いいポイントをついていますね、実際）

I don't think that's right. Nothing indicates that sales have suffered a downturn.

（それが正しいとは思えません。売上が下降局面に入っていることを示すものはありません）

■ suffer a downturn「下降局面に入る」

❸ 自分の理解が正しいかどうかを確かめる

A: **So you mean** we should strike a balance between our inventory costs and lost sales due to stock outs.

B: Yes. I couldn't have put it better myself.

（A: ということは、在庫コストと品切れによって販売機会を失うこととの間でバランスを取れとおっしゃりたいんですね。 B: はい。うまく話せませんでしたが）

■ strike a balance「バランスを取る」 inventory costs「在庫を抱えることで生じるコスト」 lost sale「逃した販売（機会）」 * lost「(機会などを)逃した」 stock outs「欠品、品切れ」

In other words, you're saying we don't have sufficient information to make a decision.

（言い換えれば、決定を下せるだけの十分な情報をわれわれは持っていないとおっしゃっているのですね）

188

❹ 聞き返す

〈聞き取れなかったときに聞き返す言い方〉

Sorry. Didn't hear what you said. **Could you run through that again, please?**

（申し訳ない。お話しになったこと、聞き取れませんでした。もう一度お願いできますか）

〈聞こえたけれども、意味がわからなかったときに聞き返す言い方〉

I'm afraid I don't see what you're getting at. Ah, it's about the point you made about termination rights. **Could you go over that again, please?**

（すみませんが、何をおっしゃろうとしているのかわかりません。えー、解除権のことで何かおっしゃった部分です。もう一度お願いできませんか）

■ get at ~「~を言おうとする」＊ ＝drive at ~　　termination rights「（契約の）解除権」＊ termination「終了」

more » 進行役が使う言い回し

議論が混乱しかけたとき、進行役は次のような表現を使って議事の円滑化を図ります。

● われ先にと話し始めている人たちに対して

Ladies, gentlemen, **one at a time, please.** Roy first, then Dick, then Lisa.

（みなさん、**お一人ずつお願いします。**まずロイ、次にディック、それからリサで）

Ladies, gentlemen, **we can't all speak at once.** Ann, I think you wanted to say something?

（みなさん、**一度に話すのはやめましょう。**アン、何か話したかったのではありませんか）

● 他の人の発言を妨害する人に対して

Could you let Bill finish? I'd like to have his point of view.

（**ビルの話が終わってからにしませんか。**ビルの意見を知りたいと思います）

Just let Bill finish. （**ともかくビルの話を最後まで聞きましょう**）

※「最後まで言わせてほしい」と言いたいときは、Sorry. Could you just let me finish?

● 話の長い人に対して

I'm afraid we're rather short of time. **Can you be brief?**

（あいにく時間がありません。**手短にお願いできますか**）

I'm afraid we're running out of time. **I have to stop you there. Thank you, Mark.**

（あいにく時間が迫ってきています。**そこまでにしておいてください。ありがとうございました、マーク**）

LESSON 27&28
CHECK UP

FOCUS!

>>> 空欄を埋めて話してみよう <<<

会議を始めるときの流れ／発言を促し、意見を交換する

1. ❶ みなさんおそろいのようでしたら、始めましょうか。
   I_ w_' a_ h__, s_ w_ g___ s___?

2. ❷ 本日お集まりいただいたのは、ABC社との業務提携案を検討するためです。
   W_' h_ t_ t_ d___ t_ p___ b___ a___ w_ A__.

3. ❸ みなさん、議題集をお持ちですね。第1項目は売上予測です。
   I s__ y__' a_ g__ a c___ o_ t_ a__. T_ f___ i___ i_ s___ p_____.

4. ❹ 何か付け足したいという方がいなければ、この項目は済ませましょう。どなたもよろしいようですね。
   I_ n___ h__ a__ t__ t_ a__, l_' l__ t_ i___. I t___ i_ t___ i_' a_____ t_ e_____.

5. **more** 本題に戻りますが、給与関連のデータは、権限のない職員に対してアクセス制限を設けておくべきです。
   G___ b___ t_ w___ I w___ s___, p___ d___ s___ b_ k__ i_____ t_ u_____ p_____.

6. 支払条件の話題が出たついでに、オンラインの現金管理にもふれたいと思います。
   W___ w_' o__ t__ s__ o_ p____ t__, i_' w___ m___ o___ c___ m_____.

7. 次の項目は飛ばしましょうか。
   S___ w__ s___ t___ n___ i___?

190

LESSON 27&28　会議で使う言い回し—会議の開始 ❶ ❷

8. それは別の機会に取り上げることにしませんか。

S____ w___ t___ t___ u___ a___ a___ m___?

_____

9. ❶ ジェーン、あなたから始めてくれませんか。あなたの顧客がこの問題をどう見るか、何か話すことがあるでしょうから。　**DL 084**

J____, w____ y__ l__ t_ s____? P___ y__ c___ t___ u___

s____ a____ h__ y__ a_____ v__ t__ i____.

_____

10. ジル、この問題についての考えを聞かせてくれませんか。まだあなたの意見を聞いていないことだし。

J___, w___ d__ y__ t___ a__ t__ i___? W__ h____'_ h___ f__ _ y___ y___.

_____

11. ❷ おっしゃりたいことはわかりました。いいポイントをついていますね、実際。

I s____ w____ y___ m____. G___ p____, i_____.

_____

12. それが正しいとは思えません。売上が下降局面に入っていることを示すものはありません。

I d___'_ t___ t____'_ r___. N____ i_____ t___ s___ h____

s_____ a d_____.

_____

13. ❸ 言い換えれば、決定を下せるだけの十分な情報をわれわれは持っていないとおっしゃっているのですね。

I___ o___ w___, y____'_ s___ w__ d__'_ h__ s_____

i_____ t___ m___ a d_____.

_____

14. ❹ 申し訳ない。お話しになったこと、聞き取れませんでした。もう一度お願いできますか。

S___. D__'_ h__ w__ y__ s__. C__ y__ r__ t__ t__ a___, p___?

_____

15. **more** あいにく時間がありません。手短にお願いできますか。　**DL 085**

I'__ a___ w__'_ r____ s__ o__ t__. C__ y__ b__ b____?

_____

>>> 音声を聴き取ろう <<<

Opening a Meeting

A departmental meeting is about to start. Participating in this meeting are Tom Grant, head of the department, Brian Wells, Junko Minami and other members of the staff.

Grant: Good afternoon, everybody. I ___ we're ___ ___. Shall we ___ ___? We have a lot to ___ ___ this afternoon. Can we ___ ___ the ___ ___? First, should we all ___ ___ for this meeting?

Participants: [Murmur their approval].

G: Second, the meeting _ ___ _ finish at _ o'clock. We're ___ ___time, so can I ask you to ___ ___? Brian, can you ___ the ___?

Wells: Sure.

G: Now. Later on, we will have to ___ ___ some ___ ___ like ___ ___ for ___ ___, but **we'_ ___ ___ to ___ a ___ about the ABC ___**. I see you'_ ___ a copy of the ___. Okay, let's ___ ___ ___ number one: the ___ ___for the ABC deal. Junko, ___ ___ ___ to ___ this one?

Minami: Of course. ___ ___ ___ ___ a copy of the term sheet. The area we need to ___ ___ is ___ _ ___.

G: Hmm... says, "Time of delivery ___ not ___ _ the ___."

M: A bit ___ _ originality, but gives ___ nevertheless.

W: Indeed. They're very ___, these ___ ___ are.

M: Yet, as we're ___ ___ ABC so that we can ___ ___ from our own ___, naturally, we need to ___ ___ we can ___ the ___ if they ___ to ___ _ ___.

G: _ ___ ___, we need to agree on a ___ _ ___ which gives us time to find another ___ should ___ ___to ___.

LESSON 27 & 28 会議で使う言い回し—会議の開始 ❶❷

Eliciting Information and Interacting with Others

The senior management of Global Widgets Inc., which is contemplating acquisition of a certain business, is discussing their next step.

Sandra Roberts: Okay, the ____ ____ on the _____ is the _____ _____ of XX _____.

Martha Pitt: I've been __ of ____ the last week. Could you _____ me __ _ _____? Where do we _____ at this point?

Joseph Dunn: We _____ their _____ ____ and our first meeting with _____ ____ ____ yesterday. They _____ to ____ what they're doing and I feel we could ____ ____ these _____.

R: But we still have to ask _____ _____ to _____ _____.

P: Is ___ really _____? I'm wondering about the _____ of _____ __ such _____.

D: _____' _____ _____ about it. Don't you know that it's not _____ for _____ _____ to ____ _____ ____ to _____ their own efforts?

P: Very well. _' ____ ___.

R: Joseph, you have _____ in this area. ___ ___ __ __ something about your experience? What's next?

D: Well, our ____ ____ is to ____ a ____ ____. And once the seller _____ our _____, we draft a _____ of _____, and we're _____ for ___ _____.

P: I'm afraid '__ ___ ____ ____ you're saying. What exactly do you _____ __ "due diligence"?

D: ___' __ all want to _____ that we know ____ __' _____? Due diligence: it means the _____ we should do before we __ __ _____ ____.

P: I know ____ _ _____. I just wanted to know the _____ ___ _____ of the due diligence investigations.

CHAPTER 4 会議で使う言い回し

LESSON 29 討議に入る ❶ ❷

Opening a Discussion

A formal meeting of the Management Committee, chaired by Pat Stone, has just begun.

Stone: Welcome to the Management Committee Meeting. The first item on the agenda is the approval of the agenda. All those in favor?

[Chorus of ayes]

S: All those opposed?

[No response]

S: No one. The agenda is approved. The second item on the agenda is to consider and act on a draft procurement manual. Myra, your department submitted this item, so perhaps you'd like to start?

Myra Cummings: Thank you. Current procurement policy requires that any purchase over $1,000 and under $3,000 receive prior approval and quotes from at least two vendors. But it just seems to me that on a practical level, the $1,000 threshold is too low for us to have to determine whether it should be approved or not.

Peter Barnes: May I just say something, Pat?

S: You certainly may.

B: There's just one thing I want clarification about. What's the rationale for coupling the prior approval requirement with dollar amount thresholds?

C: Can I come in here?

S: Yes, Myra, go ahead.

C: I take it that the current requirements do serve as a double check, but I tend to think it's overkill. Perhaps we should raise the lower and upper ends of the requirement.

The agenda is approved.
議題集は承認されたと認めます。

Agenda〈議題〉
1. Approval of the agenda〈議題集の承認〉
2. Draft procurement manual〈購買業務マニュアル案〉
Procurement policy〈購買の基本方針〉
Requirements ($1000-3000):〈必要条件〉
1. Prior approval〈事前承認〉
2. Quotes from at least two vendors
〈2社以上の納入業者から見積もり〉

| | | | 会議の開始 ▶▶ | 討議に入る ❶❷ | 賛成と反対 ▶▶ | 会議の終了 ▶▶ |

········ DIALOG 討議を始める

DL 086

Translation

討議を始める

パット・ストーンを議長に、経営委員会の正式の会議が始まったところです。

ストーン： 経営委員会の会議にお集まりいただき、ありがとうございます。議題の第1項目は議題集の承認です。賛成の方？

[一同賛成]

ストーン： 反対の方は？

[発言なし]

ストーン： いませんね。議題集は承認されたと認めます。第2項目は、購買業務マニュアル案を検討し、決議するというものです。マイラ、この議題はあなたの部が提出したものだし、あなたから始めませんか。

マイラ・カミングズ： ありがとうございます。購買に関する現行の基本方針では、1000ドルを超え、3000ドル未満の購入については事前の承認を取り、かつ、少なくとも納入業者2社以上から見積もりを取るものとされています。しかし、私には、実際問題として、1000ドルという金額は、承認すべきか否かという検討作業をするにはあまりに低すぎる金額だと思えるのです。

ピーター・バーンズ： 発言してもよろしいですか、パット。

ストーン： どうぞ。

バーンズ： 一つだけ確かめておきたかっただけですが、事前に承認が必要かどうかを金額の範囲に絡めて決めることに、合理的な理由があるのでしょうか？

カミングズ： ちょっとよろしいですか？

ストーン： マイラ、結構です。どうぞ。

カミングズ： 現行の条件は確かに二重のチェックという役目を果たしているということは理解できますが、そこまでやらなくてもいいのではないかという気もします。条件となる金額を、上限・下限とも上方修正すべきなのかもしれません。

Vocabulary

Management Committee 経営委員会、経営会議
chair 議長を務める
··
item 議題
approval 承認＊動詞は approve「承認する」
in favor 賛成して
aye [ái] はい、(正式の会議での) 賛成 ＊ =yes
opposed 〈形〉反対して
act on ~ ~の決定を下す、~を決議する
draft ~ ~案＊ draft「草案」
procurement manual 購買業務マニュアル
submit 提出する
procurement policy 購買の方針[政策]
prior approval 事前承認＊ prior は priority「優先」と同系
quote 見積もり＊ =quotation
vendor 納入業者
on a practical level 実際的には＊ =practically
threshold [θréʃould] 区分の境目となる数字、境界点
determine 決定する、取り決める
clarification 説明、解明
rationale [ræ̀ʃənǽl] (必要性などの根拠となる) 合理的理由
couple ~ with ... ~を…と結びつける [合体させる]
requirement 必要事項、必要条件
Can I come in here? ちょっといいですか。＊ come in「口をはさむ」
go ahead どうぞ
I take it that ~ だと思う[理解する] (が)
serve as ~ ~の役目を果たす
I tend to ~ (発をやわらげて) ~のようだ、~という気がする
overkill 行きすぎ、過剰
raise 上げる
lower and upper ends 上限・下限

LESSON
29

CHAPTER
基礎編
1
2
3

実践編
4
5
6

会議で使う言い回し

195

LESSON 29

FOCUS 強弱のアクセントをつけて発言する

Key Phrase
May I just say something, Pat?
発言してもよろしいですか、パット。

正式の会議では、議長か進行役に許可を求めてから発言するのがルールです。発言を求める、控えめ／強めと強弱をつけて発言する、などの言い回しを見ていきましょう。

❶ 発言の機会を求める

公式の場では、Can I ~? ではなく Could I ~? / May I ~? のほうが一般的です。

Could I just say something? （ちょっとよろしいですか）

Could I suggest something in that regard?（そのことでちょっとよろしいですか）

May I add something to that? （それに補足してよろしいでしょうか）
※人の発言を聞いて、それを補足するために論議に加わるときに使います。

❷ 発言する

基本形は I think [understand] that ~ で、that のあとに述べたい内容を続けます。

I think that we've been overly dependent on brick-and-mortar suppliers. **My reason for suggesting this is that** all of our competitors that have made forays into e-commerce are doing well.
（われわれは従来型の納入業者に依存しすぎている**と考えています。というのは、**インターネット取引を始めた同業他社はみなうまくいっている**からです**）
■ brick-and-mortar「(ネット企業との対比で) 従来型の」＊ brick「れんが」、mortar「モルタル」 competitor「競争相手、同業他社」 make a foray into ~「~を急襲する、~に進出する」＊ foray「急襲」 e-commerce「電子商取引、インターネット取引」

I understand that studies show that verbal contact accounts for 75% of a manager's time.
（**承知しているところでは、**経営者の執務時間の 75％ を口頭での連絡が占めているという調査結果がある**そうです**）　■ verbal contact「(面談、電話など) 口頭での連絡」

❸ 自分の発言を控えめなものにする

I think that ~ を少し変えて、I'm inclined to [I tend to] think that ~.「~と考えてもよいような気がする」などの形を使います。

I'm inclined to think that it's not so much how much we spend as how we spend it.
（私としては、いくら使うかよりも、どのように使うかのほうが問題なのではないか、**という考えに傾いています**）　■ not so much ... as ~「…ではなくむしろ~」

Don't hold me to this. I'm just thinking aloud. The negotiations got into a bind because our counterparts are inflexible and unwilling to think out of the box.

（自信があるわけではありません。考えていることが口に出ただけなのですが。交渉が行き詰まっているのは、先方がかたくなで、自分の殻から出ようとしないためです）

■ hold ~ to ...「～に…を守らせる」＊ Don't hold me to this. は「こう言ったじゃないかと責任を追求しないでほしい」ということ　think aloud「考えていることがそのまま口に出る、ひとりごとを言う」

❹ 自分の発言を強めのものにする

確信していると発言する場合、think の前に副詞 definitely を入れたり、I'm convinced [I'm sure / I'm positive] that ~ などの形がよく使われます。

I definitely think that we should shift to online procurement.
（絶対に、オンライン調達に移行すべきだと考えます）　■ procurement「調達」

I'm convinced that we need to redefine our core business lines.
（私は確信があるのですが、当社のコアビジネスを見直すべきです）　■ redefine「再検討する、見直す」

more » 自分の発言を補足する

補足説明する際によく使われる言い回しとして、次のようなものがあります。

●「私が言おうとしているのは…」What I'm trying to say is that...

I'm not saying that we shouldn't build up long-term working relationships with a number of reliable vendors. **What I'm trying to say is that** it's always a good idea to get multiple bids for a project.
（信頼できるベンダー数社と長期的関係を築くのがいけないと言っているわけではありません。私が言おうとしているのは、一つのプロジェクトのために複数の条件提示を得るのが、基本的に間違いがないということです）
■ vendor「納入業者」　bid「入札、つけ値」

●「私が申し上げたいのは…」The point I'm trying to make is this: ...

Are we sure we want to put everything into the hands of this consultant? **The point I'm trying to make is this:** the business may rely too heavily on one person.
（このコンサルタントにすべてを委ねたいということでいいのでしょうか？　私が申し上げたいのは、一人の人間に事業が大きく依存することになりはしないかということです）

●「問題の核心は…」The crux of the matter is that...

Today, only one out of 30 chips goes into a PC. Worldwide, six billion chips are used outside computers every year. **The crux of the matter is that** digitization has penetrated all parts of our lives.
（こんにち、生産される IC チップで 1 台のパソコンに組み込まれるのは 30 個中 1 個でしかありません。世界的には毎年、60 億個の IC チップがパソコン以外のところで使われています。問題の核心は、デジタル化が生活の隅々に浸透しているということです）
■ go into ~「(物が) ～に収まる」　crux「最も重要な点」　penetrate [pénətrèit]「浸透する、入り込む」

CHAPTER 4 会議で使う言い回し

LESSON 30 討議に入る ①②

Questioning at Meetings

Akiko Matsuda, Bill Olson and the company's outside counsel, Jun Takasugi, are in a meeting to discuss the terms offered by the other party.

Matsuda: The next thing we have to discuss is the ABC deal.

Olson: May I, Akiko-san? There's something I wanted to ask Mr. Takasugi.

M: Go ahead.

O: The question I have, Mr. Takasugi, is that I think the proposed force majeure clause doesn't provide for a situation where we're unable to meet the buyer's order because our own suppliers have failed to deliver on time.

Takasugi: Let me have a look at what the wording says: "Neither party shall be liable for any failure to perform or delay in performing its obligations hereunder due to circumstances beyond its reasonable control including but not limited to bla bla bla bla..." Hmm. You're right.

M: What do we do now?

T: Ah, a quick and easy way to patch up this problem is to add the following wording to the list of events beyond your reasonable control: "any failure of a third party to comply with its obligations to provide goods and services to the parties which are necessary for the performance of this agreement." You'd better brace yourselves for some tough bargaining, though.

O: Don't you think they'd readily say "Yes" to the proposed amendment?

T: I don't see why they should agree to that without putting up some resistance.

M: What would be their argument against that?

T: They'd most likely argue that it's entirely your problem if your supplier turns out to be unreliable.

The question I have, Mr. Takasugi, is that…
高杉さん、
お伺いしたいのは…

Force Majeure Clause
〈不可抗力条項〉

Let me have a look at what the wording says…
文言を見てみましょう…

198

| 会議の開始 ▶▶ | 討議に入る ①② | 賛成と反対 ▶▶ | 会議の終了 ▶▶ |

········· DIALOG　会議で質問する

DL
089

Translation

会議で質問する

相手方が提示してきた条件を検討するため、松田晃子、ビル・オルソンが顧問弁護士の高杉純を交えて会議を開いています。

松田： 次に取りあげなければならないのは ABC 社との案件ですね。

オルソン： 晃子さん、よろしいですか。高杉さんに質問があります。

松田： どうぞ。

オルソン： 高杉さん、お伺いしたいのは、先方が提案している不可抗力条項では、当社の納入業者が納期を守れなかったがゆえに当社が買い手の注文に応えられなくなったケースでは、われわれが保護されないように思われることです。

高杉： 文言を見てみましょう。いわく「いずれの当事者も、合理的に考えて自己の管理が及ばないと認められる事由で、本契約上の義務の履行を怠りまたは履行が遅れても、それにつき責任は問われない。例を挙げれば、何々何々で…」ですね。うーん、おっしゃるとおりです。

松田： どうすべきでしょう？

高杉： こうした問題に敏速かつ簡単に手当てしておくいい方法は、合理的に考えて自己の管理が及ばないとして列挙されている事由に、次の文言を入れることですね。「本契約の履行上当事者が必要とするモノ・サービスを提供すべき第三者が、その義務の履行を怠った場合」。しかし、これは厳しい交渉を覚悟しておいたほうがいいですね。

オルソン： この修正案に対して、相手は簡単に「イエス」と言ってはくれないのでしょうか？

高杉： 相手が抵抗なく受け入れてくれるとは思いませんね。

松田： 相手はどういう理屈でくるでしょうか？

高杉： おそらくは、御社の納入業者が信頼度の低い業者だったとしても、それはひとえに御社の問題だ、と主張するでしょうね。

Vocabulary

outside counsel 外部の弁護士→顧問弁護士＊顧問として法律上の相談にのる弁護士。counsel「弁護士、法律顧問」
terms offered by ~ ~に提示された条件
other party 相手方、先方＊party「関係者」、third party「第三者」
deal 契約、取引、協定
force majeure clause 不可抗力条項＊予測不能、あるいは当事者の責任の範囲を超える事態となった場合は、契約が履行されなくても責任を問われないとする条項。force majeure [fɔ̀ːrs mæʒɔ̀ːr]「不可抗力」(仏語)、clause [klɔ́ːz]「条項」
provide for ~ ~を考慮に入れておく、~に備える
meet one's order ~の注文に応える
supplier 納入業者＊vendor とも言う
wording 言い回し、文言
shall (規則・法令で) ~と定める [すべし]
liable 法的責任がある
failure to perform 不履行、実行できなかったこと＊perform「実行する」。名詞は performance「実行、履行」
delay in performing 履行の遅滞＊delay [diléi]「遅延、遅れ」
obligations hereunder 本契約上の義務＊hereunder=under this agreement
circumstances beyond its reasonable control 合理的に考えて当事者の管理・支配が及ばない事情
bla bla bla bla 何とかかんとか＊口語
patch up とりあえずの手当てをする
comply with ~ ~を順守する
the parties (契約を結ぶ) 当事者たち
brace oneself for ~ ~に対し心の準備をする、~に備える
tough bargaining 厳しい交渉＊bargain「交渉 [取り引き] する」
amendment 修正
I don't see why ~ should .... ~が…するとは思わない。＊=I don't see the reason why ~.
put up resistance 抵抗を示す＊put up「(闘志・抵抗など) を示す、見せる」
argument 論拠＊argue「議論する」
turn out to be ~ ~であることがわかる

LESSON
30

CHAPTER
基礎編
1
2
3
実践編
5
6

会議で使う言い回し

199

LESSON 30

FOCUS 目的に応じた質問

> **Key Phrase**
>
> **Don't you think they'd readily say "Yes" to the proposed amendment?**
> この修正案に対して、相手は簡単に「イエス」と言ってはくれないのでしょうか。

会議で質問する場合、ねらいや状況に応じた質問の仕方があり、基本的パターンに慣れておくと便利です。代表的な例を見ていきましょう。

❶ 否定疑問文を使って相手の意見や態度をただす質問

否定形を使った疑問文は、「あなたはこう考える、こう動くと思ったのに、そうではないのか」という驚き、時には失望の気持ちをにじませるのに使います。

Aren't you going to look at the problem of erratic consumer demand?

（移ろいやすい消費者需要［消費パターン］の問題に目を向けようという気持ち**はないんですか**）
■ erratic「移ろいやすい」 consumer demand「消費者需要」

Don't you plan to look into the problem of employees neglecting to encrypt customer information every time**?**

（従業員たちが顧客情報を必ずしも暗号化しようとはしない問題に踏み込む気**はないのですか**）
■ look into ~「~を調査する、注意深く調べる」 encrypt「暗号化する」 customer information「顧客情報」

❷ 同調を促す質問

We can't change the format of the requisition slip at branch level. **Shouldn't we** raise the matter with headquarters**?**

（物品購入書の書式を支店レベルで勝手に変更することはできません。本社にこの件を持ち上げる**べきではないでしょうか**）
■ requisition slip「物品購入申請書」＊ requisition「要求、要求書」、slip「伝票、紙片」 branch (office)「支店」

It's all very well that you want to introduce a new accounting system. **But don't you expect** some teething problems with the introduction**?**

（新たな会計システムを導入したいというのは大変結構です。**でも**、導入に伴う初期不良がある程度発生するのを**予想していないのですか**）
■ teething problem「物事の初期に起こる問題」＊ teethe「（赤ん坊に）歯が生える」

❸ 相手の考えをさらに聞き出す質問

Could you go into more detail about the marketing mix you propose**?**

（どういったマーケティング・ミックスをお考えなのか、**もっと詳しく説明してくださいませんか**）
■ go into ~「~の詳細に触れる」 marketing mix「マーケティング・ミックス」＊マーケティング要素（価格、販売ルート、販促活動など）の戦略的組み合わせ propose「提案する」

Could you tell me more about the approval process you have in mind**?**

（お考えになっている承認手続きについて、**より詳しくご説明いただけませんか**）

❹ 相手を支持する気持ちを伝える

So you're worried about the logistics to support our production activities in China.

（ということは、中国での生産を支援するロジスティックスに**懸念がある**ということですよね）
■ logistics「ロジスティックス」＊物流等、生産・販売に対する後方支援業務の総称

If I understand you, you're saying you want additional funding to complete the research.

（**察するに**、調査を完了するのに、さらなる資金手当てが必要だ**とおっしゃっているんですよね**）　■ funding「資金面の手当て、財政的支援、資金調達」

more » 質問が通じなかったときの言い直し方

自分の質問に即した回答が得られなかったときの対処策としての言い回しです。

● 「お聞きしたかったのはそういうことではなく…」

That's not really what I was asking. My question is about what impact it has on our business, not on the overall economy.

（お聞きしたかったのはそういうことではありません。質問は、当社の事業への影響でして、経済全体への影響ではありません）

● 「質問が明確ではなかったかもしれませんが…」

Perhaps I didn't make my question clear. In fact, what I asked about was your findings, not your recommendations.

（質問の仕方が明確ではなかったかもしれません。実のところ、お尋ねしたのは、どうするべきか、ということについてではなく、ご自身が確認された事実について**です**）
■ findings「事実認識、見い出されたもの、（調査などの）結果」

● 「質問の主旨とは違うお答えでしたので…」

I think you've answered a different question from the one I asked. What I'd like to know is what your company or company management thinks. Not what your competitors think.

（お聞きしたい内容とは違うことをお答えくださったようです。知りたいのは、御社ないし御社経営陣がどう考えているか**です**。同業他社がどう考えているかではありません）

● 「そのこと（意見・考え）はわかりますが…」

I understand that, but what I actually had in mind was something along the lines of long-term trends rather than year-to-year differences.

（**そのことはわかりますが、私が考えていたのは実のところ**、1年ごとの違いではなく、より長期のトレンドのラインに沿ったものだったのですが）
■ along the lines of ~「～の線での」　long-term trends「長期のトレンド」

LESSON 29&30 CHECK UP

FOCUS!

>>> 空欄を埋めて話してみよう <<<

発音も確認
してみよう。

強弱のアクセントをつけて発音する／目的に応じた質問

1. ❶ ちょっとよろしいですか。
   C____ I j____ s____ s____?

2. そのことでちょっとよろしいですか。
   C____ I s____ s____ i__ t____ r____?

3. ❷ われわれは従来型の納入業者に依存しすぎていると考えています。
   I t____ t____ w__'__ b__ o____ d_____ o__ b____-a____-m____ s_____.

4. というのは、インターネット取引を始めた同業他社はみなうまくいっているからです。
   M____ r____ f__ s____ t__ i____ t____ a____ o__ o__ c_____ t__ h__ m____ f_____ i____ e-_____ a____ d____ w____.

5. ❸ 私としては、いくら使うかよりも、どのように使うかのほうが問題なのではないか、という考えに傾いています。
   I'____ i_____ t__ t____ t____ i__'__ n____ s__ m_____ h____ m_____ w__ s_____ a__ h__ w__ s_____ i__.

6. ❹ 絶対に、オンライン調達に移行すべきだと考えます。
   I d____ t____ t____ w__ s_____ s____ t__ o____ p_____.

7. **more** 私が言おうとしているのは、一つのプロジェクトのために複数の条件提示を得るのが、基本的に間違いがないということです。
   W____ I'__ t____ t____ s____ i____ t____ i'____ a_____ a g____ i____ t__ g__ m_____ b__ f____ a p_____.

8. ❶ 移ろいやすい消費者需要[消費パターン]の問題に目を向けようという気持ちはないんですか。
   A__'__ y__ g____ t__ l____ a__ t__ p_____ o__ e_____ c_____ d_____?

LESSON 29&30　会議で使う言い回し—討議に入る ❶❷

9. 従業員たちが顧客情報を必ずしも暗号化しようとはしない問題に踏み込む気はないのですか。

D__'_ y__ p___ t_ l___ i___ t__ p___ o__ e_____
n_____ t__ e_____ c_____ i_____ e___ t___?

10. ❷ 物品購入書の書式を支店レベルで勝手に変更することはできません。本社にこの件を持ち上げるべきではないでしょうか。

W__ c__'_ c____ t_ f___ o__ t__ r_____ s__ a__ b____
l____. S____' w__ r___ t__ m__ w__ h_____?

11. ❸ どういったマーケティング・ミックスをお考えなのか、もっと詳しく説明してくださいませんか。

C__ y__ g__ i__ m__ d__ a__ t__ m_____ m_____ y__
p_____?

12. ❹ ということは、中国での生産を支援するロジスティックスに懸念があるということですよね。

S___ y___' w__ a___ t_ l__ t_ s____ o__ p_____
a_____ i_ C_____.

13. more お聞きしたかったのはそういうことではありません。質問は、当社の事業への影響でして、経済全体への影響ではありません。

DL 091

T_' n___ r___ w___ I w__ a___. M__ q___ i__ a___ w__
i____ i_ h_ o__ o__ b_____, n__ o__ o____ e_____.

14. 質問の仕方が明確ではなかったかもしれません。実のところ、お尋ねしたのは、どうするべきか、ということについてではなく、ご自身が確認された事実についてです。

P_____ I d__'_ m___ m_ q_____ c___. I__ f___, w___
I a___ a__ w___ y_ f_____, n__ y__ r_____.

15. そのことはわかりますが、私が考えていたのは実のところ、1 年ごとの違いではなく、より長期のトレンドのラインに沿ったものだったのですが。

I u__ t__, b__ w__ I a__ h__ i_ m__ w__ s_____
a___ t__ l__ o_ l__-t__ t____ r____ t__ y__-t__ -y__
d_____.

CHAPTER
基礎編
1
2
3
実践編
4
5
6

会議で使う言い回し

203

>>> 音声を聴き取ろう <<<

Opening a Discussion

A formal meeting of the Management Committee, chaired by Pat Stone, has just begun.

Stone: Welcome to the _____ _____ _____. The first ____ on the _____ is the _____ of the agenda. All those __ ____?

[Chorus of ayes]

S: All those _____?

[No response]

S: No one. The agenda is _____. The _____ ____ on the agenda is to consider and __ __ a ____ _____ _____. Myra, your department _____ this item so perhaps you'd ___ __ ____?

Myra Cummings: Thank you. Current _____ ____ _____ that any _____ over $1,000 and under $____ receive ____ _____ and _____ from at least two _____. But _ just _____ to me that __ a _____ ____, the $1,000 _____ is too low for us to have to _____ whether it should be _____ __ __.

Peter Barnes: May I just ____ _____, Pat?

S: You certainly ____.

B: There's just ___ ____ I want _____ about. What's the _____ for _____ the prior approval _____ ____ dollar amount _____?

C: ___ I ____ __ ___?

S: Yes, Myra, __ _____.

C: I ____ __ ___ the current _____ do ____ __ a double check, but I ____ __ think it's _____. Perhaps we should ____ the _____ and _____ ____ of the requirement.

Questioning at Meetings

Akiko Matsuda, Bill Olson and the company's outside counsel, Jun Takasugi, are in a meeting to discuss the terms offered by the other party.

Matsuda: The next thing we have to _____ is the ABC ___.

Olson: May I, Akiko-san? There's _____ I _____ to ___ Mr. Takasugi.

M: ___ _____.

O: The question I have, Mr. Takasugi, is that I think the proposed ____ _____ _____ doesn't _____ __ a situation where we're unable to ____ the _____' ____ because our own _____ have failed to _____ __ ___.

Takasugi: Let me ____ a ____ at what the _____ says: "_____ party ____ be _____ for any _____ to _____ or ____ in _____ its _____ _____ due to _____ _____ its _____ _____ including but not _____ to bla bla bla bla..." Hmm. You're right.

M: What __ __ __ now?

T: Ah, a _____ and ____ __ to _____ __ this problem is to ___ the _____ _____ to the ___ of _____ beyond your _____ _____: "any _____ of a ____ ____ to _____ ___ its _____ to provide _____ and _____ to the _____ which are necessary for the _____ of this agreement." You'd better ____ _____ __ some _____ _____, though.

O: Don't you think they'd _____ __ "Yes" to the proposed _____?

T: I ___' ___ why they should agree to that without _____ __ some _____.

M: What would be their _____ against that?

T: They'd ____ ____ ____ that it's _____ ____ _____ if your supplier ____ __ to __ _____.

CHAPTER 4　会議で使う言い回し

LESSON 31　賛成と反対 ❶ ❷

Expressing Agreement

The senior management of a branch office are discussing ways to deal with a head-office directive to consider restructuring their operations.

Tim Tyler: Seems that head office has an obsession with the bottom line and cost cutting, to the exclusion of all else.

Freda Daniels: Well, any business, after all, has every right to focus on current profitability and stock prices.

Sara Clark: Can you clarify that? Help me understand why you see it that way.

D: All companies are in the business of making money. Hence companies will do what it takes to maximize that profit. It's only rational to turn to strategies like downsizing to manage profitability.

C: That's one perspective, but I see it differently. Where does that leave the employees in terms of their feelings? I mean, feelings that their investment of time and knowledge matters.

T: I fully support what Sara's saying. If you want a business to perform well, especially when the business has to cope with cyclical ups and downs, you need people who are willing to invest their time and knowledge. Who wants to work when job security is precarious?

C: Boy, do I hear you! Businesses don't run themselves. People run them.

T: While we're on the subject of downsizing and job security, let me offer a case in point. Way back in the 1930s, an American automaker suffering from high turnover resolved the problem by offering a $5-a-day salary, which at the time was an unheard-of amount. The result? A tremendous jump in productivity as a result of lower turnover.

C: You have a strong case. Although it runs counter to intuition, offering the unheard-of salary provided a means for more efficient production. And the moral of the story is that cutting costs is not the only way to increase profitability.

会議の開始 ▶▶ 討議に入る ▶▶ 賛成と反対 ❶❷ 会議の終了 ▶▶

········ **DIALOG** 会議で賛成する

🎧 DL 092

LESSON **31**

CHAPTER
基礎編
1 2 3
実践編
4 5 6

会議で使う言い回し

Translation

賛成の意思表示をする

本社から業務改革を検討するよう指示された支店の幹部たちが、どう対処するか話し合っています。

ティム・タイラー: どうも本社は最終損益と経費節減ばかりを気にして、ほかのことに頭が回らないようですね。

フリーダ・ダニエルズ: しかし、事業というものは、結局、その期の採算と株価に焦点を合わせて当然と言えるのではないかしら。

サラ・クラーク: その点、説明してもらえないかしら。なぜそのように考えるのかを聞かせてもらえたらと思います。

ダニエルズ: どんな会社も営利事業に携わっていますね。したがって、会社である以上、利益を最大にしようとするものです。採算の取れる経営をしていく上で事業の整理縮小といった戦略を取るのは、何ら不合理ではありません。

クラーク: 一つの見方ですが、私はそうは見ていません。その考え方でいくと、従業員の気持ちという面でどういう結果になると思います? つまり、自分たちが時間や知識を投資していることに意味があるという気持ちです。

タイラー: サラの言っていることに全面的に賛成だね。事業で業績を上げたいのであれば、特に周期的景気変動に対処しなければならないときは、積極的に時間と知識を使ってくれる人々を必要とするわけだからね。雇用の保障もおぼつかない状況で誰が働くだろうか。

クラーク: そうね、とてもよくわかります。事業は勝手に動いてくれるものではありませんからね。人ですよ、動かすのは。

タイラー: ダウンサイジングと雇用の保障の話が出たついでに、いい例を挙げましょう。1930 年代とだいぶ古い話ですが、あるアメリカの自動車メーカーは、離職率が高いという問題を、1 日 5 ドルという当時としては他に例を見ない水準の給与を提示することで、解決しました。結果は、離職率が低下して、生産性が飛躍的に改善されたのです。

クラーク: 説得力のある話ですね。それまでなかったような破格の給与をオファーしたことが、これは感覚的には何かおかしい気もするのですが、効率的生産の手段を提供したのだと。そして教訓は、何も経費節減だけが、収益向上の手段ではないということです。

Vocabulary

senior management 上級経営幹部 * =senior executives。management「経営者、管理者」
directive (公式の) 指示、指令
restructure 再構築する、改革する
operation 運営、業務
have an obsession with ~ ~に取りつかれる、~で頭が一杯になる
bottom line 最終損益
cost cutting コスト節減
to the exclusion of ~ ~をそっちのけで
current profitability 当期の採算[収益]
stock price 株価 * =share price
clarify 説明する
what it takes to ~ (ある目標を達成) するのに不可欠なこと [もの] *口語
maximize 最大にする
rational 合理的な、道理にかなった
turn to ~ ~に目を向ける、向かう、取りかかる
strategy 戦略
downsizing 事業の整理縮小
manage profitability 採算性を図る
perspective 見方
Where does ~ leave ...? ~で…はどういう結果になるのか。* leave「結果を招く」
in terms of ~ ~の点で
~ matter(s) ~が重要である
cyclical ups and downs 周期的景気変動
job security 雇用の確保 [保障]
precarious 危うい、不安定な
Do I hear you! よくぞ言ってくれました!*決まり文句
case in point 適例 * in point「適切な」
turnover 離職率
resolve 解決する
unheard-of 聞いたことがない、前例のない
productivity 生産性
You have a strong case. 説得力のある話ですね。* strong case「十分な理由 [言い分] があること」
run counter to intuition 直感に反する
means 手段、方法 *単複同形
the moral of the story その話の教訓

207

LESSON 31

FOCUS 賛成意見を強める・弱める

> **Key Phrase**
>
> **I fully support what Sara's saying.**
> サラの言っていることに全面的に賛成だね。

　会議で賛成の意思を明らかにする場合、普通に賛成するケース以外にも、控えめな賛成から大賛成まで、いろいろなケースが考えられます。賛成の度合いに応じた賛意の表し方を見ておきましょう。

❶ (普通に) 賛成する

Key Phrase にある support などの動詞も使われますが、基本形としてまず、次の agree / accept を使った形をおぼえておきましょう。

I think I **agree with** you **on** that point.
（その点について、あなたに**賛成できる**と思います）

I think we're **in agreement on** that.
（そのこと**では同意できる**と思います）

※ be in agreement (on ~) の形で言うと、改まった感じが強まります。

I think we can **accept** that.（それは**受諾**できると思っております）

※動詞 accept は、賛成する [同意する] という意味で、agree と同じくらいよく使いますが、accept は他動詞ですから、目的語がすぐあとに来ます。そのため I accept to that. や I accept on that. ではなく、I accept that. になります。

❷ 条件付きで賛成する

I agree に in principle「大筋で」、on the whole「概ね」、basically「基本的には」などを添えて言うことができます。

I **agree in principle, but** this approach may result in unforeseen extra costs and disruption of normal operations.
（**大筋で同意します**が、このアプローチですと、予想外の追加費用が発生したり、通常業務に支障をきたす可能性があります）
■ result in ~「~に帰着する」 unforeseen「予期しない」 * foresee「予知する」 disruption「混乱」

Basically, I suppose you're right, **but** this approach may result in unforeseen costs.
（**基本的に**お考えは正しいと思います。**ただ**、このアプローチですと、予想外のコストが発生する可能性があります）

❸ どちらかといえば賛成する

I'm inclined to agree with you.
（私としては、ご意見を**支持する気持ちになっております**）
■ be inclined to ~「~してもいいような気がする、~したいと思う」 * incline「心が傾く」

If you ask me, I agree with you.
（どちらだと言われれば、ご意見を**支持します**）

会議で使う言い回し—賛成と反対 ❶❷

❹ 全面的に賛成する

次のように、副詞 (completely) や副詞句 (without reservation) を添えて言います。

I **completely** agree with you.
（きみの意見に**全面的に**賛成だ）

I accept your view **without reservation**.
（きみの見方を**無条件で**受け入れるよ）　■ reservation「留保、条件」

more » 支持の気持ちを伝える言い回し

　相手の意見に賛成する場合、賛成の意思表示とあわせて信頼や励ましの気持ちを伝えることもあります。そうした表現のいくつかを見ておきましょう。

● 「信頼しているよ」

I **have faith in** you.（きみには信頼をおいているからね）
※強調する場合は、I have complete faith in you.

I **trust** you.（きみを信頼しているよ）
※強調する場合は、I trust you completely.

● 「支持しているよ」

〈**behind you** を使う〉

I'm **100 % behind** you.（100%、きみを支持しているよ）
I'm **standing behind** you.（きみを支えていくよ）

〈**You've got my...** を使う〉

You've got my support.（きみを応援しているよ）
You've got my backing. Remember, if anything goes wrong, I'll take the blame.
（きみを支援しているよ。おぼえておいてくれ、何か問題が起きたら、責任は私がとるよ）
■ backing「支援」　take the blame (for ~)「(~に対して)責任をとる」＊ blame「(失敗などに対する)非難」

〈**in favor of** を使う〉

I'm **in favor of** your plan to set cost-cutting targets.
（コスト削減目標を設定するというご提案、**賛同します**）

● 「やってみなさいよ」「頑張りなさい」

Go for it. / **Give it a try.**（やってみなさいよ、当たってくだけろの気持ちで）
Stick with it. / **Keep at it.**（あきらめないで、続けなさいって）

CHAPTER 4　会議で使う言い回し

LESSON 32　賛成と反対 ① ②

Expressing Disagreement

Members of the IT Department of XYZ America, Ken, the department head, Agatha, and Rosie, are in an informal meeting to discuss the pros and cons of outsourcing a departmental project.

Ken: Right. We're in agreement that we should outsource this project. The next step is to decide on the outsource service provider or vendor. Let's hear from Agatha.

Agatha: After going over this list of possible vendors, it seems that BCD Inc. is apparently our best choice because they have a 10 % shorter turnaround time at only 5 % higher cost than the nearest competitor. And it's my understanding that they're the most efficient in their industry.

Rosie: So I understand. But I'm afraid that vendor isn't the best choice. The industry grapevine has it that they're beset with litigations ranging from billing and contractual disputes to antitrust, unfair competition and tort cases.

A: How odd! This is the first I've heard of it.

R: If you ask me, being sued is no big deal. The frequency of a company being sued is no indication of liability. It's a fact of life in our litigious culture.

K: That may be. But suppose this project ends up in a total mess because of the firm's incompetence. Will we be able to claim it was unforeseeable? Of course not. We already know too much to plead ignorance.

R: What do we do now?

K: Right. Let's get the facts first. We should make a few discreet inquiries about the firm before making the next move. Agatha, can you take care of this? I'd like you to contact your industry sources and report back at the meeting scheduled for July 30.

A: Consider it done.

It seems that BCD Inc. is our best choice.
BCD社が最善の選択と言えるのではないでしょうか。

I'm afraid that vendor isn't the best choice.
残念ながら最善の選択ではありません。

List of Possible Vendors 〈外注先候補一覧〉		
	Turnaround time 〈完了時間〉	Cost 〈コスト〉
BCD Inc.	////	//
CDE Co.	////	//
EFG Co.	////	//

| 会議の開始 ▶▶ | 討議に入る ▶▶ | 賛成と反対 ❶❷ | 会議の終了 ▶▶ |

DIALOG　会議で反対する

🎧 DL 095

Translation

反対の意思表示をする

XYZアメリカのIT部門で、部長のケン、アガサ、ロージーが、プロジェクトを外注することの是非を検討するため、形式張らないミーティングを行っています。

ケン： いいですね。このプロジェクトを外注すべきだということでは合意しました。次のステップは、外注業務の発注先つまりベンダーを決めることです。アガサの意見から聞きましょう。

アガサ： この候補リストの業者を見ていくと、BCD社が最善の選択と言えるのではないでしょうか。と言いますのも、2番目に条件がいい所と比べた場合、受注から納品までの時間が10パーセント短いのに、コスト的には5パーセント高くつく程度で済んでいますからね。また私の理解では、彼らは効率のよさは業界トップです。

ロージー： 私も同様に理解しています。しかし、残念ながら最善の選択ではありません。業界のうわさでは、同社は次々に訴訟を起こされており、しかも事案も、請求書や契約をめぐる紛争から、独禁法違反、不正競争防止法違反あるいは不法行為にまで及んでいるのです。

アガサ： それは妙ね。それは初耳だわ。

ロージー： 私に言わせれば、訴えられたからと言って、大した問題ではありません。会社が訴えられる頻度は、その会社の責任を示すものではないのですから（よく訴えられるからといって責任があるわけではありません）。何でも訴訟ざたにするこの社会では、避けられない現実です。

ケン： それはそう言えるかもしれない。しかし、今回の件がその会社の無能のせいで台無しになってしまったとしよう。予測不可能だったと言えるだろうか？　もちろん、そうは言えないだろう。知らなかったでは済まないほど、事情を知っているわけだから。

ロージー： どうしますか？

ケン： さてと。それでは、まず事実を確認してみよう。次へと動く前に、この会社について、慎重に調べておくべきだろう。アガサ、頼めるかな。業界関係者に当たって、7月30日に予定されているこの会議で報告してほしいのだが。

アガサ： 承知しました。

Vocabulary

pros and cons 賛否両論
outsource（動）外注する、業務を委託する
outsource service provider 外注業務の発注先 * **provider**「供給する人［業者］」* **outsource**〈名〉「外注」
vendor 発注先の業者、納入業者 * **ven-ding machine** は「自動販売機」
go over ~ ～を詳しく検討する
possible ～候補
apparently どうやら～らしい
turnaround time 完了［ここでは受注から納品まで］に要する時間
competitor 競争相手、ライバル企業
efficient 効率的な
industry grapevine 業界のうわさ * **grapevine**「ブドウのつる、うわさ」
have it that ~ ～であると言う
be beset with ~ ～に悩まされる
litigation [lìtəgéiʃən] 訴訟
ranging from ~ to ... ～から…にわたる
billing dispute 請求書をめぐる紛争 * **bill** 「～に請求書を送る」
contractual dispute 契約紛争
antitrust case 独禁法違反事件
unfair competition case 不正競争防止法違反事件
tort case 不法行為がらみの事件（損害賠償請求訴訟）* **tort**「（賠償請求できる）不法行為」
sue 訴えを起こす、告訴する
big deal 重大事（件）
indication of liability（法的）責任を示すもの * **indication**「徴候」
fact of life 避けがたい現実
litigious 訴訟好きな
suppose ~ ～と仮定する * 命令形
end up in ~ 最後は～になる
incompetence [ìnkάmpətəns] 無能
claim 主張する
unforeseeable 予測［予見］不可能な
plead ignorance 知らなかったと申し立てる
discreet 慎重な
inquiry 調査、質問
industry sources 業界内の情報源
report back 改めて報告する
Consider it done. お引き受けします。まかせてください。

LESSON **32**

CHAPTER
基礎編
1
2
3
実践編
4
5
6

会議で使う言い回し

211

LESSON 32

 反対意見を強める・弱める

Key Phrase

That may be. But...
それはそう言えるかもしれない。しかし…

会議では、反対意見を切り出すことも必要になってきます。そうした場合、反対意見を伝える表現の強弱を心得てうまく切り出すことが重要です。

❶ (普通に) 反対する

基本的には、agree / accept「賛成する」を使った否定文で表すことができます。

I don't agree with you on that. (その点**については**賛成いたしかねます)
I can't accept your view. (お考えに**同意いたしかねます**)

※ accept は前置詞なしに直接、目的語を取りますが、agree は with / to / on などの前置詞が必要です。agree with ~ ではあとに人やものごとがきますが、agree to ~ は人には使わず、agree to that などの形でものごとに同意するときに使われます。agree on ~ は、主語が複数で「~について意見が一致する」というときに使います。例: We have agreed <u>on</u> this, haven't we?「合意は調っているかと思いますが」

❷ どちらかといえば反対する

I'm not sure / I can't say など、あいまいに否定する表現を文頭に置きます。

I'm not sure I'd agree with you on that.
(その点について賛成かといえば、**迷いがあります**)

※ I'd agree は I would agree の略で、弱めるための would が入ります。

I can't say that I accept your view. (お考えに同意するとは**言いかねます**)

❸ 一部賛成するが、基本的には反対

I agree に up to a point / to a certain extent「ある程度は」などの語を添えて言います。

I agree up to a point, but have you considered the incidental expenses that may arise in the course of this transaction?
(**ある程度まで賛成ですが**、取引の過程で生じうる付帯的な費用のことを考慮されましたか)
■ up to a point「ある程度までは」 incidental「付随的な」 arise「生じる」 transaction「取引」

Key Phrase の That may be. But... と同じように、You have a point there. / I take your point.「あなたのご意見もごもっともです」などの表現を使って言うこともできます。

You have a point there, yes, this method of transportation is very efficient. **But** it's limited to objects that are not very delicate.
(**その点はおっしゃるとおりで**、なるほど、この輸送方式は非常に効率がいい方法です。**しかし**、対象が、壊れにくいようなものに限定されます)
■ efficient「効率的」 object「物、対象」 delicate「壊れやすい」

※ Lesson 31 で見た I agee in principle, but...(大筋で同意しますが…) の意味と似ていますが、この場合は、どちらかというと反対の気持ちが強いときの表現です。

❹ 反対の意思を強めに表明する

I'm afraid I have to **object to** that plan.
（残念ですが、そういった計画**には異議があります**）　■ object to ~「~に反対する」

I'm afraid we are **absolutely opposed to** [absolutely against] that plan.
（残念ですが、そういった計画**には断固反対です**）　■ be opposed to ~「~に反対である」

※ I disagree. は、コーパス研究で、ビジネスの場ではまず使われないほど強すぎるものと考えられています。

more » 丁寧な言い方で反対する

会議では、同じ反対の意思を伝えるのでも、できるだけ丁寧な表現を選ぶ必要があります。以下のような、矢印（→）で示した表現の言い換えがお勧めです。

●「それはまるで見当違いだ」You're way off base.

上の言い方はかなり乱暴な反対の表現です。以下のような言い方がお勧めです。

→ **I'm not sure if that's quite right.**　■ I'm not sure ~「~だとは思えない」

→ **That's not quite how I see it.**　■ That's not quite ~「正確には~ではない」

→ **That's not quite what I think.**

いずれも「私にはそうは思えません」という意味になります。通常これに続けて、次の例のように相手の言い分に一歩譲り、自分の考えを述べたりします。

Admittedly, there are good reasons for that, but equally important is the fact that we need to consider our customer's needs.
（もとより、そのことにも十分理由があるのはわかりますが、それと等しく重要な点として、私どものお客様のニーズを考えなければならないということがあります）

●「それは駄目だね」That's unacceptable.

→ **I'd find it quite difficult to accept that.**
（それを受け入れるのはかなり厳しいと感じます）

●「私の言うことがわからないのか」You don't get what I'm saying, do you?

→ **I'm afraid I didn't explain that clearly.**
（その点、こちらの説明が不十分だったようですね）

●「その解決策では満足できない」I'm not happy about the solution.

→ **I prefer a different solution.**
（もっと別の解決策によることができたらと思います）

※ would を足して、I'd prefer とすると、控えめになり、いっそう感じがよくなります。

LESSON 31&32
CHECK UP

FOCUS!

>>> 空欄を埋めて話してみよう <<<

賛成意見を強める・弱める／反対意見を強める・弱める

1. ❶ その点について、あなたに賛成できると思います。

   I t____ I a____ w____ y____ o____ t____ p____.

2. それは受諾できると思っております。

   I t____ w____ c____ a____ t____.

3. ❷ 基本的にお考えは正しいと思います。ただ、このアプローチですと、予想外のコストが発生する可能性があります。

   B____, I s_____ y___' r____, b____ t____ a_____ m____ r____ i____ u_____ c____.

4. ❸ 私としては、ご意見を支持する気持ちになっております。

   I'__ i____ t__ a____ w____ y___.

5. ❹ きみの意見に全面的に賛成だ。

   I c____ a____ w____ y____.

6. more コスト削減目標を設定するというご提案、賛同します。

   I'__ i____ f____ o____ y____ p____ t____ s____ c____-c____ t____.

7. ❶ その点については賛成いたしかねます。

   I d__' a____ w____ y____ o____ t____.

8. お考えに同意いたしかねます。

   I c__' a____ y____ v____.

9. ❷ その点について賛成かといえば、迷いがあります。

   I'____ n____ s____ I'__ a____ w____ y__ o__ t____.

214

LESSON 31&32　会議で使う言い回し—賛成と反対 ❶❷

CHAPTER
基礎編
1
2
3
実践編
4
5
6

会議で使う言い回し

10. ❸　ある程度まで賛成ですが、取引の過程で生じうる付帯的な費用のことを考慮されましたか。

I a____ u____ t____ a p____, b____ h___ y __ c_____ t__
i_____ e_____ t____ m___ a__ i_ t___ c____ o__ t__
t_____?

11. ❹　残念ですが、そういった計画には断固反対です。

I'__ a____ w___ a___ a___ o___ t___ t___ p___.

12. **more** 私にはそうは思えません。

DL 097

I'____ n____ s____ i____ t___' q ___ r_____.

13. それを受け入れるのはかなり厳しいと感じます。

I'__ f____ i___ q___ d____ t__ a_____ t____.

14. その点、こちらの説明が不十分だったようですね。

I'___ a____ I d____' e_____ t___ c_____.

15. もっと別の解決策によることができたらと思います。

I p____ a d_____ s_____.

215

>>> 音声を聴き取ろう <<<

Expressing Agreement

The senior management of a branch office are discussing ways to deal with a head-office directive to consider restructuring their operations.

Tim Tyler: Seems that head office ___ an _____ ___ the _____ ___ and ___ _____, to the _____ of all else.

Freda Daniels: Well, any business, after all, has every ____ to ____ _____ _____ and ____ ____.

Sara Clark: Can you ____ that? ____ me _____ ___ you ___ it ___ ___.

D: All companies are in the _____ of _____ _____. Hence companies will do ___ it ___ to _____ that profit. It's only _____ to ___ _____ like _____ to _____ _____.

C: That's one _____, but I ___ it _____. Where does that ____ the _____ in ____ of their _____? I mean, _____ that their _____ of time and knowledge _____.

T: I fully _____ ____ Sara's saying. If you want a _____ to _____, _____ ____ the business has to ____ with _____ ___ and _____, you need people ___ are _____ to ____ their ___ and _____. Who wants to work when ___ _____ is _____?

C: Boy, __ I ____ ___! Businesses don't ___ themselves. People ___ ____.

T: While we're on the _____ of _____ and job security, __ me ____ a ___ in ____. ____ ____ in the 1930s, an American _____ _____ from high _____ _____ the problem by _____ a $5-a- day _____, which __ the ___ was an _____- amount. The result? A _____ in _____ as a result of ____ _____.

C: You have a _____ ___. Although it ___ _____ to _____, offering the unheard-of salary _____ a _____ for more _____ _____. And the _____ of the ____ is that _____ ____ is not the ____ ___ to _____ _____.

LESSON 31 & 32　会議で使う言い回し—賛成と反対 ❶❷

Expressing Disagreement

Members of the IT Department of XYZ America, Ken, the department head, Agatha, and Rosie, are in an informal meeting to discuss the pros and cons of outsourcing a departmental project.

Ken: Right. We're __ _____ that we should _____ this project. The next step is to _____ on the _____ _____ _____ or _____. Let's ____ ____ Agatha.

Agatha: After _____ __ this list of _____ _____, it seems that BCD Inc. is _____ our ___ _____ because they have a 10 % _____ _____ ___ at only 5 % _____ ___ than the _____ _____. And it's __ _____ that they're the ____ _____ in their _____.

Rosie: __ I _____. But I'm afraid that vendor isn't the ___ _____. The _____ _____ __ it ___ they're _____ ___ _____ ranging from _____ and _____ _____ to _____, _____ _____ and ___ _____.

A: How ___! This is the ___ I've _____ of it.

R: If you ask me, _____ ___ is no __ ___. The _____ of a company being sued is no _____ of _____. It's a ___ of __ in our _____ culture.

K: That _____ __. But _____ this project ____ __ _ a total _____ because of the firm's _____. Will we be able to _____ it was _____? Of course not. We already know __ _____ to _____ _____.

R: What __ __ __ now?

K: Right. Let's __ the ____ first. We should _____ a few _____ _____ about the firm before _____ the next ____. Agatha, can you ___ ___ of this? I'd ___ __ to _____ your _____ _____ and _____ at the meeting _____ __ July __.

A: _____ it ____.

217

CHAPTER 4 会議で使う言い回し

LESSON 33 会議の終了 ❶ ❷

Summarizing and Recapping

A meeting to address the issue of revising the Employee Handbook, presided over by the president of the company, Mr. Dawkins, is coming to an end. Paula French was asked to prepare the minutes of the meeting.

Dawkins: Right. I think we've just about covered the main areas. Paula, could you go over the main points, reading out from your notes?

French: Sure. The items we want to include in the Employee Handbook are at-will employment; working hours, including meal and rest breaks; pay procedures; benefits, including paid vacation and sick leave; safety and accident rules; sexual and other forms of harassment; and disciplinary procedures.

D: And the two topics deferred to the next meeting are...

F: Oh, the two topics are revision of the dress code; and use of communications systems, including the proper use of e-mail and Internet access.

D: So, how do we proceed from here? What's next?

Meg Swan: Send a request for quotation to Kirei Printing.

D: To whom?

S: Kirei Printing.

D: Oh, Kirei. But don't they have a history of late shipments?

F: Yes, but one idea might be to offer incentive payments for completing the project ahead of schedule.

S: Can we couple that with tough financial sanctions in case they fail to meet the deadline? I'm a believer in the proverbial iron hand.

D: Great idea. Could you take care of that and negotiate a contract along those lines?

S: With pleasure, Mr. Dawkins.

Could you go over the main points?
主立った点を振り返ってくれないかな。

Sure.
わかりました。

Revision of the Employee Handbook
〈従業員ハンドブックの改訂〉

Items to include
1. at-will employment 〈退職自由・解雇自由の原則〉
2. working hours 〈勤務時間〉
3. pay procedures 〈給与支払い手続き〉

Topics to be deferred to the next meeting 〈継続審議事項〉

| 会議の開始 | ▶▶ | 討論に入る | ▶▶ | 賛成と反対 | ▶▶ | 会議の終了 ❶❷ |

········ DIALOG 会議をまとめる

DL 098

Translation

（会議を）まとめる

ドーキンス社長を中心にした、従業員ハンドブックの改訂を進める会議が終わりに近づいています。会議の議事録作成を依頼されたのは、ポーラ・フレンチです。

ドーキンス： よろしいですね。主な点を概ね見てきたかと思います。ポーラ、メモを読み上げて、主立った点を振り返ってくれないかな。

フレンチ： わかりました。従業員ハンドブックに盛り込みたいのは、退職自由・解雇自由の原則、食事ならびに休憩時間を含む勤務時間、給与支払手続、有給休暇、病気休暇を含む福利厚生、労働安全規則、セクハラその他のハラスメント、懲戒手続ですね。

ドーキンス： それと、次回の会議に回した項目が二つあるでしょう…

フレンチ： そうそう、二つの項目は、服装規定の改正とEメールやインターネット・アクセスの適正利用を含めての通信手段の利用です。

ドーキンス： で、ここから先はどう進めましょうか？次のステップということです。

メグ・スワン： キレイ・プリンティングに見積もり依頼を出す、ということでしょうか。

ドーキンス： 何プリンティング？

スワン： キレイ・プリンティングです。

ドーキンス： ああ、キレイか。でも、納品がいつも遅れるという話があるね。

フレンチ： 一つのやり方としては、期限より早く完成したらインセンティブを払ってよさそうなものです。

スワン： それに、期限に遅れたらかなりの額のペナルティーを課すというのを組み合わせたいのですが、どうですか？　ことわざで言う衣の下から何とやらの信奉者なんですよ、私。

ドーキンス： いいじゃないですか、それ。その件を任せますので、その方向で契約をまとめてもらえますか？

スワン： 喜んでお引き受けします、ドーキンス社長。

Vocabulary

summarize 要約する
recap （講演、商談などの最後で）要約する、反復する＊ =recapitulate。summarizing and recapping は「要約して繰り返す」の意味になる
··
address 取り組む
revise 見直す
preside over ~ ~（会議など）を仕切る＊ preside [prizáid] 主宰する
minutes [mínits] 議事録
··
just about ほぼ、概ね
cover 扱う
go over ~ ~を振り返る＊前レッスンで見た「~を詳しく検討する」という意味も
at-will employment 退職自由・解雇自由の原則＊従業員・雇い主とも随時、雇用契約を打ち切れる、米国の労働慣行の柱。at will「思いのままに」
working hours 労働時間
meal and rest breaks 食事ならびに一時休息のための休憩時間
pay procedures 給与支給手続き
benefits 福利厚生
paid vacation 有給休暇
sick leave 病気休暇＊ leave「許可→休暇」
safety and accident rules 労働安全規則
harassment 苦しめること、いやがらせ
disciplinary procedures 懲戒手続き
defer [difə́:r] 延期する
revision 改訂、修正
dress code 服装規定
proceed 続ける、前進する
request for quotation 見積もり依頼
late shipment 納品の遅れ
incentive payment インセンティブ、報奨金＊早期納品等の理由に基づく報奨金
ahead of (the) schedule 予定より早く
couple ~ with ... ~と…を組み合わせる
financial sanctions 制裁金、ペナルティー＊ sanctions「制裁」
meet the deadline 期限に間に合わせる
proverbial ことわざにある
iron hand 「衣の下の鎧」相当の句＊ the iron hand in a velvet glove の短縮形
negotiate a contract 契約に向け交渉する

LESSON
33

CHAPTER
基礎編
1
2
3
実践編
4
5
6

会議で使う言い回し

219

LESSON 33

FOCUS 会議を締めくくる

> **Key Phrase**
>
> **Right. I think we've just about covered the main areas.**
> よろしいですね。主な点を概ね見てきたかと思います。

どのような会議でも、終盤の流れは大体同じです。結論をまとめ、やるべき作業があるときは担当者を決め、最後にほかに何かないかを確認して、終わりを告げます。それぞれの場面ごとに使われる言い回しを見ていきましょう。

❶ 結論をまとめる

I'll just **go through what we've agreed to** today.
（きょう**合意した内容を**ざっと**振り返ってみます**）

※「振り返ってみる[繰り返す]」という意味で go through の代わりに go over, run through なども使えます。

意見をまとめる場合、summarize / recap / sum up などを使って言うことができます。sum up を使うとインフォーマルな感じになります。

To summarize what we've said so far, Brian thinks we depend on distributors too much, and Emma suggests that we should increase our presence on the Internet.
（**これまでの意見をまとめておきますと**、ブライアンは当社が販売店に依存しすぎていると考え、エマはインターネット上での展開を強化すべきだということでした）

❷ 決定事項に従って分担を決める

次の who's doing what は「誰が何をしているか」という決まり文句です。

Let's just run through **who's doing what**.
（**誰が何を受け持つのか**をざっと確認しておきましょう）

Jane, you**'re going to contact** headquarters, and Bob**'s going to take care of** the translation. **Is that all right?**
（ジェーンは本社と**連絡を取り**、ボブは翻訳の件を**処理する**。そういうことでよろしいですか）

❸ ほかに何かないかを確認する

Right. **That just about covers everything.**
（さてと。**これでほぼすべてこなしたかと思います**） ■ just about「ほぼ」

※ Key Phrase の表現や、I think we've covered everything. も使えます。

Is there any other business?
（ほかに取り上げるべき議題はありませんか） ■ business「議題（審議事項）」

※レッスン27の FOCUS の ❸ の文でも見た表現です。Are there any further points? (point「問題点、取り上げるべき点」) と言っても同じです。

会議で使う言い回し—会議の終了 ❶❷

❹ 終わりを告げる

So, that's it then. Thank you all very much for your contributions.
（ということで、こんなところでしょうか。みなさんご意見を聞かせてくださり、ありがとうございました）　■ contribution「寄与、発言」

この that's it は、「これで全部ですね」という意味合いのもので、同僚との間でよく使う、インフォーマルな表現です。一般的には That's all for today. と言います。

Right. **I declare the meeting closed.** Thank you for coming and contributing.
（それでは、**これにて閉会を宣します**。ご参集の上、ご意見を聞かせてくださり、ありがとうございました）　■ declare ~ (to be) ...「~が…と宣言する」

これは正式の会議で使われるフォーマルな言い方です。「これより開会いたします」の場合は、I declare the meeting open. となります。hereby「これをもって」を入れて I hereby declare the meeting closed / open. とすると、より重々しくなります。

more » 終わりを告げるバリエーション

　会議の終わりを告げるとき、よく使うのが close と adjourn [ədʒə́ːrn] です。典型的な使い方を見ておきましょう。

● close　動詞としても、名詞としても使う

Ladies and gentlemen, that **closes** our business for today.
（みなさん、これにて本日の議事を**終えます**）

Ladies and gentlemen, that's the end of the agenda, **bringing** the meeting **to a close**.
（みなさん、議題はこれで終了しましたので、これにて本日の会議は**終了となります**）

● adjourn　動詞として使う

一番普通の使い方で、正式の会議でもよく使う言い方は次のものです。このとき、議長ないし進行役は起立して宣言するのが普通です。

The meeting **is adjourned**.（これにて**閉会します**）
※ I declare the meeting closed. の応用で I declare the meeting adjourned. とも言えます。

動詞 adjourn は、閉会する、散会するという意味に加えて、次のように会議中に暫時休会することを宣言するときにもよく使われます。

We will **adjourn until** 9:00 in the morning.（明朝9時**まで暫時休会します**）

We'll **adjourn for** lunch and reconvene at 1:00 p.m. to discuss the outstanding issues.
（昼食**のため暫時休会し**、未処理の案件を検討するため午後1時に会議を再開します）
■ reconvene [riːkənvíːn]「再び集まる、再召集する」　outstanding「未処理の」

CHAPTER 4 会議で使う言い回し

LESSON 34 会議の終了 ❶ ❷

Making Resolutions

A resolution appointing the directors of the Company is about to be adopted at a stockholders meeting.

Chairperson: The meeting will please come to order. I am Walter Conners, CEO of XYZ International and Chairperson of the meeting. I have appointed Alan Brown as Teller of the meeting. He has informed me that a quorum is present in person or represented by proxy.

Unless I hear a request for ballots, all votes will be taken by counting of the proxies previously submitted.

The first item of business is to fix the number of directors and to proceed with the election of directors. **Is there a motion to fix the number of directors?**

Stockholder 1: I move that the Board of Directors for the ensuing year be fixed at twelve and that the meeting proceed forthwith to elect a Board of Directors, each to hold office in accordance with the Bylaws of the Company.

C: Can we have a seconder?

Stockholder 2: I second the motion.

C: Teller, will you please report on the vote?

Brown: At least 12 million votes were cast in favor of fixing the number of directors at twelve, constituting more than a majority of votes cast on the proposal.

C: The motion is carried. We shall now proceed to the election of a Board of Directors. The nominees proposed by the Nominating Committee are named on page 2 of your proxy statement. Eight of the twelve nominees are currently directors of the Company. Do I hear nominations?

S1: I nominate the following individuals as directors of the Company, for a term expiring at the next Annual Meeting of Stockholders and until their successors are duly elected and qualified. Amy Hill, Bob Blake...

Can we have a seconder?
どなたか、動議を支持
されますか。

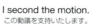

I second the motion.
この動議を支持いたします。

Stockholders Meeting of XYZ International
〈XYZ インターナショナル社株主総会〉

会議の開始 ▶▶ 討議に入る ▶▶ 賛成と反対 ▶▶ 会議の終了 ❶❷

········ **DIALOG** 決議をする

DL 101

LESSON
34

CHAPTER
基礎編
1
2
3
実践編
4
5
6

会議で使う言い回し

Translation

決議をする

株主総会で、取締役を選任する決議が採択されようとしています。

議長： これより議事に入ります。私は、ウォルター・コナーズと申します。XYZ インターナショナルの CEO であると共にこの総会の議長を務めます。投票管理者としてアラン・ブラウンを指名しました。同人によると、出席者または議決権代理行使の委任状による出席者により、定足数が満たされているとのことです。
投票による表決が求められない限り、表決は、従前提出された委任状を数えて行います。
第1号議案は、取締役会の定員を決定することと、取締役の選任を進めることです。**取締役会の定員を決定することについて、動議の提出を求めます。**

株主1： 次年度の当社取締役会の定員を 12 名とし、直ちに取締役会構成員の選出を進める動議を提出します。各取締役は当社の付属定款の定めるところに従ってその任に当たるものとします。

議長： どなたか、動議を支持されますか？

株主2： この動議を支持いたします。

議長： 投票管理者の方、表決の結果をお願いします。

ブラウン： 取締役の員数を 12 名と定める件につき、少なくとも 1200 万票が賛成に投じられており、これは、この議案につき投じられた票数の過半数を超えております。

議長： この動議は可決されました。取締役の選出に移ります。当社指名委員会が指名した候補者は、みなさんにお届けした委任状の添付書類の2ページにあります。12 名の候補者中、8名が現在、当社の取締役を務めております。指名の動議をお願いします。

株主1： 当社の取締役として以下の者を指名します。任期は、次回の年次株主総会が開催され、かつ、後任者が適法に選任され、適格と認められるまでとします。エイミー・ヒル、ボブ・ブレイク…

Vocabulary

resolution [rèzəlúːʃən] 決議
appoint 任命する、指名する＊本文中は appoint ~ as ...「~を…に指名する」
adopt 採択する
stockholders meeting 株主総会
come to order 始まる＊この order は「議場での静粛［秩序］」。
CEO 最高経営責任者＊ Chief Executive Officer
teller 投票集計係、投票管理者
quorum is present 定足数が満たされている＊「定足数」は会議成立上必要な最少人数。present (形)「出席している、ある」
in person 本人で、本人の出席で
represented by ~ ~が代わりを務めて、~による出席で
proxy [práksi] (代理) 委任状＊議決権行使を委任する文書
ballot 投票、票
vote 表決、票決
item of business 議案＊議事日程上示されている報告・決議事項
proceed with ~ 続けて~する
motion 動議
move 動議を提出する＊提案を表す動詞のため that 節の動詞は原形 (be)
ensuing year 翌年度、次年度
forthwith ただちに＊ =immediately
elect 選出する、選任する
hold office 任務に当たる、在職する
in accordance with ~ ~のとおりに
bylaw 付属定款
seconder 動議の支持者＊ second「動議を支持する」
cast (票を) 投じる＊ cast-cast-cast
in favor of ~ ~に賛成して
constitute ~ ~を構成する
majority of votes 投票の過半数
proposal 提案、議案
The motion is carried. 動議が可決された。
nominee 指名された者、候補者
nominating committee 指名委員会
proxy statement 委任状の添付書類
expire 期限が切れる
annual meeting of stockholders 年次株主総会
successor 後任者
duly 適切に、然るべく

223

LESSON 34

 決議の手順

Key Phrase
Is there a motion to fix the number of directors?
取締役会の定員を決定することについて、動議の提出を求めます。

英語の世界での議事手続きでは、議題は、それが予定外の案件でなくても、必ず誰かが動議 motion を出し、それを別の人が支持 second して初めて正式な議題となり、採決に向かいます。手順に即して決議にまつわる必要な言い回しを見てみましょう。

❶ 動議の提出を促す

Key Phrase の Is there a motion to ~? のほか、次のような言い方が行われます。

A: **Is there someone to propose the motion?** B: Yes.
（A: どなたか、この動議を提出されますか。 B: はい）
■ propose「提案する」 motion「（議会・集会での）動議、発議」

A: **Do we have a motion?** B: Yes.
（A: 動議の提出はありますか。 B: はい）

❷ 動議が支持されるかを確認する

A: **Is there someone to second the motion?** B: Yes.
（どなたか、この動議を支持されますか。 B: はい） ■ second「（動議・提案などを）支持する」

A: **Is there a seconder for the motion?** B: Yes.
（この動議を支持される方はいらっしゃいますか。 B: はい）

❸ 決を取る

The question is on the adoption of an amendment to the Bylaws. **Let's put it to the vote.**
（論点は付属定款の改正を採択するかです。決を取りましょう）
■ adoption「採択」 amendment「改正」 bylaw「内規、付則、付属定款」 vote「票決、表決、投票」
※日本の会社の「定款」に当るものは、米国の場合、基本的事項が記載されている基本定款（設立証書 = Articles of Incorporation）と、付属定款 (Bylaws) の2つから成ります。

It is moved and seconded to adopt the following resolution: "Resolved, that the Company's branch in Japan be closed." **Could we take a vote on this?**
（「当社の日本における支店を閉鎖する旨の決議」を**採択するとの動議が提出され、支持されています。この件を採決したいと思います**）
■ move「動議を提出する、提議する」 adopt「採択する」 resolution「決議」＊動詞は resolve「決議する」で、Resolved(,) that ~ は「~と決議する」という定型表現 take a vote「採決する」

❹ 採決の結果を報告する

The motion has been carried by majority vote.（動議が過半数で可決されました）
■ carry「（動議・議案を）通過させる」 majority vote「過半数の投票、多数投票」

224

会議で使う言い回し—会議の終了 ❶❷

The motion is carried: 8 for, 3 opposed, 2 abstentions.
（動議が可決されました。内訳は賛成8、反対3、棄権2です）

The motion has been rejected by eight votes to two.
（動議は8対2で否決されました）　■ reject「否決する」

more » 採決方法のバリエーション

議長役が使う、採決方法に応じた言い回しを見ておきましょう。

● 発声による採決

All those in favor of the motion, **say "aye."** Those opposed **say "no [nay]."** The noes [nays] have it.

（動議に賛成の方、「イエス」とおっしゃってください。反対の方は「ノー」とおっしゃってください。反対が多数です）　■ nay [néi]「いいえ」＊主に投票で使う

● 挙手による採決

Can I ask for a show of hands? All in favor of the motion, **please raise your hand.** Thank you. All those opposed? Abstentions? Would Mr. Secretary please report your tally of votes?

（**挙手による採決**を行います。動議に賛成の方の**挙手を求めます**。ありがとうございました。反対の方は？　棄権の方は？　事務方は、票決の結果をお願いします）

■ show of hands「挙手」　all in favor of ~「〜に賛成の人」　all those opposed「反対の人」＊ All those (people) who are opposed の略　　abstention [æbsténʃən]「棄権」　tally「集計」

● 起立による採決

Can we move to a vote on this? All those in favor, **please rise**. Be seated. Those opposed, **please rise**. The motion is carried unanimously.

（本件につき決を取りたいと存じます。賛成の方、**ご起立願います**。お掛けください。反対の方、**ご起立願います**。議案は満場一致で可決されました）

■ unanimously [juːnǽnəməsli]「満場一致で」

● 投票用紙による採決

投票用紙を使う場合は、一例ですが、以下のように指示します。

Members are now asked to proceed to the Secretary's table to receive their ballots, then to proceed to the polling booths to **mark the ballots,** and finally to **put the ballots in the ballot box**.

（みなさん、事務方の机に進み出て投票用紙を受け取り、投票記載台で**用紙に記入**してから、**投票用紙を投票箱に入れて**ください。）

■ proceed「前進する」　ballot「投票用紙、投票（する）」　polling booth「投票記載台」＊ poll「投票する」
ballot box「投票箱」

LESSON 33&34 CHECK UP

FOCUS!

>>> 空欄を埋めて話してみよう <<<

会議を締めくくる／決議の手順

1. ❶ きょう合意した内容をざっと振り返ってみます。
   I'___ j___ g____ t_____ w___ w__'__ a___ t____ t____.

2. ❷ 誰が何を受け持つのかをざっと確認しておきましょう。
   L___'__ j___ r__ t_____ w__'__ d___ w___.

3. ❸ さてと。これでほぼすべてこなしたかと思います。
   R____. T___ j____ a____ c____ e____.

4. ❹ ということで、こんなところでしょうか。みなさんご意見を聞かせてくださり、ありがとうございました。
   S___, t__'_ i__ t___. T____ y ___ a__ v__ m___ f__ y__ c___.

5. **more** みなさん、これにて本日の議事を終えます。
   L_____ a___ g_____, t____ c___ o___ b___ f__ t____.

6. 明朝9時まで暫時休会します。
   W___ w___ a___ u___ 9:00 i__ t___ m_____.

7. 昼食のため暫時休会し、未処理の案件を検討するため午後1時に会議を再開します。
   W__'_ a____ f____ l_____ a__ r_____ a____ 1:00 p.m. t___ d_____ t___ o_____ i____.

8. ❶ A: どなたか、この動議を提出されますか。 B: はい。
   A: I__ t____ s____ t__ p___ t___ m____? B: Y___.

9. ❷ どなたか、この動議を支持されますか。 B: はい。
   A: I___ t___ s___ t__ s___ t__ m____? B: Y___.

LESSON 33 & 34　会議で使う言い回し─会議の終了 ❶❷

10. ❸　論点は付属定款の改正を採択するかです。決を取りましょう。

T__ q____ i__ o__ t__ a____ o__ a__ a_____ t__ t__ B_
____. L__'_ p_____ i_ t_____ t___ v____.

11. ❹　動議が過半数で可決されました。

T____ m____ h____ b____ c____ b____ m_____ v_____.

12.　動議が可決されました。内訳は賛成8，反対3，棄権2です。

T____ m____ i____ c____: 8 f_____, 3 o_____, 2 a_____.

13.　動議は8対2で否決されました。

T__ m___ h__ b___ r__ b___ e__ v__ t__ t___.

14. more 動議に賛成の方、「イエス」とおっしゃってください。反対の方
は「ノー」とおっしゃってください。反対が多数です。

DL
103

A__ t____ i__ f____ o__ t__ m_____, s____ "a_____." T_____
o_____ s___ "n____ [nay]." T___ n___ [n___] h____ i_.

15.　挙手による採決を行います。動議に賛成の方の挙手を求めます。

C____ I a____ f____ a s____ o__ h____? A__ i__ f____ o___
t__ m____, p____ r____ y___ h____.

227

>>> 音声を聴き取ろう <<<

Summarizing and Recapping

A meeting to address the issue of revising the Employee Handbook, presided over by the president of the company, Mr. Dawkins, is coming to an end. Paula French was asked to prepare the minutes of the meeting.

Dawkins: Right. I think we've ___ _____ _____ the main areas. Paula, could you __ ___ the main points, _____ ___ from your notes?

French: Sure. The items we want to _____ in the _____ _____ are _-___ _____; _____ ____, including ____ and ___ _____; ___ _____; _____, including ____ _____ and ___ ____; _____ and _____ ____; _____ and other forms of _____; and _____ _____.

D: And the two topics _____ to the next meeting are...

F: Oh, the two topics are _____ of the ____ ___; and use of _____ _____, including the _____ __ of e-mail and _____ _____.

D: So, how do we _____ from here? _____'_ ___?

Meg Swan: Send a _____ for _____ to Kirei Printing.

D: To whom?

S: Kirei Printing.

D: Oh, Kirei. But don't they have a history of ___ _____?

F: Yes, but ___ ___ might be to offer _____ _____ for completing the project _____ of _____.

S: Can we _____ that ___ tough _____ _____ in case they fail to ____ the _____? I'm a _____ in the _____ ___ ____.

D: _____ ___. Could you take care of that and _____ a _____ along those lines?

S: ____ _____, Mr. Dawkins.

Making Resolutions

A resolution appointing the directors of the Company is about to be adopted at a stockholders meeting.

Chairperson: The meeting will please _____ to _____. I am Walter Conners, _____ of XYZ International and _____ of the meeting. I have _____ Alan Brown _____ of the meeting. He has _____ me that a _____ is _____ in _____ or _____ by _____.
　Unless I _____ a _____ for _____, all _____ will be taken by _____ of the proxies previously _____.
　The first _____ of _____ is to __ the number of _____ and to _____ _____ the _____ of directors. **Is there a _____ to fix the number of directors?**

Stockholder 1: I _____ that the _____ of _____ for the _____ __ be _____ at _____ and that the meeting proceed _____ to _____ a Board of Directors, each to _____ _____ in _____ _____ the _____ of the Company.

C: Can we have a _____?

Stockholder 2: I _____ the motion.

C: Teller, will you please _____ on the vote?

Brown: At least __ million votes were _____ __ _____ __ fixing the number of directors at twelve, _____ more than a _____ of _____ cast on the _____.

C: The _____ is _____. We shall now _____ __ the _____ of a Board of Directors. The _____ proposed by the _____ _____ are _____ on page 2 of your _____ _____. _____ of the _____ _____ are currently directors of the Company. Do I hear _____?

S1: I _____ the _____ _____ as directors of the Company, for a term _____ at the next _____ _____ of _____ and until their _____ are _____ elected and _____. Amy Hill, Bob Blake...

実践編

Chapter 5

交渉で使う言い回し
The Language of Negotiations

内容紹介 p232

段取りの決定と条件提示 Preparing the Ground and Bringing up the Topic

LESSON 35 DIALOG 交渉の段取りを決める p234 🎧 104
　FOCUS 交渉を始める　more 重要度の違いを伝える言い回し p236 🎧 105 🎧 106
LESSON 36 DIALOG 個別の論点に入る p238 🎧 107
　FOCUS オファーの提示、オファーへの対応　more 遠回しに断る言い回し p240 🎧 108 🎧 109

互いの主張を明確にする Clarifying Positions

LESSON 37 DIALOG 相手の主張を理解する p246 🎧 110
　FOCUS 相手の主張を確認しながら話を進める
　　more 即答を避けるための言い回し p248 🎧 111 🎧 112
LESSON 38 DIALOG 効果的に主張する p250 🎧 113
　FOCUS メリハリをつけて主張する
　　more 一歩譲ってから自分の主張を打ち出す言い回し p252 🎧 114 🎧 115

合意への障害を取り除く Removing Obstacles to Agreement

LESSON 39 DIALOG 問題点を明らかにする p258 🎧 116
　FOCUS 合意への道筋を探る　more 単刀直入に論点に入りたいときの言い回し p260 🎧 117 🎧 118
LESSON 40 DIALOG 踏み込んだ質問で合意を目指す p262 🎧 119
　FOCUS 合意に向けた詰めの確認
　　more 副詞を活用したコミュニケーション・テクニック p264 🎧 120 🎧 121

妥結点を見出す Bargaining for a Deal and Bringing Negotiations to a Close

LESSON 41 DIALOG 駆け引きをする p270 🎧 122
　FOCUS 落とし所を探る　more 交渉の進展とともに if 構文を使い分ける p272 🎧 123 🎧 124
LESSON 42 DIALOG 交渉を終える p274 🎧 125
　FOCUS 交渉を締めくくる　more 交渉が不調に終わった場合の言い回し p276 🎧 126 🎧 127

Chapter 5 内容紹介

交渉で使う言い回し
The Language of Negotiations

第5章のテーマは Learning the language of negotiations. つまり「交渉でのやりとりを学ぶ」です。交渉の席で話の糸口を作り、切り出す、「条件闘争」を経て話をまとめる、さらに交渉をしめくくる上でよく使われる言い回しを盛り込んでありますので、しっかりおぼえれば、ひとまず用は足りるはずです。

ところで、交渉や折衝に携わる人の英語を見聞きして、自分自身、学んできたのは、言い回しの暗記は当然のこととして、同じぐらい重要なことは、状況に応じて意識して言葉をコントロールする技術、ないし良識とでも言うべきものがあるということです。相手の意向に必ずしも応えないであろうことを言うときは、マクラに I'm afraid を入れることから始まり、That's unacceptable. の直接性を緩和するために would を入れて That'd be unacceptable. を選ぶといったセンスの問題です。That's too vague. とずばっと言わずに、just, little, some, bit of 等の小道具を使い、さらに疑問文にして、Isn't that a touch too vague? と変えるのも同じような話です。

結局、教育のある人が話す英語というのは、用語・用例の暗記だけでは追いつかない何かがあるのでしょう。この点、技巧的・作為的になってしまうので、すべては盛り込めませんでしたが、こういったことにも思いを巡らしつつ原稿を執筆したつもりですので、意のあるところを汲み取っていただければ幸いです。

ダイアログ紹介

段取りの決定と条件提示　Preparing the Ground and Bringing up the Topic

Lesson 35　交渉の段取りを決める　Agreeing Procedure

ソフトウェアのライセンス交渉（ソフト使用権［ライセンス］を使用料［ロイヤリティ］と引き換えに認める）の場面です。冒頭で、交渉の進め方［段取り］について相互に確認しています。契約案は、終了条項を除いて一般条項については問題がないとの共通認識に立って、契約の実質的部分である支払条件の交渉に入っていきます。

Lesson 36　個別の論点に入る　Bringing up a Topic

前回のダイアログにつづく交渉で、残った終了条項について、話し合いが行われています。契約の終了・更新を定める条項にはよく、当事者が期間満了の何か月前までに終了の意思を相手に通知しない限りは自動更新される旨の但し書き (proviso) が入っていますが、そうした満了日を把握して対処できる体制が整っていないと、無用の自動更新を強いられる結果となります。木田はそういった心配から自動更新条項に抵抗しています。

232

互いの主張を明確にする　Clarifying Positions

Lesson 37　相手の主張を理解する　Getting It Straight

　場面は、米国の輸出業者と、輸入販売を計画する日本の商社の契約交渉です。グループを形成している企業は互いの商品・サービスを売ることでグループ全体の売上を拡大しようとするもので、ここでは輸出業者が自分たちのグループ企業の「保険・運送サービス」をいわば抱き合わせで販売しようと、代金のみの輸出価格である FOB ではなく、保険料・運賃込みの価格表 CIF を使おうとして相手ともめる結果をまねいています。

Lesson 38　効果的に主張する　Making Your Case Effectively

　前回の交渉のつづきです。相手が保険料込みの価格に抵抗するので、それならその保険料が他と比べていかに有利かを示せばいいと思ったところ、買い手側の問題はそういうことではなく、自社の経営陣が傾倒するコンサルタントの指南で、モノの動きを逐一把握できる独立系の物流業者に一任せざるを得ない事情のあることが明らかになります。

合意への障害を取り除く　Removing Obstacles to Agreement

Lesson 39　問題点を明らかにする　Finding Points of Disagreement

　米国メーカーと日本の商社の販売店契約の交渉です。外国の魅力的商品を輸入販売するに当たっては、自社でその販売を独占できたほうが、他にも販売業者がいる場合より、うまみがあります。しかし独占販売契約は、一定量の買い付けといった負担も伴うため、このケースでは、ひとまず負担の軽い形でスタートさせてくれと交渉しています。

Lesson 40　踏み込んだ質問で合意を目指す　Getting a Clearer Picture

　前回の交渉のつづきです。契約の原案には為替相場が変動した場合は価格を改定するという条項が盛り込まれていますが、輸入業者にとっては、この程度では予測可能性を確保するという見地から不十分です。そこで、所定の為替レートから何パーセントを超えて動いたら価格を見直すという修正案が提示されます。

妥結点を見出す　Bargaining for a Deal and Bringing Negotiations to a Close

Lesson 41　駆け引きをする　Bargaining for a Deal

　場面は、合弁事業契約に向けての交渉の最終段階です。テーマは合弁会社での意思決定のあり方、つまり取締役会の決議方法です。両社は新会社に役員を同数派遣するが、取締役会での議決で可否同数になった場合を考えて、議決に際しては3分の2の多数を必要とするようにしようといった話し合いが行われます。

Lesson 42　交渉を終える　Settling and Closing

　前回の交渉のつづきで、合弁事業の資金調達の方法が相互に確認されて、交渉終了へと向かいます。ダイアログでは、事業資金は相互に折半出資し、さらに借り入れによる資金調達で行こうという話になっています。利益の蓄積（内部留保）のない企業が事業資金を調達する場合、株式を発行して出資者を募るか、銀行など外部から借りるかのどちらかですが、後から出資者を募ると既存株主の持ち分が薄まってしまうという事情があります。

CHAPTER 5 交渉で使う言い回し

LESSON 35 段取りの決定と条件提示 ❶ ❷

Agreeing Procedure

Susumu Kida of ABC Corporation, has just started negotiating a software license agreement with Glen Chang and Sylvia Dobbs from Soft Widgets.

Kida: I'm wondering if we can now agree on the overall procedure. First of all, I take it that except for the termination clause, which we're going to deal with later, we're basically in agreement that all the general provisions are non-issues.

Chang: Yes, that's very much how we see it, too.

K: Good. So we both agree that we should look at the substance of the license agreement in general and the payment structure in particular. Does that sound okay?

Dobbs: Certainly. We'll make the payment structure the first item then.

K: Good. Now, I see from your standard form that you license your software for an upfront lump-sum payment.

C: That's right.

K: May I ask why you don't license your product for a running royalty?

C: It's primarily because our business is by nature "cash hungry." Not to be outdone by the competition, we always have to quickly recover development costs and thereby fund new development efforts.

K: But aren't you missing out on the chance to piggyback on the success of your licensees?

D: Um, naturally, we'd like to link our royalty income to the licensee's sales growth, but the trouble is that so far our clients have all been unknown quantities. All the more reason to prefer hard cash transactions. As is often said, beggars can't be choosers.

段取りの決定と条件提示 ❶❷	互いの主張を明確にする	合意への障害を取り除く	妥結点を見出す

········ DIALOG　交渉の段取りを決める

🎧 DL 104

Translation

（交渉の）段取りに合意する

ＡＢＣ社の木田進が、ソフト会社ソフト・ウィジッツの
グレン・チャン、シルビア・ドッブズと、ソフトウェア
のライセンス契約の交渉を始めました。

木田：　大まかにどう進めるかを決めておければと思
　　　　います。まず、のちほど取り上げる終了条項
　　　　を除き、基本的に一般条項は問題なしという
　　　　ことで合意が調っているというのが私の理解
　　　　です。

チャン：　はい、私どもも大体そのように理解していま
　　　　す。

木田：　結構です。となると、ライセンス契約の実質
　　　　的内容全般を、そして、個別には料金体系を
　　　　見ていくということですね。いかがですか？

ドッブズ：同感です。では、料金体系から始めましょう。

木田：　そうですね。さて、御社の標準約款を拝見す
　　　　ると、ソフトのライセンスに当たっては一括
　　　　払いの契約一時金［前払い］方式によってい
　　　　るのですね。

チャン：　そのとおりです。

木田：　御社の製品のライセンスがランニング・ロイヤ
　　　　リティーによらない理由をうかがいたいのです
　　　　が。

チャン：　主として、私どものビジネスは、事業の性格
　　　　上、常にキャッシュを必要としているからで
　　　　す。ライバルに追い抜かれないよう、常に開
　　　　発費の回収を急いで、新規開発への取組みに
　　　　振り向けなければならないのです。

木田：　でも、ライセンシーが成功したときに便乗で
　　　　きる［収入が増える］チャンスを逃すことに
　　　　なりませんか？

ドッブズ：うーん、当然、ロイヤリティー収入をライセ
　　　　ンシーの売り上げ増に連動させたいところ
　　　　ですが、これまで、うちのお客様がいずれも
　　　　未知数というのが問題でして。だからこそ現
　　　　金取引の方を希望している次第です。選り好
　　　　みできる立場じゃないってよく言いますで
　　　　しょ。

Vocabulary

negotiate　交渉する

license [licensing] agreement　ライセンス契約

widget [wídʒit]　＊架空のものや製品を言うときに使う語

agree　同意する

overall procedure　全般的な手続き［手順］＊**procedure [prəsíːdʒər]**

I take it that ~　～だと思う［理解する］（が）

termination clause　終了条項＊**termination**「（ここでは契約の）終了」

agreement　同意、合意、契約（書）

general provision　一般条項＊通知方式や紛争解決方式等、どのような契約書でも定める必要のある一般的条項

non-issue　論点になっていない問題

that's very much ~　～について大方そんなところです

substance　内容＊ここでは契約書の形式的部分に対する実質的内容［本文］を指す

payment structure　料金［支払］体系

make ~ the first item　～を最初の項目にする→～から始める

standard form　定型的書式＊ここでは**standard form contract**「標準約款」

license　使用を認可する

upfront lump-sum payment　一括前払い金＊**upfront**「前払いの」、**lump-sum**「一括払いの」

running royalty　ランニング・ロイヤリティー＊売上げに連動させて支払う使用料で、製品が多く売れるほど多くなる

primarily　主として、第一に

by nature　生まれつき、本来

outdo　負かす

competition　競争、競争相手＊ =rivals

recover development costs　開発費を回収する

fund ~　～の資金を調達する

miss out on ~　（好機など）を逃す

piggyback on ~　～に便乗する

licensee [làisənsíː]　ライセンシー、ライセンスを受けた人［企業］

unknown quantity　未知数の人［物］

All the more reason to ~.　だからこそ～する＊**There's ~.** の省略

hard cash transaction　現金取引

LESSON **35**

CHAPTER

基礎編
1
2
3

実践編
4
5
6

交渉で使う言い回し

235

LESSON 35
FOCUS 交渉を始める

> **I'm wondering if we can now agree on the overall procedure.**
> 大まかにどう進めるかを決めておければと思います。

交渉を始めるときには、「始めましょう」「～から始めましょう」「取り上げるべき点を見ておきましょう」などの決まった言い回しが使われます。交渉当事者が前提とする共通理解としておぼえておきましょう。

❶ 始まりを告げる

Well, **let's get started.** （それでは、**始めましょう**）

Shall we get down to business? （すぐ本題に入りましょうか）

※この business は、交渉の席でのやりとりを指しますから、「すぐ交渉を始めましょう」という意味です。取り上げるべき点［項目］を念頭に「すぐ本題に入りましょう」と言いたいのであれば、Shall we get to the point? という言い方になります。

❷ 取り上げる項目を確かめる

May I **go through the points to be discussed** before we begin?
（始める前に、**取り上げるべき点を一通り見ておき**ましょうか）

※ go through の代わりに run through も使えます。ともに「振り返ってみる、繰り返す」。

次の文は I thought で始めて間接的表現になっている分、丁寧さが増しています。

I thought we should begin **by going over the points to be discussed** today.
（はじめに本日**取り上げるべき点をざっと見ておいて**はどうかと思っています）

❸ 相手の意向を確かめる

次の文は「どうですか」という意味合いで、一番よく使われる言い回しです。

How does that sound to you?
（いかが思われますか）

What do you think about what I've just said**?**
（今申し上げたようなことで**いかがでしょうか**）

❹ 最初の論点を切り出す

Right. **Let's start with the issue of** quality control.
（それでは、品質管理**の問題から始めましょう**）

※この場合、前置詞 of の次に入れる名詞（句）には、原則として冠詞をつけません。

Now, **let me lay it on the table.** What we're looking for is a supplier who can match our pace.

236

交渉で使う言い回し―段取りの決定と条件提示 ❶ ❷

（それでは、**率直に申し上げましょう**。求めているのは、弊社のペースに合わせてくださる納入業者です）

※ lay it on the table は「テーブルの上に持ち札をすべて出す」という意味で、let me lay it on the table で「単刀直入に申し上げましょう」という前置きになります。

more » 重要度の違いを伝える言い回し

いくつか重要なことを取り上げる場合、重要度が同程度なのか、差があるのかを明らかにする言い回しがあります。

● Aは重要、Bも重要、と並列する

It's important for us to expand into the TV shopping market. **Equally important is to** expand our presence on the Internet.

（私どもにとってテレビ通販市場への進出**は重要な課題です**。**それと同じくらい重要なの**がインターネットでのビジネスの拡大**です**）　■ presence「進出していて目につくこと、存在感」

● Aは重要、だがBはもっと重要、と言う

It's important for us to have a decent cash flow every month, **but what is still more important is to** match our payments with projected cash flows.

（当社にとって月々、一定水準の現金収支がある**のは重要だが、それよりもっと重要なのは**、予想される現金収支の範囲内に支払いが収まるように**することだ**）

■ decent cash flow「適正なキャッシュフロー［現金収支］」　projected「予想される、見込みの」

● Aが最も重要、Bも重要だが優先順位は低い、と言う

The most important issue for us is timeliness of delivery. Responsiveness **is also important but of secondary consideration.**

（私どもにとって最も重要なのは期限どおりの納品**です**。迅速に要求に応えてくださる**のも重要ですが、優先順位はそれよりも低くなります**）

■ timeliness「適時、期限どおり」　responsiveness「敏感さ、即応性」　of secondary consideration「二次的に考慮すべき事項」　＊ but is of ~ の is が省略された形

● **priority** を使って優先順を明示する

Laying the base for a more constant revenue stream **is of higher priority than** expanding our product lines to better meet customer needs.

（より確実な安定収入に向け基本条件を整備することの方が、顧客ニーズによりよく応えるべく製品のラインナップを拡充すること**より優先度が高い**）

■ lay「（基礎などを）しっかり置く」　revenue stream「収入の流れ」　of higher priority「最優先［最重要］の」　product line「製品のラインナップ」　better meet「よりよく応える」　＊ better は副詞

※ is of higher priority than の前後の構文のスタイルをそろえる必要があります。ここでは、前後とも動名詞 ~ing で始めるフレーズです。

237

CHAPTER 5 交渉で使う言い回し

LESSON 36 段取りの決定と条件提示 ①

Bringing up a Topic

This is a continuation of the previous dialog. Kida of ABC Corp. is negotiating a license agreement with Chang and Dobbs of Soft Widgets. The topic is termination.

Kida: Okay, let's move on to the issue of termination.

Dobbs: By all means. It's the last hurdle for us, isn't it?

K: That's right. Now, what I'd like to propose is that we change the wording of the renewal clause.

Chang: Oh, the wording is pretty standard for this kind of license agreement. And I'm sure you'll agree, Mr. Kida, that it's also conducive to a long-term relationship.

K: I see your point, but the other side of the coin is that we may end up with an unwanted renewal when things have changed and the rationale for entering into the license is no longer valid.

C: Of course, we can't deny that things might take such a turn. But isn't the "unless" proviso in the renewal clause sufficient for your purpose?

K: Sorry, the "unless" proviso?

C: I was referring to the proviso to the renewal clause. The clause provides that the agreement shall be renewable at the end of the current term for a successive length of three years. And subsequent to this provision, the "unless" proviso states as follows: Either party may give written notice of its intention not to renew three months before expiration of the current term.

K: Well, therein lies the very reason why we're concerned. That proviso requires us to give notice in order to terminate the contract. But doesn't this presume that we have procedures in place to track termination dates and automatic renewal provisions?

C: Which you don't, I assume.

The issue of termination is the last hurdle for us...
契約終了の問題は私どもの最後のハードルです…

| 段取りの決定と条件提示 ①② | 互いの主張を明確にする ▶▶ | 合意への障害を取り除く ▶▶ | 妥結点を見出す ▶▶ |

DIALOG 個別の論点に入る

Translation

議題を提起する

前回に続きＡＢＣ社の木田と、ソフト・ウィジッツのチャン、ドッブズがライセンス契約の交渉をしています。議題は契約の終了です。

木田： それでは、契約終了の問題に移りましょうか。

ドッブズ： 賛成です。私どもにとって、最後のハードルになりますね。

木田： そういうことですね。さて、私どもとしては更新条項の文言を変えることをご提案したいと思います。

チャン： ええ、でも、この種のライセンス契約としてはよくある定型的なものですし、木田さんもご承知のとおり、長期的関係に寄与するようにできている条項です。

木田： その点はごもっともです。ただ、その反面、事情が変わり、ライセンス契約締結当時はあった合理性が失われているのに、無用の更新をするといったことになりかねません。

チャン： もとより、そういった変化が生じうることは否定できません。しかし、更新条項の「unless」で始まる但し書きでは御社の立場からして不十分なのでしょうか？

木田： 失礼、「unless」で始まる但し書きとおっしゃると？

チャン： 更新条項の但し書きのことを申しあげました。この条項は現行期間の終了時点で、さらに3年間の更新ができると定めています。そして、これに続いて、unless で始まる但し書きが「いずれの当事者も現行期間が満了する3か月前に更新しない旨の意思を書面で通知することができる」としています。

木田： それなんですね。その点にこそ私どもの懸念の理由があるわけです。その但し書きは、契約を終了させるためには私どもからの通知を求めています。しかし、このこと自体、契約終了日や自動更新条項といったものを継続的に把握できる体制を私どもが整えていることを前提にしてはいませんか？

チャン： しかし御社にそういった体制はないと、そうおっしゃりたいようですが？

Vocabulary

bring up ~　～を提起する、持ち出す
termination　契約の終了＊動詞は terminate「終了させる」
move on to ~　～に移る
by all means　どうぞ＊強い承諾の意
propose　提案する
wording　文言、言い回し
renewal clause　更新条項＊clause「条項」は provision などでも表す
be conducive to ~　～に貢献している
　＊conducive [kəndjúːsiv]〈形〉「貢献する、寄与する」
long-term relationship　長期的関係
I see your point.　おっしゃることはわかります。
end up with ~　～で終わる[することになる]
rationale [ræ̀ʃənǽl]　理論的根拠、合理性
valid　妥当な、もっともな
take a turn　向きが変わる
proviso [prəváizou]　但し書き
refer to ~　～に言及する
provide that ~　（契約書や法令などで）～と定めている＊この意味の名詞が provision「条項」
shall　（規則・法令で）～と定める［すべし］
current term　現行期間＊term「期間」
successive length　次に続く期間
subsequent to ~　～に続いて＊形容詞
party　当事者、関係者
written notice　書面による通知
renew　更新する＊名詞は renewal
expiration　期間満了
therein　（法律文書で）その中に、その点に
be concerned　懸念している
give notice　知らせる
presume that ~　～を前提にする
procedures in place　運用されている手続き→制度、体制＊procedure「処理手順、手続き」、in place「整っている、実施されている」
track termination dates　契約終了日を調べて見つける＊track ~「～の跡を追う」
automatic renewal provision　自動更新条項
assume　前提とする

LESSON 36

CHAPTER 基礎編 1 2 3 実践編 4 **5** 6

交渉で使う言い回し

239

LESSON 36

FOCUS オファーの提示、オファーへの対応

Key Phrase
> Now, what I'd like to propose is that we change the wording of the renewal clause.
> さて、私どもとしては更新条項の文言を変えることをご提案したいと思います。

　自分たちのオファーを提示し、また、相手のオファーを受け入れたり拒んだりするのは交渉における一つの山場です。状況別に必要な言い回しを見ていきましょう。

❶ こちらのオファーを示す

　次のように suggest や propose などの語を使って提案します。propose は正面からの提案、suggest は控えめな提案に使われます。

Here's what we'd like to suggest: Set up a 50-50 joint venture to get into the TV distribution market.
　（こういったご提案をしたいと思っていますが、テレビ通販に進出するため折半出資の合弁事業をスタートさせるというのはいかがでしょう）
　■ set up「起こす、立ち上げる」 50-50 joint venture「折半出資の合弁事業」 TV distribution market「テレビ通販」 ＊ distribution「流通」。前レッスンの FOCUS にある TV shopping market と同じ

We propose that the current provisions of Clause 13, Termination, be expanded to cover automatic renewal.
　（ご提案申し上げたいのは、第13条、終了の項で、現行の規定が自動更新についても適用されるよう改定することです）
　■ current provision「現行の規定[条項]」 termination「(契約の)終了」 automatic renewal「(契約の)自動更新」

※ suggest や propose など提案や要求を表す動詞に続く that 節では、should を略した〈動詞の原形〉が使われます。ただし、イギリス英語では should が加わります。

❷ 相手のオファーを尋ねる

What can you offer us in the way of discounts?
　（値引きの点ではどういったご提案が可能でしょうか）

May I ask what your policy on returns **is?**
　（返品に関する基本方針をうかがってもよろしいですか）　■ policy「基本方針」 returns「返品」

※この文の元の疑問文は What's your policy on returns?「返品に関する御社の基本方針はどのようなものですか」で、May I ask に続けた間接疑問文の形とすることで、丁寧な表現になっています。

❸ オファーを受け入れる

I think **that'd be acceptable.** （それはお受けできるかと思います）

※上の acceptable の部分を an acceptable alternative（受け入れ可能な選択肢）とすると、完全には満足はできていないという気持ちを伝える言い方になります。

240

I think **that could be an acceptable alternative.**
（それは一つの選択肢としてありうるかなと思っております）

❹ オファーを断る

まず、断るときの一番オーソドックスな表現です。

I'm afraid **we can't accept [agree to] that.**（残念ですが、**それは受け入れられません**）

次は、直接的に断るのではなく、断る方向にもっていくための言い方です。

I'm afraid **that'd be rather difficult.**（残念ながら、**それはかなりむずかしいですね**）

more » 遠回しに断る言い回し

　交渉は双方の条件をすり合わせる場ですから、Your suggestion is totally out of the question.（ご提案は話になりません）とか、That's absolutely unacceptable.（それは絶対に受け入れられません）と言下に切り捨ててしまっては、そこで終わってしまいます。実際のビジネスの場では、以下のような間接的な言い方で断るのが一般的です。

● 間接的に断る

I can't say that I'm happy with your suggestion.
（ご提案に**満足が行くとは申し上げかねます**）

※ I'm unhappy with.... と言ってしまうと、直接的できつい言い方になります。

I'm afraid that'd be very difficult for us to accept.
（申し訳ないが、受け入れるのは**大変むずかしいですね**）

● 間接的に断りながら、その理由にもふれる

「あいにく」の気持ちを表す I'm afraid ～ を文頭に置いて理由を述べましょう。

I'm afraid we'd prefer a lower minimum purchase requirement.
（残念ですが、私どもとしてはより低い最低購入数量**を希望しております**）
■ minimum purchase requirement「最低購入要件→最低購入保証（条項）、責任買取額」

I'm afraid this puts us in a difficult position. My immediate feeling is that it doesn't suit our customer's taste.
（残念ですが、これでは私どもの立場が苦しくなります。今すぐここで言えるのは、私どものお客様の好みに合わない**ということです**）

I'm afraid I don't see how it fits in with the way we look at it. **For us,** quality **comes first** and cost **is of secondary importance**.
（残念ですが、私どもの見方**とは隔たりがあるようです**。私どもとしては、品質**が第一で**、コスト**は二次的問題です**）
■ fit in with ~「～と適合する」　the way we look at it「われわれの見方」　~ come first「～が第一である」　of secondary importance「二次的問題」

LESSON 35&36
CHECK UP

FOCUS!

>>> 空欄を埋めて話してみよう <<<

交渉を始める／オファーの提示、オファーへの対応

1. ❶ それでは、始めましょう。

   W__, l__'_ g____ s_____.

2. ❷ 始める前に、取り上げるべき点を一通り見ておきましょうか。

   M__ I g___ t___ t__ p____ t_ b____ d___ b____ w__ b___?

3. ❸ いかが思われますか。

   H___ d__ t__ s__ t__ y___?

4. ❹ それでは、品質管理の問題から始めましょう。

   R____. L__'_ s___ w____ t___ i____ o___ q____ c____.

5. more 私どもにとってテレビ通販市場への進出は重要な課題です。それと同じぐらい重要なのがインターネットでのビジネスの拡大です。

   I_' i___ f__ u__ t_ e____ i_ t__ T_ s_____ m___.
   E__ i__ i__ t_ e____ o_ p____ o__ t_ I____.

6. 当社にとって月々、一定水準の現金収支があるのは重要だが、それよりもっと重要なのは、予想される現金収支の範囲内に支払いが収まるようにすることだ。

   I_' i___ f__ u__ t_ h__ a d____ c__ f__ e___ m___,
   b___ w___ i_ s__ m___ i__ i_ t__ m____ o__
   p_____ w__ p____ c___ f____.

7. ❶ こういったご提案をしたいと思っていますが、テレビ通販に進出するため折半出資の合弁事業をスタートさせるというのはいかがでしょう。

   H___' w___ w__'_ l____ t_ s___: S__ u_ a ___-__ j____
   v__ t_ g__ i__ t__ T_ d_____ m____.

242

LESSON 35 & 36　交渉で使う言い回し―段取りの決定と条件提示 ❶❷

8.　　ご提案申し上げたいのは、第13条、終了の項で、現行の規定が自動更新についても適用されるよう改定することです。
W__ p___ t___ t_ c____ p_____ o_ C___ 13, T_____,
b__ e_____ t__ c____ a_____ r_____.

9. ❷　値引きの点ではどういったご提案が可能でしょうか。
W___ c___ y_ o___ u_ i_ t__ w_ o__ d_____?

10.　　返品に関する基本方針をうかがってもよろしいですか。
M___ I a___ w___ y__ p___ o__ r_____ i___?

11. ❸　それはお受けできるかと思います。
I t____ t_____' b____ a____.

12. ❹　残念ですが、それは受け入れられません。
I'___ a____ w____ c____' a____ t___.

13.　　残念ながら、それはかなりむずかしいですね。
I'___ a____ t___' b__ r___ d___.

14. more　ご提案に満足が行くとは申し上げかねます。
I c__' s___ t____ I'__ h____ w__ y__ s_____.

DL
109

15.　　残念ですが、私どもとしてはより低い最低購入数量を希望しております。
I'___ a__ w_' p__ a l___ m_____ p_____ r_____.

243

>>> 音声を聴き取ろう <<<

Agreeing Procedure

Susumu Kida of ABC Corporation, has just started negotiating a software license agreement with Glen Chang and Sylvia Dobbs from Soft Widgets.

Kida: I'm wondering if we can now _____ on the _____ _____. First of all, I ___ _ except for the _____ _____, which we're going to ___ ___ later, we're basically in _____ that all the _____ _____ are ___-_____.

Chang: Yes, that's ___ ___ how we see it, too.

K: Good. So we ___ ___ that we should look at the _____ of the license agreement in _____ and the _____ _____ in _____. Does that _____ okay?

Dobbs: Certainly. We'll ___ the payment structure ___ ___ ___ then.

K: Good. Now, I see from your _____ ___ that you _____ your software for an _____ _____-_____ _____.

C: That's right.

K: May I ask why you don't _____ your product for a _____ _____?

C: It's _____ because our business is __ _____ "cash hungry." Not to be _____ by the _____, we always have to quickly _____ _____ ___ and thereby ___ new _____ _____.

K: But aren't you _____ ___ __ the chance to _____ __ the success of your _____?

D: Um, naturally, we'd like to ___ our _____ _____ to the licensee's ___ _____, but the _____ _ that so far our clients have all been _____ _____. __ the _____ _____ to prefer ___ _____. As is often said, _____ can't be _____.

LESSON 35 & 36　交渉で使う言い回し—段取りの決定と条件提示　❶❷

Bringing up a Topic

This is a continuation of the previous dialog. Kida of ABC Corp. is negotiating a license agreement with Chang and Dobbs of Soft Widgets. The topic is termination.

Kida: Okay, let's _____ __ _ the issue of termination.

Dobbs: __ __ _____. It's the last hurdle for us, isn't it?

K: That's right. **Now, what I'd like to _____ is that we change the _____ of the _____ _____.**

Chang: Oh, the wording is pretty _____ for this kind of _____ _____. And I'm sure you'll agree, Mr. Kida, that it's also _____ _ a _____-_____ _____.

K: I ___ your _____, but the _____ ___ of the ___ is that we may ___ __ ____ an _____ _____ when things have changed and the _____ for entering into the license is __ _____ ___.

C: Of course, we can't ____ that things might ___ such a ___. But ___' the "unless" _____ in the renewal clause _____ for your purpose?

K: Sorry, the "unless" proviso?

C: I was _____ _ the proviso to the _____ _____. The clause _____ ___ the agreement _____ be _____ at the end of the _____ ____ for a _____ _____ of three years. And _____ __ this _____, the "unless" proviso _____ as follows: Either _____ may give _____ _____ of its _____ not to _____ three months before _____ of the current term.

K: Well, _____ lies the very reason ____ we're _____. That proviso requires us to ____ _____ in order to _____ the _____. But doesn't this _____ ___ we have _____ __ _____ to _____ _____ ____ and _____ _____ _____?

C: Which you don't, I _____.

245

CHAPTER 5 交渉で使う言い回し

LESSON 37 互いの主張を明確にする ❶ ❷

Getting It Straight

Kenta Hosaka of XYZ Trading is in the course of negotiating an import deal with Terry Keynes and Vivien Marshall of American Widgets.

Hosaka: Okay, before moving on to the issue of delivery terms, can I just check something about your export unit price?

Keynes: Of course. What seems to be the problem?

H: It struck me as odd that the prices you've been mentioning seem to be higher than what are shown in your export price list.

Marshall: That's strange. Can I have a look at that list?

H: Here you are.

M: Umm.... Oh, this list isn't current.

H: Not current! How could that be? You sent me this list only last month.

K: This is entirely my fault. My apologies for the slip-up. Starting this month, we're using CIF prices instead of FOB prices.

H: Of course, there certainly is a notation on the price list that reads: "All prices are subject to change without notice." But a change of this magnitude obviously influences our buying decision. You should have informed us of such a change well in advance.

K: You have every right to feel that way. Let me explain the background. As you know, we've been acquired by a financial conglomerate, and late last month, it was decided by group management that all group companies should cross-sell each other's services.

H: Oh, I see. You're telling me that your prices now are inclusive of the insurance rates offered by your sister company.

M: That's right. As a matter of fact, now that we have the backing of an insurance giant, our list offers the best insurance rate and policy coverage.

H: Maybe you're right. But this is something totally unexpected. I need to talk with one or two colleagues and get back to you later.

Starting this month, we're using CIF prices.
今月から、CIF 建ての価格を使うようになったのです。

Old Export Price List
〈旧輸出価格表〉
FOB base〈FOB建て〉
FOB: Free On Board
〈本船渡し価格（商品代金のみ）〉

NEW!

New Export Price List
〈新輸出価格表〉
CIF base〈CIF建て〉
CIF: Cost + Insurance + Freight
〈運賃・保険料込み価格〉

246

段取りの決定 と条件提示	▶ ▶	互いの主張を 明確にする ❶ ❷	合意への障害 を取り除く	▶ ▶	妥結点を 見出す	▶ ▶

DIALOG 相手の主張を理解する

🎧 DL 110

LESSON
37

CHAPTER
基礎編
1
2
3

実践編
4
5
6

交渉で使う言い回し

Translation

問いただして確かめる

XYZ 商事の保坂健太が、アメリカ・ウィジッツのテリー・ケインズ、ビビアン・マーシャルと、輸入取引の交渉をしています。

保坂： それでは、納期等の条件に移る前に、輸出単価のことでちょっと確かめさせていただけますか？

ケインズ： どうぞ。何か問題がありましたか？

保坂： ちょっと妙だと思ったのですが、お話に出てくる価格が御社の輸出価格表に載っているものより高いように思われます。

マーシャル： それはおかしいですね。そのリストを見せていただけますか？

保坂： これです。どうぞ。

マーシャル： うーん。あっ、このリスト、最新ではないですね。

保坂： 最新版でないって！ どういうことですか？先月、そちらから頂戴したばかりですよ。

ケインズ： すべて私の責任です。手違い、お詫び申し上げます。今月から、FOB 建てのものに代えて、CIF 建ての価格を使うようになったのです。

保坂： 確かに価格表には「予告なく価格を変更することがあります」という断り書きがありますよ。でもこれほどの大規模な変更となると、私どもの買い付けようという意思決定を左右します。こうした変更を十分早めの時期に教えてくださって然るべきだったでしょう。

ケインズ： そうお感じになるのもごもっともです。背景を説明させてください。ご存じのとおり、私どもは金融コングロマリットに買収されまして、先月末近くですが、グループ首脳部がグループ企業は自社の顧客に互いの製品を売り込むべきだと決定したのです。

保坂： ふーん、そうでしたか。つまり、御社の価格には、現在は、グループ企業が提示した保険料が含まれているということですね。

マーシャル： そのとおりです。実際のところ、巨大保険会社によるバックアップのおかげで、弊社の価格表は保険料率と保険がカバーする範囲においてベストのものとなっています。

保坂： そうかもしれません。しかし、これはまるで予想していなかったことです。同僚の何人かと相談したうえ、後日、連絡をさせていただく必要があります。

Vocabulary

get ~ straight ～を把握する、はっきりさせる

in the course of ~ing ～しているところ

import deal 輸入契約

delivery terms 納期等の条件

export unit price 輸出単価

strike ~ as ... ～に…だと感じさせる

mention ~ ～について話す、触れる

export price list 輸出価格表

current 最新のものである、現行の

How could that be! どうしてそのようなことが起きるのですか。

one's fault ～の責任 ＊ fault「責任、過失」

slip-up 手違い、失敗

CIF price CIF 建価格 ＊ cost, insurance, and freight の略で、運賃 (freight) と保険料 (insurance) 込みの輸出代金

FOB (price) FOB 建価格 ＊ free on board の略。船積み (on board) すれば売主の引渡し義務が終了するもので、運賃や保険料は入らない

notation 注記事項、注意書き

be subject to change 変更を受ける可能性がある、変更になる場合がある

of this magnitude これほど重大な

influence ~ ～に影響を与える

buying decision 買うという意思決定

inform ~ of ... ～に…を知らせる

in advance 前もって

You have every right to ~ あなたが～するのは当然だ

acquire 買収する

financial conglomerate 金融コングロマリット ＊金融サービスを主力とする企業グループ

cross-sell 提携販売をする、クロスセリングをする

be inclusive of ~ ～を含んでいる

insurance rate 保険料率

sister company 姉妹会社 ＊ 同一グループに属する関連会社

now that ~ ～だから、～なので

policy coverage 保険によってまかなわれる損失の範囲 ＊ policy「保険証書」

247

LESSON 37

 相手の主張を確認しながら話を進める

Key Phrase
Can I just check something about your export unit price?
輸出単価のことでちょっと確かめさせていただけますか。

交渉の席では、必要に応じて自分の理解に間違いがないかを確かめておかないと、あとあと影響することがあります。以下の言い回しで手を打っておくのが得策です。

❶ 聞き返す、より詳しく説明してもらう

〈もう一度説明してもらいたいとき〉

Key Phrase の Can I just check something about ~? のほか、次の言い方もできます。

Would you care to repeat that? I'm not sure that I understand what you're saying.
（もう一度お願いできますか。理解できているか不安ですので）

〈具体例をあげて説明してもらいたいとき〉

How exactly does that calculation work? **Would you mind giving me an example?**
（その計算法だと正確にはどうなりますか。具体例をあげてくださいませんか）

❷ 自分の理解が正しいかを確かめる

So, **what you mean is that** you're happy with the quality as it is now.
（つまり、品質については現状に満足していらっしゃる**ということですね**）

■ quality as it is now「今の状態の品質」＊ as は状態を表す接続詞

上の文は特に丁寧ではありませんが、話が順調に進んでいるときはこれで十分です。次の文は、疑問文にすることで、より丁寧な言い方になっています。

Am I right in thinking that you're interested in a larger upfront fee**?**
（より大きな前払い金を希望していらっしゃる**と、こういう理解でよろしいでしょうか**）

■ upfront fee「前払い金」＊ upfront「前面の、前金の」、fee「料金」

❸ 食い違いを指摘する

お互いに違ったことを取り上げていると単純に指摘するときの言い方です。

I don't think we're talking about the same thing.
（話がかみ合っていないように思えるのですが）

Aren't we **talking at cross purposes?** （話がかみ合っていないのではないでしょうか）

■ talk at cross purposes「互いにちぐはぐなことを言う」＊ cross-purposes「意図のすれ違い」

❹ 相手の言い分を訂正する

A: I'm afraid your company has a history of late shipments.
B: I'm surprised to hear you say that. **I don't think that's correct.**

（A: 遺憾ながら、御社は納品が数回遅れたことがありますね。　B: そんなことをおっしゃるとは意外です。**事実だとは思えません**）

That's incorrect. という直接的表現は、I don't think をつけて間接的に言うことで、穏やかになります。次は、相手の一方的な言い分を婉曲に訂正する言い方です。

A: Our company has doubled its sales in the last two years.
B: **That's impressive, of course. But don't forget that** your sales were pretty low three years ago.
（A: 弊社は過去2年で売上を倍に伸ばしました。　B: **それは確かに大したものです。**でも、御社の売上が3年前は結構落ち込んでいた点**を忘れるわけにはいきません**）

more » 即答を避けるための言い回し

即答できない場合、待ってもらうよう断りを入れたり、苦しまぎれにその場で余計なことを言わないようにするため、以下のような言い回しを知っておくことが必要です。

● その場で相手を待たせたいとき

席上、必要な資料を取り出したり、あるいは計算などをするために相手を待たせる場合には、必ずそのたびに断りを入れる必要があります。

I need to check this. **Could you bear with me a moment?**
（この点は確かめる必要があります。**ちょっとお待ちいただけますか**）

Could you please give me a moment to do some calculations**?**
（計算する**間、ちょっとお待ちいただけますか**）

● 後日、返事をしたいとき

まずは、以下のような言い回しで即答できないことを伝えます。

I'm sorry, I don't have the figures at hand. （すみません、手許に数字がありません）

It's difficult to say at the moment.（今すぐお答えするのはむずかしいかと思います）

I'm not at liberty to disclose that information.
（私にはその情報を明らかにする権限が認められていません）

I'm afraid I don't have that information at hand.
（あいにく、手許に資料がありません）

I'm afraid I'd have to ask someone at the Tokyo office.
（あいにく、東京オフィスの者に問い合わせる必要があります）

上の文に続いて、以下の言い回しで締めくくります。

I'll have to get back to you on this.
（この件については、後日お返事を差し上げます）

CHAPTER 5　交渉で使う言い回し

LESSON 38　互いの主張を明確にする ① ❷

Making Your Case Effectively

This is a continuation of the previous dialog. Hosaka takes up the discussion where he left off and tells Keynes and Marshall that his company cannot go along with a CIF-based price list.

Hosaka: Well, I raised the matter with management and the answer is: we buy FOB. CIF is unacceptable, I'm afraid.

Keynes: Very well, we'll prepare a list with the prices quoted in FOB terms. Er, it's just a thought, but would it make any difference if we gave you a breakdown of the export prices? I mean we can show the shipping and insurance rates separately. Perhaps you'd like to compare the rates we offer with those available elsewhere.

H: I'm afraid that's not worth the trouble. What matters is shipment control. All other things have to take a back seat.

Marshall: Correct me if I'm wrong, but are you saying that the need for enhanced shipment control outweighs the need for better terms?

H: In fact, that's exactly the line of reasoning taken by our management. We want to track product movements as the goods move through the supply chain, to the company's receiving docks. It's called supply chain visibility, I'm told.

K: Supply chain visibility.... It does sound like what a cutting edge management technique should be. But whatever that means, you can readily locate your goods in transit by obtaining status information from our freight agent.

H: Personally, I agree with you, but our company's management is under the thumb of a recently engaged consultant. She's said to be a "world-class management guru," and according to this consulting guru, we're better able to obtain accurate and timely shipment information by working with a third party logistics provider of our choosing.

M: A consulting guru...hmm. I don't know what gurus are like here, but where I come from, they are best avoided.

DIALOG 効果的に主張する

Translation

効果的に主張する

前回の続きです。保坂は、前回打ち切った交渉に再度臨み、ケインズとマーシャルに、会社としては CIF 建ての価格表には同意しかねると告げます。

保坂： さてと、経営陣にまで話を持ち上げたところ、答えはこうです。FOB 建てで買いたいと。あいにく CIF 建てではまずいということです。

ケインズ： まあ、そういうことであれば、FOB 建てで価格が表示されているリストを作成します。えー、これはただの思いつきでしかありませんが、輸出価格の内訳を示したら、何か違ってくるでしょうか？ つまり、運賃・保険料を別途示すということです。弊社がご提示する料金と他社の料金を比較されたいのかなと思ったわけでして。

保坂： せっかくですが、そこまでやっていただく必要もないかと思います。大事なことは物流の管理でして、ほかは後回しということです。

マーシャル： 私の理解が間違っていたら指摘してくださいね。より徹底した物流管理の方が、より有利な取引条件を確保することより大事だというお話なのでしょうか？

保坂： 実際、弊社の経営陣の論法がまさにそれなんです。モノがサプライチェーンの中を移動し、会社の搬入口に到着するまでの動きを追跡したいということです。サプライチェーン・ビジビリティーと言うんだそうです。

ケインズ： サプライチェーン・ビジビリティーね。最先端の経営テクニック的な響きがありますね。しかし、それが何であれ、輸送途上の荷については、私どもの運送代理店に問い合わせてくださされば、簡単に所在は確かめられますよ。

保坂： 私も個人的には同感です。しかし、うちの経営陣は最近、依頼したコンサルタントの言いなりです。彼女は、「マネジメントの世界的な大家」だそうで、このコンサルティングの大家によれば、われわれ自身が選んだ、独立系の物流業者と一緒に仕事を進めた方が、荷の動きについてより正確に、しかも必要な時にきちんと情報が得やすいとのことです。

マーシャル： コンサルティングの大家ですか…うーん。日本での事情は知りませんが、私に言わせれば、こういった人たちとは関わらないのがベストですね。

Vocabulary

make one's case 自分の立場を説く
take up ~ ～を再開する
leave ~ off （話などを）中断する
go along with ~ ～に賛成［同調］する
raise ~ with ... ～を…に上げる、提起する
buy FOB FOB 建ての価格で購入する
prices quoted in FOB terms FOB 建価格 * quote「提示する、見積もる」、terms「条件」、FOB は前レッスン参照
give ~ a breakdown ～に内訳を示す
shipping rate 運賃 * shipping「船積み、輸送」、rate(s)「料金」
insurance rate 保険料
compare ~ with ... ～と…を比較する
those available elsewhere 他社の料金 * those はここでは rates
be not worth the trouble 手間をかけるまでもない * worth「～の価値がある」
shipment control 物流管理 * shipment「出荷、積み荷」
take a back seat 二の次になる、後回し
enhanced [inhǽnst] 強化された
outweigh ～にまさる
better terms より有利な取引条件
line of reasoning 論法、ロジック
track product movements 荷動きを追跡する
supply chain サプライチェーン * 本来は、部品供給網といった供給の連鎖を意味するが、ここではモノの輸送経路を指している
receiving dock 搬入口
visibility 目に見えること［状態］
cutting edge 最先端の * edge「端」
locate ~ ～の所在位置を突き止める
goods in transit 輸送途上の荷
status information （…の）現在位置・処理状況などの情報 * status「状態」
freight agent 運送会社 * =transportation company。freight「（船）荷」
under the thumb of ~ ～の言いなりになって * thumb「親指」
guru 専門家として有名な人、権威者
shipment information 配送情報
logistics provider 物流業者
where I come from 私が感じている［言いたい］ことは * 「出身地では」の意味もある

LESSON 38
FOCUS メリハリをつけて主張する

> **Key Phrase**
>
> **What matters is shipment control.**
> 大事なことは物流の管理なのです。

交渉の場では、一方的に主張するのではなく、相手との兼ね合いを見定めながら自分の主張をわかってもらう必要があります。

❶「そう言えるなら、こうも言える」と強調する

Cash in advance provides greatest security for you. **But by the same token,** it provides the least security for us.

（現金での前払いが御社には一番安全でしょう。**しかし裏を返せば、**それが私どもには一番危険なのです）
■ cash in advance「現金での前払い」 security「安全」 by the same token「同様に、同じ理由で」

You say we don't know if the product is a winner. **But by the same line of reasoning,** we don't know that it's a loser, either.

（この製品がヒットするかはわからないとおっしゃいます**が、逆に、**失敗に終わるとも言えないはずです）
■ reasoning「推論、推理」 winner「勝者、（この場合）ヒット商品」 loser「敗者、（この場合）失敗作」

❷「それは二次的な問題だ」と言う

What matters is cost. **The rest is of secondary importance.**

（重要なのはコストです。**他のことは二次的な問題です**）
■ what matters「重要なこと、大事なこと」 the rest「残り」 of secondary importance「二次的問題」

As far as this product is concerned, style should **take a back seat to** safety.

（この製品に関しては、スタイルは安全性**より優先順位が落ちる**はずです）
■ should「～すべきもの」＊義務を表す take a back seat to ~「～の二の次になる」＊ back seat「後部座席」

❸「もっと大事なことがある」と言う

相手を立ててから、より大事と思われる点を打ち出すのが一般的です。

Yes, I'm impressed with those features. **But what matters more is** whether it offers intuitive ease of use.

（確かにそういった特性には感心します。**しかし、より重要なのは、**すぐわかる簡単な操作で使えるかどうか**です**）
■ feature「特徴」 intuitive [intjúːətiv]「直感的な」 ease of use「使いやすさ」

Admittedly a titanium casing can't be beat. **But** cost **takes precedence over** such a feature.

（もちろん、チタンのケースに勝るものはありません。**しかし、コストのほうがこうした特性よりも優先します**）
■ admittedly「確かに（…ではあるが）」 beat「打ち負かす」 take precedence over ~「～に優先する」

❹「何よりも大事なことはこれだ」と言う

It is of vital concern that our business partners share our views about reliability and quality.

（何よりも大事なのは、信頼性と品質において取引先と私どもの認識が共通している**ということです**）

■ vital「きわめて重要な」 be of concern「重要である」 business partner「ビジネスの相手、取引先」

※ of vital concern は of utmost importance（utmost「最高の」）で言い換えができます。

次は Key Phrase の What matters is ~ の応用形です。

What matters most is whether or not we can keep to the delivery schedule.
（何より大事なのは納品スケジュールを守れるかどうか**です**）

■ keep to ~「～を守る」 delivery schedule「納品のスケジュール」

※ What's most important is... あるいは What's important is... という言い方もできます。

more » 一歩譲ってから自分の主張を打ち出す言い回し

左ページの"もっと大事なことがある"と言う"でも見ましたが、効果的に主張するために、相手の言い分をいったん受け止めてから、自説を述べる方法がよく使われます。

相手の言い分が自分の立場と相容れない場合、No, that'll never work.（いや、それは絶対うまくいかないでしょう）、あるいは We'll not come to a solution that way.（そのやり方では解決策になりません）などと切り返すのは賢明でないとされています。通常は、以下のようにワンクッション置いて、自分の立場を打ち出します。

●「それはごもっともです。しかし…」

That's a good point. But I think we should also take turnaround time into consideration.

（**それはごもっともですが**、完了までの時間も考慮に入れるべきではないかと思います）

■ turnaround time「一つの仕事［作業］をやり終えるのに必要な時間」 * turnaround は元の「折り返し運転の用意」の意味から「(対応・手続きなどの) 所要時間」。「(業績の) 好転、方向転換」の意味ももつ

●「その点は、別な角度から捉えることができますので…」

I think you're talking about a problem that can be seen from many different angles. In this case, the most important thing is customer satisfaction.

（**おっしゃる点については別の角度からもいろいろ捉えることができると思うのです**。この件では、顧客満足が一番大事なことです）

●「結論を出す前に…」

Before we come to a conclusion, we have to consider how best we can organize ourselves.

（結論を出す前に、どうすればわれわれが最善の態勢を整えられるかを**考える必要があります**）

■ come to a conclusion「結論に達する」 organize oneself「態勢を整える、段取りをつける」

LESSON 37&38 CHECK UP

FOCUS!

>>> 空欄を埋めて話してみよう <<<

相手の主張を確認しながら話を進める／メリハリをつけて主張する

1. ❶ もう一度お願いできますか。理解できているか不安ですので。

   W____ y__ c____ t_ r____ t___? I'__ n__ s__ t__ I u_____
   w____ y_'__ s_____.

2. その計算法だと正確にはどうなりますか。具体例をあげてくださいませんか。

   H___ e____ d___ t_ c_____ w___? W___ y__ m_____
   g___ m__ a__ e____?

3. ❷ より大きな前払い金を希望していらっしゃると、こういう理解でよろしいでしょうか。

   A___ I r___ i_ t___ t__ y_'_ i_____ i_ a l___ u____ f_?

4. ❸ 話がかみ合っていないように思えるのですが。

   I d___'_ t___ w_'__ t__ a__ t_ s__ t___.

5. ❹ A: 遺憾ながら、御社は納品が数回遅れたことがありますね。
   B: そんなことをおっしゃるとは意外です。事実だとは思えません。

   A: I'_ a___ y__ c_____ h__ a h___ o_ l__ s_____.
   B: I'_ s_____ t_ h__ y__ s__ t__. I d__'_ t___ t_'_ c__.

6. **more** ちょっとお待ちいただけますか。

   C____ y__ b__ w___ m__ a m_____?

7. 計算する間、ちょっとお待ちいただけますか。

   C___ y_ p____ g___ m_ a m___ t_ d_ s__ c_____?

8. 私にはその情報を明らかにする権限が認められていません。

   I'_ n___ a__ l___ t_ d_____ t__ i_____.

LESSON 37&38　交渉で使う言い回し—互いの主張を明確にする ❶❷

9. 　　あいにく、手許に資料がありません。

I'___ a___ I d___'_ h___ t__ i_____ a_ h___.

10. 　　この件については、後日お返事差し上げます。

I'___ h___ t___ g___ b___ t_ y_ o_ t___.

11. ❶　しかし逆に、失敗に終わるとも言えないはずです。

B___ b___ t_ s___ l___o__ r___, w_ d___' k___ t__ i_'_ a l___, e_____.

DL 114

12. ❷　重要なのはコストです。他のことは二次的な問題です。

W___ m_____ i_ c__. T__ r____ i_ o___ s____ i__.

13. ❸　しかし、より重要なのは、すぐわかる簡単な操作で使えるかどうかです。

B___ w__ m___ m__ i_ w_____ i__ o___ i_____ e__ o_ u__.

14. ❹　何よりも大事なのは納品スケジュールを守れるかどうかです。

W___ m___ m___ i_ w_____ o__ n__ w__ c__ k___ t__ t__ d_____s_____.

15. more　それはごもっともですが、完了までの時間も考慮に入れるべきではないかと思います。

T_'_ a g__ p__. B___ I t___ w__ s____ a_ t__ t_____ t__ i_ c_____.

DL 115

>>> 音声を聴き取ろう <<<

Getting It Straight

Kenta Hosaka of XYZ Trading is in the course of negotiating an import deal with Terry Keynes and Vivien Marshall of American Widgets.

Hosaka: Okay, before _____ __ __ the issue of _____ _____, **can I ____ _____ something about your _____ ___ ____?**

Keynes: Of course. What _____ __ __ the problem?

H: It _____ me __ ___ that the _____ you've been _____ seem to be _____ ___ what are shown in your _____ ___ __.

Marshall: That's strange. Can I ____ a ____ at that list?

H: ____ ___ __.

M: Umm.... Oh, this list isn't _____.

H: Not current! ____ _____ that __? You sent me this list ____ __ _____.

K: This is entirely __ ____. My apologies for the ____-____. _____ this month, we're using ___ _____ instead of ____ _____.

H: Of course, there certainly is a _____ on the price list that reads: "All prices ___ _____ __ _____ without _____." But a change __ ___ _____ obviously _____ our _____ _____. You should have _____ us __ such a change well __ _____.

K: You ____ every ____ to ___ ___ ___. Let me _____ the _____. __ ___ ____, we've been _____ by a _____ _____, and ___ last month, it was _____ by _____ _____ that all _____ _____ should ____-____ each other's _____.

H: Oh, I see. You're _____ me that your _____ now are _____ __ the _____ ____ offered by your _____ _____.

M: That's right. __ a _____ of ___, ____ ___ we have the _____ of an _____ ____, our list _____ the ___ insurance ____ and _____ _____.

H: Maybe ___'_ ____. But this is something _____ _____. I need to ___ ___ one or two _____ and __ ____ to ___ ___.

256

LESSON 37&38 交渉で使う言い回し—互いの主張を明確にする ❶❷

Making Your Case Effectively

This is a continuation of the previous dialog. Hosaka takes up the discussion where he left off and tells Keynes and Marshall that his company cannot go along with a CIF-based price list.

Hosaka: Well, I _____ the matter ____ _____ and the answer is: we ___ ____. CIF is _____, I'm afraid.

Keynes: Very well, we'll _____ a list with the _____ _____ in FOB _____. Er, it's just a _____, but would it ____ any _____ if we ____ ___ a _____ of the _____ ____? I mean we can show the _____ and _____ separately. Perhaps you'd like to _____ the rates we offer ___ ____ _____ _____.

H: I'm afraid that's ___ _____ the _____. ____ _____ is _____ _____. All other things have to ___ a ____ ___.

Marshall: _____ me if I'm wrong, but are you saying that the need for _____ shipment control _____ the need for _____ ____?

H: In fact, that's exactly the ___ __ _____ taken by our management. We want to ____ _____ _____ as the goods _____ _____ the _____ ____, to the company's _____ ____. It's called _____ ____ _____, I'm told.

K: Supply chain visibility.... It does _____ ___ what a _____ ____ management technique _____ __. But whatever that means, you can readily _____ your _____ _ _____ by obtaining _____ _____ from our _____ ____.

H: Personally, I _____ ___ ___, but our company's management is _____ the _____ _ a recently _____ consultant. She's said to be a "world-class _____ ____," and according to this _____ ____, we're better able to _____ accurate and timely _____ _____ by working with a third party _____ _____ of ___ _____.

M: A consulting guru...hmm. I don't know ____ ____ __ __ here, but _____ I ____ ____, they are ___ _____.

257

CHAPTER 5 交渉で使う言い回し

LESSON 39 合意への障害を取り除く ❶ ❷

Finding Points of Disagreement

XYZ Trading plans to import and market Global Widgets' products. Asako Niki of XYZ Trading is negotiating a distributorship agreement with representatives from Global Widgets, Dana Roberts and Betty Kent.

Roberts: Can you give me an idea of how you plan to meet your minimum purchase requirements?

Niki: Minimum purchase requirements? We're pleased to act as your distributor, but we'd prefer not to commit ourselves to that extent.

R: Sorry, I don't know what to make of your comment. I was given to understand that you wanted to enter into an exclusive distributorship agreement. Needless to say, manufacturers like us normally seek to impose minimum purchase requirements to ensure that the distributor justifies such appointment.

Kent: Can I once again make sure that you agree to market our products as a distributor, not as an agent, I mean? In other words, you're prepared to act as an independent contractor selling our products for your own account and in your own name, aren't you?

N: I know the difference between an independent contractor and an agent.

R: Okay, let's step back and see where we are. You're willing to enter into a distributorship agreement, but not ready yet to guarantee minimum purchase. Am I right? Or am I still missing something?

N: I think that sums it up quite well. We haven't made any definite plans, but here's the way we're leaning. Think of it as a tentative proposal. We initially start out as a non-exclusive distributor on the understanding that you may subsequently reappoint us as an exclusive distributor in the event we manage to purchase and distribute a predetermined amount.

K: Sounds realistic enough. It should work for both of us.

I know the difference between an independent contractor and an agent.
独立の請負業者と代理店との違いは承知しております。

XYZ Trading

Distributor 〈販売店〉
　Non-exclusive distributorship 〈非独占販売権〉
　Exclusive distributorship 〈独占販売権〉
　　　‖
　Minimum Purchase Requirements
　　　〈最低購入義務〉

Agent
〈代理店〉

| 段取りの決定と条件提示 | 互いの主張を明確にする | 合意への障害を取り除く ①② | 妥結点を見出す |

DIALOG 問題点を明らかにする

LESSON 39

CHAPTER 基礎編 1 2 3 / 実践編 4 5 6

交渉で使う言い回し

Translation

相違点[問題点]を明らかにする

ＸＹＺ商事がグローバル・ウィジッツの製品を輸入・販売しようとしており、ＸＹＺ商事の仁木麻子が、グローバル・ウィジッツの代表者デイナ・ロバーツ、ベティー・ケントと販売店契約の締結に向け、交渉しています。

ロバーツ： 最低購入義務の履行に向けての計画がどんなものかを聞かせていただけませんか？

仁木： 最低購入義務ですって？ 私どもは御社製品の販売を手がけられるのはうれしいと思っていますが、そこまでのコミットはせずに済めばと思っています。

ロバーツ： 失礼。おっしゃっていることの意味がつかめません。独占販売契約を締結されたかのように理解していたのです。申しあげるまでもありませんが、私どものようなメーカーは、通常、独占販売権を付与するからにはそれに見合うものをということで［独占販売店指名の正当性を担保する］、こうした最低購入義務というものを課しているわけです。

ケント： もう１度、代理店としてではなく、販売店として私どもの製品を販売するということでご了承くださっている点を確認させてください。言い換えますと、弊社の製品を御社の勘定で、そして御社の名義で販売する独立した立場の請負業者として動く用意がある、とこういうことでよろしいですね。

仁木： 独立の請負業者と代理店との違いは承知しております。

ロバーツ： わかりました。ここで、ちょっと一歩引いて、現時点での状況を確かめておきましょう。御社は販売店契約を締結する意思があるけれども、最低購入数量の保証をする用意はまだない、と。これでよろしいでしょうか？ まだ何か見落としているでしょうか？

仁木： 大体、そんなところかと思います。これと決まった計画はありませんが、とりあえずこんなのはどうでしょう。暫定案というご理解で結構です。当初は非独占販売店ということでスタートするものの、了解事項として、弊社が所定の数量を購入し、販売できた場合、後日、改めて独占販売店にしてくださるというやり方です。

ケント： 十分現実味がありますね。双方にとってうまく機能するはずです。

Vocabulary

market ～に応じる、～を満たす
distributorship agreement 販売店契約 * distributorship「販売権」
representative 代表者
meet ～ ～に応じる、～を満たす
minimum purchase requirement 最低購入義務 * 一定期間内に義務として買付けを要する数量・金額。requirement「要求されること、必要条件」
distributor 販売店 * メーカーから製品を仕入れて販売する independent contractor（独立契約者）で、在庫を抱えるリスクはあるが、仕入れと販売価格の差を利益にできる。販売店契約では、最低購入数［額］、独占販売か非独占販売かなどの取り決めが必要。
distribute 「流通させる」
commit oneself 約束して引き受ける
I don't know what to make of ~. 私は～を理解できません。* 口語
I am given to understand that ~. 私は～と理解しています。* give ~ to understand ...「～に…と思わせる」
exclusive 独占的な
manufacturer メーカー * =maker
impose ~ ～を課す
ensure 確実にする
justify such appointment （独占販売店への）指名の合理性を裏付ける * justify「正当化する、弁明する」
agent 代理店［人］* メーカーの代理で製品を販売する形態で、在庫を抱えるリスクはないが、販売手数料という形でしか利益は得られない
independent contractor 独立（販売）契約者［請負業者］* ↔ 代理人 (agent)
for one's own account 自社勘定で * 売買による損得がその人に帰属すること
in one's own name 自社名義で
step back 距離をおいて考える
guarantee [gǽrəntíː] 保証する
sum up ～ ～を要約する
definite plan 確定した計画
tentative proposal 暫定的提案、叩き台
in the event ~ ～の場合には
predetermined amount 所定の数量

LESSON 39

FOCUS 合意への道筋を探る

Key Phrase

Can you give me an idea of how you plan to meet your minimum purchase requirements?
最低購入義務の履行に向けての計画がどんなものかを聞かせていただけませんか。

交渉して合意に至るためには、質問と返答を重ね、合意の障害となっているものを明らかにしていく必要があります。そのための言い回しを見ていきましょう。

❶ 個別の事項について質問する

Can you give me an idea of your delivery schedule?
（納品のスケジュール**がどうなるのか説明してくれませんか**）

※ Can you explain your delivery schedule? とも言えますが、explain を give me an idea of で婉曲に表現している分、丁寧さが増しています。

相手がどのように進めるつもりか尋ねたいときには、次のように〈Could you tell me how you plan to ~?〉の形がよく使われます。Would you ~? の形は、本質が命令文なので、こういう場合は使いません。

Could you tell me how you plan to land a commitment from the TV shopping channel?
（テレビ通販業者から**どうやって発注の約束をとりつけるおつもりか聞かせていただけますか**）
■ land a commitment「発注の約束をとりつける」　channel「ルート、経路」

❷ 相手の質問に対応する

A: Do you really think you can guarantee next-day delivery?
B: **Let me reassure you on that point.** We have the full support of the nation's best logistics operator.
（A: 本当に翌日配送を約束できるんですか。　B: **その点は請け合います。** わが国でトップの物流業者が全面的に支援してくれています）
■ guarantee「保証する」　reassure「改めて請け合う」　logistics operator「物流業者」

A: How important is the delivery schedule?
B: **That'd depend on various factors.**
（A: 納品のスケジュールはどの程度重要なのでしょうか。　B: **条件によりますね**）

※「条件次第です (That depends.)」ではなく、「~はとても重要です」と答えるのであれば、It's vital that ~. を使い、It's vital that we receive the parts and components on time.（期限どおりにパーツや部品を受け取るのは必須条件です）などと言います。

❸ 両者にとっての障害［対立点］を明確にする

Let's **analyze the situation** and **get to the problem**.
（状況を分析し、問題点を把握しましょう）　■ get to ~「~に入っていく」

※この場合、Let's take a closer look at the problem. と言っても意味は同じです。

260

交渉で使う言い回し―合意への障害を取り除く ❶❷

What exactly **is the underlying problem** here**?**
(ここで**根底にある問題点は**正確には**何なのでしょうか**) ■ underlying「下に横たわる、潜在する」

❹ 自分たちにとって何が問題かを伝える

The main obstacle to progress at the moment **is** the burdensome reporting requirement.
(現時点で**進展を妨げている最大の要因は**、負担の大きい報告義務ですね)
■ obstacle「障害」 burdensome「とても重い、やっかいな」 reporting requirement「報告要請」

The main thing that bothers us seems to be the minimum purchase obligation.
(私どもにとって大きな障害になっているのは、どうやら最低購入義務のようです)
■ bother「悩ませる」 minimum purchase obligation「最低購入義務」 ＊レッスン36などで見た minimum purchase requirement と同意

※ be 動詞 ではなく seem(s) to be にすることで、控えめな感じが強調されています。

more » 単刀直入に論点に入りたいときの言い回し

話が堂々めぐりになったり、なかなか肝心の点に向いていかない場合などによく使われる決まり文句です。

● 問題点を絞る

Now, **let's focus on** two areas of mutual interest.
(では、互いに関心のある2分野**に話を絞りましょう**)

※ focus on ~「~に関心を集中する」の部分は spotlight や zero in on といったインフォーマルな言い方で置き換えることもできます。

● 核心に入る

Let's get to the heart [crux] of the matter.
(問題**の核心に入りましょう**) ■ heart / crux「核心」

Let's cut straight through to the core of the issue.
(**単刀直入に**問題の本質部分**を取り上げましょう**)

■ cut through to ~「~にまで切り込む」 core「核心」 ＊ heart / crux と同意

※ Let's cut to the chase.「要点に行きましょう（chase「追求物」）」という言い方もよく聞きますが、インフォーマルな言い方です。

● 無駄な議論を避ける

Let's not beat around [about] **the bush.**
(二次的問題に時間をかけるのはやめませんか)
■ beat around [about] the bush「遠回しに言う、要点に触れるのを避ける」

※次のように既出の the crux of the matter の前置きとして使うこともできます。
Let's not beat around the bush and discuss the crux of the matter.

CHAPTER 5 交渉で使う言い回し

LESSON 40 合意への障害を取り除く ① ②

Getting a Clearer Picture

This is a continuation of the previous dialog. This time, the talks between the representatives of XYZ Trading and Global Widgets are focused on the issue of currency fluctuation.

Niki: Now we only need to clear up a couple of minor details. Firstly, I find that the wording of the exchange rate variation clause is a touch too vague.

Roberts: Vague? It's been a part of our standard terms and conditions over the years and it's never been questioned.

N: Be that as it may, there is some room for clarification.

Kent: May I ask what makes you think so?

N: We both know that this provision is primarily for your protection. But at the same time, it serves as a warning to us of possible price adjustments. However, seen from this angle, the current wording is not sufficient to ensure price predictability.

R: I see. What's the exchange rate you have in mind?

N: I'm not asking you to specify an exchange rate that I may hold you to.

K: Oh, I was absolutely mistaken then. What is it then, may I ask, that you suggest?

N: Right. The clause in question simply states that prices are subject to exchange rate fluctuations, but doesn't tell us exactly what kind of fluctuation triggers a price adjustment. So I'd like to suggest that the prices be reviewed if the exchange rate deviates more than plus or minus 5 % from a predetermined level, say, 110 yen to the dollar.

R: Interesting.

K: It certainly deserves some careful consideration.

I'd like to suggest...
ご提案申しあげたいのは…

Interesting.
なかなかいいですね。

| 段取りの決定と条件提示 | ▶▶ | 互いの主張を明確にする | ▶▶ | 合意への障害を取り除く ❶❷ | 妥結点を見出す | ▶▶ |

DIALOG 踏み込んだ質問で合意を目指す

🎧 DL 119

Translation

より明確な内容にする

前回の続きです。今回のＸＹＺ商事とグローバル・ウィジッツの代表者の会談は、為替相場の変動の問題が焦点となっています。

仁木： さて、あとは何点か細かな問題を片づければいいだけですね。まず最初にですが、為替変動調整条項の文言がやや不明確と感じています。

ロバーツ： 不明確ですか？ もう何年も私どもの標準約款の一部として使われ、この間、一度も問題視されたことはないのですが。

仁木： それはそうかもしれませんが、もう少し明確にする余地はあるはずです。

ケント： どうしてそのようにお考えになるのかを聞かせていただけますか？

仁木： この条項の定めが主として御社の利益を保護するためのものであることは、互いにわかっていることです。ただ、同時に、私どもにとっても、価格調整がありうることを予告する役目も果たしています。ところが、この視点から見た場合、現在の文言では価格を予測可能なものにするには不十分です。

ロバーツ： なるほど。為替レートとしてはどの水準をお考えですか？

仁木： 事前にレートを決めて、それを守っていただきたいというわけではありません。

ケント： そうでしたか、完全に誤解していました。となると、どういったことをお考えなのか聞かせていただけますか？

仁木： ええ。問題の条項は単に為替変動があれば価格が変更されうると定めているだけで、具体的にどういった変動があると価格調整があるのかはわかりません。そこで、ご提案申しあげたいのは、所定の水準、例えば１ドル１１０円といったレベルからプラス・マイナス５％を超えて動いたら価格を見直すという方式です。

ロバーツ： なかなかいいですね。

ケント： たしかに十分検討する価値はありますね。

Vocabulary

be focused on ~ ~に焦点が当てられる

currency fluctuation 為替相場の変動＊currency「通貨」

minor details 細かなこと

wording 文言

exchange rate variation clause 為替変動（調整）条項＊exchange rate「為替相場［レート］」。variation「変動 (=fluctuation)」

vague [véig] あいまいな

standard terms and conditions 標準約款＊terms and conditions「契約条件、約款」

be that as it may そうかもしれませんが、それはともかく＊口語

room for ~ ~の余地

clarification 明確化

provision 条項、定め＊clause の同意語。clause は、条項を独立した項目という外形から捉え、provision は provide「規定する」を基に条項の内容を捉える

serve as ~ ~の役割を果たす

warning 警告、注意

possible ~ ~がありうること

price adjustment 価格調整

ensure ~ ~を確実にする、確保する

price predictability 価格の予測可能性＊predict「予測する」

specify ~ ~を具体的に指定する

hold ~ to ... ~に…を守らせる＊この場合 hold you to the exchange rate

state 述べる、決める

be subject to ~ ~を被る可能性がある

exchange rate fluctuations 為替変動＊fluctuate「変動する」

trigger ~ ~の引き金［きっかけ］となる

suggest 提案する＊suggest that the prices should be ~ の should は米語では省略される

deviate 離れる、逸脱する

predetermined level 所定の水準

deserve ~ ~を受けるに値する

LESSON 40

CHAPTER
基礎編
1
2
3
実践編
4
6

交渉で使う言い回し

LESSON 40
FOCUS 合意に向けた詰めの確認

May I ask what makes you think so?
どうしてそのようにお考えになるのかを聞かせていただけますか。

　合意の前段階で相手の話の内容が不十分であったり、わかりにくいと感じられる場合は、そのままにせず、状況をよりはっきりさせる必要があります。その際は、以下のような質問をよく用います。

❶ どこに重点を置いているかを尋ねる

A: **What emphasis do you place on** the issue of recyclable parts?
B: It's our top priority.
（A: リサイクル可能部品にはどの程度重点を置いていますか。　B: 最重点項目です）
■ place emphasis on ~「~に重点を置く」 priority「優先事項」

Would it be correct to say that you place emphasis on recyclable parts?
（御社は、リサイクル可能部品に重点を置かれていると言ってもよろしいでしょうか）
話の流れから、こう言えるのかもしれないという根拠があるときの尋ね方です。

❷ 根拠を確かめる

表現をやわらげるために、次のような May I ask や Could you tell me のあとに間接疑問文を置く形に慣れておきましょう。

May I ask what your basis of calculation **is?**
（計算の根拠をうかがってもよろしいですか）

Could you tell me where this January figure **comes from?**
（この1月の数値の出所がどこかうかがってもよろしいですか）

元の疑問文は、それぞれ What is your basis of calculation?、Where does this January figure come from? です。

❸ 相手の前提条件を確かめる

When you say "North America," **does that include** Mexico?
（「北米」とおっしゃる場合、メキシコも含まれているのでしょうか）
That means Mexico is also included. と決めつける感じの確認の仕方に比べて、かなり丁寧な感じのする尋ね方です。

When you say "enhanced efficiency," **do you mean** you can stock more of what's hot?
（「効率の向上」とおっしゃいますが、売れ筋商品の在庫をもっと増やせるということでよろしいのでしょうか）　■ enhance「高める、促進する」 efficiency「効率」 what's hot「よく売れる商品、売れ筋商品」

❹ おおよその数字を尋ねる

Roughly, what is the production capacity of your operation in Taiwan?
（ざっと言って御社の台湾での生産能力はどのくらいですか）　■ production capacity「生産[製造]能力」

出だしの Roughly や Approximately がポイントになります。

Approximately, how many shipments do you make per week?
（おおよそのところ、一週当たりの出荷回数はどのくらいですか）

この種の質問に対して正面から答えにくい場合は、That depends on a number of factors.（いくつかの要因がどうからむかで決まってきます）などと答えます。

more » 副詞を活用したコミュニケーション・テクニック

自分がどういう姿勢で臨もうとしているかを交渉相手に伝えたり、コミュニケーションの効果を高めるために、以下の副詞がよく使われます。

● 「当然のことながら…」 **Naturally, ...**

   Naturally, I'm curious to know where the figures come from.
   （当然のことながら、こういった数値の出所がどこなのか知りたいと思います）

   ■ curious「知りたい」 figure「数字、数量」

● 「（異論もあるでしょうが）おそらく…、あえて申し上げると」 **Arguably, ...**

   Arguably, our products offer the best value on the market.
   （おそらく、弊社の製品は現在の市場で一番お得なのではないでしょうか）

   ■ arguably [ɑ́ːrɡjuəbli]「ほぼ間違いなく」 * argue「議論する、主張する」

   ※ arguably は最上級の形容詞とセットで使われ、「異論もあるでしょうが、あえて申し上げると」という感じで使われます。その点、probably と異なります。

● 「一般的に…、たいていは」 **Typically, ...**

   Typically, these products offer a higher margin to the dealer.
   （一般的に、この種の製品は販売店に大きな利幅をもたらします）

   ■ typically [típikəli]「通常は」 * typical「典型的な」 margin「利幅」

   ※ 「一般的に」は generally でも表しますが、特定の事柄を念頭に「通常そういう性質がある」と言いたいときは、よく typically を使います。usually, regularly に近い言葉です。

● 「意外なことに…」 **Surprisingly, ...**

   Surprisingly, this product is not available in Small or Extra-large.
   （意外にも、この製品にはSサイズまたはLLサイズがありません）

● 「驚くまでもありませんが…」 **Not surprisingly, ...**

   Not surprisingly, these early products did not gain consumer acceptance.
   （驚くまでもありませんが、こういった初期の製品は消費者に受け入れられませんでした）

LESSON 39&40 CHECK UP

FOCUS!

>>> 空欄を埋めて話してみよう <<<

合意への道筋を探る／合意に向けた詰めの確認

1. ❶ 納品のスケジュールがどうなるのか説明してくれませんか。
   C___ y_ g___ m___ a_i___ o__ y_ d____ s_____?

2. テレビ通販業者からどうやって発注の約束をとりつけるおつもりか聞かせていただけますか。
   C___ y_ t___ m_ h___ y_ p___ t___ l__ a c_____ f___ t_ T_ s_____ c____?

3. ❷ A: 本当に翌日配送を約束できるんですか。
   B: その点は請け合います。わが国でトップの物流業者が全面的に支援してくれます。
   A: D_ y_ r___ t___ y_ c_ g_____ n__-d__ d_____?
   B: L___ m_ r___ y_ o_ t___ p__. W__ h___ t_ f__ s_____ o_ t__ n___' b__ l_____ o____.

4. A: 納品のスケジュールはどの程度重要なのでしょうか。B: 条件によりますね。
   A: H__ i_____ i_ t_ d____ s_____?
   B: T___' d____ o_ v___ f__.

5. ❸ 状況を分析し、問題点を把握しましょう。
   L_' a__ t_ s___ a_ g__ t__ t_ p__.

6. ❹ 現時点で進展を妨げている最大の要因は、負担の多い報告業務ですね。
   T_ m___ o___ t_ p___ a_ t_ m_____ i__ t_ b_____ r_____ r_____.

7. more では互いに関心のある2分野に話を絞りましょう。
   N__, l_' f__ o_ t__ a___ o_ m___ i_____.

LESSON 39&40　交渉で使う言い回し—合意への障害を取り除く ❶❷

8.　問題の核心に入りましょう。

L__' g__ t__ t_ h___ [c__] o_ t__ m____.

9.　❶　御社は、リサイクル可能部品に重点が置かれていると言ってもよろしいでしょうか。

W___ i__ b_ c___ t__ s___ t_ y__ p___ e___ o___
r_____ p___?

10.　❷　計算の根拠をうかがってもよろしいですか。

M___ I a___ w___ y_ b___ o__ c_____ i___?

11.　この１月の数値の出所がどこかうかがってもよろしいですか。

C____ y_ t__ m__ w__ t_ J_____ f___ c__ f___?

12.　❸　「効率の向上」とおっしゃいますが、売れ筋商品の在庫をもっと増やせるということでよろしいでしょうか。

W___ y___ s___ "e_____ e_____", d__ y_ m___ y__
c__ s___ m__ o_ w__' h___?

13.　❹　ざっと言って御社の台湾での生産能力はどのくらいですか。

R____, w__ i___ t_ p_____ c_____ o_ y__ o_____
i__ T_____?

14.　**more** おそらく、弊社の製品は現在の市場で一番お得なのではないでしょうか。

A___, o_ p_____ o__ t_ b__ v__ o__ t_ m____.

DL
121

15.　一般的に、この種の製品は販売店に大きな利幅をもたらします。

T____, t_ p_____ o_ a h___ m___ t__ t_ d___.

267

>>> 音声を聴き取ろう <<<

Finding Points of Disagreement

XYZ Trading plans to import and market Global Widgets' products. Asako Niki of XYZ Trading is negotiating a distributorship agreement with representatives from Global Widgets, Dana Roberts and Betty Kent.

Roberts: Can you ____ __ an ____ of how you plan to _____ your _____ _____ _____?

Niki: Minimum purchase requirements? We're _____ to __ _ your _____, but we'd prefer not to _____ _____ to that _____.

R: Sorry, I ___' ____ ____ to _____ _ your comment. I ___ ____ _ _____ that you wanted to enter into an _____ _____ agreement. Needless to say, _____ like us normally ____ to _____ minimum purchase requirements to _____ that the distributor _____ such _____.

Kent: Can I once again ____ __ that you agree to _____ our products as a _____, not as an _____, I mean? In other words, you're _____ to act as an _____ _____ selling our products __ ____ ___ _____ and _ ____ ___ ___, aren't you?

N: I know the _____ _____ an independent contractor and an agent.

R: Okay, let's ___ ____ and see _____ __ __. You're _____ _ enter into a distributorship agreement, but not _____ __ to _____ minimum purchase. Am I right? Or am I ___ _____ something?

N: I think that _____ it __ quite well. We haven't made any _____ ____, but here's the way we're _____. Think of it as a _____ _____. We _____ ___ __ _ a non-exclusive distributor __ the _____ that you may subsequently _____ us __ an exclusive distributor __ the _____ we manage to purchase and _____ a _____ _____.

K: _____ realistic enough. It should ____ for both of us.

LESSON 39 & 40 交渉で使う言い回し—合意への障害を取り除く ❶❷

Getting a Clearer Picture

This is a continuation of the previous dialog. This time, the talks between the representatives of XYZ Trading and Global Widgets are focused on the issue of currency fluctuation.

Niki: Now we only need to ____ __ a couple of _____ _____. Firstly, I find that the _____ of the _____ ___ _____ _____ is a touch too _____.

Roberts: Vague? It's been a part of our _____ _____ ___ _____ over the years and it's never been _____.

N: __ ___ _ it ___, there is some _____ __ _____.

Kent: May I ask ____ _____ you _____ so?

N: We both know that this _____ is _____ for your _____. But at the same time, it _____ __ a _____ to us of _____ ____ _____. However, ____ from this angle, the current _____ is not sufficient to _____ ____ _____.

R: I see. What's the _____ ___ you have __ ____?

N: I'm not _____ you to _____ an exchange rate that I may ____ you __.

K: Oh, I was _____ _____ then. _____ __ __ then, may I ask, ___ ___ _____?

N: Right. The _____ in _____ simply _____ that prices are _____ __ exchange rate _____, but doesn't tell us exactly _____ _____ __ fluctuation _____ a _____ _____. So I'd like to _____ that the prices be _____ if the exchange rate _____ more than plus or minus 5 % from a _____ _____, say, ___ yen to the dollar.

R: Interesting.

K: It certainly _____ some _____ _____.

269

CHAPTER 5　交渉で使う言い回し

LESSON 41　妥結点を見出す ❶ ②

Bargaining for a Deal

Jodie Powers of American Widgets is negotiating a joint venture agreement with Fred Cross and Rie Ito of Global Partners.

Powers: So, welcome back to what I hope will be our final session. We haven't gotten as far as we'd hoped, but even so, we've made good progress.

Cross: Yes, we're doing fine, on the whole.

P: Let me run through the main points we've agreed on. We've covered contribution of partners; the scope of the joint venture's business; territorial limitations for the venture; and profit distribution, or dividend policy. **This means that if we reach an agreement on board representation and funding, then we have a deal.** We're almost there, aren't we? Is that an accurate summary?

C: That's fine. As for board representation, I don't see why we shouldn't have equal say in management decisions as well as an equal number of seats on the Board. We are, after all, 50-50 partners in the venture.

P: How do you break a tie when the voting is even? The proposed decision-making process can be frustrating at best and is destined for a stalemate at worst.

Ito: We both want to ensure that neither side can arbitrarily kill key decisions. Why don't we include a supermajority voting provision in the articles of incorporation or the board's rules?

P: Now, that's a thought. It certainly sounds effective.

C: So board resolutions would require a two-thirds vote, rather than a simple majority.

P: I can go along with that unless our legal departments throw some technicalities our way.

I: Sounds fair enough. I have no objections.

C: Neither do I.

We should have equal say...
発言権は対等であるべきでしょう…

Joint Venture Agreement 〈合弁事業契約〉
Points agreed on 〈合意事項〉
　Contribution of partners 〈パートナーの出資〉...
Points to discuss 〈協議事項〉
　1. Board representation
　　〈(取締役会における) 派遣役員の比率〉
　2. Funding 〈資金調達〉

American Widgets

Global Partners

Board representation: Equal number of seats 〈取締役会役員比率：同数〉
Board resolution: Supermajority (two-thirds) vote 〈取締役会決議：特別多数決 (3分の2)〉

DIALOG 駆け引きをする

Translation

契約に向けて駆け引きをする

アメリカン・ウィジッツのジョディー・パワーズは、グローバル・パートナーズのフレッド・クロス、伊藤理絵と、合弁事業契約の交渉を行っています。

パワーズ: またご足労いただき、ありがとうございます。今回で最後のセッションになればいいとは思っているのですが。期待したほどではありませんが、とはいえ、まずまずの進捗ぶりなのではないでしょうか。

クロス: ええ、まずまずではないでしょうか、全体として。

パワーズ: これまでの主な合意点をざっと振り返っておきましょう。パートナーの出資、合弁事業の範囲、事業の適用地域、利益分配ないし配当政策でしたね。**つまりは、派遣役員の比率や資金調達について合意が調えば、話はまとまるということです。** あと一歩ではないでしょうか? まとめとして問題はありませんか?

クロス: それで結構です。派遣役員の構成比の件ですが、経営上の意思決定において平等で、取締役会に占める取締役員数においても同数ということでよろしいのではないでしょうか? この事業は、結局のところ折半出資のパートナーですし。

パワーズ: 投票が可否同数となった場合の打開策はどうしますか? ご提案の意思決定方式だと、うまくいってももどかしく感じられるでしょうし、悪くすると、手詰まり必至ということになるでしょう。

伊藤: 一方の当事者の勝手な思惑で重要な決定が葬り去られることのないようにしたいというのは、共通の思いでしょう。定款または取締役会規則に、議決に際しての特別多数決の定めを盛り込んではどうでしょうね。

パワーズ: ああ、それはいい考えですね。なるほど効果的な感じがします。

クロス: となると、取締役会決議は、3分の2の多数を要する、つまり、過半数では足りないということでよろしいですね。

パワーズ: 私は賛成です。ただし、両社の法務部がこのやり方に専門的な見地から問題点ありとしなければの話ですが。

伊藤: 妥当なところじゃないでしょうか。異存はありません。

クロス: 私も異存はありません。

Vocabulary

- **joint venture** 合弁事業
- **welcome back to ~** また~にようこそ * welcome は間投詞
- **session** 会議
- **run through ~** ~を振り返る
- **contribution** 出資、貢献
- **scope** 範囲
- **territorial limitation** 契約の適用地域
- **profit distribution** 利益分配
- **dividend policy** 配当金政策(出資者への見返りである配当に関する基本方針)
- **board representation** 取締役会に送り込まれる役員(の比率)→派遣役員比率 * representation「代表者、代表派遣」
- **funding** 資金調達
- **have a deal** 話がまとまる
- **be [get] there** 成し遂げる
- **I don't see why we shouldn't ~.** われわれは~したほうがいいと思います。* I don't see why not.「いいじゃないですか」
- **equal say in ~** ~における平等な発言権 * say「発言権、決定権」
- **management decision** 経営陣の意思決定
- **the Board** 取締役会、役員会 * board の原義は「板」
- **50-50** 持分が等しい、互角の
- **break a tie** 可否同数を打破する
- **even** 同数
- **decision-making process** 意思決定過程
- **be destined for ~** ~の運命にある
- **stalemate** 手詰まり、行き詰まり
- **arbitrarily** 恣意的に * arbitrate「裁定する」
- **supermajority voting** 過半数より多数を必要とする多数決、特別多数決
- **articles of incorporation** 定款 * 会社の憲法に当たるもの
- **board's rules** 取締役会規則
- **That's a thought.** それはいい考えだ。
- **simple majority** 単純多数決 * 過半数で決める方法
- **go along with ~** ~(人・考え)に賛成する
- **throw ~ (in) one's way** …の行く手に[じゃまになるように]~を投じる
- **technicalities** 専門的な[細かい]問題
- **fair enough** まずまず、妥当な
- **objection** 異義、異存

LESSON 41
FOCUS 落とし所を探る

> **Key Phrase**
>
> This means that if we reach an agreement on board representation and funding, then we have a deal.
> つまりは、派遣役員の比率や資金調達について合意が調えば、話はまとまるということです。

交渉の終盤で落とし所を探っていくに当たって、「こうなればああなる」と互いに仮定の例を示しながら、歩み寄りを図る作業は不可欠です。

❶ 問題の所在を確認する

The only outstanding point is the issue of the upfront royalty payment.
（最後に唯一残っている点は、ロイヤリティーの前払いだけですね）
■ outstanding「未解決の」 upfront payment「前払い」 ＊upfront「前金の」 royalty「使用料」

I like what I see. **The only thing left is that** we need more space on the payment schedule.
（条件には満足しています。ただ、**唯一残っている点として**、支払期間をもう少し延ばしてもらいたい**のです**） ■ more space on the payment schedule「支払いスケジュールの余裕」

❷ この条件であれば合意できるという場合

If you agree to review the minimum purchase quantity in 10 months' time, I think **we have an agreement**.
（10か月後に最低購入数量を見直し**ていただけるのであれば、合意は調う**かと思います）
■ minimum purchase quantity「最低購入数量」

If you're prepared to cut your prices by another 3 %, I think **we have a deal**.
（もう3％価格を引き下げて**くださるお気持ちがあれば、話はまとまります**）
■ be prepared to ~「~する用意ができている」 cut the price「値引きする」 ＊=reduce the price / discount

❸ この条件であれば合意の可能性が高いという場合

主節を〈will ＋動詞〉の形にすると、動詞の現在形の場合に比べて、可能性が落ちます。

If you order more than one thousand units, **we'll give** you an additional 5% discount.
（1000個を超える**発注をしてくださる**れば、さらに5％の値引きを**させていただきましょう**）
■ give ~ discount「~に対して値引きをする」

If you give us a 4% discount, **we'll sign** the contract.
（4％の値引きを**認めてくだされば、私どもも契約に調印できるでしょう**）
■ contract「契約（書）」 ＊=agreement

272

❹ 合意の可能性は五分五分と考えられる場合の条件提示

What if I promised you an initial purchase of 1,000 units**?**

（仮に当初、1000個買い付けると**約束したらどうでしょう**）　■ what if ~「~としたらどうだろう」

What would you say if we made an advance commitment to buy 1,000 units**?**

（仮に私どもが、1000個買うという約束を予め**したとすると、どうでしょうね**）
■ advance commitment to ~「~するという予めの約束」

条件を提示する if 節中の動詞を過去形にすることで、話し手が、仮定のシナリオの実現性を五分五分程度と、そうは高くないと考えていることを表します。

more » 交渉の進展とともに if 構文を使い分ける

同じ if 構文でも、交渉の進展とともに仮定の度合いが変わり、表現も変わってきます。

● 合意の可能性が（五分五分より）低い段階

If you'd agree to a minimum purchase of 300 units per month, **we might offer** you an additional discount.

（あくまで仮定の話ですが、1か月当たり少なくとも300個買い付ける**ことに同意してくださるのであれば**、さらに値引きを**することも可能ではあります**）

上の文は、if 節で would ['d] を、また主節でも might を使っており、総じて可能性の低い仮定法の文です。

● 合意の可能性が5割以上になった段階

If you agreed to a minimum purchase of 300 units per month, **we'd offer** you an additional discount.

（仮に1か月当たり少なくとも300個買い付けることに**同意してくださるのであれば**、さらに値引き**をすることも可能になります**）

上の文は、if 節が前項の would agree から agreed（過去形）になっている分、可能性が高まっています。下の文では、if 節が agree（現在形）、主節が will offer で、前文の agreed（過去形）/ would offer の形に比べると可能性が高い文です。

If you agree to a minimum purchase of 300 units per month, **we'll offer** you an additional discount.

（1か月月当たり少なくとも300個の買付け**に同意してくだされば、さらに値引きいたします**）

● ほぼ合意が見えてきた段階

if 節の agree も 主節の offer も現在形で、「可能性」ではなく、こうすればああなるという「条件」を表す文になっています。

If you agree to a minimum purchase of 300 units per month, **we offer** you an additional discount.

（1か月当たり少なくとも300個の買付け**にご同意いただければ、さらに値引きいたします**）

CHAPTER 5 交渉で使う言い回し

LESSON 42 妥結点を見出す

Settling and Closing

This is a continuation of the previous session. Powers, Ito and Cross have finally reached an agreement.

Powers: Now, the only outstanding issue is funding, or strictly speaking, confirmation of our initial financing plans.

Ito: As agreed, Global Partners makes a cash contribution of 10 million dollars and American Widgets makes a cash contribution of 8 million dollars and an in-kind contribution with a value of 2 million dollars.

P: That's right. And we've arranged for a credit facility with XYZ Bank that provides for borrowings of up to 3 million dollars. In this connection, we act as joint guarantor for the facility and undertake joint and several liability under the guaranty.

Cross: And it was agreed that in the event we need more capital to expand, we'll seek debt financing, not equity financing, because it's our policy not to give away too much equity in round one of the funding process.

I: The underlying reason, of course, being that if you give away too much equity now, there will be nothing left for the next round.

P: We're all set now?

C: Yes. I think that just about covers it.

I: I think we've covered everything, indeed.

P: I'll send a written summary of our agreement within a couple of days. If the summary looks okay, we'll proceed to having our lawyers prepare an appropriate agreement.

C: Fine. We look forward to hearing from you.

P: I'd like to thank you all for coming. I hope we both got the deal we wanted. Good-bye, then.

I: I think we did. Good-bye, Ms. Powers.

| 段取りの決定と条件提示 | 互いの主張を明確にする | 合意への障害を取り除く | 妥結点を見出す ① ② |

DIALOG 交渉を終える

LESSON 42

Translation

交渉をまとめ、終了させる

前回のセッションの続きです。パワーズ、伊藤、クロスはついに交渉の合意に至ります。

パワーズ： さて、最後に残っているのは、資金調達、正確に言えば、当初の資金計画の確認です。

伊藤： 合意したとおり、グローバル・パートナーズは現金にて1000万ドル出資し、アメリカン・ウィジッツは現金にて800万ドル出資する一方、評価額200万ドルの現物出資を行います。

パワーズ： そのとおりです。そして、XYZ銀行による融資枠を確保してあり、300万ドルまで借りられるようになっています。これに付帯して、御社と弊社はこの融資については、共同保証人となり、保証契約に基づく連帯責任を負います。

クロス： そして事業拡大のために資本が必要となった場合、株式を発行する形式の資金調達でなく、借入れによる資金調達でいくという点についても合意しましたね。資金調達の最初のラウンドでは、むやみに出資持ち分を分けてしまわないようにするという私どもの基本方針ですから。

伊藤： 根底にある理由は、当然のことながら、今の段階であまり出資持ち分を分けてしまうと、次のラウンドで分けられるものがなくなってしまうからです。

パワーズ： こんなところでよろしいでしょうか？

クロス： ええ、そんなところでしょう。

伊藤： 私も、実際すべてカバーしたと思いますよ。

パワーズ： それでは、2、3日のうちに合意のあらましを書面にまとめてお届けします。その内容に問題がないようでしたら、次は、弁護士たちに然るべき契約書にしてもらう作業です。

クロス： 結構です。ご連絡をお待ちします。

パワーズ： このたびはお越しくださり、ありがとうございました。双方が満足できる契約内容になったかと思います。それでは、これで失礼します。

伊藤： 私はうまく行ったと感じています。それでは、パワーズさん、これで。

Vocabulary

reach an agreement 合意に達する
outstanding issue 未解決の論点 * outstanding は「際立った」のほか「未解決の、未処理の」の意味ももつ
funding 資金調達
initial 初期の、当初の
financing plans 資金計画 * financing「資金調達」(=funding)
cash contribution 現金による出資 * contribution「出資、寄与」
in-kind contribution 現物出資 *金銭以外のノウハウや労務を提供する形式の出資
credit facility 融資枠、借入れ枠 * facility は一般には「施設」の意味だが、ここでは「融資枠、借入金」
provide for ~ ～に備える、～を考慮に入れる
borrowings 借り入れ金、借用金
up to ~ ～までの
joint guarantor 共同保証人 * guarantor [ɡǽrəntɔːr]
undertake 引き受ける
joint and several liability 連帯責任 * liability「(法的)責任」
guaranty [ɡǽrənti] 保証契約
capital 資本、元手、出資金
expand (事業を)拡大する
debt financing 借入れによる資金調達 * debt [det]「借金」
equity financing 株式の発行による資金調達 * equity「株式」
give away 分かち与える
equity 株式→出資持ち分
round one 最初のラウンド * round はここでは「(株主募集の)回」を表す
underlying 根底にある
We're all set now? 準備完了しましたか。よろしいですか。* all set「すっかり用意ができて」
just about ほぼ、まずます
cover ～を扱う、取り上げる、カバーする
written summary 書面による「あらまし」
proceed to ~ ～に進む * move on to ~

CHAPTER
基礎編
1
2
3
実践編
4
5
6

交渉で使う言い回し

LESSON 42

FOCUS 交渉を締めくくる

Key Phrase

Now, the only outstanding issue is funding, or strictly speaking, confirmation of our initial financing plans.

さて、最後に残っているのは、資金調達、正確に言えば、当初の資金計画の確認です。

交渉も大詰めに入ると、合意内容を確認したり、次回の予定を話すことになります。こうした場面でよく使う言い回しを見ていきましょう。

❶ 決着したこと、未決着のことを確認する

So, **let's just summarize what we've agreed** today. **You're going to look into additional discounts and we're going to see if we can accelerate payment. Have I covered everything?**

（それでは、本日の合意点をまとめておきましょう。御社がさらなる値引を検討し、弊社は支払の前倒しができるかを考えるということでしたね。これで全部でしょうか）

I'm afraid **we've not come to an agreement about** the payment terms.

（残念ながら、支払条件については合意に至っておりません）

Key Phrase の The only outstanding issue is ~ も未決着のことを確認する表現です。

❷ 次回の予定を確認する

As the question of payment terms **remains to be clarified, perhaps we can arrange another meeting** to discuss this point.

（支払条件がまだ残っていますので、この点を検討するため、再度、話し合いの場をもつということでいかがでしょうか）

So, **we'll meet again on** August 4 **and by that time,** you'll have obtained the export permits.

（それでは、次回は8月4日に集まり、それまでに御社は輸出許可を取得してくださるということですね）

❸ 契約書の話をする

As agreed, **we'll draw up a draft agreement** and send it to you for review.

（合意に基づき、契約書案を作成し、ご検討いただくためにお送りします）

As soon as we get board approval, **we'll put the agreement in writing**.

（取締役会の承認が得られ次第、契約を書面にします）

❹ 終わりを告げる

It's been a pleasure doing business with you. Thank you for having us here.

（お話ができて、うれしく思っています。お邪魔いたしました）

上の文は、相手の所に出向いて交渉に臨んでいたときに使う言い回しです。相手を招いた場合は、次のように言います。

交渉で使う言い回し―妥結点を見出す ❶❷

So, it only remains for me to thank you for coming over. It's been a productive meeting.

（最後に、わざわざお越しいただきありがとうございました。大変有意義な話し合いができました）
- productive meeting「有意義な会議」

more » 交渉が不調に終わった場合の言い回し

交渉が不調に終わった場合でも、次のチャンスにつながる可能性を考える必要があります。交渉をおだやかに着地させる表現も身につけましょう。

● とりあえず交渉を打ち切る

It's clear that **we're going nowhere with this.**

（続けても意味がないのは、はっきりしています）
- We're going nowhere with this. = This takes us nowhere.「らちがあかない」

It's clear that **there's no point in continuing the talks**.

（話し合いを続けても意味がないのは、はっきりしています）
- There's no point in ~ing「～してもむだだ」

次のように、おだやかに交渉を打ち切る理由を述べることもできます。

We're far apart on the basic issues as they stand right now. **I don't see an end** to this **coming** anytime soon.

（今のままでは、基本的な問題についての見方が互いに大きく隔たっています。じきに決着がつく問題のようにも思えません）
- as they stand「現状では」 see an end coming「終わりが来るのを見る→決着がつく」

上のように言ってから、次のように続けます。

Let's **break off the talks**.（話し合いをいったん打ち切りましょう）

Let's **call it quits**.（とりあえずこれまでとしましょう）

※ call it quits「今日のところはこれまでとする（quits〈形〉「貸し借りのない」）」は call it a day（本日はこれまで）と同じく、インフォーマルな表現です。

● 後日に備えてポジティブな姿勢を見せる

交渉再開への道が残されているなら、次のようにフォローすることができます。

But **let's continue looking at ways to bridge the gap.**

（とはいえ、隔たりを埋める方法がないかを引き続き模索していきましょう）

Perhaps now is not the right time to talk about these things. **Why don't we reopen the talks when the timing is right?**

（今はこのことを話し合う時機ではないのでしょう。ふさわしい時機が訪れたときに、話し合いを再開しませんか）

LESSON 41&42 CHECK UP

FOCUS!

>>> 空欄を埋めて話してみよう <<<

落とし所を探る／交渉を締めくくる

1. ❶ 最後に唯一残っている点は、ロイヤリティーの前払いだけですね。

   T__ o__ o__ p__ i__ t__ i__ o__ t__ u____ r____ p_____.

2. 条件には満足しています。ただ、唯一残っている点として、支払期間をもう少し延ばしてもらいたいのです。

   I l__ w__ I s___. T__ o__ t__ l___ i__ t___ w__ n___ m___ s____ o__ t__ p_____ s_____.

3. ❷ 10か月後に最低購入数量を見直していただけるのであれば、合意は調うかと思います。

   I__ y__ a__ t__ r____ t__ m_____ p_____ q_____ i__ 10 m_____ ' t____, I t____ w___ h___ a__ a___.

4. ❸ 1000個を超える発注をしてくださらば、さらに5%の値引きをさせていただきましょう。

   I__ y__ o__ m__ t__ o__ t_____ u__, w__'__ g___ y___ a__ a_____ 5% d_____.

5. ❹ 仮に私どもが、1000個買うという約束を予めしたとすると、どうでしょうね。

   W____ w____ y__ s__ i__ w__ m___ a__ a_____ c_____ t__ b__ 1,000 u____?

6. ❶ 残念ながら、支払条件については合意に至っておりません。

   I'_ a___ w__' __ n___ c__ t_ a___ a__ t__ p_____ t___.

7. ❷ 支払条件がまだ残っていますので、この点を検討するため、再度、話し合いの場をもつということでいかがでしょうか。

   A___ t__ q___ o__ p_____ t__ r___ t__ b___ c___, p_____ w__ c___ a__ a_____ m___ t__ d_____ t__ p___.

278

LESSON 41 & 42　交渉で使う言い回し—妥結点を見出す ❶❷

8. ❸　合意に基づき、契約書案を作成し、ご検討いただくためにお送りします。

A__ a____, w__'d u__ ad__ a a__ s__ i__ t__ y__ f__ r_____.

9. ❹　お話ができて、うれしく思っています。お邪魔いたしました。

I'_ b__ a p__ d___ b__ w__ y__. T___ y__ f__ h__ u__ h__.

10. more　続けても意味がないのははっきりしています。

I_' c__ t__ w_' g__ n__ w__ t__.

11.　話し合いを続けても意味がないのは、はっきりしています。

I_' c__ t__ t'_ n__ p__ i__ c_____ t__ t__.

12.　今のままでは、基本的な問題についての見方が互いに大きく隔たっています。

W_'_ f__ a__ o_ t__ b__ i__ a_ t__ s__ r__ n__.

13.　話し合いをいったん打ち切りましょう。

L_'_ b___ o__ t__ t___.

14.　とはいえ、隔たりを埋める方法がないかを引き続き模索していきましょう。

B__ l_'_ c___ l__ a_ w___ t__ b___ t__ g__.

15.　ふさわしい時機が訪れたときに、話し合いを再開しませんか。

W__ d_'_ w__ r___ t__ t__ w__ t__ t___ i__ r___?

>>> 音声を聴き取ろう <<<

Bargaining for a Deal

Jodie Powers of American Widgets is negotiating a joint venture agreement with Fred Cross and Rie Ito of Global Partners.

Powers: So, _____ ___ _ what I hope will be our ____ _____. We haven't gotten _ __ _ __' _____, but even so, we've _____ good _____.

Cross: Yes, we're doing fine, __ __ _____.

P: Let me ___ _____ the ____ _____ we've agreed on. We've covered _____ of partners; the _____ of the joint venture's business; _____ _____ for the venture; and ____ _____, or _____ _____. **This means that if we _____ an _____ on _____ and _____, then we _____ a ____.** We're _____, aren't we? Is that an _____ _____?

C: That's fine. __ __ board representation, I ___' __ __ we _____' have _____ __ in _____ _____ as well as an _____ _____ of seats on __ _____. We are, after all, _-_ partners in the venture.

P: How do you _____ a _ when the voting is ____? The proposed _____-_____ _____ can be _____ at best and is _____ __ a _____ at worst.

Ito: We both want to _____ that neither side can _____ kill key decisions. ___ ___' __ include a _____ _____ provision in the _____ of _____ or the _____' ____?

P: Now, ____' a _____. It certainly _____ _____.

C: So _____ _____ would require a __-_____ ___, rather than a _____ _____.

P: I can __ _____ ___ that unless our legal departments _____ some _____ __ __.

I: Sounds __ _____. I have no _____.

C: _____ __ I.

Settling and Closing

This is a continuation of the previous session. Powers, Ito and Cross have finally reached an agreement.

Powers: Now, the only _____ _____ is _____, or _____ _____, confirmation of our _____ _____ _____.

Ito: __ _____, Global Partners makes a ____ _____ of 10 million dollars and American Widgets makes a cash contribution of 8 million dollars and an __-____ _____ with a value of 2 _____ _____.

P: That's right. And we've arranged for a _____ _____ with XYZ Bank that _____ __ _____ of __ __ 3 million dollars. In this connection, we act as ____ _____ for the facility and _____ ___ ___ _____ _____ under the _____.

Cross: And it was agreed that __ ___ _____ we need more _____ to _____, we'll seek ____ _____, not _____ _____, because it's our policy not to ____ ____ too much _____ in _____ ___ of the _____ _____.

I: The _____ reason, of course, being that _ you give away too much equity now, ____ ___ be _____ ___ for the next round.

P: We're __ __ now?

C: Yes. I think that ___ _____ covers it.

I: I think we've _____ _____, indeed.

P: I'll send a _____ _____ of our _____ within a couple of days. If the summary looks okay, we'll _____ to having our _____ _____ an _____ agreement.

C: Fine. We ____ _____ to _____ ____ you.

P: I'd like to _____ you all __ _____. I hope we both __ the ____ __ _____. Good-bye, then.

I: I think __ __. Good-bye, Ms. Powers.

実践編

Chapter 6

プレゼンテーションで
使う言い回し

The Language of Presentations

内容紹介 p284

プレゼンテーション入門 Introduction to Presentations

LESSON 43 **DIALOG** プレゼンテーションとは p286 ∩ 128
 FOCUS プレゼンテーションを始める　more テーマをアピールする p288 ∩ 129 ∩ 130
LESSON 44 **DIALOG** プレゼンテーションに臨む心構え p290 ∩ 131
 FOCUS プレゼンテーションの手順　more プレゼンテーションのまとめ方 p292 ∩ 132 ∩ 133

小規模なプレゼンテーション Presentation for a Small Audience

LESSON 45 **DIALOG** 組織を説明するプレゼンテーション p298 ∩ 134
 FOCUS 組織を説明する　more 組織の変更を説明する p300 ∩ 135 ∩ 136
LESSON 46 **DIALOG** 事業・業務を説明するプレゼンテーション p302 ∩ 137
 FOCUS 事業・業務内容を説明する　more 自社の優位性を強調する言い回し p304 ∩ 138 ∩ 139

大規模なプレゼンテーション（1）Presentation for a Large Audience (1)

LESSON 47 **DIALOG** 業績アップをアピールするプレゼンテーション p310 ∩ 140
 FOCUS 業績アップの表現を使い分ける
 　more 業績拡大の局面を語る言い回し p312 ∩ 141 ∩ 142
LESSON 48 **DIALOG** 業績ダウンを報告するプレゼンテーション p314 ∩ 143
 FOCUS 業績ダウンの表現を使い分ける
 　more 業績転換の局面を表現する言い回し p316 ∩ 144 ∩ 145

大規模なプレゼンテーション（2）Presentation for a Large Audience (2)

LESSON 49 **DIALOG** 業績変化の幅を伝えるプレゼンテーション p322 ∩ 146
 FOCUS 業績変化の幅を表現する　more 前期・前年との比較 p324 ∩ 147 ∩ 148
LESSON 50 **DIALOG** ケーススタディを盛り込んだプレゼンテーション p326 ∩ 149
 FOCUS 変化のスピードを表現する　more 売上、利益の増減を述べる p328 ∩ 150 ∩ 151

プロフェッショナルなプレゼンテーション Presentation by a Professional

LESSON 51 **DIALOG** 顧客向けのプレゼンテーション（1） p334 ∩ 152
 FOCUS 可能性に応じて見通しを語る　more 頻度を語る表現 p336 ∩ 153 ∩ 154
LESSON 52 **DIALOG** 顧客向けのプレゼンテーション（2） p338 ∩ 155
 FOCUS 予想と結果を比較する　more 予想のロジックあれこれ p340 ∩ 156 ∩ 157

Chapter 6　内容紹介

プレゼンテーションで使う言い回し
The Language of Presentations

　英語でのプレゼンテーションは定型化されており、手順と決まり文句さえ押さえれば、誰でもこなせます。一方聞くほうも、こうした定型的な流れを予想しているので、それに乗せておかないと、いくら内容のいい話でも相手にうまく伝わりません。バーチャルな建物を説明している気持ちで、「全体は3階建てで、1階では…2階では…3階では…を見て参ります。では1階です。ここにあるのは…。以上が1階のあらましです。では2階に上がりましょう…」とこんな形で進めるとうまくいきます。最初と最後にそれがどういう特徴のある建物かを明示し、しっかり「持ち帰って」もらうのもポイントです。

ダイアログ紹介

プレゼンテーション入門　Introduction to Presentations

Lesson 43　プレゼンテーションとは　Understanding Presentations

　証券会社での新人研修の場面で、プレゼンテーションをテーマとしたプレゼンが行われています。「何の話なのか」「時間はどのぐらいかかるのか」が冒頭ではっきり示され、プレゼンの典型的な出だしとなっています。プレゼンの途中でも質問を受け付けるか、終わってからまとめて処理するかは、どちらがやりやすいかという発表者のスタイルの問題です。

Lesson 44　プレゼンテーションに臨む心構え　Preparing for Presentations

　前回のつづきです。ダイアログにあるとおり、プレゼンの進め方は実に単純明快で、これからこういう話をしますと予告し、実際に話をし、そして、こういう話をしましたとまとめます。プレゼンの要素を頭文字にまとめた EETS や BEST などの話が出ますが、その中で常に一番大事なのは BEST の B、つまり内容を一行で言い表した bottom line です。

小規模なプレゼンテーション　Presentation for a Small Audience

Lesson 45　組織を説明するプレゼンテーション　Describing Corporate Structures

　プレゼンでは、自社の組織を説明する機会が多くあります。ダイアログは証券会社のケースで、株式部門を equity department、債券部門を fixed income department と称しています。株式は stock、債券は bond といった一般的発想とは異なる表現です。企業の事業部／部署の英文名には業界別の標準的言い方がありますので、調べておく必要があります。

Lesson 46　事業・業務を説明するプレゼンテーション　Describing a Business

　前回のつづきで、自社の事業や業務内容を説明しています。事業内容、創業年、所在地、支店数などの基本的言い方のほか、provide a spectrum of....、our businesses include....、the areas where we excel....、the depth and breadth of our capabilities といった定型句的な言い回しが多用されています。日ごろから意識して使えるようにしておく必要があります。

大規模なプレゼンテーション（1） Presentation for a Large Audience (1)

Lesson 47　業績アップをアピールするプレゼンテーション
Describing Good Corporate Performance

　アメリカの大手証券会社の株主総会での、会長によるプレゼンを基に作成しています。「記録的な純利益を計上」「過去２番目にいい数字」など、日本企業の決算発表でもよく耳にする、業績アップをアピールする表現が英語で次々に繰り出されています。総収益、純利益といった、業績発表に際してよく使われる用語に英語で慣れていきましょう。

Lesson 48　業績ダウンを報告するプレゼンテーション
Describing Disappointing Corporate Performance

　このダイアログは、エンロン事件（米国エネルギー大手のエンロン社が、経営陣の指示で巨額の粉飾決算を行い、経営破綻した事件）を素材にしています（売上の前倒し計上はエンロンと関係なく、不正な会計処理としてよくある例です）。ややレベルが高くなりますが、後半に出てくる fiduciary duty「受託者責任」や conflict of interest「利益相反」は経営者の責任が問われる場面で頻出する言葉なので、押さえておく必要があります。

大規模なプレゼンテーション（2） Presentation for a Large Audience (2)

Lesson 49　業績変化の幅を伝えるプレゼンテーション
Describing Degree of Change in Company Performance

　投資銀行での M&A（合併・買収）についての研修です。自社の長期戦略に立って買収対象候補を選定し、対象企業の業務を分析し、投資方針を決め、企業価値を算定するという一般的枠組みを示し、そのあと具体例を挙げるというオーソドックスな展開です。業績が大幅低下した企業が、企業買収で業績の回復を図ろうとした例が紹介されています。

Lesson 50　ケーススタディを盛り込んだプレゼンテーション　Presenting a Real-Life Example

　前回のつづきで、ここでは企業合併の失敗例がテーマとなっています。ダイアログでは、質問を受けたロングが、The question is, "Why... と、自分で答えやすいように質問自体を再構成していますが、これは余裕をもって質問に答えるための重要なテクニックです。また明確に理解したい場合、Could you elaborate on that? と質問することもよくあります。

プロフェッショナルなプレゼンテーション Presentation by a Professional

Lesson 51　顧客向けのプレゼンテーション（1） Presentation for a Company's Clients (1)

　証券会社の投資家セミナーで実際に行われた、エコノミストによるプレゼンを素材にしています。あいさつに続いてプレゼンの目的を説明し、さらに所要時間の説明をからめて、そのプレゼンを聞き終えるとどういうメリットがあるのかと売り込んでから、プレゼンの構成を説明している点、まさにセオリーどおりの切り出し方です。

Lesson 52　顧客向けのプレゼンテーション（2） Presentation for a Company's Clients (2)

　前回のつづきで、７つの経済指標の話が行われます。７つめの指標「株式市場」を And finally...（そして最後に…）と話し終えたあと、それまでの話を Right. To summarize... とまとめ、Now, let's move on to... と次の項目に移っていきます。この流れは、Lesson 44 で取り上げた BEST での S-Summary, T-Transition という図式どおりの展開です。

CHAPTER 6 プレゼンテーションで使う言い回し

LESSON 43 プレゼンテーション入門 ❶ ②

Understanding Presentations

Rina Imura and Keito Yoda joined XYZ Securities fresh from college and are undergoing on-the-job training under the supervision of their designated mentor, Patricia Simmons.

Simmons: Today, I want to talk about giving a presentation. You'll learn how to plan a presentation and deliver it confidently. It won't take more than 40 minutes.

Yoda: Presentations?

S: As usual, just stop me if you have a question. And this, I'm telling you, is not for your benefit, but for the sake of better communication with the audience.

Imura: But don't questions disrupt the flow of the presentation?

S: Needless to say, some people prefer that questions be held until the end. But in my opinion, they make for a better presentation. And that goes double if it's a one-on-one presentation or a presentation to just a couple of people. Like the one we're doing here.

Y: Interesting. I was under the impression that "presentation" implies a large audience.

S: No, what I'm doing right now is one kind of presentation. A presentation to an audience of two people. Of course, things would be different if presentations were like press conferences held in the wake of a huge scandal. But presentations are not like that. You're not facing a mob of heckling reporters. What you have is an audience of decent businesspeople. Attentive at best, and bored at worst, perhaps wondering why they should be listening to you.

I: Bored!

S: Yes, bored. As a matter of fact, people are often there simply because their bosses told them to be there.

Y: All the more reason to jazz things up.

S: Jazz things up! That's a big no-no in this firm, I'm afraid. This firm is known for doing things with class. No jazz ups, period. It simply isn't done here.

Giving a presentation
〈プレゼンを行う〉
- *How to plan* 〈準備の仕方〉
- *How to deliver* 〈行い方〉

No jazz ups, period.
おもしろおかしく盛り上げる
なんてのは絶対ダメです。

DIALOG　プレゼンテーションとは

DL 128

LESSON **43**

CHAPTER
基礎編
1
2
3
実践編
4
5

プレゼンテーションで使う言い回し

Translation

プレゼンテーションを理解する

新卒でＸＹＺ証券に入社した井村里奈と依田啓人が、指名された指導係パトリシア・シモンズの指導で、新人OJT（職場内教育）を受けています。

シモンズ： きょうはプレゼンの話をします。プレゼンの計画を立て、自信をもって行うにはどうしたらいいのかを説明します。40分もかかりません。

依田： プレゼンですか。

シモンズ： いつものように、質問があったらその場でどうぞ。これは親切で言っているのではなく、聴衆とのコミュニケーションをより良くする方法だからです。

井村： でも、質問は、プレゼンの流れを妨げませんか？

シモンズ： 当然、質問は最後にまとめての方がいいと言う人もいます。しかし、私はこの方がより良いプレゼンに結びつくと考えています。1対1のプレゼン、あるいは相手が2、3人といったときは、特にそうです。きょうみたいなときですね。

依田： なるほど。「プレゼン」といえば、大勢の聴衆がいるものという感じを持っていました。

シモンズ： そうじゃないんですよ。今、ここでこうしているのも1つのプレゼンです。相手が2人というプレゼンですよね。もちろん、とてつもないスキャンダルが起きたあとの記者会見というなら、話は別です。ただ、プレゼンはそうではありません。押し寄せる記者の一団に取り囲まれる、というのではないですから。相手は常識あるビジネスパーソンで、うまくいけば熱心に聴いてくれるし、悪くすると退屈して、なんでこれを聞かされなければいけないんだなんて思っている、そんな人たちです。

井村： 退屈ですって！

シモンズ： そう、退屈。実際、ただ上司に言われたからそこにいる、という人が結構いるものよ。

依田： それならなおのこと、あれこれ話を盛り上げなくちゃ。

シモンズ： 盛り上げるなんてとんでもない！ あいにく、この会社では御法度ですからね。とにかく、この会社はあか抜けているということで知られているんですから。おもしろおかしく盛り上げるなんてのはダメですよ。絶対ダメです。ともかくそういうことはやらないの、うちでは。

Vocabulary

fresh from college 新卒で＊fresh from the growers なら「産地直送の」

on-the-job training (OJT) 職場内教育「訓練」＊仕事現場で，業務の知識や技術を習得させる研修

supervision 監督、指揮

designate 指名する、指定する

mentor [méntɔr] 相談相手、指導員＊trainer →一定のスキルを教え込む人、mentor →あれこれ相談にのってくれる人

give a presentation プレゼンテーションを行う

deliver （スピーチやプレゼンなどを）行う

confidently 自信を持って

for one's benefit 〜のために＊benefit「利益」

audience [ɔ́:diəns] 聴衆

disrupt 妨げる

questions be held 質問を控える＊要求や提案を表す動詞 (prefer) に続く that 節なので原形 be が使われている

make for 〜 〜に役立つ、寄与する＊前の主語 they は questions を指している

go double 2倍になる＊ここでは「なおさらそうだ」といった意味

one-on-one presentation 1対1のプレゼンテーション

imply 〜の意味を含む

large audience 大人数の聴衆

things 状況、事態

press conference 記者会見

in the wake of 〜 〜のあとで

mob 大集団、群衆

heckle 質問攻めにする

decent まともな、上品な

attentive 熱心に聴き入っている

all the more reason to 〜 なおさら〜しなくては＊There is all the more reason to 〜. の略

jazz 〜 up 〜に変化をつけて盛り上げる

no-no 禁じられていること＊元小児語

with class あか抜けて、スマートに＊class「上品さ、スマートさ、気品」

jazz ups 上記 jazz 〜 up の名詞形

period 以上、もはや議論の要なし＊間投詞

287

LESSON 43
FOCUS プレゼンテーションを始める

> **Key Phrase**
> Today, I want to talk about giving a presentation. You'll learn how to plan a presentation and deliver it confidently.
> きょうはプレゼンの話をします。プレゼンの計画を立て、自信をもって行うにはどうしたらいいのかを説明します。

プレゼンテーションでは普通、挨拶のあとに、テーマや内容構成、所要時間など、全体の概要を伝えます。次のような冒頭での決まり文句をおさえておきましょう。

❶ 挨拶をする

自社に人々を招いてプレゼンテーション[プレゼン]を行うときの言い方です。

I'm very pleased to be able to welcome you to our company. **Thank you for making the effort to come today.**
(みなさんを弊社にお迎えできて大変うれしく思います。**本日は、わざわざお越しいただき、ありがとうございました**)

次に、自分が他の会社に出向いてプレゼンを行うときの言い方です。

I'd like to **thank you for asking me to give this presentation.**
(プレゼンテーションの機会を与えてくださり、ありがとうございました)

❷ テーマを示す

Key Phrase もプレゼンのテーマを示していますが、ほかに次のような言い方もあります。

I'm here today to talk about our latest global projects.
(本日は、私どものグローバル・プロジェクトの最近のようす**をご紹介したいと思います**)

The purpose of my presentation is to inform you about our initiatives in knowledge management.
(このプレゼンテーションでは、ナレッジマネジメントについてどういったイニシアティブを取っているか**をご紹介いたします**)

■ initiative「新しいプラン」 knowledge management (KM)「知識管理、ナレッジマネジメント」 *社員の知識や情報を会社全体で共有、有効活用して、業績を上げようという経営手法

前の文は主語が I ですが、あとの文は主語に purpose という抽象的な名詞が使われており、その分、前の文よりフォーマルな感じがします。

❸ 全体の構成を示す

I'll begin by describing the background to the project, **and then go on to** explain the progress we've made so far, **and end with a word on** the project's future.
(**まずは**プロジェクトの背景をご説明し、**それに続けて**現在までの進捗状況をご報告し、**そして**将来の見通し**の話で終えます**) ■ describe「説明する」 go on to do「続いて〜する」

※ begin by のあとには動名詞、go on のあとには to 不定詞がきます。

I have divided my talk into three parts. **In the first part,** I'll look at the history of our industry. **In the second part,** I'll outline the company's performance. **And in the final part,** I'll explain our plans for the future.

（話を3つに分けました。最初にこの業界の歴史をお話しし、第2に当社の業績のあらましをお話しします。そして最後に将来に向けての計画をご説明します）　■ divide ~ into ...「~を…に分ける」

❹ 所要時間を示す

I'll be speaking for about 30 minutes.
（話のお時間は30分ほど頂戴できればと思います）

※〈will be ~ing〉という未来進行形は「段取りとしてそういうことになっている」という意味で使います。

My presentation will last about 30 minutes.
（私のプレゼンテーションはおよそ30分を予定しています）　■ last「続く」

more » テーマをアピールする

プレゼンテーションのテーマを示すのに先立ち、聴衆の関心をあらかじめ高め、熱心に聞いてもらうために、以下のようにアピールすることがあります。

● イントロ部分でアピールする

At the end of this presentation, you'll understand why corporate governance matters.

（今回のプレゼンをお聴きになれば、なぜコーポレートガバナンス[企業統治]が重要なのかがおわかりになります）

My presentation will help you understand why corporate governance matters.

（このプレゼンで、なぜコーポレートガバナンスが重要なのかが一層よくおわかりになるかと思います）

Over the next 30 minutes, you're going to hear about something that will change your ideas about cellular phones.

（この30分の間に、みなさんは、携帯電話に対する見方が変わるような話を耳にされるはずです）　■ cellular [cell] phone「携帯電話」 ＊英国では mobile phone

● 最後にもう一度アピールする

プレゼンの締めくくりでも、改めてアピールすることを持ち出して印象づけると、より効果的です。

At the outset, I said that by the end of this presentation you will have changed your ideas about cellular phones. **I hope I've managed to deliver what I'd promised you all.**

（冒頭で、このプレゼンテーションを通じてみなさんの携帯電話に対する見方が変わると申し上げましたが、そのとおりお話しできていれば幸いです）

■ manage「なんとか成し遂げる」　deliver「述べる、伝える」

CHAPTER 6 プレゼンテーションで使う言い回し

LESSON 44 プレゼンテーション入門 ① ②

Preparing for Presentations

Patricia Simmons is continuing her talk with the two trainees, Rina Imura and Keito Yoda.

Simmons: Okay, I'd like to talk about how you plan a presentation and how you deliver it. Now, here's how a typical presentation goes. You tell the audience what you're going to say, tell it to them, and then tell them what you said.

Yoda: I tell them what I'm going to say, tell them what I have to say, and then tell them what I said.

S: You've got it perfectly right. That's how it goes. But, in reality, it's not as easy as it sounds. It requires preparation, which I do with the acronym EETS in mind.

Imura: EETS? What does it stand for?

S: E is for expectations. Are they expecting to be informed, convinced or challenged? The next E is for experience. What do they already know about the subject or about your company? T is for time. And S is for the size of the audience.

Y: I like the acronym. It aids my feeble memory.

S: Okay, here's another one containing all the important ingredients in delivering your presentation. It's BEST.

Y: BEST! And it stands for...?

S: B is for bottom line. State the conclusion at the very beginning. It's the message. It's what I want the audience to know when I'm finished. E is for evidence. Back up what you say with hard facts and figures. S is for summary. And T is for transition. "Having looked at bla bla bla, let's move on to yada, yada, yada." In this way, you make it clear when you're changing to another topic.

I: So, we use the EETS approach for preparation and the BEST approach for delivery.

S: Believe it or not, it works. End of lesson. We go out for a drink. And it's on me.

E xpectations 〈期待〉
E xperience 〈経験〉
T ime 〈時間〉
S ize of the audience 〈聴衆の規模〉

B ottom line 〈結論〉
E vidence 〈根拠〉
S ummary 〈まとめ〉
T ransition 〈移行〉

I like the acronym. It aids my feeble memory.
その頭文字、いいですね。記憶力が弱いので助かります。

プレゼンター ション入門 ① ②	小規模なプレ ゼンテーション	大規模なプレゼ ンテーション(1)	大規模なプレゼ ンテーション(2)	プロフェッショナルな プレゼンテーション

·········· DIALOG プレゼンテーションに臨む心構え

🎧 DL 131

Translation

プレゼンテーションの準備をする

パトリシア・シモンズが2人の研修生、井村里奈と依田啓人に対するレクチャーを続けています。

シモンズ: それでは、プレゼンをどう計画し、どう行うかを説明しましょう。さて、プレゼンは普通、こんなふうに進めます。聴衆に、これから何の話をするのかを伝えてから、話をして、そのあと何の話をしたのかをまとめる、という具合で。

依田: これから自分が何の話をするのかを伝え、話すべき内容を伝え、そのあと、自分が何の話をしたのかを伝える、とこうですね。

シモンズ: 完全におさえたじゃない。そういう感じで流れるんです。ただ、簡単そうに聞こえるけど、実際にはそうではありません。準備が必要になるわけで、その際、私は、EETSという頭文字を念頭に置いてやっています。

井村: EETSですか。何を表しているんですか?

シモンズ: Eはexpectations(期待)のEです。聴衆は情報が欲しいのか、納得したいのか、あるいは自分の能力を試したい[勉強したい]のか。次のEはexperience(経験)のE。聴衆はプレゼンのテーマあるいは当社についてどんな予備知識を持っているのか。Tはtime(時間)のT。そしてSが聴衆のsize(規模)のS。

依田: その頭文字、いいですね。記憶力が弱いので助かります。

シモンズ: それでは、プレゼンを行う上で重要な要素が入っているものがもう1つあります。BESTです。

依田: BESTですか。その意味は…?

シモンズ: Bはbottom line(結論)のBで、一番初めに結論を述べよということです。メッセージのことです。終わったときに聴衆の頭の中に残っているのはこれであって欲しいというものです。Eはevidence(根拠)のE。客観的な事実やデータで裏付けをせよということです。Sはsummary(まとめ)のS。そしてTはtransition(移行)のT。「何々について見てきたわけですが、次はこれこれを見ていきましょう」という具合に言えば、次のトピックに移行するタイミングをはっきりさせることができます。

井村: となると、準備に際してはEETSに従い、実行する段ではBESTに即して進めるということですね。

シモンズ: 信じられないかもしれないけど、ともかく使えるワザです。これで本日のレッスンは終了。飲みに行きましょう。私のおごりよ!

Vocabulary

trainee 研修生

deliver (スピーチやプレゼンなどを)行う＊ほかに「配達する、子供を産む」

how ~ go(es) ~がいかに進むか＊go「(事が)運ぶ、進展する」

audience [ɔ́ːdiəns] 聴衆

get ~ right ~を正確に理解する

in reality 現実には、実際には

acronym [ǽkrənìm] 頭字語＊いくつかの単語の先頭の文字を並べた語

stand for ~ ~を表す、意味する

expectation 期待

inform 情報を提供する、知識を与える

convince 納得させる

challenge ~ ~の技量[能力]を試す

subject テーマ

aid 助ける

feeble memory 記憶力が弱いこと＊feeble「弱い」

contain 含む

ingredient [ingríːdiənt] 成分、構成要素

bottom line 結論

state 述べる＊命令文なので文頭にある

message 趣旨、ねらい

I'm finished 終わった、済んだ＊finished〈形〉「し終わった」

evidence 証拠、根拠

back up ~ with ... ~を…で裏付けする[補強する]

hard facts and figures 確かな事実や(統計上の)数値＊hard「動かしがたい、事実に基づいた」

transition 移行

yada, yada, yada これこれ、なんとかかんとか＊yadda とも綴る。口語

believe it or not 信じようと信じまいと、こんなことを言っても信じないだろうが

work 有効に作用する

It's on me. それは私が支払います[おごります]。＊on ~「~の負担で」

LESSON

44

CHAPTER

基礎編

1
2
3

実践編

4
5
6

プレゼンテーションで使う言い回し

291

LESSON 44

FOCUS プレゼンテーションの手順

> **Key Phrase**
> Okay, I'd like to talk about how you plan a presentation and how you deliver it.
> それでは、プレゼンをどう計画し、どう行うかを説明しましょう。

　個々の項目についてプレゼンを行う場合、スライド等を使って説明したり、項目のポイントをまとめるなど、だいたい決まった手順があります。要所で使う言い回しを押さえておきましょう。

❶ 個々の項目に入る

First of all, I'd like to look at our sales performance.
（まずは、私どもの販売実績を見てまいりたいと思います）
■ sales performance「販売実績、営業成績」＊ performance「成果」

Now, I'd like to talk about the current situation of our China operations.
（さて、私どもの中国における事業の現況**をお話ししましょう**）

❷ スライド等を使う

Let's take a look at the next graph. **This shows that** consumer spending increased significantly in 2006.
（次のグラフをご覧ください。2006年には個人消費がかなり増加している**ことがわかります**）
■ consumer spending「個人消費」＊ consumer「消費者」

You can see from this chart **that** output at our plant in Spain fell by 10,000 units last year compared with a year ago.
（このグラフからおわかりのとおり、スペイン工場での昨年の生産量は前年比で１万個減っています）
■ chart「図表、グラフ」＊ pie chart「円グラフ」、bar chart「棒グラフ」で、「折れ線グラフ」は (line) graph、「表」は table になる　output「（一定期間中の）生産高［量］」　fall by ~「~だけ減る」　compared with ~「~と比べて」

❸ 項目のポイントをまとめる

So, to sum up, it took five years to obtain government approval.
（というわけで、**要するに**、政府の認可を取得するのに５年かかったことになります）
■ to sum up「要約すると、結論として」＊ sum「集約する、合計する」government approval「政府の認可」
※ sum up はインフォーマルな言い方です。summarize を使うと一般的表現になります。

In brief, we've looked at possible reasons for why this product failed to gain consumer acceptance.
（手短に言えば、この製品が消費者に受け入れられなかった原因と考えられるもの**を見てきたわけです**）
■ in brief「手短に、要するに」＊ brief「概要」　possible reason「理由と考えられるもの」　fail to ~「~しそこなう」

❹ 次の項目へと移る

Now, let's turn to our operations in Taiwan.
(それでは、台湾での事業に目を向けてみましょう)

Next, we come to ongoing development efforts.
(次は、現在進められている開発作業を見ていくことにしましょう)

■ come to ~「~の話になる」 ongoing「進行中の」

more » プレゼンテーションのまとめ方

プレゼンを終えるときには、一般にまず、概要をまとめます。次にこれで終わりにすることを告げ、清聴に感謝し、質問がないかどうか確認する、という流れになります。

● 内容をまとめる

Before I finish, I'd like to run through the main points again. Our proprietary software **was developed by** our founder, president Taro Yano, **rapidly grew to become** the market leader, and **is being** continuously **upgraded** to keep up with the advancement of technology.

(話を終える前に、もう一度要点を振り返らせていただきます。弊社独自のソフトは、創業者である社長の矢野太郎が開発したものであること、業界トップへと急成長したこと、それと技術進歩に合わせて絶えずアップグレードされている、とこうなります)

■ run through「ざっと振り返る」 proprietary「自社独自の」 founder「創業者」 upgrade「上級のものに変更する、アップグレードする」 keep up with ~「~と歩調を合わせる」

● 終わりを告げ、清聴に感謝する

Now, this brings me to the end of my presentation.
(それでは、これをもちまして、私のプレゼンテーションを終わります)

Thank you for your attention.
(ご清聴ありがとうございました)

● 質問を受け付ける

If you have any questions, I'd be happy to answer them now.
(ご質問があれば、この場でお答えしますので、どうぞ)

質疑応答が一段落したところで、改めて終了することを告げる場合は、例えば、以下のようになります。

Any more questions? No? Well, in that case, **thank you again for your attention.**
(ほかにご質問はありませんか。ないようでしたら、改めてご清聴に感謝し、終わりにいたします)

LESSON 43&44
CHECK UP

FOCUS!

>>> 空欄を埋めて話してみよう <<<

発音も確認
してみよう。

プレゼンテーションを始める／プレゼンテーションの手順

1. ❶ みなさんを弊社にお迎えできて大変うれしく思います。
   本日は、わざわざお越しいただき、ありがとうございました。

   I'__ v___ p_____ t_ b_ a__ t_ w_____ y_ t__ o__
   c_____. T__ y_ f_ m__ t_ e__ t_ c__ t__.

2. プレゼンテーションの機会を与えてくださり、ありがとうございました。

   I'_ l_ t_ t__ y_ f_ a__ m_ t_ g__ t_ p__.

3. ❷ 本日は、私どものグローバル・プロジェクトの最近のようすをご紹介したいと
   思います。

   I'__ h_ t__ t__ t__ a__ o_ l__ g__ p_____.

4. このプレゼンテーションでは、ナレッジマネジメントについてどういったイニ
   シアティブを取っているかをご紹介いたします。

   T_ p__ o_ m_ p__ i_ t__ i_ y_ a__ o_ i____
   i_ k_____ m_____.

5. ❸ まずはプロジェクトの背景をご説明し、それに続けて現在までの進捗状況をご
   報告し、そして将来の見通しの話で終えます。

   I'_ b__ b_ d_____ t_ b_____ t_ t_ p____,
   a__ t_ g_ o_ t_ e___ t_ p_____ w__' m__
   s_ f_, a_ e__ w__ a w__ o_ t_ p__' f__.

6. 話を３つに分けました。最初に、この業界の歴史をお話しし、第２に、当社の業績
   のあらましをお話しします。そして最後に将来に向けての計画をご説明します。

   I h___ d__ m_ t__ i__ t_ p__. I_ t_ f_ p__,
   I'_ l_ a_ t_ h__ o_ o_ i___. I_ t_ s_ p__,
   I'_ o__ t_ c____' p_____. A_ i__ t_
   f__ p__, I'_ e__ o_ p__ f_ t_ f__.

LESSON 43＆44　プレゼンテーションで使う言い回し―プレゼンテーション入門 ❶❷

7. ❹ 話のお時間は 30 分ほど頂戴できればと思います。

I'__ b____ s___ f__ a____ 30 m_____.

8. ❶ まずは、私どもの販売実績を見てまいりたいと思います。

F___ o_ a___, I'__ l___ t_ l__ a___ o_ s___ p_____.

DL 132

CHAPTER
基礎編
1 2 3
実践編
4 5
6

9. さて、私どもの中国における事業の現況をお話ししましょう。

N_____, I'__ l___ t__ t____ a___ t__ c_____ s_____ o__ o__
C_____ o_____.

10. ❷ 次のグラフをご覧ください。2006 年には個人消費がかなり増加していること
がわかります。

L__'_ t____ a l___ a___ t__ n___ g____. T__ s___ t____
c_____ s_____ i_____ s_____ i___ 2006.

11. このグラフからおわかりのとおり、スペイン工場での昨年の生産量は前年比で
1 万個減っています。

Y___ c_ s___ f___ t___ c__ t__ o____ a_ o_ p__ i__
S___ f__ b__ 10,000 u___ l__ y__ c_____ w__ a y__ a__.

12. ❸ というわけで、要するに、政府の認可を取得するのに 5 年かかったことになります。

S__, t__ s__ u__, i_ t__ f_ y__ t_ o___ g_____ a_____.

13. 手短に言えば、この製品が消費者に受け入れられなかった原因と考えられるも
のを見てきたわけです。

I___ b____, w__'__ l__ a___ p_____ r_____ f__ w__ t__
p_____ f___ t_ g__ c_____ a_____.

14. ❹ それでは、台湾での事業に目を向けてみましょう。

N___, l__' t___ t__ o__ o_____ i__ T____.

15. 次は、現在進められている開発作業を見ていくことにしましょう。

N___, w__ c___ t__ o_____ d_____ e_____.

プレゼンテーションで使う言い回し

295

Understanding Presentations

Rina Imura and Keito Yoda joined XYZ Securities fresh from college and are undergoing on-the-job training under the supervision of their designated mentor, Patricia Simmons.

Simmons: Today, I want to talk about _____ a _____. You'll learn ____ __ ____ a presentation and _____ it _____. It ___'__ more than __ _____.

Yoda: Presentations?

S: As usual, just ___ __ if you have a question. And this, I'm telling you, is not __ ___ _____, but for the sake of _____ _____ with the _____.

Imura: But don't questions _____ the ___ of the presentation?

S: Needless to say, some people _____ that _____ be ___ until the end. But in my opinion, they _____ __ a better presentation. And that ____ _____ if it's a ___-_- _____ or a presentation to just a couple of people. ____ __ __ we're doing here.

Y: Interesting. I was under the _____ that "presentation" _____ a ____ _____.

S: No, ____'_ _____ ___ ___ is one kind of presentation. A presentation to an _____ of two people. Of course, _____ would be different if presentations were like _____ _____ held __ the _____ __ a huge _____. But presentations are __ __ __. You're not _____ a ____ of _____ reporters. ____ __ __ is an audience of _____ _____. _____ at best, and _____ at worst, perhaps _____ __ they should be _____ to you.

I: Bored!

S: Yes, bored. __ a _____ __ __, people are often there _____ _____ their bosses told them __ __ ____.

Y: __ the _____ _____ to __ things __.

S: Jazz things up! That's a big __-_ in this firm, I'm afraid. This firm _____ __ doing things ____ ____. No ___ ___, _____. It simply isn't done here.

296

Preparing for Presentations

Patricia Simmons is continuing her talk with the two trainees, Rina Imura and Keito Yoda.

Simmons: Okay, '_ ___ to ___ _____ ____ you ___ a presentation and ___ you _____ it. Now, here's ___ a typical presentation ____. You tell the _____ what you're _____ _ say, tell it to them, and then tell them ____ __ __.

Yoda: I tell them ____ '_ ____ _ __, tell them ___ I ___ _ __, and then tell them ___ I ___.

S: You've __ it perfectly ____. That's ___ _ ____. But, _ _____, it's not as easy as it sounds. It _____ _____, which I do with the _____ EETS in mind.

Imura: EETS? What does it _____ __?

S: E is for _____. Are they expecting to be _____, _____ or _____? The next E is for _____. What do they already know about the _____ or about your company? T is for ___. And S is for the ___ of the _____.

Y: I like the acronym. It ___ my _____ _____.

S: Okay, here's another one _____ all the important _____ in _____ your presentation. It's BEST.

Y: BEST! And it stands for...?

S: B is for _____ ___. ____ the _____ at the very beginning. It's the _____. It's ____ I ____ the audience to know ____ I'm _____. E is for _____. ____ _ what you say ___ ____ ___ and _____. S is for summary. And T is for _____. "_____ _____ _ bla bla bla, let's _____ __ _ yada, yada, yada." In this way, you _____ _ ____ when you're _____ to another topic.

I: So, we use the EETS _____ for _____ and the BEST _____ for _____.

S: _____ it __ ___, it _____. End of lesson. We __ __ _ a drink. And it's __ __.

CHAPTER 6　プレゼンテーションで使う言い回し

LESSON 45　小規模なプレゼンテーション ❶ ②

Describing Corporate Structures

Patricia Simmons of XYZ Securities is explaining the company's structure to two college students working on internships, Jun Ohsugi and Sayuri Kato.

Simmons: Today, I'd like to explain the structure of our business. Now, as you can see from the organization chart, **we're split into three operational divisions.** The first of these is the Equity Department. We primarily serve corporate clients, executing their buy or sell orders. That's what we call "agency transactions." And we're also involved in principal transactions.

Kato: Principal transactions?

S: A principal transaction is when we execute trades in our own name and for our own account.

K: I see.

S: Then there's the Fixed Income Department, the one that deals mainly with bonds and other interest rate products, and the Investment Banking Department, which provides services such as capital raising and M&A advisory services.

Ohsugi: Are these three functions what you call "front office"?

S: Yes, they're commonly referred to as "front office" in the industry.

O: Does that mean there's a back office?

S: Yes. The operational functions of a financial firm is known by the term "back office." And nowadays, there's even a "middle office," which sees to risk management, among other things. Okay, as I was saying, we have three operational units and the heads of these departments report to the Executive Committee.

...three operational divisions
　…3つの営業部門があります

Organization Chart of XYZ Securities 〈XYZ証券組織図〉

Front Office
- Equity Department 〈株式本部〉　　**Stocks** 〈株式〉
- Fixed Income Department 〈債券本部〉　**Bonds** 〈債券〉
- Investment Banking Department 〈投資銀行本部〉
　　Underwriting* / M&A 〈引受け／企業合併・買収〉

*(securities) underwriting:「証券引受け」で、企業の株式・債券発行（つまり capital raising〈資金調達〉）の世話をする業務

298

| プレゼンテーション入門 | ▶▶ | 小規模なプレゼンテーション ❶❷ | ▶▶ | 大規模なプレゼンテーション(1) | ▶▶ | 大規模なプレゼンテーション(2) | ▶▶ | プロフェッショナルなプレゼンテーション |

········ DIALOG 組織を説明するプレゼンテーション 🎧 DL 134

LESSON 45

CHAPTER
基礎編
1 2 3
実践編
4 5 **6**

プレゼンテーションで使う言い回し

Translation

会社組織を説明する

ＸＹＺ証券のパトリシア・シモンズがインターンとして勤務中の大学生、大杉純と加藤小百合に会社の組織を説明しています。

シモンズ： きょうは、私どもの事業の体制を説明しましょう。さて、組織図からわかるとおり、私どもの会社は３つの営業部門を持っています。最初が株式本部。主として法人客にサービスを提供しており、法人客の売買注文を行っています。「委託売買」と呼んでいます。このほか自己売買も行っています。

加藤： 自己売買とおっしゃるのは？

シモンズ： 自己売買というのは、当社の名義で、また、当社の勘定で売買するのがこれに当たります。

加藤： なるほど。

シモンズ： 次に来るのが債券本部です。主に債券その他金利連動商品を扱う部門です。そして投資銀行本部。ここは、資金調達やM&A（企業の合併・買収）の助言業務を行っています。

大杉： 今の３つの業務を指して、いわゆる「フロントオフィス」と呼ぶのでしょうか？

シモンズ： そうです。業界では普通、こういった部門を指して「フロントオフィス」と言っています。

大杉： ということは、バックオフィスというのもあるのでしょうか？

シモンズ： ええ。金融関連の会社の業務管理部門は「バックオフィス」として知られています。また、近頃は、主としてリスク管理に当たる「ミドルオフィス」というものまであります。さて、さきほど言ったように、当社には３つの営業部門があり、それぞれの責任者は経営会議の指揮監督下に置かれています。

Vocabulary

company's structure 会社組織
internship 研修生［見習い］の身分
organization chart 組織図＊= organizational chart
operational division [unit] 営業部門、実働部隊＊ operational unit の形が最後から2行目にある
equity department 株式部門＊「株式」は一般には stock / share で表すが、証券会社では equity [ékwəti] と言う
serve ~ ～にサービスを提供する
corporate client 法人客
execute an order 売買注文を実行する＊ execute「遂行する、執行する」
buy order / sell order 買い注文／売り注文
agency transaction 委託売買＊代理人（agency）としての売買の意で、顧客の委託を受けて売買する。 brokerage「仲介業務」の同義語
principal transaction 自己売買＊ principal は代理人に対する「本人」の意で、証券会社が自分の勘定で売買する。 dealing「売買業」の同意語
account 勘定、収支計算
fixed income department 債券部門＊ bond「債券」の正式名称は fixed income securities「確定利付証券」
bond 債券＊社債、国債、公債など
interest rate product 金利連動商品＊ interest rate「利率、金利」
investment banking 投資銀行業務＊企業の資金調達や企業合併・買収の助言等を行う。 banking「銀行業務」
capital raising 資金調達＊ capital「資本（金）、元手」
M&A 企業の合併・買収＊ mergers & acquisitions の略
advisory service 助言業務
refer to ~ as ... ～を…と呼ぶ［言う］
operational function 業務管理部門
see to ~ ～がうまくいくよう取り計らう
risk management リスク管理
as I was saying さっきも言ったように＊話を元にもどすときによく使われる
report to ~ ～に報告する、～に属する、（上司の）指揮を受ける
executive committee 経営委員会

299

LESSON 45

 組織を説明する

> **Key Phrase**
> We're split into three operational divisions.
> 私どもの会社は3つの営業部門を持っています。

自分の所属組織の説明は、一定のパターンに従って行うとよいでしょう。必要なことを簡潔に伝えれば、無駄なくコミュニケーションを進められるうえ、「てきぱきとビジネスを進める人」という印象を、相手に与えることができます。

❶ 概略を説明する旨を伝える

Let me **explain how we're organized.**
（当社がどのような組織になっているかを説明させてください）

I'd like to **give you an overview of** our operations.
（当社の事業の概略をお話ししたいと思います）

❷ 事業部門がどう分かれているかを説明する

「（組織が）分かれている」は、Key Phrase の be split into ~ のほか、次のような言い方が使われます。

The Company **is organized into** four **business lines**.
（当社は4つの**事業部門**に分かれています）
  ■ organize ~ into ...「~を…に（分けて）組織する」 business line「事業部門」＊例えば、船舶、自動車といった事業部門を指す

This division **is sub-divided into** three geographic **groups**.
（この部門は**さらに**地域別に3つの**グループに分割されています**）
  ■ sub-divide「さらに分割する」＊sub「下位」 geographic group「地理的［地域別の］グループ」

❸ 個々の事業部門について説明する

The private banking **division serves** high net worth **clients in the** domestic and international **markets**.
（プライベートバンク**部門は、国内外の市場の富裕顧客にサービスを提供しております**）
  ■ private banking「プライベートバンキング」＊富裕顧客層向けの資産管理・運用サービス net worth「資産」＊worth「価値、財産」

The administrative **division covers** administrative services, human resources and premises.
（総務**部門は、**総務、人事、そして施設を**担当しています**）
  ■ administrative services「管理業務、総務 (=corporate affairs)」 human resources「人材、人事」 premise「土地、施設」

❹ 部門間の関係について説明する

All of these **business units report to** the Vice President for Finance.
（こうした個々の**営業部門は**すべて財務担当バイスプレジデント**の指揮系統に属しています**）
  ■ business unit「（管理部門に対する）営業部門、事業部内の個々の組織」 report to ~「~に報告する、~に属する、（上司の）指揮を受ける」 vice president「副社長、（金融機関の場合は、日本でいう）部長クラス」

These five **operational divisions are backed up by** two **service divisions**—the administrative division and the IT division.

(この５つの**フロントオフィス部門**は、総務とＩＴという２つの**バックオフィス部門により**サポートされています)

※金融関係の企業では、顧客と接する部門をフロントオフィスと言います。英語では operational divisions とか business units と呼ぶのが一般的です。フロントオフィスをサポートしているのがバックオフィス部門です。

more » 組織の変更を説明する

時代の変化に対応するための組織の統合・新設・廃止が増えており、現在の組織について、どのような変更を経て今の形になったのかを説明する必要が生じることもあります。最小限の言い回しをおぼえておきましょう。

● 部門の改編

Legal & Compliance **used to be** two functions organized centrally, but last year it **was reorganized into** two units, the Legal Department and the Compliance Department.

(法務・コンプライアンスは**以前は**中核をなす１部門の中の２つのグループ**でしたが**、昨年、独立した２つの組織、すなわち法務部とコンプライアンス部**に改組されました**)

■ legal「法律の」 compliance「(法令)順守」 function「機能→部門」 organize centrally「中枢部に集約して一元化する」 unit「(組織上の構成)単位」

● 部門の統合

Until five years ago, **each group function directed its business in its own discipline** such as corporate affairs, finance, purchasing, human resources and internal audit. But the turnaround artist **combined these functions into** one entity. He **merged them into** what is now the Corporate Services Department.

(５年前までは、総務、財務、購買、人事、内部監査という具合に、**各部門ごとに固有の業務を行っていました**。しかし会社再建のプロは**こうした業務を統合し**、一元化しました。彼は、現在のコーポレート・サービス部**にこれらをすべてまとめたのです**)

■ direct「指揮する」 discipline「規律、秩序」 corporate affairs「総務(=general affairs)」 internal audit「内部監査」 turnaround artist「企業再建の専門家」 * turnaround「方向転換→企業再建」、artist「達人、プロ」 entity「(独立の)存在→法人企業」 merge ~ into ...「~を...に合体する」

● 部門の廃止

The Accounting Department **was abolished and replaced by** two separate organizations, the Comptroller's Office and the Treasurer's Office.

(経理部は**廃止され**、２つの独立した組織、経理本部と財務本部が**それに取って替わりました**)

■ abolish「廃止する」 replace「取り替える」 comptroller [kəntróulər]「経理担当役員、経理部長」 * controller とも書く treasurer「財務担当役員、財務部長」

CHAPTER 6 プレゼンテーションで使う言い回し

LESSON 46 小規模なプレゼンテーション ①②

Describing a Business

This is a continuation of the previous dialog. Patricia Simmons of XYZ Securities is explaining who they are and what they do to two interns, Jun Ohsugi and Sayuri Kato.

Simmons: Now, let me explain who we are and what we do. XYZ Securities provides a broad spectrum of products and services to institutional and retail clients. Our businesses include the sale and trading of securities, securities underwriting, investment banking services, investment advisory services, investment research, venture capital, asset management and online brokerage services. The company was founded in 1952 and our headquarters are located outside of Boston. Our global network of more than 5,000 investment professionals, in 300 branch offices, manages over $300 billion in client assets. Any questions so far?

Ohsugi: 300 billion! That's about the size of the combined GDP of all African countries.

S: Africa's GDP. How come you have such mind boggling, ah, I mean, interesting information at your fingertips?

O: Oh, I'm majoring in development economics and I'm currently writing a paper on African economics.

S: Development economics... hmm, no wonder. Okay, picking up where I left off, let me brag a little about some of the areas where we excel. What sets us apart is the depth and breadth of our research capabilities. In fact, the quality of our research is demonstrated by our ranking in major analyst polls. For instance, in the prestigious Main Street Journal survey, we were ranked number one.

Kato: The Main Street Journal survey. That was no mean feat, I understand.

S: Indeed.

302

| プレゼンテーション入門 | 小規模なプレゼンテーション ①② | 大規模なプレゼンテーション (1) | 大規模なプレゼンテーション (2) | プロフェッショナルなプレゼンテーション |

DIALOG 事業・業務を説明するプレゼンテーション

DL 137

LESSON 46

CHAPTER 基礎編
1 2 3
実践編
4 5 6

プレゼンテーションで使う言い回し

Translation

事業[業務]を説明する

前回に引き続き、ＸＹＺ証券のパトリシア・シモンズが2人の研修生、大杉純と加藤小百合に対して、会社の事業と業務内容を説明しています。

シモンズ： さて、私どもがどういう会社であり、どういうことをしているかを説明しましょう。XYZ証券は、法人・機関投資家や個人客に対して幅広い金融商品やサービスを提供しています。事業内容は、証券の営業・売買、証券引受業務、投資銀行業務、投資助言業務、投資分析業務、ベンチャー投資、資産運用、それとオンライン証券取引業務といったところです。当社は1952年創業で、本社はボストン市郊外にあります。300支店に配置されている5000人以上の専門家を擁する世界的な営業網を通じて、3000億ドルを超える顧客資産のお世話をしています。ここまでで、何か質問は？

大杉： 3000億ですか！ アフリカ諸国すべてのGDPの合計と同じぐらいじゃないですか。

シモンズ： アフリカのGDPとはね。どうしてまた、そんな突拍子もない、あ、いや、おもしろいデータがぱっと出てくるんですか。

大杉： いえ、ぼく、開発経済を専攻していまして、今、ちょうどアフリカ経済に関するレポートを書いているんです。

シモンズ： 開発経済…道理で。ともかく、続けましょうか。うちの会社がずば抜けている点を少し自慢させてください。他社とどこが違うかというと、調査分析能力の高さと、その守備範囲の広さです。実際、うちの調査分析業務の水準の高さは、主だった人気アナリストランキングに表れており、例えば、あの有名なメイン・ストリート・ジャーナル紙の調査では1位になっています。

加藤： メイン・ストリート・ジャーナルの調査ですか。それはたいしたものですね。

シモンズ： そのとおりです。

Vocabulary

who they are and what they do ＊下項参照
intern 研修生＊ =trainee
who we are 私どもがどういう会社か[会社の事業]＊定型表現
what we do 私どもがどういうことをしているか[業務内容]＊定型表現
spectrum of products and services 商品・サービスのラインナップ＊ spectrum「スペクトル、分布範囲」
institutional client 法人客、機関投資家（年金基金など大口の資金を運用する投資家）
retail client 個人客・個人投資家＊ retail [ríːteil]「小口の、個人対象の」
securities underwriting 証券の引受業務＊株式や債券発行の世話。underwrite「引き受ける、署名する」
investment advisory service 投資助言業務＊資産運用関連の助言
venture capital service ベンチャー投資業務＊ベンチャー企業（venture / start-up）に資本を提供する
asset management 資産運用
online brokerage ネット証券取引
be founded in ~ ～年に設立されている
headquarters 本社＊必ず -s が付く。=head office
client assets 顧客からの預かり資産
have ~ at one's fingertips ～を熟知している、～が口をついて出てくる
mind boggling 想像［理解］しにくい＊ bog「困惑させる (=confuse)」
pick up where ~ left off 中断する前の続きを行う＊ pick up「再開する」、leave off「やめる、中断する」
brag 自慢する
excel 傑出する
set ~ apart ～を区別する、きわ立たせる
research capabilities 調査分析能力
demonstrate 示す、表す
poll 投票、調査
prestigious [prestídʒiəs] 名声のある
be no mean feat 至難の技である＊ mean「ささいな」、feat「妙技」

303

LESSON 46

 事業・業務内容を説明する

> **Key Phrase**
>
> **XYZ Securities provides a broad spectrum of products and services.**
> XYZ証券は、幅広い金融商品やサービスを提供しています。

　組織の事業や業務内容を説明する際には、以下のようなポイントをしっかり押さえておく必要があります。

❶ どういうモノ・サービスを提供しているのか

XYZ Inc. **manufactures** high-quality furniture.
（XYZ 社は、高級家具の**メーカー**です）

ABC Inc. **provides** computer security to corporate customers.
（ABC 社は、法人顧客向けにコンピューター・セキュリティーを**提供する業務を行っています**）
※ Key Phrase のように、ABC Inc. provides computer security to ~. とも言えます。

❷ 顧客（層）を明らかにする

Our **primary market is** young people, especially students.
（私どもの**主な購買者は**若者、特に学生**です**）　■ market「市場、購買者層」

We **primarily cater to** manufacturing companies.
（私どもの**主たる顧客は**製造業の会社**です**）　■ cater to ~ 「~の要求を満たす」

❸ 他社との違いを述べる

We **distinguish ourselves in the marketplace** by focusing first on our customers' evolving needs.
（私どもは、お客様の変わりゆくニーズにいち早く焦点を合わせることで、**市場での差別化を図っています**）　■ distinguish ~「~を特徴づける、差別化する」　evolve「進化する、発展する」

We **differentiate our services from those of our competitors** in terms of speed of implementation.
（私どもは、受注業務完了のスピードで、**他社のサービスとの差別化をしています**）
　■ differentiate ~ from ...「~を…と区別する、差別化する」　competitor「同業他社、ライバル企業」
　in terms of ~ 「~の点で」　implementation「（計画などの）実行、履行」

❹ 実績をアピールする

Supported by 10 **years of industry experience, our operations encompass** the development, manufacture, marketing and sales of quality cosmetics in Japan and overseas.
（10**年に及ぶこの業界での経験をもとに**、私どもは日本国内外で高級化粧品の開発、製造、マーケティング、販売**にわたる業務を行っております**）
　■ encompass「~を包み込む、網羅する」

プレゼンテーションで使う言い回し—小規模なプレゼンテーション

We have over 20 **years of industry experience** and **our operations are supported by a global network** of strategic contacts.

(私どもはこの業界で 20 年以上の経験を持っており、業務面でも戦略的な提携先とのグローバル・ネットワークに支えられております)

■ strategic「戦略的な」 contact「関係筋、連絡先」

more » 自社の優位性を強調する言い回し

他社の製品やサービスを意識して自社のものが優れていると言いたい場合も、言い方はだいたい決まっています。次のような言い回しを押さえておきましょう。

● 他社より優れている点を強調する

We believe **our product stands out from the rest because of** our care in design and packaging.

(私どもは、製品のデザインとパッケージに細心の注意を払っている点で、**わが社の製品が抜きん出たものである**と確信しております)

■ stand out「傑出している、抜きん出ている」

As we have our roots in distribution, **we have an edge over** most of our competitors who have their origins in manufacturing.

(私どもはもともとが流通業者ですから、製造業から出発している大多数の競争相手**に対しては一日の長があります**)

■ have an edge over ~「~に比べ一日の長がある、一歩先んじている」＊ edge「優勢(=advantage)、強み」

We **have always been** a trendsetter in our business and thus always **one step ahead of the competition**.

(私どもは**常に**このビジネスでのトレンドセッター[流行の先頭に立つ者]**であり、常にライバル企業の一歩先を行っています**)

■ be one step ahead of ~「~より一歩先んじている、一日の長がある」

● わが社がナンバー・ワンだと強調する

Our product **is unmatched in** quality and precision.

(私どもの製品は、品質と精密さ**において肩を並べるものがありません**)

Industry surveys consistently indicate that our service **is unparalleled in the industry**.

(業界の調査で、私どものサービス**は業界で並ぶものがない**との評価を一貫して得ています)

■ consistently「一貫して、常に」 indicate「示す、ほのめかす」

The flexibility of our service **is unrivaled by any other competitor**.

(私どもの柔軟性のあるサービスに**勝るライバル企業はありません**)

■ unrivaled「競争相手のない、無敵の」

LESSON 45&46 CHECK UP

FOCUS!

>>> 空欄を埋めて話してみよう <<<

組織を説明する/事業・業務内容を説明する

1. ❶ 当社がどのような組織になっているかを説明させてください。
   L__ m_ e__ h__ w_'__ o___.

2. 当社の事業の概略をお話ししたいと思います。
   I'_ l__ t_ g____ y__ a_ o___ o___ o__ o_____.

3. ❷ 当社は4つの事業部門に分かれています。
   T__ C_____ i__ o__ i__ f__ b__ l__.

4. この部門はさらに地域別に3つのグループに分割されています。
   T__ d_____ i__ s__-d__ i__ t__ g_____ g___.

5. ❸ プライベートバンク部門は、国内外の市場の富裕顧客にサービスを提供しております。
   T__ p___ b____ d__ s__ h__ n__ w___ c___ i__ t__ d____ a__ i__ m_____.

6. 総務部門は、総務、人事、そして施設を担当しています。
   T__ a_____ d___ c___ a_____ s_____, h_____ r____ a__ p_____.

7. ❹ こうした個々の営業部門はすべて財務担当バイスプレジデントの指揮系統に属しています。
   A_ o_ t___ b__ u__ r__ t__ t_ V__ P_____ f_ F___.

8. **more** 法務・コンプライアンスは以前は中核をなす1部門の中の2つのグループでしたが、昨年、独立した2つの組織、すなわち法務部とコンプライアンス部に改組されました。
   L___ & C_____ u__ t__ b__ t__ f_____ o__

306

LESSON 45&46　プレゼンテーションで使う言い回し—小規模なプレゼンテーション ❶❷

c_____, b_ l__ y__ i_ w___ r___ i___ t_ u__, t_ L___
D_____ a_ t_ C_____ D_____.

9. しかし、会社再建のプロはこうした業務を統合し、一元化しました。彼は、現在のコーポレート・サービス部にこれらをすべてまとめたのです。

B_ t_ t_____ a___ c___ t__ f___ i___ o e___. H__
m__ t__ i__ w_ i_n_ t_ C_____ S_____ D_____.

10. 経理部は廃止され、2つの独立した組織、経理本部と財務本部がそれに取って替わりました。

T__ A_____ D_____ w__ a__ a___ r___ b___ t__
s_____ o_____, t_ C_____ ' O_ a_ t__
T_____ ' O___.

11. ❶ XYZ 社は、高級家具のメーカーです。

X__ I__. m___ h__-q_____ f_____.

DL 138

12. ABC 社は、法人顧客向けにコンピューター・セキュリティーを提供する業務を行っています。

A__ I__. p_ c_____ s_____ t_ c_____ c_____.

13. ❷ 私どもの主たる顧客は製造業の会社です。

W_ p___ c___ t__ m_____ c_____.

14. ❸ 私どもは、受注業務完了のスピードで、他社のサービスとの差別化をしています。

W_ d__ o_ s__ f___ t__ o_ o_ c__ i_t___ o__ s___
o__ i_____.

15. ❹ 私どもはこの業界で 20 年以上の経験を持っており、業務面でも戦略的な提携先とのグローバル・ネットワークに支えられております。

W__ h___ o____ 20 y____ o__ i___ e___ a__ o__ o__ a__
s__ b__ a g___ n___ o__ s_____ c_____.

>>> 音声を聴き取ろう <<<

Describing Corporate Structures

Patricia Simmons of XYZ Securities is explaining the company's structure to two college students working on internships, Jun Ohsugi and Sayuri Kato.

Simmons: Today, I'd like to explain the _____ of our _____. Now, _____ _____ _____ from the _____ _____, we're _____ _____ three _____ _____. The first of these is the _____ _____. We primarily _____ _____ _____, _____ their ___ or ___ _____. That's what we call "_____ _____." And we're also involved in _____ _____.

Kato: _____ _____?

S: A principal transaction is when we _____ _____ in our ___ ___ and for our ___ _____.

K: I see.

S: Then there's the _____ _____ _____, the one that _____ mainly with _____ and other___ ___ _____, and the _____ _____ Department, which _____ _____ such as _____ _____ and _&_ _____ _____.

Ohsugi: Are these three functions ___ ___ ___ "front office"?

S: Yes, they're commonly _____ ___ ___ "front office" in the _____.

O: Does that mean there's a ___ ___?

S: Yes. The _____ _____ of a _____ ___ is known by the term "back office." And nowadays, _____' even a "_____ _____," which ___ to ___ _____, among other things. Okay, ___ I ___ _____, we have three _____ ___ and the _____ of these departments _____ ___ the _____ _____.

LESSON 45＆46　プレゼンテーションで使う言い回し―小規模なプレゼンテーション ❶❷

Describing a Business

This is a continuation of the previous dialog. Patricia Simmons of XYZ Securities is explaining who they are and what they do to two interns, Jun Ohsugi and Sayuri Kato.

Simmons: Now, let me explain ___ __ __ and ____ __ __. **XYZ Securi-ties** _____ **a broad** _____ **of** _____ ___ _____ to _____ and ____ _____. Our businesses _____ the sale and trading of _____, securities _____, _____ _____ services, _____ _____ _____, investment research, _____ _____, ____ _____ and online _____ _____. The company ___ _____ in ____ and our _____ are _____ outside of Boston. Our _____ _____ of more than ____ investment _____, in ___ _____ _____, _____ over $___ billion in _____ _____. Any questions so far?

Ohsugi: ___ billion! That's about the ____ of the _____ GDP of all _____ _____.

S: Africa's GDP. How come you ____ such _____ _____, ah, I mean, interesting information __ ___ _____?

O: Oh, I'm _____ in _____ _____ and I'm currently _____ a _____ on African economics.

S: Development economics... hmm, __ _____. Okay, _____ __ _____ I __ __, let me ____ a little about some of the areas where we ____. What ____ us ____ is the _____ and _____ of our _____ _____. In fact, the _____ of our research is _____ by our _____ in major analyst ____. For instance, in the _____ Main Street Journal _____, we were _____ number one.

Kato: The Main Street Journal survey. That ___ __ ____ ___, I understand.

S: _____.

309

CHAPTER 6 プレゼンテーションで使う言い回し

LESSON 47 大規模なプレゼンテーション（1）

Describing Good Corporate Performance

Jacob Churchill, President and CEO of XYZ Securities, is giving a presentation on the company's results at the annual shareholders meeting.

Churchill: In a word, XYZ has created its own worldwide web of intellectual capital—investment bankers in London, commodities brokers in Chicago, research analysts in Hong Kong, and portfolio managers in Switzerland.

Now, let's turn to the next topic. The third theme I wanted to touch on is how this global expansion of new products and services is translating into meaningful numbers.

As you can see from the chart, for the first six months of 2006, XYZ earned a record net income of $400 million, up 42 % from the comparable six-month period in 2005. The Company's Equities Group earned record pretax profits of $279 million, 60 % higher than a year ago, while the Fixed Income Group saw its pretax income nearly triple, rising to a record $143 million. The Investment Banking Group enjoyed its second-best six-month performance as its pretax profits increased 23 % to $250 million.

Total revenues for the first half of Fiscal Year 2006 grew 47 % to a record $4.9 billion and net revenues rose 34 % to $3.4 billion as XYZ achieved record levels in most revenue categories.

Not bad I'd say. Not bad at all. And that's not just my opinion. Yesterday, Googillionaire magazine voted us the number one, best-performing financial services company.

That's where we are. Now... where are we going? As we look ahead, we have our eyes on some clear targets and major initiatives. Barring any extended disruptions in global capital markets, we plan to improve pretax margins by 5 percentage points in two years, from 18 % to 23 %, to produce double-digit earnings growth and to achieve a minimum return on equity in the range of 16 to 18 %.

Not bad I'd say.
悪くない数字です。

Results of First Half of 2006 〈2006年度上期業績〉					
	million dollar	up	Pretax Profits: 〈税引前利益〉	million dollar	up
Total Revenues: 〈総収入〉	4,900	47%	Equities Group: 〈株式部門〉	279	60%
Net Revenues: 〈純収入〉	3,400	34%	Fixed Income Group: 〈債券部門〉	143	190%
Net Income: 〈純利益〉	400	42%	Investment Banking Group: 〈投資銀行部門〉	250	23%

| プレゼンテーション入門 | ▶▶ | 小規模なプレゼンテーション | ▶▶ | 大規模なプレゼンテーション(1) ❶ ❷ | ▶▶ | 大規模なプレゼンテーション(2) | ▶▶ | プロフェッショナルなプレゼンテーション |

⋯⋯ DIALOG 業績アップをアピールするプレゼンテーション 🎧 DL 140

LESSON **47**

CHAPTER
基礎編
1
2
3
実践編
4
5
6

プレゼンテーションで使う言い回し

Translation

業績アップを説明する

XYZ 証券の社長兼 CEO、ジェイコブ・チャーチルが年次株主総会で業績のプレゼンテーションを進めています。

チャーチル: 　要するに XYZ は独自に、知的資本のワールドワイド・ウェブを築き上げているのです。ロンドンのインベストメント・バンカーたち、シカゴの商品ブローカーたち、香港のアナリストたち、そしてスイスのポートフォリオマネジャーたちという具合にです。

　　　　　それでは、次の話に移りましょうか。3つ目のテーマとして取り上げたいのは、こういった世界的規模で新型の金融商品・サービスの提供を拡大してきた結果が、どのように数字に表れてきているかという点です。

　　　　　チャートからおわかりのとおり、2006 年上期は、4 億ドルと記録的な純利益を計上し、前年同期比 42% 増となりました。株式部門の税引前利益も記録的で、2 億 7900 万ドル、前年比 60% 増となります。債券部門の税引前利益は3倍近く、1 億 4300 万ドルと記録を塗り替えています。投資銀行部門は、半期業績としては過去2番目にいい数字で、税引前利益は 23% 増の2億 5000 万ドルです。

　　　　　2006 年度上期の総収入は 47% 増の 49 億ドルと、記録を更新し、純収入も 34% 増の 34 億ドルとなり、この間、XYZ はほとんどの事業部門において記録的業績を達成しています。

　　　　　悪くない数字です。いや、予想以上です。これは私だけの見方ではありません。昨日、私どもはグーギリオネア誌に「最も業績のいい金融サービス企業」の第 1 位にランクされました。

　　　　　私どもの現在位置をおわかりいただけたかと思いますが、そうなると、この先はどう動くのかとお考えのことでしょう。将来に向け、私たちは明確な目標を持ち、積極的にイニシアチブをとって参ります。世界の資本市場に混乱が起き、それが長期化するといったことがなければ、2 年間で税引前利益ベースでの利益率を5ポイント改善し、18 %から 23 %にまで引上げることで、2桁台の増益率を確保する一方、株主資本利益率も最低でも 16% から 18%は達成したいところです。

Vocabulary

corporate performance　企業業績

results　業績 ＊ =performance

annual shareholders meeting　年次株主総会

intellectual capital　知的資本 ＊社員の知識・経験など無形の経営資源

investment banker　インベストメント・バンカー、投資銀行業務の専門家 ＊ investment bank「投資銀行」

commodities broker　商品取引での売買仲介業者

portfolio manager　ポートフォリオマネジャー（資産運用の専門家）＊「ポートフォリオ」は金融資産の組合せ

touch on ~　~にちょっと触れる

translate into ~　~に転化する

chart　図表、グラフ

record ~　記録的な~

net income　純利益 ＊ net profit(s) / net earnings ともいう。売上 [収益] －費用＝純利益

up ~% from ...　...より~%の上昇

pretax profits　税引前利益

triple　3倍

(total) revenues　総収入、総収益

first half　上期 ＊年度の前半

net revenues　（主として金融機関の）純収入、純収益 ＊総収入から支払利息を引いたもの

have one's eyes on ~　~に目をつけている、追求している

initiative　先を見越した施策、積極的な手

barring ~　~がなければ ＊ =without ~。bar「横木で閉ざす」

disruption　混乱、分裂

capital markets　資本市場 ＊株式市場・債券市場の総称

margin　利益率 ＊収益に対する利益の割合

percentage point　ポイント ＊%で表した2つの数の差を表すときに使われる

double-digit　2桁台の

earnings growth　増益率、利益成長率

return on equity　株主資本利益率 ＊株主が出した元手に対する利益の割合

311

LESSON 47

 業績アップの表現を使い分ける

Key Phrase
Total revenues for the first half of Fiscal Year 2006 grew 47% to a record $4.9 billion.
2006年度上期の総収入は47%増の49億ドルと、記録を更新しました。

企業の業績を語る場合、業績の状況に応じた基本表現を押さえておく必要があります。今回は、業績アップに関する言い回しを見てみましょう。

❶ 業績アップ一般

「上昇する」はいろいろな形で表しますが、rise / show a rise など、rise が基本になります。なお、「業績」はここでは sales「売上」で表しますが、performance（営業成績）、results（決算［結果］）、earnings（利益）などで表されることもあります。

Sales **rose** at a **double-digit** rate.
（売上が2桁の**伸び率を示しました**） ■ digit「桁」 * single-digit「1桁」、double-digit「2桁」

This division **showed** only **a single-digit rise** in sales.
（この部門の売上は1桁台の**伸び率にとどまりました**）

Key Phrase にある動詞 grow「伸びる」やその名詞 growth「増加」もよく使われます。

Sales **grew** 30% in this quarter.
Sales **showed** a 30% **growth** in this quarter.（売上は今期30%**アップしました**）

※ 30% 伸びた結果を示す場合には、Sales grew 30% <u>to 450 million yen</u>.「売上は30%伸びて4億5000万円になった」などと言います。

❷ 小幅な段階的アップ

「小幅に上昇する」場合は、edge / inch などの動詞を使います。edge / inch は「少しずつ進む」意味で、edge [inch] up なら「小幅に上昇する」になります。

Our U.S. sales **edged up** last month.
（先月の当社のアメリカでの売上は**小幅な増加でした**）

Our overseas sales **inched up** to 40% of total sales from about 38% in the previous quarter.
（海外売上は総売上に占める割合が40%と、前四半期の約38%に比べて**小幅な増加でした**）
■ from ~「~と比べて」 previous quarter「前四半期」 * quarter「四分の1→四半期（3か月）」

❸ 中程度のアップ

業績を語る場合、「～を記録した」という意味を表す動詞 record / post などと、「上昇」を表す語 rise / growth / gain を組み合わせた形もよく使われます。「中程度の上昇」は、形容詞 modest / moderate を使って表すことができます。

Our sales **recorded a modest growth** of 5%.
（売上の**増加**は5%という、**まあまあのものでした**）

Our sales **posted** a **moderate gain**.（売上の**増加**はそこそこという程度でした）

312

プレゼンテーションで使う言い回し—大規模なプレゼンテーション（1）

❹ 大幅アップ

「大幅アップ」は soar / surge / skyrocket などの動詞1語で表すことができます。rise sharply や show a sharp rise など、動詞と副詞／形容詞＋名詞の組合せも使われます。

Our camera phone sales **skyrocketed** in 2003.
〈カメラ付き携帯電話の売上が2003年は**飛躍的に伸びました**〉

Our sales **soared** to 17 trillion yen for the fiscal year ended March 31, 2006, and our profits hit 1 trillion yen.
〈2006年3月期の売上は17兆円と**急上昇し**、利益も1兆円に手が届きました〉
■ fiscal year ended March 31, 2006「3月31日をもって終わる2006年事業年度→2006年3月期」

more » 業績拡大の局面を語る言い回し

業績が上昇している場合、どのような上昇局面にあるのか、ピークにある（下降が始まる）のかなどが問題となります。そうした言い回しを見ておきましょう。

● 上昇傾向にある

Sales **have been on the upswing** lately.〈売上は最近**上昇トレンドに乗っています**〉
■ be on the upswing「上昇している」 ＊ upswing「上昇局面」

● 急激に上昇する

Sales remained unchanged during 2003, fluctuated widely from 2004 to 2005, and eventually **took a sharp upturn** in early 2006.
〈売上は2003年は横ばいで、2004年から2005年にかけてひどく不安定な動きを続けたあと、2006年初めについに**急反発しました**〉
■ remain unchanged「横ばいを続ける」 fluctuate「小刻みに上下する」 take a sharp upturn「急上昇する」 ＊ upturn「上昇」 ＝upswing

● ピークに達する

Sales **reached a record high of** 6 million units in 2005.
〈売上は2005年に600万台**という記録的高水準に達しました**〉
■ reach a record high「最高水準に達する」 ＊ record high「最高水準、最高値」

● ピークを越えて下降している

Sales **reached a peak of** 300,000 units in 2003, then **plunged to** 74,000 units the following year.
〈売上は2003年に30万台**でピークに達した**あと、翌年は7万4000台**へと急落しました**〉
■ plunge「急落する」

動詞 top「ピークに達する」を使って次のようにも言えます。

Sales **topped out** at 300,000 units in 2006.
〈売上は2006年に30万個でピークアウトしました〉
■ top out「ピークアウトする」 ＊上昇から下降に転じる頂点を折り返したことで、反対は bottom out

CHAPTER 6 プレゼンテーションで使う言い回し
LESSON 48 大規模なプレゼンテーション（1）

Describing Disappointing Corporate Performance

Shoko Kanda, Director of Treasury Operations of Japan Gizmos, is about to finish her presentation to the Board about Global Folderols Inc. Japan Gizmos has an interest in this company as a shareholder.

Kanda: So, to recap, Global Folderols' third quarter results were another record performance. Net income was $731 million, up 22% quarter over quarter. However, yesterday, **we were stunned with a July-September quarter loss of $638 million.** Folderols restated its results. Let me assure you that we won't be left holding the bag. They need to accept responsibility. Heads will roll. If there are any questions, I'll take them now.

Director A: About the restatement…What was the reason given?

K: Management conceded that its executives had launched year-end incentive campaigns with distributors to boost sales and meet quarterly targets.

Director A: Meaning?

K: Meaning the company prematurely booked revenue from sales upon delivery to these distributors, when they should have waited until the goods were actually sold to a third party. That's the consumer, of course.

Director B: Another case of creative accounting! Where were the directors? Haven't they heard of fiduciary duty? Aren't they supposed to watch out for the shareholders?

Director A: What about their outside auditors? Aren't they supposed to rat out such accounting irregularities?

K: Folderols' auditor is Jespersen & Associates, which was also a Folderols consultant to the tune of 27 million.

Director A: How could this be anything but a textbook case of a conflict of interest!

A textbook case of a conflict of interest!
利益相反の典型例だ！

		大規模なプレ		大規模なプレ		プロフェッショナルな
プレゼンテー	▶▶	小規模なプレ	▶▶	ゼンテーション(1) ❶ ❷	▶▶	ゼンテーション(2)	▶▶	プレゼンテーション
ション入門		ゼンテーション						

DIALOG 業績ダウンを報告するプレゼンテーション 🎧 DL 143

Translation

業績ダウンを説明する

ジャパン・ギズモズの財務の責任者、神田祥子が、取締役会で、グローバル・フォルデロルズ社についてのプレゼンを終えようとしています。ジャパン・ギズモズは、グローバル・フォルデロルズに株主として出資しています。

神田：　そこで、まとめておきますと、グローバル・フォルデロルズの第3四半期決算はまたもや記録を更新するものでした。純利益は 7 億 3100 万ドルで、前期比 22% 増だったのです。ところが、昨日になって、**7 月 - 9 月期の損失が 6 億 3800 万ドルと聞かされ**、肝をつぶしました。同社が業績の修正再表示をしたためです。損失を押し付けられたままで済ますようなことはしません。ご安心ください。責任を取ってもらう必要があります。クビになる人も出てくるでしょう。何かご質問があれば、どうぞ。

取締役 A：修正再表示とのことですが、理由は？

神田：　経営陣は、重役たちが販売店向けに決算期を控えての販売強化キャンペーンを行ったことを認めています。売上を伸ばし、四半期の目標を達成しようとしたわけです。

取締役 A：と言いますと？

神田：　つまり、同社は販売店に商品が引き渡されるや、売上による収益を所定の時期より早く帳簿に計上していたのです。本来なら第三者に実際に商品が売り渡された時点で計上すべきだったのにです。もちろん消費者にという意味です。

取締役 B：またですか、創造的会計処理というやつですな！一体取締役は何をしていたんだ。受託者責任というものを知らないのか？　株主のために目を光らせているべきなんでしょうが。

取締役 A：フォルデロルズの外部監査人はどうなんだ。こういった経理上の不正を見つけ出すのが仕事でしょうが。

神田：　フォルデロルズの外部監査人はジェスパーセン・アンド・アソシエイツで、同時にフォルデロルズのコンサルタントとしても、2700 万にもなる報酬を得ていました。

取締役 A：利益相反の典型例としか言いようがないじゃないか！

Vocabulary

gizmo [gízmou]　なんとかいうもの ＊ widget と同じく架空のものに使われる

have an interest　出資している ＊ interest「利害関係」

shareholder　株主 ＊ =stockholder

recap　要約する、繰り返す

third quarter　第3四半期 ＊営業年度を4区分したうちの3番目。この場合7 - 9月期

results　業績 ＊=performance

quarter over quarter　前期比で ＊前の四半期に比べてという意味

be stunned with ~　~にあ然とする

restate　言い直す ＊ここでは一度公表した財務データを修正再表示すること

be left holding the bag　全責任を取らされる、貧乏くじを引かされる

Heads will [would] roll.　ただでは済まない。クビが飛ぶ。＊ roll「転がる」

concede　認める

year-end　年度末の、決算期

incentive campaign　販売強化キャンペーン ＊ incentive「刺激、誘因」

boost sales　売上を伸ばす［増やす］

meet quarterly targets　四半期別目標を達成する

prematurely　所定の時期より早く

book ~　~を計上する

upon delivery　納品されるとすぐに

creative accounting　創 造 的 会 計、きわどい［違法すれすれの］会計処理

fiduciary duty　受託者責任、忠実義務 ＊株主の利益を優先するべしという義務

watch out for ~　~を見張る、気をつける

outside auditor　業務・会計監査を担う社外の者［企業］

rat out ~　~を見つけ出す

accounting irregularities　経理上の不正行為

to the tune of ~　~もの(高)額で ＊「~の曲 (tune) に合わせて」の意味もある

How could this be anything but ~　~としか言いようがない ＊反語。anything but ~「~以外のこと」

conflict of interest　利益相反 ＊委託者のために受託者が追求すべき利益と、受託者の利益がぶつかることで、法的にも道義的にも問題視される

LESSON **48**

CHAPTER
基礎編
1
2
3
実践編
4
5
6

プレゼンテーションで使う言い回し

315

LESSON 48

FOCUS 業績ダウンの表現を使い分ける

Key Phrase
We were stunned with a July-September quarter loss of $638 million.
7 − 9 月期の損失が 6 億 3800 万ドルと聞かされ、肝をつぶしました。

業績アップの場合と同様、一口に業績ダウンと言っても、徐々に悪化する場合もあれば、急激な悪化もあるので、言い方をきちんと使い分ける必要があります。

❶ 業績ダウン一般

「下落する、ダウンする」は fall / decline / drop / slip などの動詞で表します。show a decline / take a fall など、動詞と下落を表す名詞の組み合せもよく使われます。

Sales **declined** from a year earlier to 442 billion yen.
（売上が前年より**ダウン**し、4420 億円**となりました**）
■ from a year earlier「前年比で」 ＊ from ~「~と比べて」。from the previous year も同じ

Sales **showed a decline** from previous year levels.
（売上が前年比で**ダウン**となりました）

Key Phrase にもあるように、loss「損失」を使って業績ダウンを表すこともあります。

XYZ Corp. announced a **net loss** of $1.5 million.
（XYZ 社は 150 万ドルの**純損失**を発表しました） ■ net loss「純損失」 ＊ net profit「純利益」

❷ わずかな段階的ダウン

「わずかな［小幅な］段階的アップ」は edge [inch] up で、「わずかな段階的ダウン」は edge [inch] down です。drift は「（価格などが）ゆるやかに変動する」意味で、drift up / drift down「ゆるやかに［わずかに］上昇する／下落する」となります。

Sales **edged down** last month but were slightly higher than a year ago.
（先月の売上は**わずかに減少した**ものの、対前年比では若干高めとなりました）

Sales **drifted down** last month.
（先月の売上は**わずかな減少**となりました）

❸ 小幅ダウン

dip は「（物を）ちょっとつける［浸す］」を基に「わずかに減少する」意味を表します。ease は「ゆるむ、小幅下落する」。

Sales **dipped** 1% in August to a total of 180,000 units.
（8 月の売上は 1 ％の**小幅ダウン**となり、18 万台の水準でした）

Sales **eased** 0.8% last week following a 1.2% pop the week before.
（売上は先週 0.8% の**小幅な減少**となりましたが、その前の週は 1.2% の一時的上昇でした）
■ ease「（水準が小幅に）低下する」 pop「ポンとはじけること、一時的な上昇」

プレゼンテーションで使う言い回し—大規模なプレゼンテーション (1) ❶❷

❹ 大幅ダウン、急落

「大幅にダウンする、急落する」を一語で表す動詞として、plunge / plummet / dive などがあります。これらは株価や為替などのように相場との関係でも使われる語です。ほかに、fall sharply / show a sharp fall などの形で表すこともあります。

XYZ first-quarter sales **plunged** 50%.
(XYZ 社の第1四半期の売上は 50% の**急激な減少**となりました)

We watched in horror as our sales **plummeted** from thousands of dollars to less than a few hundred a day.
(売上が**急激に落ちて**、1日当たり数千ドルだったのが数百ドルを割り込んでいくのを、我々は血の気が引く思いで見ていました) ■ in horror「ぞっとする思いで」 less than ~「~を下回る」

ABC's second-quarter sales **fell sharply**. (ABC 社の第2四半期の売上は**急落しました**)

※日本では、企業の事業年度は一般に4月始まりですが、米国では1月始まりが多く、その場合「第2四半期」は4〜6月になります。上場企業の場合、四半期ごとに業績発表を行うのが一般的です。

more » 業績転換の局面を表現する言い回し

景気の動きと同様、企業業績も、上昇局面が終わればピークアウトして下降に転じ、底を打って再度上昇局面に入る、といった動きをします。場面別に見ておきましょう。

● 下降局面に入る

Sales **have entered a downswing.** (売上が**下降局面に入りました**)

Sales **have taken a downturn** since they peaked towards the end of 2005.
(売上は 2005 年の終わりにかけて天井をつけて以来、あとは**下降局面に入っています**)

※ swing (振り) / turn (転換) に up が付けば upswing / upturn で「上昇局面」、down が付けば downswing / downturn で「下降局面」を表します。

● 低水準に落ち込む

Sales **reached a low point** in 1999. (売上は 1999 年に**最低水準に達しました**)

Sales **hit a low** in 2006 with only 20,000 units being sold.
(2006 年の売上は販売数が2万台止まりで、**最低水準に達しました**)

※ reach [hit] a (record) low で「記録的低水準 [最低水準] に達する」になります。

● 底を打ち、上昇に転じる

topped out / peaked で「ピークアウトした、下降に転じた」(peaked out とはあまり言いません)、その反対が bottomed out「底を打った、上昇に転じた」になります。

XYZ car sales **bottomed out** at 323,000 in 2005.
(XYZ 社の自動車販売台数は 2005 年に32万3000台で**底を打ちました [上昇に転じました]**)

LESSON 47&48
CHECK UP

FOCUS!

>>> 空欄を埋めて話してみよう <<<

業績アップの表現を使い分ける／業績ダウンの表現を使い分ける

1. ❶ 売上は今期30%アップしました。
   S____ g_____ 30% i___ t___ q_____.

2. ❷ 先月の当社のアメリカでの売上は小幅な増加でした。
   O_ U.S. s___ e___ u___ l_ m___.

3. ❸ 売上の増加は5%という、まあまあのものでした。
   O_ s___ r___ a m___ g___ o_ 5%.

4. ❹ カメラ付き携帯電話の売上が2003年は飛躍的に伸びました。
   O_ c_____ p___ s___ s___ i_ 2003.

5. 2006年3月期の売上は17兆円と急上昇し、利益も1兆円に手が届きました。
   O_ s___ s___ t_ 17 t_____ y_ f_ t_ f___ y__ e____
   M____ 31, 2006, a__ o_ p____ h_ 1 t____ y__.

6. more 売上は2003年は横ばいで、2004年から2005年にかけてひどく不安定な動きを続けたあと、2006年初めについに急反発しました。
   S___ r_____ u_____ d____ 2003, f_____ w____ f___
   2004 t_ 2005, a_ e_____ t___ a s___ u_____ i_ e___ 2006.

7. 売上は2006年に30万個でピークアウトしました。
   S___ t___ o___ a__ 300,000 u___ i_ 2006.

8. ❶ 売上が前年よりダウンし、4420億円となりました。
   S___ d___ f___ a y__ e____ t_ 442 b____ y__.

LESSON 47&48　プレゼンテーションで使う言い回し—大規模なプレゼンテーション（1）❶❷

9. ❷　先月の売上はわずかに減少したものの、対前年比では若干高めとなりました。

S___ e___ d___ l___ m___ b___ w___ s____ h____ t___ a
y___ a___.

10. ❸　8月の売上は1%の小幅ダウンとなり、18万台の水準でした。

S___ d___ 1% i__ A____ t_ a t___ o_ 180,000 u___.

11. ❹　XYZ社の第1四半期の売上は50%の急激な減少となりました。

X____ f___-q_____ s___ p___ 50%.

12.　売上が急激に落ちて、1日当たり数千ドルだったのが数百ドルを割り込んでいくのを、我々は血の気が引く思いで見ていました。

W_ w_____ i__ h___ a_ o__ s___ p__ f___ t_____
o_ d____ t__ l__ t___ a f__ h_____ a d___.

13. **more**　売上は2005年の終わりにかけて天井をつけて以来、あとは下降局面に入っています。

S___ h___ t____ a d___ s___ t__ p_____ t_____ t___
e___ o___ 2005.

DL
145

14.　2006年の売上は販売数が2万台止まりと、最低水準に達しました。

S___ h___ a l___ i__ 2006 w__ o__ 20,000 u___ b___ s___.

15.　XYZ社の自動車販売台数は2005年に32万3000台で底を打ちました [上昇に転じました]。

X__ c__ s___ b____ o____ a__ 323,000 i__ 2005.

>>> 音声を聴き取ろう <<<

Describing Good Corporate Performance

Jacob Churchill, President and CEO of XYZ Securities, is giving a presentation on the company's results at the annual shareholders meeting.

Churchill: In a word, XYZ has _____ its own worldwide web of _____ _____—_____ _____ in London, _____ _____ in Chicago, research _____ in Hong Kong, and _____ _____ in Switzerland.

   Now, let's ____ __ the next topic. The third _____ I wanted to _____ __ is how this _____ _____ of new products and services is _____ meaningful numbers.

   As you ___ ___ from the _____, for the ___ __ _____ of 2006, XYZ earned a _____ ___ _____ of $400 million, __ 42 _____ ____ the _____ six-month period in ____. The Company's Equities Group _____ record _____ _____ of $___ million, __ % _____ than a year ago, while the Fixed Income Group ____ its _____ _____ nearly ____, _____ to a _____ $___ million. The Investment Banking Group _____ its second-best ___-_____ _____ as its pretax profits _____ __ % to $___ million.

   ____ _____ **for the ___ ___ of Fiscal Year** ____ ____ __ _____ **to a record $_._** _____ and __ _____ ___ __ % to $_._ billion as XYZ _____ record levels in most revenue categories.

   ___ __ '__ __. Not bad at all. And that's ___ ___ __ _____. Yesterday, Googillionaire magazine _____ us the number one, _____-_____ _____ _____.

   That's where we are. Now... _____ ___ __ _____? As we look ahead we _____ our _____ __ some clear targets and major _____. _____ any extended _____ in global _____ _____, we plan to _____ pretax _____ by _ _____ _____ in two years, from __ % to __ %, to produce _____-_____ _____ and to _____ a minimum _____ __ _____ in the _____ of __ to __ %.

LESSON 47&48　プレゼンテーションで使う言い回し—大規模なプレゼンテーション（1）❶❷

Describing Disappointing Corporate Performance

Shoko Kanda, Director of Treasury Operations of Japan Gizmos, is about to finish her presentation to the Board about Global Folderols Inc. Japan Gizmos has an interest in this company as a shareholder.

Kanda: So, to _____, Global Folderols' ____ _____ _____ were another _____ _____. ___ _____ was $___ million, __ __% _____ over _____. However, yesterday, **we _____ _____ ____ a July-September _____ ___ of $___ million.** Folderols _____ its _____. Let me _____ you that we won't __ __ _____ the ___. They need to _____ _____ __. _____ ___ ___. If there are any questions, I'll ____ ____ ___.

Director A: About the _____...What was the _____ ____?

K: Management _____ that its executives had _____ _____-____ _____ _____ with distributors to ____ ____ and ____ _____ _____.

Director A: Meaning?

K: Meaning the company _____ _____ revenue from sales ____ ____ to these distributors, when they _____ ____ _____ ___ the goods were actually sold to a ____ ____. That's the _____, of course.

Director B: Another case of _____ _____! Where were the _____? Haven't they heard of _____ ____? Aren't they supposed to __ ____ for the _____?

Director A: What about their _____ _____? Aren't they supposed to __ __ such _____ _____?

K: Folderols' auditor is Jespersen & Associates, which was also a Folderols _____ _ the ____ _ _ million.

Director A: ____ ____ ___ be _____ ___ a textbook case of a _____ of _____!

CHAPTER 6 プレゼンテーションで使う言い回し

LESSON 49 大規模なプレゼンテーション（2） ❶ ❷

Describing Degree of Change in Company Performance

Irene Long, an investment banker with XYZ Securities, is explaining M&As to a group of trainees.

Long: Good morning, ladies and gentlemen. My name's Irene Long and I'm with the investment banking department. Today, I'd like to talk about how a company selects a candidate for acquisition and how we help such a company. It won't take longer than 15 minutes. And do stop me if you have any questions.

 Now, firstly, to select an acquisition candidate, you need to have a strategy, or long-term objectives, and the courses of action to achieve them. From that strategy, you identify a company that'll help you achieve your objectives, and then you proceed to analyze that company. Secondly, you need to determine how you'll invest in it upon completing the acquisition. And finally, you work out the target company's worth.

 Let me use a real-life example: Global Thingies Inc. The Super Thingy, launched in the summer of 1998, was an instant success. Over the following two years, innovation after innovation kept on adding momentum to its popularity. In 2001, however, the tide turned. **Net sales declined sharply after peaking at $1.8 billion.** What happened? The company missed out on the innovation of portable thingies. In response, management decided to pursue growth through acquisitions. That's when we were engaged as an M&A advisor. Now, what they set their eyes on was rather...

Process of M&A 〈M&A（企業の合併・買収）プロセス〉

Have a strategy ⇨ Identify a candidate company ⇨ Analyze the target company ⇨
〈戦略を立てる〉　　　〈候補企業を選び出す〉　　　　　　〈対象企業を分析する〉

Determine how to invest in the company ⇨
〈投資の仕方を決める〉

Work out the company's worth
〈対象企業の価値を算定する〉

Do stop me if you have any questions.
質問があるときはその場で言ってください。

プレゼンテーション入門	▶▶	小規模なプレゼンテーション	▶▶	大規模なプレゼンテーション(1)	▶▶	大規模なプレゼンテーション(2) ❶ ❷	プロフェッショナルなプレゼンテーション

DIALOG 業績変化の幅を伝えるプレゼンテーション 🎧 **DL 146**

Translation

業績変化の幅を伝える

XYZ証券の投資銀行部門の職員アイリーン・ロングが、研修生の一団にM&Aの説明をしています。

ロング: おはようございます。みなさん。アイリーン・ロングと申します。投資銀行部門で働いています。きょうは、企業が買収対象をどのように選定し、私たちがそういった会社をどのようにお手伝いするのかをお話ししたいと思います。15分以上はかかりません。質問があるときはその場で言ってください。

さて、買収対象を選定するにあたっては、まずは、戦略、つまり長期目標を立てることが必要です。それと、これを達成するための手段が必要です。一定の戦略から出発して、目標達成に役立つ企業を選び出すということです。それからその会社を分析します。次のステップとして、買収後、どのように投資を進めていくかを決めます。そして最後に、対象企業の価値を算定することになります。

実際の例で見ていきましょう。グローバル・シンギーズ社です。1998年夏にリリースされたスーパー・シンギーは瞬く間に成功を収め、その後の2年間は、次々画期的モデルが出され、人気を押し上げ続けます。ところが2001年になって、流れが変わりました。売上は18億ドルでピークに達したあと、大幅に低下したのです。何が起きたと思いますか？ 携帯型シンギーという新たな展開に乗り遅れたのです。これに手を打つべく、経営陣は、企業買収によって成長を図ることにしたのです。そこで私どもがM&Aのアドバイザーに依頼されたわけです。さて彼らの関心を引いていたのは、いささか…

Vocabulary

M&A 企業の合併・買収＊mergers & acquisitions の略

candidate [kǽndidèit] 候補者、(…に)なりそうな人 [企業]

acquisition [ӕkwəzíʃən] 買収、獲得

do stop me ＊do は強意の助動詞

strategy 戦略

long-term objective 長期目標＊short-term objective「短期目標」

course(s) of action (何かを達成するための)手順、手続き、目標への道筋

achieve 達成する

identify 認定する、見分ける

proceed to ~ 次に~する＊proceed「続ける」

analyze [ǽnəlàiz] 分析する、分析して調べる＊英国式には analyse

determine [ditə́ːrmin] 決定する、確立する

upon ~ing ～したらすぐ

work out ～を算出[算定、計算]する

worth 価値＊ここでは「企業価値(株価に発行株数をかけた時価総額などのこと)」

real-life example 実例、実際の例

thingy [θíŋi] 何とかというもの[人]＊=thingamajig

launch [lɔ́ːntʃ] (新製品を)発表する、市場に投入する

instant success 瞬く間の成功

innovation 刷新、新基軸

momentum (加速的に高まる)勢い

popularity 人気

tide turns 流れが変わる＊tide「潮流」

net sales 売上＊net が付いていても sales「売上高」と同じものになる

decline 減少する

peak ピークに達する

miss out on ~ ～をしそこねる、～の機会を逃す

in response これに対し

pursue growth 成長を進める＊pursue「追い求める」

be engaged 雇われる、仕事を依頼される

LESSON **49**

CHAPTER
基礎編
1 2 3
実践編
4 5 **6**

プレゼンテーションで使う言い回し

LESSON 49

FOCUS 業績変化の幅を表現する

Key Phrase
Net sales declined sharply after peaking at $1.8 billion.
売上は18億ドルでピークに達したあと、大幅に低下したのです。

経済指標や企業決算の数字を取り上げる場合、数字がどのように変化したかを表す一定の表現があります。今回は、「大幅に」「小幅に」など、変化の「幅」を説明する表現を見ていきます。

❶ きわめて大幅な変化

「きわめて大幅に」という意味では、dramatically「劇的に、めざましく」や Key Phrase にある sharply「激しく」がよく使われます。形容詞 dramatic, sharp を使った形とともに見ておきましょう。

Sales increased **dramatically**. (売上が**劇的に**増えました)

There was a **dramatic** increase in sales. (**劇的な**売上の増加がありました)

※ dramatic → dramatically のように、-ic で終わる形容詞を元にした副詞は、public → publicly を例外として、-ically の形になります。

Sales dropped **sharply** in the third quarter. (売上が第3四半期に**急激に**落ちました)
XYZ reported a **sharp** drop in profit. (XYZ社は**急激な**利益の落込みを報告しました)

■ drop「下落(する)、低下(する)」 ＊動詞では fall, decline などの同義語

❷ 大幅な変化

「大幅に」「大幅な」の場合、significantly / significant「著しく／著しい」がよく使われます。ほかに considerably / substantially なども同じような意味で使われます。

Sales improved **significantly**. (売上が**大幅に**改善されました)

We have achieved a **significant** improvement in sales.
(**大幅な**売上増を達成しました)

❸ 中程度の変化

「そこそこ」といったニュアンスでは modestly / modest がよく使われ、それに次いで moderately / moderate も使われます。

Sales increased **modestly**. (売上が**そこそこ**伸びました)

We anticipate a **modest** increase in sales.
(売上は**そこそこ**伸びるだろうと見込んでいます)

❹ 小幅な変化

「小幅に／小幅な」は、slightly / slight が主に使われます。marginally も同じ意味で使われることがあります。

プレゼンテーションで使う言い回し―大規模なプレゼンテーション (2) ❶❷

Sales declined **slightly**. （売上が**やや**落ちました）

XYZ Inc. reported a **slight** decline in sales.
（XYZ 社は売上が**小幅**減少と発表しました）

more » 前期・前年との比較

業績を論じる際には、一般に、前回の数字と比べてどう変化したのかが示されます。その場合、日本語で「前の年の同じ月と比べて」は「前年同月比」と短く言うように、英語でもほぼ決まった言い方があります。

● 前月比

Sales were down 30%, **month over month**. （売上は**前月比** 30% 減でした）

※ month over month は m/m あるいは mom と表記する場合もあります。「前月比」はほかに from [over] the month で表すこともあります。

● 前期比

Sales were up 10%, **quarter over quarter**. （売上は**前期比** 10% 増でした）

● 前年比

Sales were down 10% **from a year ago [earlier]**.
（売上は**前年比** 10% 減となりました）■ from ~「~と比べて」

Sales were up 8% **year over year [year to year]**.
（売上は**前年比** 8% 増でした）

※ year over year は yoy と、year to year は yty と表記する場合もあります。「前年比」はほかに from [over] the year で表すこともあります。

● 前年同月比

前年同月比は「前年の同じ月と比べて」ということで、次のような形で表します。

Sales plunged nearly 60% in September **from the year-earlier month**.
（9月の売上は**前年同月比**で 60% 近くの大幅下落となりました）

Sales in March were up 20% **from the year-ago month**.
（3月の売上は**前年同月比**で 20% の上昇となりました）

● 年初来

「年初来」は「年度の初日から今まで」の意味で、下記のように表現します。

Sales in the **year to date** rose 5% to 8 trillion yen.
（**年初来**の売上は 5％増の 8 兆円となりました）

CHAPTER 6 プレゼンテーションで使う言い回し

LESSON 50 大規模なプレゼンテーション（2）

Presenting a Real-Life Example

Irene Long continues her talk on the company's M&A activities.

Long: To summarize, we've seen some aspects of successful mergers. But, of course, mergers and acquisitions do not always have happy endings, which brings me to the next topic: mergers that fail. As a matter of fact, studies show that more than 60 % of mergers fail to benefit acquiring companies. The case of the XX and YY bank merger speaks for itself.

Trainee 1: Excuse me. About the XX and YY bank merger... could you elaborate on that? What goes to show that it was a failure?

L: The question is, "Why is the XX and YY bank merger considered a failure?" And that brings me nicely into what I was going to say. You can't call a merger successful unless the combined entities deliver better returns to the shareholders than they would separately. Seen in this light, the merger between XX and YY fails the test, because the shares of XX Bank, the acquiring company, have been underperforming the S&P 500 by 30 % over the past three months.

Trainee 2: Will the recent management reshuffle change things?

L: Will the management reshuffle change things? I very much doubt it, and in my opinion, it's just another sign of XX's slow and steady demise under the stewardship of James Cromwell. Insiders tell me that the bank's ailments can all be traced back to Cromwell's imperious management style.

Why is the XX and YY bank merger considered a failure?
…
なぜＸＸとＹＹの銀行合併が失敗とみなされるのか？…

| プレゼンテーション入門 | 小規模なプレゼンテーション | 大規模なプレゼンテーション(1) | 大規模なプレゼンテーション(2) ❶ ❷ | プロフェッショナルなプレゼンテーション |

········ DIALOG ケーススタディを盛り込んだプレゼンテーション 🎧 DL 149

Translation

実例をあげてのプレゼンテーション

前回に引き続き、アイリーン・ロングが会社の M&A 業務の説明をしています。

ロング： 以上、成功した合併の例を、いくつかの角度から見てきました。しかし、当然のことですが、合併や買収が必ずしもハッピーエンドを迎えるわけではありません。これが次のトピックです。つまり、合併が失敗に終わるケースです。実際、合併案件のうち 60% を超えるものが、買収側企業にメリットをもたらさずに終わっている、という研究結果があるぐらいです。XX と YY の銀行合併のケースなどは説明するまでもないでしょう。

研修生１： 失礼ですが、XX と YY の銀行合併について、もう少し詳しい話をしてくださいませんか？　何をもって失敗例とされているのでしょうか？

ロング： ご質問は、「なぜ XX と YY の銀行合併が失敗とみなされるのか」ということですね。うまい具合に、次に申し上げようとしていたことにつながるのですが。別の組織のままでいるのに比べて、合併後の会社による株主へのリターンが多くならない限り、合併は成功したとは言えません。こうした見地からすると、XX と YY との合併は条件を満たしていません。というのも、買収した側の XX 銀行の株は、ここ３か月、S&P 500 株価指数を 30% 下回った状態にあるからです。

研修生２： 先ごろの経営陣の入れ替えで何か変わるでしょうか？

ロング： 経営陣の入れ替えで状況が変わるか？　それはおおいに疑問ですね。私に言わせれば、それは単に、ジェームズ・クロムウェルの経営下で、緩やかながら確実に進んでいる XX 銀行崩壊の兆しの１つというだけの話です。内部関係者が言うには、この銀行を苦しめている問題はすべてクロムウェルの専制的経営手法に端を発しているのです。

Vocabulary

real-life example 実例 ＊ real-life「現実の」

M&A 企業の合併・買収 ＊ mergers & acquisitions の略

summarize 要約する ＊ =sum up

merger 合併

acquisition 買収、獲得

fail to ~ ～しそこなう、～できない

benefit ~ ～に利益を与える

acquiring company 買収する側の企業 ＊買収される側は acquired company

speak for oneself 自明のことだ

elaborate on ~ ～について詳しく説明する

~ go(es) to show ... ～で…がわかる ＊慣用句。go to ~「~するのに役立つ」

combined 〈形〉結合した、合併した

entity [éntəti] 組織体、独立性を備えた団体

deliver 届ける

return(s) 利益、利潤、リターン

shareholder 株主 ＊ =stockholder

seen in this light この点から見て

fail the test 試験に落ちる、条件を満たしていない

underperform ~ ～の基準に達しない、～を下回る

S&P 500 S&P 500 種株価指数 ＊ the Standard & Poor's 500 stock index の略で、米国の主要株式 500 銘柄の動きを表す指標

management reshuffle 経営陣の入れ替え ＊ reshuffle「組織改革、人事異動」

demise [dimáiz] 消滅、終焉、死亡

stewardship 経営、管理、支配 ＊ steward [stjúːwərd]「乗客係、執事、支配人」

insider 内部関係者、インサイダー

ailment [éilmənt] 病気 ＊ここでは「経営状態を悪くしている問題」

be traced back to ~ ～にさかのぼる、～に端を発する

imperious management style 専制的経営手法［スタイル］ ＊ imperious [impíəriəs]「尊大な、ごう慢な」

LESSON
50

CHAPTER
基礎編
1
2
3

実践編
4
5
6

プレゼンテーションで使う言い回し

327

LESSON 50

FOCUS 変化のスピードを表現する

> **Key Phrase**
>
> **It's just another sign of XX's slow and steady demise.**
> 緩やかながら確実に進んでいるＸＸ銀行崩壊の兆しの１つというだけの話です。

前回は変化の「幅」を語る表現でしたが、今回は変化の「速度」を語る表現です。変化の「幅」と「速度」の言い方を両方おぼえて、はじめて業績変化を自在に語れるようになります。

❶ コンスタントに

日本語でいう「着実に、コンスタントに」は steadily で表します。constantly を使うと「絶えまなく、しょっちゅう」という感じになってしまいます。steadily の元の形容詞は、Key Phrase の文でも使われている steady です。

Profits have been declining **steadily** for the past five years.
（利益は過去５年の間、**コンスタントに**減少しています）

The company has seen a **steady** decline in profits over the past five years.
（同社は過去５年にわたって利益が**コンスタントに**減少しています）

❷ 徐々に、漸次

「徐々に」は gradually で表すのが一般的ですが、gradual ～ と、形容詞を使った形も英語ではよく使われます。

The economy has been recovering **gradually** for over two years now.
（景気はここ２年以上にわたり**徐々に**回復してきています）

We have seen a **gradual** recovery in revenue growth.
（売上の伸びが**徐々に**回復してきています） ■ revenue「収益、売上」 growth「成長、伸び」

❸ 緩やかに

前の gradually / gradual ～ と似た語感ですが、slowly / slow ～ もよく使われます。

Retail sales have been improving **slowly**.
（小売り売上高が**緩やかに**回復しています）
■ retail「小売り」 ＊ wholesale「卸売り」 improve「改善する」

The manufacturing sector is experiencing a **slow** recovery.
（製造業が**緩やかな**回復を見せています）

❹ 突然に

「突然に」は suddenly でも表せますが、abruptly を使うと意外性が強調されます。abruptly はどちらかというと fall、drop などネガティブな言葉と組み合わされます。

House prices dropped **abruptly**.
（住宅価格が**突然**下落しました）

形容詞 abrupt（突然の）と名詞の組み合わせで表すと、次のようになります。

There was an **abrupt** drop in house prices.
（住宅価格が**突然**下落しました）

more » 売上、利益の増減を述べる

日本では「増収増益」などと、売上［収益］の増減のあとに、利益の増減を言いますが、英語では higher earnings on higher sales「増収 (higher sales) 増益 (higher earnings)」のように語順が逆になります。

● 増収増益

売上［収益］が増え、利益も増えたというケースです。「売上（収益）」は製造業や販売業では sales、サービス業では revenue を使う傾向があります。「売上（収益）」から諸費用を引いた残りが「利益」で、これは profit(s)、earnings、income などでも表しますが、以下に見るようなパターンではもっぱら earnings が使われます。

XYZ had **higher earnings on higher sales**.
（XYZ 社は**増収増益**となりました）

※「売上」sales の部分は、サービス業の場合は一般に revenue で表します。

● 増収減益

せっかく売上［収益］が増えても、原価その他の経費が前年度よりかさめば、利益は以前より減ってしまいます。「増収減益」と称されるケースです。

XYZ had **lower earnings on higher sales**.
（XYZ 社は**増収減益**となりました）

● 減収増益

売上［収益］が減っても、原価やその他のコストをカットできれば、利益が前回より上回ることもあります。これが「減収増益」のケースです。

XYZ reported **higher earnings on lower sales**.
（XYZ 社は**減収増益**となりました）

● 減収減益

売上［収益］も減り、利益も減るという最悪のケースです。

XYZ had **lower earnings on lower sales**.
（XYZ 社は**減収減益**となりました）

LESSON 49&50 CHECK UP

FOCUS!

>>> 空欄を埋めて話してみよう <<<

業績変化の幅を表現する／変化のスピードを表現する

1. ❶ 売上が劇的に増えました。
   S___ i_____ d___.

2. ❷ 売上が大幅に改善されました。
   S___ i_____ s___.

3. ❸ 売上がそこそこ伸びました。
   S___ i_____ m___.

4. ❹ XYZ 社は売上が小幅減少と発表しました。
   X__ I__. r_____ a s___ d____ i_ s___.

5. **more** 売上は前月比 30%でした。
   S___ w__ d___ 30%, m____ o____ m____.

6. 売上は前年比 10%減となりました。
   S___ w__ d___ 10 % f___ a y___ a___.

7. 売上は前年比 8%増でした。
   S___ w__ u_ 8% y___ o___ y___.

8. 9 月の売上は前年同月比で 60%近くの大幅下落となりました。
   S___ p_____ n___ 60% i_ S_____ f___ t__ y__- e___ m____.

9. 年初来の売上の売上は 5%増の 8 兆円になりました。
   S___ i_ t__ y___ t___ d___ r___ 5% t_ 8 t____ y__.

LESSON 49&50　プレゼンテーションで使う言い回し—大規模なプレゼンテーション（2）❶❷

CHAPTER
基礎編
1
2
3
実践編
4
5
6

プレゼンテーションで使う言い回し

10. ❶　利益は過去 5 年の間、コンスタントに減少しています。

DL 150

P____ h___ b___ d_____ s___ f__ t__ p___ f__ y____.

11. ❷　景気はここ 2 年以上にわたり徐々に回復してきています。

T__ e_____ h__ b___ r_____ g___ f__ o___ t__ y____ n__.

12. ❸　小売り売上高が緩やかに回復しています。

R___ s___ h___ b___ i_____ s____.

13. ❹　住宅価格が突然下落しました。

H____ p____ d_____ a____.

14. **more**　XYZ 社は増収減益となりました。

DL 151

X___ h___ l___ e____ o___ h____ s____.

15. 　XYZ 社は減収増益となりました。

X___ r_____ h____ e____ o___ l____ s____.

331

Describing Degree of Change in Company Performance

Irene Long, an investment banker with XYZ Securities, is explaining M&As to a group of trainees.

Long: Good morning, ladies and gentlemen. My name's Irene Long and ___ ___ the investment banking department. Today, I'd like to talk about ____ a company _____ a _____ for _____ and how we help such a company. It ___'___ longer than __ _____. And __ ___ ___ if you have any questions.

Now, _____, to select an _____ _____, you need to have a _____, or ___-____ _____, and the _____ of _____ to _____ them. From that strategy, you _____ a company that'll ____ you _____ your _____, and then you _____ to _____ that company. _____, you need to _____ how you'll _____ in it ____ ___ the acquisition. And _____, you ____ __ the target company's _____.

Let me use a ___-___ _____: Global _____ Inc. The Super Thingy, _____ in the summer of ____, was an _____ _____. Over the following two years, _____ after innovation ____ __ adding ___ _____ to its _____. In ____, however, the ___ _____. ___ _____ _____ sharply after _____ at $_._ billion. What happened? The company _____ __ __ the innovation of portable thingies. __ __ _____, management decided to _____ _____ through acquisitions. That's when we ____ _____ as an __&__ _____. Now, what they ___ their ____ on was rather…

LESSON 49 & 50　プレゼンテーションで使う言い回し—大規模なプレゼンテーション (2) ❶❷

Presenting a Real-Life Example

Irene Long continues her talk on the company's M&A activities.

Long: To _____, we've seen some _____ of successful _____. But, of course, _____ and _____ do not always have _____ _____, which brings me to the next topic: mergers ___ ___. As a matter of fact, _____ ____ ___ more than 60 % of mergers ___ to _____ _____ _____. The case of the XX and YY bank merger _____ ___ ____.

Trainee 1: Excuse me. About the XX and YY bank merger... could you _____ ___ that? What ____ __ ____ that it was a _____?

L: The question is, "____ _ the XX and YY ____ _____ _____ a failure?" And that _____ me nicely ___ ____ I was going to say. You can't ___ a merger _____ unless the _____ _____ __ ___ better _____ to the _____ than they would _____. ____ __ ___ ____, the merger between XX and YY ___ __ ___, because the _____ of XX Bank, the _____ _____, have been _____ the S&P 500 __ __ _____ over the past three months.

Trainee 2: Will the recent _____ _____ change things?

L: Will the management reshuffle _____ _____? I very much _____ it, and in my opinion, **it's just** _____ ____ **of XX's slow and** _____ _____ under the _____ of James Cromwell. _____ __ tell me that the bank's _____ can all be _____ ____ to Cromwell's _____ _____ ___.

333

CHAPTER 6 プレゼンテーションで使う言い回し

LESSON 51 プロフェッショナルなプレゼンテーション ❶ ❷ ⋯⋯⋯

Presentation for a Company's Clients (1)

XYZ Securities' Chief Economist, John Francis Drake, is about to deliver a keynote speech at an seminar for the company's clients.

Moderator: Ladies and gentlemen, if I may have your attention? On behalf of XYZ Securities, I welcome you to the Investors' Forum. Today we have as our speaker, Dr. John Francis Drake, our chief economist. [applause]

Drake: Good morning, ladies and gentlemen. The purpose of this presentation is to identify seven key measures to understand how the economy is doing. By the end of this presentation, in 30 minutes, you'll have gained a better sense of direction and focus.

I've divided my talk into two parts. First, what indicators to look for. And second, how each of them impacts your investments.

Now, of all the seven indicators we're going to look at, the undisputed king is gross domestic product, or "GDP" for short. It's the total value of all goods and services produced during a given period. Tracing the quarterly GDP, we get a comprehensive sense of where the economy is heading. GDP also serves as an overall framework for understanding the implications of other major economic indicators.

The second gauge is the inflation rate, which means the change in the prices of goods and services. Too much inflation is bad, because it erodes your purchasing power; deflation is worse, because falling prices mean companies have to sell their goods for less in the future, while incurring costs in the present. That eats away at margins and earnings and may result in a recession.

Investors' Forum 〈投資家フォーラム〉

1 Seven Key Indicators 〈7つの主要な指標〉
2 Impact on Investments 〈運用資産への影響〉

I've divided my talk into two parts. First, what indicators to look for. And second, ...
お話しする内容は2つに分けさせていただきます。最初は、どのような指標に着目すればいいのか。そして2つ目は…

334

| プレゼンテーション入門 | 小規模なプレゼンテーション | 大規模なプレゼンテーション（1） | 大規模なプレゼンテーション（2） | プロフェッショナルなプレゼンテーション ① ② |

.........**DIALOG** 顧客向けのプレゼンテーション（1）　🎧 DL 152

Translation

顧客向けのプレゼンテーション（1）

XYZ 証券チーフエコノミストのジョン・フランシス・ドレイクが、同社の顧客向けの投資セミナーで、基調講演を始めようとしています。

司会者： みなさん、それではよろしいでしょうか。本日は投資家フォーラムに足をお運びくださり、ありがとうございます。XYZ 証券を代表してお礼申し上げます。本日は私どものチーフエコノミスト、ジョン・フランシス・ドレイク博士を講演者に迎えております。[拍手]

ドレイク： みなさん、おはようございます。今回のプレゼンテーションは、経済の動きをつかむために大事な7つの指標がどのようなものであるかを見ていきます。このお話が終わる頃、30分後になりますが、進むべき方向性や焦点がより確かなものになっておられることでしょう。

　お話しする内容は2つに分けさせていただきます。最初は、どんな指標に着目すればいいのか。そして2つ目は、そういった個々の指標がみなさんが運用していらっしゃる資産にどう影響するかです。

　さて、これから見ていく7つの指標の中で疑いなく王座にあるのは、国内総生産、略してGDPです。一定の期間内に生産・提供されたモノ・サービスの総額です。四半期ごとに発表されるGDPを追っていくことで、経済がどこに向かっているかを大体つかめるものです。GDPはまた、他の主要な経済指標の意味を分析するに当たっての包括的枠組みとなるものでもあります。

　指標の2つ目は、インフレ率（物価上昇率）、すなわちモノ・サービス価格の変化です。インフレの行き過ぎは困ります。われわれの購買力が目減りするからです。デフレはもっと困ります。物価が下落すると、企業は、コストは現在負担するのに、先々、今より安い価格で製品を売らざるを得なくなるからです。そうなると利益率が悪化し、景気後退を招くことにもなりかねません。

Vocabulary

deliver（スピーチやプレゼンなどを）行う
keynote speech 基調演説、基調講演
moderator 司会役
on behalf of ~ ～を代表して
Investors' Forum 投資家フォーラム＊
　forum「公開討論の場、討論会」
identify 確認する、識別する
measure（比較や判断の）基準、尺度＊
　ここでは indicator「指標」と同義
gain 獲得する、得る＊get とほぼ同義
sense of direction 方向感覚
indicator 指標＊ここでは economic
　indicator「経済指標（経済や景気動向
　を見る上で目印［基準］となる統計）」
impact 影響を与える
investment 投資＊ここでは「運用し
　ている金融資産」のこと
undisputed 異論がない、誰もが認め
　る＊dispute「論争する」
GDP [Gross Domestic Product]
　国内総生産＊一定期間に国内で生産され
　たモノ・サービスの付加価値額の合計
goods and services モノとサービ
　ス＊基本的経済用語
comprehensive sense 包括的印象［感じ］
head ~ ～へ向かう
serve as ~ ～として機能する
overall framework 包括的枠組み
implication 含意、意味するもの
gauge [géidʒ] 基準、指標＊ここでは
　indicator や measure と同義
inflation rate インフレ率、物価上昇率
prices 物価、価格水準
erode [iróud] 目減りさせる、浸食する
purchasing power 購買力
deflation デフレーション＊物価下落が続く
for less より安い価格で
incur costs コスト［費用］を負担す
　る＊incur「（費用などを）負担する」
eat away at ~ ～をむしばむ、徐々に
　減少させる
margin 利益率、利幅
earnings 利益、収益＊=profits
recession 景気後退＊米国では GDP
　伸び率が2期連続で低下した場合をいう

LESSON
51

CHAPTER
基礎編
1
2
3
実践編
4
5
6

プレゼンテーションで使う言い回し

335

LESSON 51

FOCUS 可能性に応じて見通しを語る

Key Phrase

That eats away at margins and earnings and may result in a recession.
そうなると利益率が悪化し、景気後退を招くことにもなりかねません。

ネイティブ・スピーカーは、予測や推測を語る場合、実現の可能性の高い場合から低い場合まで、可能性の程度に応じて言葉を使い分けています。よく使われる次の言い回しをおぼえましょう。

❶「間違いなくそうなるだろう」

確信を表すとき certain / certainly が多く使われます。I'm certain that ~ に代えて I'm sure [convinced] that ~ なども使われます。

I'm certain that overseas sales **will** increase.
（私は必ず海外売上が増える と見ています）

Overseas sales **will certainly** increase.
（海外売上は必ず増えるでしょう）

❷「おそらく～となるだろう」

likely や probable を使った表現が多く使われます。

Overseas sales **are likely to** increase.
（海外売上が増えそうです［おそらく増えるでしょう］）

※強めるなら very likely と、very を前に置きます。

It's **probable that** overseas sales will increase.
（海外売上が増えそうです［おそらく増えるでしょう］）

肯定文では be likely to ~ / probable that ~ で、否定文では be unlikely to ~ / improbable that ~ になります。「おそらく～とならないだろう」と比べてみましょう。

❸「五分五分で～だろう」

五分五分の確率は、確率の高低を表す一つの基準線となります。Key Phrase の文でも使われていますが、may を使って表すことができます。

Overseas sales **may** or **may not** increase.
（海外売上は増えるかもしれません／増えないかもしれません）

❹「おそらく～とならないだろう」

Overseas sales **are unlikely to** increase.
（海外売上は増えそうもありません［おそらく増えないでしょう］）

It's **improbable that** overseas sales will increase.
（海外売上は増えそうもありません［おそらく増えないでしょう］）

❺ まずはあり得ないだろう

「間違いなくそうなるだろう」の項と同じく確信を表しますが、内容が否定形です。

I'm certain that overseas sales **won't** increase.
（私は海外売上は**まず**増え**ない**と見ています）

Overseas sales **certainly won't** increase.
（海外売上は**まず**増えることは**ないでしょう**）

more » 頻度を語る表現

あくまで目安ですが、頻度を表す副詞には、以下のような頻度の幅があります。使い分けを意識してみてください。

● 毎回と言っていいほど　nearly always, almost always

Our customers **nearly always** return, because the taste of our meat is exceptional.
（私どもの肉の味は特別ですから、お客様は**必ずと言えるくらい**、またいらっしゃいます）

● 9割方　usually, normally, generally

Our customers **generally** have a love of the outdoors.
（私どものお客様は**大方**アウトドア志向です）

● 7割方　often, frequently

Our customers **often** set very high requirements for us.
（私どものお客様は**しばしば**非常に厳しい要求をされます）

● 5割程度　sometimes

The needs of our customers **sometimes** change over time.
（お客様のニーズは時間の経過につれて**時には**変化します）

● 4回に1回程度　occasionally, rarely, seldom

The company **seldom** hires entry-level professionals.
（その会社は、経験の浅い専門家は**たまにしか**採用しません）

● 10回に1回以下　hardly, scarcely ever

The footnotes are printed in such small letters that the average consumer **hardly** bothers to read them.
（注記は、あまりに小さな印字なので平均的消費者は**ほとんど**読んだりし**ない**）

CHAPTER 6 プレゼンテーションで使う言い回し

LESSON 52 プロフェッショナルなプレゼンテーション ①❷

Presentation for a Company's Clients (2)

John Francis Drake, Chief Economist of XYZ Securities, continues his presentation about how to predict the economy using seven key indicators.

Drake: The third indicator is called "interest rates," meaning the cost of borrowing money. Low interest rates encourage borrowing and this stimulates growth—but it should be noted that if too much growth occurs, inflation accelerates and spoils the party.

The fourth is the Index of Leading Economic Indicators. Generally, three consecutive rises are considered a sign of growth, and three drops, a sign of decline. Since the components are reported separately before this index is released, **the numbers are generally within expectations.**

Indicator number five is the unemployment rate: the percentage of the work force without a job. Unless there are inflation fears, the lower, the better.

The sixth is a measure of how much money is in the system at any given time and is called "money supply." The Federal Reserve Board controls this by buying and selling Treasury securities. When it wants to increase money supply, for example, it buys Treasuries and thus injects funds into the system.

And finally, there's the stock market, which mirrors investors' expectations of corporate earnings. When investors buy stocks, they're making a bet on what tomorrow's corporate earnings will be. In this regard, it's worth noting that half of all bear markets immediately precede recessions.

Right. To summarize, the seven key indicators are GDP, inflation rate, interest rates, leading indicators, unemployment rate, money supply and the stock market.

Now, let's move on to the next topic, which is...

Indicator number five is...
指標の5つ目は…

Seven Key Indicators 〈7つの主要な指標〉
1 GDP (gross domestic product) 〈GDP〈国内総生産〉〉
2 Inflation rate 〈インフレ率〉
3 Interest rates 〈金利〉
4 Index of Leading Economic Indicators 〈景気先行指数〉
5 Unemployment rate 〈失業率〉
6 Money supply 〈マネーサプライ〉
7 Stock market 〈株式市場〉

| プレゼンテーション入門 ▶▶ | 小規模なプレゼンテーション ▶▶ | 大規模なプレゼンテーション（1） ▶▶ | 大規模なプレゼンテーション（2） ▶▶ | プロフェッショナルなプレゼンテーション ❶ ❷ |

········ DIALOG **顧客向けのプレゼンテーション（2）** 🎧 DL 155

Translation

顧客向けのプレゼンテーション（2）

XYZ証券チーフエコノミストのジョン・フランシス・ドレイクが、7つの主要指標を用いて景気予測をどう行うかのプレゼンを続けています。

ドレイク: 　3つ目の指標は「金利」、つまりお金を借りる際のコストです。低金利は借り入れを容易にし、経済成長を促します。しかし、銘記しておきたいのは、過度の経済成長となると、インフレが進み、好景気が台無しになってしまうことです。

　4つ目は、景気先行指数です。一般に3期連続のプラスは景気拡大の兆しで、3期連続のマイナスは景気減速の兆しとされます。中身を構成する個々の指標が先に発表されていることから、通常、発表される数字は予想の範囲内に収まるものばかりです。

　指標の5つ目は、失業率、つまり労働力人口に占める失業者のパーセンテージです。インフレ懸念がない限り、低ければ低いほどいいということになります。

　6つ目は、ある時点で経済システムの中にどれだけのカネがあるかという基準で、「マネーサプライ」と呼ばれるものです。（米）連邦準備制度理事会が財務省証券（国債）の売買を通じてこれをコントロールしています。例えばマネーサプライを増やしたいというのであれば、財務省証券を買い取り、システム内に売買代金を注入します。

　そして最後に、企業収益に対する投資家の期待を反映する株式市場です。投資家が株を買う際は、将来の企業収益がどうなるかを予想して賭けをしているわけです。この点について、注目しておく価値があるのは、これまでの下げ相場の半分が景気後退の直前に起きているという事実です。

　それでは、まとめておきましょう。7つの主要指標は、GDP、インフレ率、金利、景気先行指数、失業率、マネーサプライ、そして株式市場です。

　さて、次のトピックに移りましょうか。次は…

Vocabulary

predict 予測［予想］する、予言する
interest rates 金利（水準）
encourage [inkə́ːridʒ] 促進する、助長する
stimulate [stímjulèit] 刺激して促す
growth 成長＊ここでは economic growth「経済成長、景気拡大」
it should be noted that ~ ～は銘記しておくべきだ＊note「注目する」
accelerate [æksélərèit] 加速する
spoil the party せっかくの景気を台無しにする＊the party はここでは「楽しんでいる状況→好景気」
Index of Leading Economic Indicators 景気先行指数＊景気の先行きを示す指標をたばねた総合指数＊leading「先行する」
consecutive rises 連続した上昇＊consecutive [kənsékjutiv]「連続した」
drop 下落＊同意語に decline
decline 下落、減退＊ここでは「景気の減速」
component 構成要素、内訳項目＊「景気先行指数」の構成要素は新規求人数、機械受注等、景気に先駆けて動く指標
unemployment rate 失業率
work force 労働力（人口）
inflation fears インフレ懸念
measure （比較や判断の）基準、尺度＊ここでは indicator「指標」と同意
the system ここでは economic system「経済システム［制度］」
money supply マネーサプライ、通貨供給量
Federal Reserve Board [FRB] 連邦準備制度理事会＊米国の中央銀行の意思決定機関
Treasury securities 米財務省証券、米国債＊treasury [tréʒəri]「金庫」、the Treasury (Department)「財務省」
inject 投入する、注入する
stock market 株式市場
mirror ～を映す、反映する
corporate earnings 企業収益
make a bet 賭けをする＊bet「賭け（る）」
it's worth noting that ~ ～に注目する価値がある
bear market 相場が下げている市場、弱気相場＊「強気相場」は bull market
precede ~ ～に先行する＊[prisíːd]
recession 景気後退、（一時的）不景気

LESSON
52

CHAPTER
基礎編
1
2
3
実践編
4
5
6

プレゼンテーションで使う言い回し

339

LESSON 52

FOCUS 予想と結果を比較する

> **Key Phrase** **The numbers are generally within expectations.**
> 通常、発表される数字は予想の範囲内に収まるものです。

企業業績や経済見通しなどにはエコノミストやアナリストの予想がつきものですが、日本語でも「業績予測」より「業績予想」と言い、逆に「景気予測」とは言うのに「景気予想」とは言わないのと同じで、英語にも決まった組み合せがあります。

❶ 予想と結果を比較する

エコノミストやアナリストの「予想」で活躍する語は expectations です。

The jobless rate dipped to 5.6%, **compared with** economists' **expectations** for an unchanged 5.7%.
(失業率は、エコノミストたちの変わらずの 5.7% という**予想に対し**、5.6% と小幅低下しました)
■ jobless rate「失業率」 dip「小幅に下落する」 unchanged「変わらずの、変化のない」

XYZ Inc. announced disappointing earnings, with profits up 32% **against** analysts' **expectations of** 34%.
(XYZ 社は、アナリストたちの**予想**増益率 34% **に対して**、32% と失望を呼ぶ事業収益［決算］を発表しました)
■ with profits up ~ %「利益が~%アップして」 * with profits up [down] ~ は業績発表などでよく使われる形

❷ 予想の範囲内に収まる

The 0.6% advance in retail sales for February **matched** economists' **expectations**.
(0.6% 増という 2 月の小売り売上高は、エコノミストたちの**予想と一致する**ものでした)
■ ~% advance「~%増」 retail sales「小売り売上高」 * retail「小売り、小売業」

XYZ Inc. said its full-year results would **be within** analysts' **expectations**.
(XYZ 社は、通期決算はアナリストたちの**予想の範囲内に収まる**だろうとしています)
■ full-year results「通期決算」 *「半期決算」は half-year results

❸ 予想を上回る

The GDP growth rate far **exceeded** economists' **expectations of** about 3%.
(GDP 成長率は、エコノミストたちの約 3% **という予想を**はるかに**上回る**ものでした)

XYZ Corp's results **beat** analysts' **expectations** by two cents a share and its stock price rallied more than 5% before midday.
(XYZ の決算は 1 株益ベースでアナリスト**予想**を 2 セント**上回る**ものとなり、同社の株価は前場［ぜんば＝午前中］で 5% を超す上昇を見せました)
■ by two cents a share「1 株当り 2 セント（だけ）」* by は「~だけ」と差・程度などを表す rally「（株価が）反発する、停滞していた株価が上昇し始める」 midday「正午」

❹ 予想を下回る

American Widget's sales **fell short of** analysts' **expectations** and marked the first time the company has missed the estimates.

(アメリカン・ウィジッツの売上高はアナリスト**予想を下回った**が、予想がはずれたのは今回が初めてです)

■ fall short of ~「~に満たない」 mark the first time (that) ~「初めて~した」 miss estimate「予想をはずす」

Global Widget's earnings **came in** far **below** analysts' **expectations** and its share price dropped more than 7%.

(グローバル・ウィジッツの利益はアナリスト**予想**を大きく**下回り**、同社の株価は7%を超す下落となりました) ■ come in below ~「~を下回る結果となる」

more » 予想のロジックあれこれ

予想は、ロジック、つまり根拠や前提条件などから成り立っています。予想を打ち出す際には、それらもあわせて伝えておかないと、結果が出たときの評価に影響します。

● ~に立脚した、基づいた　based on ~

We believe our **expectations** are **based on** reasonable assumptions.

(私どもの**予想**は合理的な前提条件に**基づいた**ものであると考えております)

■ reasonable「合理的な、妥当な」 assumption「仮定、前提(条件)」 * assume「仮定する」

● 前提条件　assumption

The key **assumptions** underlying our **projections** are that markets are liquid and investors are rational.

(私どもの**予想**の根底にある主要な**前提条件**は、市場に流動性があること[売り手もいれば、買い手もいる状態]、並びに投資家が合理的考え方をするということです)

■ underlying「~の下に横たわっている、背景にある」 * underlie の現在分詞

● 確率X%で(~になる)　with an X-percent probability

Our economic research department is **predicting** a sluggish recovery **with a 70% probability**.

(当社の経済調査部門は、**確率70%**で景気回復は非常にペースが遅いものになるだろうと**予想しています**) ■ predict「予想する」 sluggish「不振な」

● 基本[最善／最悪]のシナリオ　a base-case [best-case / worst-case] scenario

Assuming a "worst-case scenario" of a 50% drop in sales across the Asian market, we **expect** our global vehicle sales to fall by 10%.

(アジア市場全体での売上減が50%という「**最悪のシナリオ**」を想定した場合、当社の世界全体での自動車販売は10%減少すると**予想されます**) ■ vehicle sales「自動車販売」

LESSON 51 & 52
CHECK UP

FOCUS!

>>> 空欄を埋めて話してみよう <<<

可能性に応じて見通しを語る／予想と結果を比較する

1. ❶ 私は必ず海外売上が増えると見ています。
   I'___ c___ t___ o_____ s___ w___ i_____.

2. ❷ 海外売上が増えそうです。[おそらく増えるでしょう]
   I_' p___ t___ o_____ s___ w__ i_____.

3. ❸ 海外売上は増えるかもしれません。／海外売上は増えないかもしれません。
   O_____ s___ m___ i_____.
   O_____ s___ m___ n___ i_____.

4. ❹ 海外売上は増えそうもありません。[おそらく増えないでしょう]
   I_' i___ t___ o_____ s___ w__ i_____.

5. ❺ 私は海外売上はまず増えないと見ています。
   I'___ c___ t___ o_____ s___ w__'_ i_____.

6. **more** 私どもの肉の味は特別ですから、お客様は必ずと言えるくらい、またいらっしゃいます。
   O__ c_____ n__ a___ r____, b_____ t_ t___ o_ o__ m___ i_ e_____.

7. 私どものお客様は大方アウトドア志向です。
   O_ c_____ g___ h__ a l___ o_ t__ o_____.

8. 私どものお客様はしばしば非常に厳しい要求をされます。
   O_ c_____ o__ s_ v__ h__ r_____ f__ u__.

9. お客様のニーズは時間の経過につれて時には変化します。
   T_ n____ o_ o__ c_____ s__ c____ o__ t__.

LESSON 51&52　プレゼンテーションで使う言い回し—プロフェッショナルなプレゼンテーション ❶❷

10.　その会社は、経験の浅い専門家はたまにしか採用しません。

T__ c_____ s___ h___ e___-l__ p_____.

11.　注記は、あまりに小さな印字なので平均的消費者はほとんど読んだりしない。

T__ f_____ a_ p____ i_ s__ s____ l____ t__ t__ a_____
c_____ h___ b_____ t__ r__ t___.

12. ❶ XYZ 社は、アナリストたちの予想増益率 34%に対して、32%と
失望を呼ぶ事業収益 [決算] を発表しました。

DL
156

X__ I__. a_____ d_____ e_____, w__ p___ u_ 32%
a____ a_____' e___ o___ 34%.

13. ❷ 0.6% 増という 2 月の小売り売上高は、エコノミストたちの予想と一致するも
のでした。

T__ 0.6% a_____ i_ r___ s___ f_ F_____ m__ e_____'
e___.

14. ❸ GDP 成長率は、エコノミストたちの約 3%という予想をはるかに上回るもの
でした。

T__ G__ g____ r__ f_ e___ e_____' e___ o___ a___ 3%.

15. ❹ アメリカン・ウィジッツの売上高はアナリスト予想を下回ったが、予想がはず
れたのは今回が初めてです。

A_____ W____' s__ f__ s___ o__ a_____' e___ a__
m____ t_ f_ t__ t__ c_____ h_ m____ t_ e_____.

343

>>> 音声を聴き取ろう <<<

Presentation for a Company's Clients (1)

XYZ Securities' Chief Economist, John Francis Drake, is about to deliver a keynote speech at an seminar for the company's clients.

Moderator: Ladies and gentlemen, if I ____ ____ your attention? ___ _____ _ XYZ Securities, I welcome you to the _____' _____. Today we have __ ___ _____, Dr. John Francis Drake, our ____ _____.

[applause]

Drake: Good morning, ladies and gentlemen. The _____ of this presentation is to _____ seven ___ _____ to understand ___ the economy is ____. __ __ ___ _ this presentation, in __ minutes, you'll have _____ a better _____ of _____ and focus.

I've _____ my talk ___ two parts. First, what _____ to ____ __. And second, how each of them _____ your _____.

Now, __ __ ___ seven _____ we're going to look at, the _____ ____ is _____ _____ _____, or "____" for short. It's the ____ ____ of all _____ and _____ produced during a _____ _____. _____ the quarterly GDP, we get a _____ _____ of where the economy is _____. GDP also _____ __ an _____ _____ for understanding the _____ of other _____ economic _____.

The second _____ is the _____ ___, which means the change in the _____ of _____ __ _____. Too much inflation is bad, because it _____ your _____ _____; _____ is _____, because _____ _____ mean companies have to sell their goods __ ___ in the future, while _____ ____ in the present. **That ____ ____ at _____ and _____ and may _____ in a _____.**

LESSON 51&52 プレゼンテーションで使う言い回し―プロフェッショナルなプレゼンテーション ❶❷

Presentation for a Company's Clients (2)

John Francis Drake, Chief Economist of XYZ Securities, continues his presentation about how to predict the economy using seven key indicators.

Drake: The third indicator is called "_____ ____," meaning the cost of _____ _____. Low interest rates _____ borrowing and this _____ _____—but _ _____ be _____ __ if too much growth occurs, inflation _____ and ____ the ____.

The fourth is the ____ of _____ _____ _____. Generally, three _____ ____ are considered a ___ of _____, and three _____, a sign of _____. Since the _____ are _____ separately before this index is _____, **the numbers are generally _____ _____.**

Indicator number five is the _____ ___: the percentage of the ____ ____ _____ a ___. Unless there are _____ _____, the _____, the _____.

The sixth is a _____ of ___ _____ money is in __ _____ at any ___ __ ____ and is called "_____ ____." The _____ _____ _____ ___ ____ this by buying and selling _____ _____. When it wants to _____ money supply, for example, it ____ Treasuries and thus _____ _____ into the system.

And finally, there's the _____ _____, which _____ investors' expectations of _____ _____. When investors ____ _____, they're _____ a ___ on ____ tomorrow's corporate earnings ___ __. In this regard, '_ _____ _____ ___ half of all ____ _____ immediately _____ _____.

Right. __ _____, the _____ ___ _____ are ____, _____ rate, _____ rates, _____ indicators, _____ rate, _____ ____ __ and the _____ _____.

Now, let's _____ __ __ the next topic, which is...

345

Column
英語文化は
ローコンテクスト

　会社勤めしている人たちがぼやいたり、嘆いたりしているのを聞いていると、おおざっぱに言って、部下に対する不満では「いちいち言わないとわからんのか」という趣旨のものが多く、上司に対する不満としては「わかってくれないんだよなあ（言わなくてもわかるはずなのに）」というのが多いと感じています。こうした傾向は、外国人社員がいたり、役員が外国人の会社だとより強調されるようでもあります。

　この種の話を耳にするたび、これが近頃よく言われる「社会のローコンテクスト化」なのか、本当なんだと改めて思います。ローコンテクストについては、あとで見て行きますが、とりあえずここでは「言語化」と読み替えるとわかりやすいです。

★ ローコンテクストは言語化
　日本人どうしは一般に暗黙知を共有している度合いが多い分、言語化しなくて済む部分が大きいハイコンテクト文化だとされますが、それも年代によって濃淡が違うので、共有されている（あるいは共有されていると「される」）暗黙知の領域がずれているのに、その部分を明示的な言語で補うことを忘れると、当然、「いちいち言わないとわからんのか、そんなこともわからんでどうする！」といった衝突に結びつくのでしょう。

　つまりハイコンテクスト型の上司から見たローコンテクスト型の部下はいちいち言わないとわからない気の利かない奴と映り、ローコンテクスト型の部下から見たハイコンテクスト型の上司は、100 作業分の仕事なのに、10 作業分の指示しかしない言葉足らずの人間です。

　特に大企業の場合は、こういった問題が顕在化します。組織の中では横との連携を確保しつつ、組織の上下間で、いわゆるホウレンソウつまり報告・連絡・相談を欠かさないようにして情報のやり取りをするわけですが、言語でのやり取りがあっても、その部分が実は「氷山の一角」で、本当に大事な所は水面下の部分（コンテクスト）だというのでは、みんながみんなそういう文化を共有しているならともかく、そうでないと、いわゆる「風通し」が悪くなってしまいます。

　こうしたことから、近頃、大企業では、敢えてローコンテクスト化、つまり、今迄だったらいちいち言葉にしていなかった部分まで顕在化させ、言語化することに努めているのでしょう。

　この点、英語を使うとおのずと何から何まで言語化する必要があるのを受けて、業務を英語化してしまう例が目を引きます。日産のようにフランス人社員との意思疎通の必要がある所ならともかく、すごいと思ったのは、楽天などこれまで基本的にはドメスチックな会社だったのが海外進出を意識して、英語で朝会をやるようになったという話です。

★ ローコンテクスト／ハイコンテクストとコミュニケーションスタイル

　ローコンテクスト文化とハイコンテクスト文化がコミュニケーションスタイルの違いとしてどう表れるかについては、Haru Yamada が *Different Games Different Rules (Oxford University Press)* で言っている、英語は「話し手責任」の世界、日本語は「聞き手責任」の世界という枠組みがわかりやすいと思います。ローコンテクスト文化では言語がすべてというアプローチなので、会話を通じて授受されるコンテンツも、もっぱら話し手の責任で形成され、伝えられます。一方、ハイコンテクスト文化では言語化されている部分の背後にコンテクストという要素があり、その部分は話し手としては言語化して伝えたりしないので、聞き手の責任が重くなります。聞き手は言語化された部分を受け取ると同時に「暗黙の了解部分」を解読することが当然とされる世界です。

　こうした違いから、英語の場合、話し手は、state and prove（何か言ったら、どうしてそう言えるのかも説明する）というアリストテレス以来の論法を念頭に、わかりやすく話すよう心がけることが求められ、その延長線上では、that's why...what's more... などと「ロジックの流れがわかる標識」を要所要所で入れ、また、certainly, probably といった、「これから話す内容や感じがわかる標識」を先に出しながら話を進めていきます。ひとことで言えば、英語で話す場合は、discourse management（やり取りを統御するスキル）が要求されるのです。

　対照的に、日本語の場合は、聞き手が「察して」くれるはずだという甘えないし依存が許されるので、一から十まで言わなくてもいいとか、いちいち言葉にすると角が立つといった感覚があり、この結果、曖昧で多義的な表現が好まれたり、論理の飛躍があっても互いになあなあで済ましてしまうことにもなります。

　話し手の方も聞き手による「察し」を助けるため、いきなり結論を打ち出したりはせず、聞き手が「ははあ、この話はこういう話で、こういう方向へと流れるのか」とわかるよう、前座的なやり取りをするものです。このようにそこでの話が何の話かについての理解を深めるための話を Yamada は、"talk about talk" と呼び、これは聞き手の便宜のため、最大限の解釈の余地 (maximum listener interpretability) を確保するために重要だと説いています。

★ Is that a yes or no? はローコンテクストの象徴

　こうした日本流のコミュニケーションスタイルが裏目に出たのが、少しまえの話になりますが、2010年の米議会での豊田社長の話し方でした。委員長が、オーバーライド（アクセルとブレーキが両方踏まれた場合、ブレーキを優先する機能）を全車種に取り付けるつもりはないのかと質したのに対して、豊田社長、おもむろに「この問題には４つの要因がありまして…」と始めたものですから、ストレートな Yes または No を予想していた委員長、「えーっ、その答えは何なの」という感じで、身を乗り出して、こう言っ

347

ていました。

Is that a yes or no? … I'm trying to find out, is that a yes or no?

この "Is that a yes or no?" という言い方は、ひどくきつい感じも受けますが、コンテクストをすべて捨象し、言葉という形式だけでものごとを決めようとするローコンテクスト文化の象徴みたいな言い回しであり（ですから、法廷ドラマものでよく見聞きします）、こうした見地からすると、あの委員会での話のかみあわなかった場面も、ハイコンテクスト型の人間がローコンテクスト文化の牙城に引っ張り込まれているのに、日本の流儀で臨んだための悲喜劇と見ることもできます。しかも、困ったことに、文化の違いによるコミュニケーションスタイルの違いにまで頭が行かない人々には、「質問をはぐらかしている」と映ってしまうことにもなります。

★ コンテクストというもの

そもそもハイコンテクスト、ローコンテクストというものを言い出したのは Edward T. Hall という文化人類学者です。その Hall が言うには、コンテクストというのは、こういうことです。

Context refers to the fact that when people communicate they take for granted how much the listener knows about the subject under discussion.

コンテクストというのは、人はコミュニケートする際、聞き手がそこでのやり取りにつきどの程度知っているかにつき一定の前提を設けるという事実を言う。

もっと簡単に言ってしまえば、"how much the listener knows about the subject under discussion" つまり、「そこでのやり取りについてどの程度聞き手がわかっているのか」ということであり、ハイコンテクスト文化に根ざすコミュニケーションでは、聞き手は contexted されており、いちいち細かい説明をしなくても済むのに対して、ローコンテクスト文化型のコミュニケーションでは、聞き手は何もわかっていないので、一から十まですべてを説明することを要するということになります。

このことを Hall は、*Beyond Culture* の中で、こう説明しています。

A high context (HC) communication or message is one in which most of the information is already in the person, while very little is in the coded, explicit, transmitted part of the message. A low context (LC) communication is just the opposite; i.e., the mass of the information is vested in the explicit code.

ハイコンテクスト型のコミュニケーションないしメッセージというものは、対象となっている情報

のほとんどが関与している当事者本人に内在している。他面、メッセージということで言葉に置き換えられ、顕在化されており、かつ、伝達されるものの中身は薄い。これに対してローコンテクスト型のコミュニケーションは正反対となる。つまり、情報の本体部分が顕在化された言葉に織り込まれている。

そして、Hall は、このことは互いにわかりあっているがゆえにハイコンテクスト型のコミュニケーションを行う双子と、他のローコンテクスト型の人々、例えば、法廷での弁護士どうし、法案を起草する二人の政治家などと対比するとわかりやすいとしています。

★ ハイ／ローはどこから来たのか

そもそも、なぜこういう分化が生じたかについては、Hall は直接説明していませんが、知っている限りでは、まず日本のような同質的社会だとハイコンテクストになるという説明があります。しかし、よくローコンテクスト文化の典型として持ち出される北欧諸国など、同質社会ですから、説得力がありません。

農耕文化の歴史のある所がハイコンテクストになり、狩猟文化の歴史を持つところがローコンテクストだという説明もあります。なんだかわかったような気持ちになる説明ではありますが、何百年、あるいは何千年も前の話が現代の我々に影響しており、我々のコミュニケーション・スタイルまで直接左右しているとは、これまた考えにくいことです。

してみると、親の教育がこういったコンテクストの捉え方を左右するのだという見方が一番説得力があります。つまりローコンテクスト文化ではコミュニケーションが専ら言葉に託されるのに対して、ハイコンテクスト文化では非言語的要素が大きな割合を占めるわけですが、それぞれ 30 人の日本人とアメリカ人の幼児（3ヶ月から4ヶ月）に対して母親がどう接しているかを調べた研究では、アメリカ人の母親が専ら話しかけていたのに対して、日本人の母親は、撫でたり、あやすために（言葉でない）声を出したりしていたと言います。[Morikawa, Hiromi, Nancy Shand, and Yoriko Kosawa. *"Maternal speech to prelingual infants in Japan and the United States: Relationships among functions, forms and referents." Journal of Child Language 15 (1988): 237-256.*] 日本人の母親は非言語的要素にウェイトをかけているということです。

また、子供がいけないことをした場合、どう対応するかを調べるべく、日本人とアメリカ人の母親各 10 人（子供は3歳から6歳）を比較した研究では、アメリカ人が I don't like the way you're speaking. といった形で、母親としての意見を言語化していたのに対して、日本人の方は傾向として、「自分はこう思う」というものを言葉に託すのではなく、「おとなにそんな口を聞いたら駄目でしょう」(Speaking that way to a grown-up won't do.) といった形で、「世間がどう見るか」を伝えていたと言います。

[Loveday, Loe. *Language Contact in Japan*. Oxford, Eng.: Clarendon Press, 1996. Matsumori, A. *"Hahaoya no kodomo e no gengo ni yoru koodoo kisei."* Gengo shuutoku no shosoo [Aspects of language aqcuisition]. Hiroshima, Japan.; Bunka Hyoron, 1981. 320-339.] つまり、こうすべしと言葉で言うのでなく、間接的にそれじゃまずいでしょ、と伝えていたということです。たしかに、こういうプロセスが繰り返されれば、こういうことをすると「世間」はこう受け止めると言ったシミュレーションになるわけで、自分の行動が他の人々にどう映るのかという非言語情報を意識させられることでしょう。

　言い換えれば、限られた実証実験ではあり、また、今もそうかとなると疑問もありますが、ひとまず、ハイコンテクスト文化とされる日本社会は、母親たちによる、非言語的要素が大きなウェイトを占めている「コミュニケーション教育」に負う所大と言えるようです。

★ 英語の世界に見るローコンテクスト文化

　こういったハイコンテクスト／ローコンテクストが英語によるコミュニケーションにどう現れるのかを考えた場合、一番大事なのは、以上のことから明らかなとおり、ともかく英語の世界では何から何までいちいち言葉にするということです。個人的にこのことを感じるのは英語圏の人と食事するときです。私自身は口下手な方なので、正直辛いのですが、会食の際は、英語の流儀にしたがって、どうですか、そのステーキの味は？胡椒などいかが？と甲斐甲斐しく世話を焼き、さらに、話が途切れたり、しらけたりしないよう、おおいに気を遣うからです。

　第二は、英語のロジックというのか、話の運び方が独特だということです。日本語の場合なら、何かを論じるような場合、こうも言える、ああも言えると、ボワーンと全体を提示し、その中で互いの「こんな感じがする」という気持ちを語り合うのが普通かと思いますが、英語の場合は、きわめて直線的で、「まずは A である、そうとすれば B であり、その結果 C と言えるが、そうとすれば D である」といった感じで話が論理の節目である点を結ぶための直線であるかのごとく進められます。したがって、この直線ルートをはずれ、脇道に入ろうものなら、すぐ、I'm not following you.（話が見えない）とか、Could you come to the point?（で、言いたいのは何？）と注意が飛びます。

　ここでちょっと思い出したのが、大昔、大学院の授業で体験したアフリカ人の論法。指導教授が懇意にしているロンドン大学の先生のお弟子さんという触れ込みだったと覚えているのですが、ともかくその人が教室に招かれ、アフリカ政治の歴史、現状、見通しを簡単に説明してくださいという「お題」に対して、その人が何をしたかと言うと、やおらタバコを取り出し、火をつけ、「みなさん、ご覧になりましたか？　今、みなさんは、ひとつの歴史を見たのです」と意味不明のことを言い出し、一同呆然。その時は何が起きたのかすらわかりませんでしたが、今にして思えば、あれは、英語文化の直線

スタイル (linear style) ではなく、コンテクスト中心のスタイルでのプレゼンだったのです。英語なら、アフリカの過去、現在、未来と話がストレートに進むのに対して、コンテクスト中心の場合は、過去、現在、未来を理解するために必要な視点を得るための背景事情ないしストーリーが滔々たる大河のごとく語られるのです。

　ま、何であれ、大事なのは、どちらがいいという話ではなく、英語の場合は、（世界的には少数派ながら）ストレートな展開が普通とされ、そのことと表裏一体をなすこととして、話の筋道も明確に相手に示されることです。英語で話す際は、ロジックの節目で、What's more... First, Second といった決まり文句が入りますが、日本語感覚からすれば、いちいち、「その上」「第一、第二」とやるのは書き言葉的であり、違和感があるものの、これが英語だと、言葉がすべてとあって、話の「作り」までいちいち言葉に出して示すのだと解されます。加えて、currently（現時点では）、incidentally（偶然にも）と、これまた予測可能性を確保するため、これから言おうとしていることがどういう内容か，話の流れがどちらに向かうかを示す言葉もやたら会話の中に入れます。

　してみると、ローコンテクストというのは英会話のあり方を理解する上でもけっこう大事な視点だと言えそうです。

351

Column
話し言葉のコンテクスト

　文法や単語だけわかっていても、英語が話せるようにはならないといつも強調していますが、そのあたりを左右する最大の要因はコンテクストに対する認識ではないかと思っています。実際、みなさん、常識人だからこそ、「これでいいのかな、あの言い方でよかったのかな」という不安、つまり「コンテクストに添っていたのかなあ」という不安が頭を過り、その場その場は切り抜けることができても、いつまでも自信を持てないのではないでしょうか。

　コンテクストとは、言葉がコミュニケーションの用に供される場面での、「誰が、誰に対して、いつ、どこで、何のために」といった非言語要素の総体ですが、それが言葉でのやり取りを理解する上でどれほど大きな要因かがわかる格好の例があるのでご紹介しましょう。

　Michael McCarthy の *Discourse Analysis for Language Teachers (Cambridge University Press)* で取り上げている例で、ある漫才コンビの一方が、「おい、きょうの話［演し物］、みなさんに説明しなよ」と言われたところでこう言います。*
便宜上番号はこちらで振りました。

　　Have we got a show for you tonight folks! [1]
　　Have we got a show for you! [2]（相方に向って）
　　Have we got a show for them? [3]

　文法形式から言えば、[1] から [3] まですべて動詞が主語の前に出ている倒置文であることにおいて、本質的には同じです。

　このように統語法とか構文と訳される syntax においては同一のものが、（いつ、どこで、という点は同じなのに）話の目的と相手が違ってくるだけで、その表現の意味内容が違ったものになっています。そこにコンテクストの面白さと怖さがあると思います。

　疑問符や感嘆符で区別できるじゃないかと思われるかも知れませんが、話し言葉の世界ではそういったものは聞こえませんから、役に立ちません。

　せいぜい手がかりと言えるのが、[1] [2] では "show" にアクセントが置かれるのに、[3] では、Have にアクセントがあり、語尾が尻上がりという違いがありますが、それだけでは、[3] が疑問文とは断定できません。というのも、専ら「尻下がり」という疑問文などいくらでもあるからです。

　つまりイントネーションの違いに基づいて言っていることの性質が違うという結論は見いだせず、そこにコンテクストを考える意味があるということです。

そのコンテクスト、[1] [2] は相手が目の前の聴衆であるわけで、ここでは、倒置法による感嘆文とわかるのに対して、[3] は話しかけている相手が相棒であることから、[1] [2] の場合と違って、不安が頭をかすめているコンビの一方から相方への質問であることがわかり、しかも、それが聴衆に聞こえているのがわかった上でのものであることから、おかしさがあるのです。以上を踏まえて、ちょっと訳してみます。

　　　Have we got a show for you tonight folks! [1]
　　　→ みんな、きょうの話は面白いよ！
　　　Have we got a show for you. [2]
　　　→ みんな、喜ぶと思うよ、きょうの話。
ところが、相方に向っての
　　　Have we got a show for them? [3] は、
　　　→ おい、客が喜ぶ話って、何だよ !?
と、まるで違っています。

　このように話し言葉の世界では、形式だけからは解釈が難しいものでも、コンテクストを汲み取り、それとの兼ね合いで使われている言葉を眺めると何を言っているのか、何を言いたいのかがよくわかるということになります。

　こうした視点に立ち、「こういうコンテクストでは、普通、こういう言い方をする」ということを拾って行くと、同じコンテクストで英語を話そうという場合、おおいに助けになります。

　この点、既存のシチュエーション別フレーズ集はコンテクストに合わせた言い方を紹介しているようでもありますが、実は違います。「電話で」「レストランで」「うっかりしていましたと言いたい場合」「気をつけてと言う」といったその種の本の見出しを見ればわかるとおり、そこでは単に「言葉を使って何かをする——あやまる、あいさつをする——ときの言葉の遣い方、言い回しの使い方」を示しているのであり、コンテクストに応じて異なりうる言葉の組み合せ方は守備範囲外です。

　例えば、シチュエーション別英会話というジャンルで、「今晩、食事に誘いたいという場合、何と言えばいいのか」については、たいてい、

　　　I'd like to invite you to dinner tonight.

と言えばいいとしています。しかし、何の脈絡もなく、こんなことを切り出されたら当惑するのではないでしょうか。単に「食事に誘いたい場合の言い方」というくくりで考えた場合は、これで合格でしょう。しかし、いきなり単体でそれを使うのは「人間関係を円滑にするためのコミュニケーション」という視点からはまずいと考えます。

　コミュニケーションのためには、やはりコンテクストを考える必要があり、それに

353

応じた段取りを考慮に入れるべきなのではないでしょうか。自分のセリフだけ一生懸命おぼえるのはある意味、自己中心的なやり方です。相手があるわけですから、「そういった状況でこう言われたらこう感じるだろうな」ということまで考えに入れた上で、相手とのやり取りの普通のパターン、つまりはスキーマ（全体象を把握するための枠組み）を理解した上で、どういった言い方をしたらいいのか、こう言ったら、こう返してくるだろうなといったことを考えるのがごく自然だと私は思います。

Column
英語の切れ目
話すときのポイントは意味上の
かたまり＋休止符

　ふだんから英語を話している人は、いちいち意識しませんが、英語を話すときには「切れ目」があります。簡単に言ってしまえば、英語を話すということは、英語独特の「強弱強弱」というリズムに乗せながら、言いたいことをひと固まりずつ区切って、相手に伝えるという作業です。そして、一つの固まりから次の固まりへと移るところでは、かすかな間（ま）を置くという意味で「休止符」が入ります。ところが、英語と縁の薄い人々にとっては、この意味上の固まりなるものが、感覚的にまるでつかめないようです。

　例えば、以前、しょっちゅう海外旅行に行っているような下町の富裕層のための英会話クラスはどうなのだろうという企画があり、関係者にお会いしたことがあるのですが、そのとき、まるで英語に触れたことのない人々は、テキストに How do you do? と書いてあれば、一生懸命、How, do, you, do と 1 単語ずつ口に出しておぼえようとするもので、「意味上の固まりとしては一個なのだから、これをひと息で発音しろと」言われても、合点がいかないのではないかと言われてしまいました。

　合点が行かないと言われても、英語自体がそういう話し方をする言語なのですから、困ります。もっと困るのは、合点が行かないとなると、ちゃぶ台をひっくり返す勢いで騒ぐぞ、どうするんだという話になってしまっていることです。何しろ、叩き上げで一代で財をなしたような人たちだけに向こう意気だけはすごく、自分の発音が悪いとなったら、冗談じゃねえ、悪いのは英語の方だとなっちまうようで。

　しかし、考えてみると、「今、何時ですか」という意味の What time is it now? を「掘った芋いじるな」と丸おぼえし、あるいは、How much dollar? を「浜千鳥」に置き換える現場感覚を見せたのもこういった人たちですから、道は開けるやも知れません。（その反面、外国のブランド店で、「ここからここまで」と指さしてまとめ買いする人たちが店員さんと英語でやりとりする必要があるのかという疑問もあるにはあります）

　それはさておき、本題に戻って、英語を発音する際の「切れ目」ですが、一番わかりやすいのはテキストに入っているカンマやピリオドです。しかし、話し言葉では、もっと細かく区切られ、しかも、どこで切れるかが大体決まっています。

　第 1 に、主語と動詞と目的語を並べるに当たっては、主語グループと動詞・目的語グループとの間が切れ目となります。例えば、「日本人は野球が好きだ」と言いたい場合、当然、

　　　The Japanese love baseball.

になりますが、これを口に出して言う際に切るとすれば、普通は

　　　The Japanese / love baseball.　となります。

The Japanese love / baseball.

とは違います。The Japanese love までをひと息で発音してから、ちょっと間を置き、baseball で受けるパターン、つまり、love のうしろに休止符が入っているかのように言うのは何か違和感があります。というのは、英語では、普通、動詞と目的語は一体として扱われるのが普通だからです。

　このように動詞とその目的語はひと固まりにして発音せよというルールは、目的語が一個の名詞ではなく、名詞代わりの to 不定詞のときにも当てはまりますから、「日本人は贈り物をするのが好きだ」と言いたい場合は、次のように、やはり動詞の前に切れ目が来ます。

NOT The Japanese love / to give gifts.
BUT The Japanese / love to give gifts.

以下のとおり、to 不定詞が少々長くなっても同じです。

NOT The Japanese love / to talk about "kokusaika."
BUT The Japanese / love to talk about "kokusaika."

結局、The Japanese love SOMETHING. という基本パターンにおいては、love SOMETHING がひと固まりなのだから、SOMETHING の部分が to 不定詞あるいは that 節などで置き換えられても、理屈は変わらず、動詞のうしろに休止符を打つものではないということです。

　第2に、名詞と形容詞はやはりひと固まりですから、これも切り離せません。単純なところでは、上場企業という意味の public company は、以下のとおり、まるで1単語かのように、一体として発音しなければなりません。

NOT a public / company
BUT a public company

　これの応用で、名詞のうしろに限定用法の形容詞節（形容詞の役目を果たす単語のグループで、主語と述語動詞がそろっているもの）がくっついているときは、その形容詞節の部分まで取り込んでひと息で発音する必要があります。例えば、「当社の名古屋工場は月産1万台だ」と言いたいとしましょう。これは次のように関係詞節の部分を一体化してひと息で発音しなければなりません。

NOT Our factory / which is located in Nagoya / turns out 10,000 units monthly.
BUT Our factory which is located in Nagoya / turns out 10,000 units monthly.

ここで、上の例、つまり which is located in Nagoya の前後に休止符を入れる形で読むと非限定用法の形容詞節のように聞こえてしまうので、この区別は重要です。

　おさらいをしておきますと、限定用法の形容詞節とは先行する名詞（ここでは factory）を特定するために不可欠の情報を含んでおり、したがって削除できないものを指します（書き言葉の場合は、前後にカンマを入れないことで示します）。こういった限定用法の形容詞節があることから、この会社の場合、工場がいくつかあることを見てとれます。

　これに対して、書き言葉なら、前後にカンマを入れることで示す非限定用法の関係詞節は削除可能な付加的な情報であることを示します。例えば、Our factory, which is located in Nagoya, turns out 10,000 units monthly. という 1 文からは、この会社には工場が一つしかないことを見てとれるわけです。ですから、上の例文で、

　　Our factory ／ which is located in Nagoya ／ turns out 10,000 units monthly.

というふうに、which is located in Nagoya の前後に休止符が入っているかのような話し方をすると、非限定用法の形容詞節として響き、誤解を招きます。限定用法であることを示すためには、ここは是非とも、Our factory which is located in Nagoya と、ひとまとめにして発音する必要があるわけです。

　このように、名詞を特定し、限定するための修飾部分はその名詞と一体化して発音するというルールは形容詞節が「圧縮」される場合も変わりませんから、which is located in Nagoya の部分を、（むしろ、こちらが普通の言い方ですが）located in Nagoya とするときも同じです。つまり

　　NOT Our factory ／ located in Nagoya ／ turns out 10,000 units monthly.
　　BUT Our factory located in Nagoya ／ turns out 10,000 units monthly.

　こうした切れ目は、言葉を変えて言えば、意味上の固まりと意味上の固まりとの境目ということになりますが、それでは、何をもって「意味上の固まり」とするかが問題となります。まず、重文のようなセンテンスどうしがつながる場合は、当然、個々のセンテンスがひと固まりと扱われ、また、複文のように節で構成されるものも、どれとどれが固まりかは簡単にわかります。要はカンマとピリオドが一つの目安となります。

　つまり、カンマで区切られる、Last year, we... のような副詞的部分あるいは、If I were a bird, I would... のような冒頭の従属節はひと固まりのものと扱われ、したがってひと息で発音します。上で取りあげた、書く際に、左右をカンマで区切る非限定用法の形容詞節も同じです。

しかし、カンマがない部分につき、センテンスの中でどことどこを区切り、ひとまと

めにするかとなると、けっこうむずかしくなってきます。Geoffrey Leech と Jan
Svartvik の A Communicative Grammar of English (Pearson Education) では、
伝えようとしているメッセージをどう区切るかは話す際のスピードによりけりだし、ど
の部分を特に強調したいかでも変わってくるとしています。

　ただ一般的な手がかりはあります。例えば、主語が長めの名詞節の場合は、主語と動
詞を一気に発音せず、長い主語のあとで、休止符を打つものです。つまりひと固まりの
グループと扱います。この本はこんな例を挙げています。

　　What we need ／ is plenty of time.（われわれが必要としているのは十分な時
　　間の確保だ）

　結局、一つの情報としてまとまっている限り、それをひと固まりのものと扱い、境目
に休止符を打つべしということです。このことは、自分が話すときのみならず、リスニ
ングにおいても重要なヒントとなります。立て板に水といった調子でしゃべっている
ケースは別ですが、本を読み上げているテープや CD などでは、やはりプロのナレーター
が吹き込んでいるだけに、このあたりの切れ目がはっきりわかり、いい勉強になります。

携帯版
即戦力がつくビジネス英会話
基本から応用まで

The Nuts and Bolts of Workplace English

索　引

各レッスン DIALOG の Vocabulary の語句と、FOCUS の ■ のあとの
語句を収録しています。FOCUS の語句には <F の記号を付けています。
各項目最後の数字はページ数です。

INDEX

A

a Mr. Ueno 上野という人 79

a must 必ず必要なこと 103

a show of hands 挙手 <F 33

abolish 廃止する <F 301

abstention 棄権 <F 225

accelerate 加速する 339

accept responsibility for ~ ～の責任をとる <F 97

access ~ （電子情報などを）画面に表示する、～にアクセスする 95

accommodate 取り入れる、反映させる 147

account 勘定、収支計算 299

account for ~ ～を説明する 103

account for ~ ～を占める 143

account information 取引口座関連の情報 <F 160

accounting irregularities 経理上の不正行為 315

accounting records 会計記録 135

achieve 達成する 323

acknowledge 確認する <F 92

acquire 買収する 247

acquiring company 買収する側の企業 327

acquisition 買収 <F 144

acquisition （企業）買収、獲得 189, 323, 327

acronym 略語、頭字語 171, 291

act on ~ ～の決定を下す、～を決議する 195

action plan 行動計画 <F 168

activate 活動的にする、（声をかけて）すぐ働けるようにしておく 123
起動させる、作動させる 171

addition 加わる人や物 19

address 取り組む 219

administer a test テストを実施する 71

administrative services 管理業務、総務 <F 300

admittedly 確かに（…ではあるが）<F 252

adopt 採択する 223

adopt 採択する <F 224

adoption 採択 <F 224

advance commitment to ~ ～するという予めの約束 <F 273

advanced (level) 上級レベル 95

adversely affect 悪影響を及ぼす 91

advertise 広告する、募集広告を出す 103

advertised job 募集広告が出された仕事 107

advertising ideas 広告の［広告を出す］企画 83

advise ~ of ... ～に…について伝える 159

advisory service 助言業務 299

affect 影響する 91

agency transaction 委託売買 299

agenda 議題集、議題 155, 183

agent 代理店［人］ 259

agree 同意する 235

agreement 同意、合意、契約（書）235

ahead of (the) schedule 予定より早く 219

aid 助ける 291

ailment 病気 327

aim the nozzle ノズルのねらいをつける 171

air pocket 急激な下降気流 27

alarm 警報装置、警報 171

alert 警告、警報 123

all in favor of ~ ～に賛成の人 <F 225

all set すっかり用意ができて 275

All the more reason to ~. だからこそ～する、なおさら～

しなくては 235, 287

all those opposed 反対の人 <F 225

along the lines of ~ ～の線での <F 201

along with ~ ～と共に 131

alternative 選択肢 <F 144

alternative procedure 代替措置 167

amendment 修正 199

amendment 改正 <F 226

analyze 分析する、分析して調べる 323

~ & Associates ～＆アソシエイツ 79

annual meeting of stockholders 年次株主総会 223

annual shareholders meeting 年次株主総会 311

annual review 年次勤務評定 <F 109

answer a phone call 電話に出る［を受ける］ 83

antitrust case 独禁法違反事件 211

anything but ~ ～以外のこと 315

apparently どうやら～らしい 211

appearance 外見、服装 119

applicant for ~ ～への応募者 107

apply 適用される 91

apply ~ toward ... ～を…に充当する 97

appoint 任命する、指名する 223

appoint ~ as ... ～を…に指名する 223

appointment book スケジュール帳、予定表 67

appraisal 評価、査定 119

appraisal areas 評価項目 119

appraisal sheet 人事考課表 119

appreciate 高く評価する、あ

りがたく思う 51

appreciate ~ ～に感謝する <F 40

approval 承認 195

approval 承認、認可 <F 168

approval process 承認手続き <F 133

arbitrarily 恣意的に 271

Are you with me? 大丈夫？ 143

area （担当／研究）分野、(活動) 範囲 83

area of operation 業務分野 135

areas of measurement 評価 対象 119

arguably ほぼ間違いなく <F 265

argument 論拠 199

arise 生じる、起こる 159

arise 生じる <F 212

articles of incorporation 定 款 271

as I was saying さっきも言っ たように 299

~ as in ... …の～ 79

as these things go この手の ものとしては 119

as they stand 現状では <F 277

as you may recall 覚えてい るでしょうが 91

asset management 資産運 用 303

assign 割り当てる、割り振る 123, 147

assign 割り当てる <F 148

assign ... to ~ …を～に任命す る、就かせる 51

assigned 割り当てられた、担 当の <F 109

assigning work 仕事を割り振 る作業 123

assume 前提とする 239

assume liability （法的）責任 を負う <F 97

assumption 仮定、前提（条件） <F 341

assure 保証する、請け合う

91

at my end 私のほうで 31

at the tone 信号音が聞こえた ら 79

at will 思いのままに 219

at-will employment 退職自 由・解雇自由の原則 219

attentive 熱心に聴き入ってい る 287

audience 聴衆 287, 291

audit 会計検査［監査］ 123

audit(ing) 検査［監査］ 159

automatic renewal （契約の） 自動更新 <F 240

automatic renewal provision 自動更新条項 239

aware 承知している 123

awareness 気づいていること、 認識 119

awareness-raising workshop 意識向上［周知徹底］を図 るセミナー［研修］ 155

aye はい、(正式の会議での) 賛成 195

B

babble away ぺちゃくちゃ しゃべる 155

back home 自国［住んでいる ところ］では <F 29

back up ~ with ... ～を…で裏 付けする［補強する］ 291

background 仕事をこなすの に必要な知識・経験のこと <F 149

backing 支援 <F 209

backlog やり残した仕事 55

bad connection （電話の）通 信状態が悪いこと 83

ballot 投票、票 223

ballot 投票用紙、投票（する） <F 225

ballot box 投票箱 <F 225

bank account 銀行口座 131

banking 銀行業務 299

bargain 交渉［取り引き］する 199

barring ~ ～がなければ 311

be a drain on ~ ～を低下させ るものである 155

be about to ~ まさに～しよう としている 51

~ be accounted for ～の説明 がつく 103

be advised of ~ ～を知らされ ている 159

be assigned to ~ ～へ配属さ れる 51

be assigned to ~ ～に配置［配 属］される <F 105

be away 出かけている 67

be away from one's desk 席をはずしている 79

be back to normal 平常に戻 る 51

be beset with ~ ～に悩まされ る 211

be brief 短時間である、短い 183

be concerned 懸念している 239

be conducive to ~ ～に貢献 している 239

be destined for ~ ～の運命に ある 271

be done with ~ ～を済ませる 55

be due for ~ ～に出ることに なっている 83

be due to ~ ～することになっ ている 183

be engaged 雇われる、仕事 を依頼される 323

be faced with ~ ～に直面して いる <F 145

be fixed 予定が入っている 67

be focused on ~ ～に焦点が 当てられる 263

be founded in ~ ～年に設立 されている 303

be in Equity Sales 所属は株 式営業である 19

be inclined to ~ ～してもいい ような気がする、～したいと 思う <F 208

be inclusive of ~ ～を含んで

361

INDEX

いる 247

be it ~ or ... ～だろうと…だろ
うと 135

be left holding the bag 全責
任を取らされる、貧乏くじを
引かされる 315

be long on ~ ～がたくさんあ
る 155

be no mean feat 至難の技で
ある 303

be not to be taken lightly 軽
んじられない 155

be not worth the trouble 手
間をかけるまでもない 251

be of concern 重要である <F
253

be of importance 重要である
131

be of the essence （契約の）
本質的要素である 183

be off ここを離れる (=leave)
31

be off sick 病気で欠勤してい
る 83

be on the upswing 上昇して
いる <F 313

be one step ahead of ~ ～
より一歩先んじている、一日
の長がある <F 305

be opposed to ~ ～に反対で
ある <F 213

be out of my depth 自分の能
力を超えている、手に余る <F
121

be over 終わっている 51

be prepared to ~ ～する用意
ができている <F 272

be pressed for time 時間に
追われている <F 121

be short for ~ ～を短くしたも
のである、～の略である 171

be short of ~ ～があまりない、
不足している 183

be short on ~ ～が不足してい
る 155

be stunned with ~ ～にあ然
とする 315

be subject to change 変更を
受ける可能性がある、変更に

なる場合がある 247

be subject to ~ （税金など）
～の対象となる、～が課せら
れる 131
～を被る可能性がある 263

be supposed to ~ ～（する）
ということになっている、～
するべきである 15, 143

be that as it may そうかもし
れませんが、それはともかく
263

be tied up 忙しくて［予定が
詰まっていて］自由がきかな
い、手一杯である 67

be tied up 手一杯である、ふ
さがっている <F 68

be traced back to ~ ～にさ
かのぼる、～に端を発する
327

be [get] there 成し遂げる
271

bear market 相場が下げてい
る市場、弱気相場 339

beat 打ち負かす <F 252

beat around [about] the
bush 遠回しに言う、要点に
触れるのを避ける <F 261

believe it or not 信じようと信
じまいと、こんなことを言っ
ても信じないだろうが 291

benefit 利益を得る、ためにな
る 71
～に利益を与える 327

benefit(s) 福利厚生、利益
219, 287

better meet よりよく応える
<F 237

better terms より有利な取引
条件 251

bet 賭け（る）339

beyond one's control ～の力
が及ばない <F 97

bid 入札、つけ値 <F 197

big deal 重大事（件）211

bilingual professional 2 か
国語を話す［バイリンガルの］
プロ 107

bill ~ ～に請求書を送る 211

billing dispute 請求書をめぐ

る紛争 211

binge （飲食、買い物を）しま
くること 39

binge drinking むちゃ飲み
39

bla bla bla bla 何とかかんと
か 199

blame （失敗などに対する）
非難 <F 209

board representation 派遣役
員比率 271

board's rules 取締役会規則
271

bog 困惑させる (=confuse)
303

boilerplate 契約書のモデル文
183

boilerplate provision ひな型
的条項 183

bomb threat 爆弾をしかけた
という脅迫 <F 173

bond 債券 299

book ~ in a hotel ～のために
ホテルを予約する 27

book ~ ～を計上する 315

boost sales 売上を伸ばす［増
やす］315

borrowings 借り入れ金、借用
金 275

bother 悩ませる <F 261

bottom line 企業の最終損益、
結論（は）、要するに 39,
207, 293

brace oneself for ~ ～に対し
心の準備をする、～に備える
199

brag 自慢する 303

branch (office) 支店 <F 200

break a tie 可否同数を打破す
る 271

break down ~ into ... ～を…
に分ける 147

"break glass" (call) points
プレートを割って（ボタンを
押して）報知器を鳴らすポイ
ントスイッチ 171

brick-and-mortar （ネット企
業との対比で）従来型の <F
196

362

brick れんが <F 196

brief ~ on ... ~に…を説明する、前もって情報を与える <F 156

bring up ~ ~を提起する、持ち出す 239

bring up 提起する <F 93

bring up ~ on one's screen ~を（パソコンの）画面に呼び出す 91

bring ~ up to speed ~に最新情報でようすを知らせる 187

bring ~ up to speed ~に最新情報を与える <F 156

broth ブロス、スープ 43

bulk of ~ ~の大部分 55

bump into ~ ~に出くわす 31

burdensome とても重い、やっかいな <F 261

bureaucratic 官僚的な 155

business 議題（審議事項）<F 220

business card 名刺 15

business alliance 業務提携、協業 <F 184

business associate 仕事［商売］仲間、取引先 71

business continuity plan (BCP) 業務継続計画 167

business impact analysis ビジネス影響度分析 <F 168

business insurer 企業保険を扱う保険会社 167

business line 事業部門 <F 300

business partner ビジネスの相手、取引先 <F 253

business permit 事業認可、営業許可 <F 161

business plan 事業計画 187

business unit （管理部門に対する）営業部門、事業部内の個々の組織 <F 300

buy back stock 自社株買いをする <F 144

buy FOB FOB建の価格で購入する 251

buy order 買い注文 299

buying decision 買うという意思決定 247

by all means どうぞ 239

by nature 生まれつき、本来 235

by the end of the day きょう中（業務時間終了時まで）に <F 121

by the same token 同様に、同じ理由で <F 252

by two cents a share 1株当り2セント（だけ）<F 340

bylaw 内規、付則 223

bylaw 内規、付則、付属定款 <F 224

C

calculated risk 計算済みのリスク、織り込み済みのリスク <F 169

call away ~ ~を呼び出す <F 73

call it a day （仕事などを）終りにする <F 57

call on ~ to ... ~に…するよう呼びかける 171

Can I ask you a favor? お願いがあるのですが。 55

Can I come in here? ちょっといいですか。 195

can wait （数分間）後回しにできる 119

candidate 候補者、（…に）なりそうな人［企業］ 107, 323

capital 資本（金）、元手、出資金 275, 299

capital markets 資本市場 311

capital raising 資金調達 299

card 名刺 15

care 気にする 19

Care if I join you? ちょっとよろしいですか。 19

career change 転職 <F 104

career development キャリア開発、キャリアアップ 107

career goal キャリア・ゴール 107

carrier 運送会社 <F 97

carry （動議・議案を）通過させる <F 224

case in point 適例 207

cash contribution 現金による出資 275

cash in advance 現金での前払い <F 252

cast （票を）投じる 223

catch of the day 本日の鮮魚 43

cater to ~ ~の要求を満たす <F 304

cause ~ to crash ~が墜落する原因となる 27

cell phone 携帯電話 51

cellular (phone) 携帯電話 83

cellular [cell] phone 携帯電話 <F 289

CEO 最高経営責任者 223

chair 議長を務める 195

challenge ~ ~の技量［能力］を試す 291

champagne シャンパン 43

change jobs 転職する 103

channel ルート、経路 <F 260

charge 告訴 159

chart 図表、グラフ 311

chart 図表、グラフ <F 292

chatty 雑談好きの、おしゃべりな 31, 39

Cheers! 乾杯！ 43

China operations 中国での事業 15

CIF price CIF建価格 247

circulation slip 回覧用の付せん 31

circumstances beyond its reasonable control 合理的に考えて当事者の管理・支配が及ばない事情 199

claim 主張する 211

claim 請求、主張 <F 97
主張する <F 157

clam 2枚貝（はまぐりやあさり）43

clarification 説明、解明、明確化 195, 263

clarify 説明する 207

class 上品さ、スマートさ、気品 287

clause 条項 199, 239

client 顧客、取引先 27

client assets 顧客からの預かり資産 303

closing ability クロージング力 119

co-worker 同僚 15

cold call 見知らぬ相手への（訪問や電話による）売り込み <F 109

collaboration 協業 <F 72

colleague 同僚 15

colleague's area 同僚の担当分野 83

column 縦列、縦の欄 119

combined 〈形〉結合した、合併した 327

come easily [easy] to ~ ~にとってたやすいことだ 107

~ come first ~が第一である <F 241

come in 口をはさむ 195

come in below ~ ~を下回る結果となる <F 341

come round[around] ぶらっと訪れる <F 144

come through ものごとから浮かび上がる、実感として伝わってくる <F 136

come to ~ ~の話になる <F 293

come to a conclusion 結論に達する <F 253

come to order 始まる 223

come up with ~ ~を提出する、思いつく 135

Commercial Code 商法 147

commit （犯罪などを）犯す 159

commit oneself 約束して引き受ける 259

commodities broker 商品取引での売買仲介業者 311

communication （書面または口頭での）意思の疎通・伝達 107

company directory 社員名簿、職員録 31

company function 会社の行事 [祝典]

company-sponsored 会社負担の <F 185

company-wide 全社員を対象とする 155

company's structure 会社組織 299

compare notes 情報 [意見] 交換する 123

compare ~ with ... ~と…を比較する 251

compared with ~ ~と比べて <F 292

compelling 抵抗しがたい 167

competition 競争、競争相手 235

competitor 競争相手、ライバル企業 211

competitor 競争相手、同業他社、ライバル企業 <F 137, 196, 304

complaint 苦情、不平 91, 95

complaint of sexual harassment セクハラだとの申し立て <F 93

complement 補足する 187

compliance 法令順守 147

compliance （法令）順守 <F 301

Compliance Division 法務部 147

Compliance Manual コンプライアンス・マニュアル 147

comply with ~ ~に従う、~を順守する 147, 199

comply with ~ ~に応じる <F 97

component 構成要素、内訳項目 339

comprehensive sense 包括的印象 [感じ] 335

comptroller 経理担当役員、経理部長 <F 301

conceal 隠ぺいする 135

concede 認める 315

conclusive evidence 決定的証拠、確証 159

conditions for hiring 採用条件 103

conducive 〈形〉貢献する、寄与する 239

confidential information 機密事項 [情報] 155

confidently 自信を持って 287

confine 封じ込める、閉じ込める 171

conflict of interest 利益相反 315

Congratulations on ~. ~おめでとう。 15

consecutive rises 連続した上昇 339

consider it done. まかせておけ [まかせてください]、引き受けた [お引き受けします] 91, 211

consistency in terminology 用語の統一性 147

consistently 一貫して、常に <F 305

constitute ~ ~を構成する 223

consumer demand 消費者需要 <F 200

consumer spending 個人消費 <F 292

contact 関係筋、連絡先 <F 305

contain 含む 291

contemplate 熟考する、もくろむ 187

contingency 不測の事態 167, 171

contingency planning 緊急時対応計画の策定 167

contingency plan 危機管理計画 <F 172

continued functionality 機能の継続 167

contractual dispute 契約紛争 211

contract 契約する 131

contract 契約（書）、取引 <F 137, 272

contribution 出資、寄与、貢献 271, 275

contribution 寄与、発言 <F 221

control activities 管理［監督］業務 135

controller 経理の責任者 <F 17

convey 伝える、運ぶ 159

convince 納得させる 291

copy ~ on ... （Eメールなどで）〜に…のコピーを送付する 155

core 核心 <F 261

corporate affairs 総務 <F 301

corporate client 法人客 299

corporate earnings 企業収益 339

corporate library 会社の資料室 <F 144

corporate performance 企業業績 311

correspondence 連絡文書 155

cost コスト、費用、原価 (=cost of goods sold) 143

cost cutting コスト節減 207

cost of goods sold 原価 143

cost-benefit analysis 費用対効果分析 <F 133

counsel 弁護士、法律顧問 159, 199

count ~ in （パーティーなどの参加者としてその人を）勘定に入れる 39

couple ~ with ... 〜を…と結びつける［合体させる］、〜と…を組み合わせる 195, 219

course(s) of action （何かを達成するための）手順、手続き、目標への道筋 323

cover カバーする、扱う、取り上げる 103, 219, 275

cover the shortage 不足分を埋合わせる 135

crash （コンピュータが）まるで動かなくなる、フリーズする 19

creative accounting 創造的会計、きわどい［違法すれすれの］会計処理 315

credit （掛売りでの）支払い猶予期間、信用、信用履歴 (=credit history) 91

credit approval 信用（付与）の承認、与信審査 <F 168

credit facility 融資枠、借入れ枠 275

criminal 刑事上の 159

critical data 非常に重要なデータ 167

cross-purposes 意図のすれ違い <F 248

cross-sell 提携販売をする、クロスセリングをする 247

crux 最も重要な点、核心 <F 197, 261

culprit 犯人 159

curious 知りたい <F 265

currency 通貨 263

currency fluctuation 為替相場の変動 263

current 現在の、現行の、最新のものである 103, 107, 247

current profitability 当期の採算［収益］ 207

current provision 現行の規定［条項］ <F 240

current term 現行期間 239

customer complaint 顧客の苦情 <F 92

customer confidentiality 顧客情報の機密性 155

customer information 顧客情報 <F 200

cut the price 値引きする <F 272

cut through to ~ 〜にまで切り込む <F 261

cut-off 締め切り、期限 131

cut-off day 締め日 131

cutting-edge 最先端の 251

cycle 周期、一巡、サイクル 131

cyclical ups and downs 周期的景気変動 207

D

damage or loss in transit 輸送中の損傷・滅失［紛失］ <F 97

date-stamp ~ 〜に日付印を押す 131

daycare 昼間の保育 <F 185

deal 契約、取引、協定 183, 199

deal with ~ 〜を扱う、〜に対処する 171

deal with ~ 〜に対処する <F 93, 96

debt 借金 275

debt financing 借入れによる資金調達 275

decent まともな、上品な 287

decent cash flow 適正なキャッシュフロー［現金収支］ <F 237

decision-making process 意思決定過程 271

declare ~ (to be) ... 〜が…と宣言する <F 221

decline 下落、減退、減少する 323, 339

dedication to ~ 〜への献身［専念］ 119

defer 延期する 219

definite plan 確定した計画 259

definitely be back 確実に戻っている 67

deflation デフレーション 335

delay 遅延、遅れ 199

delay in performing 履行の遅滞 199

delicate 壊れやすい <F 212

deliver 届ける、（スピーチやプレゼンなどを）行う 287, 291, 327, 335

deliver 述べる、伝える <F 289

deliver on time 時間通りに納品する 183

365

INDEX

delivery 納品、配送 <F 92

delivery schedule 納品のスケジュール <F 253

delivery terms 納期等の条件 247

demise 消滅、終焉、死亡 327

demonstrate 示す、表す 303

denote 示す 119

department （社内の）部署 79

dependability 信頼性 119

derail （計画などを）狂わせる 147

describe 説明する、言葉で描写する <F 133, 288

deserve ~ ～を受けるに値する 263

design operation 設計業務 <F 137

designate 指名する、指定する 287

details 詳細な記述 95

detail person 細かいことにこだわるタイプの人 107

detect （CDなどを）認識する 55

determine 決定する、取り決める、確立する 195, 323

determine 決定する <F 184

developed organization 整った組織 107

develop 考え出す→定める <F 173

deviate 離れる、逸脱する 263

differentiate ~ from ... ～を…と区別する、差別化する <F 304

digit 桁 <F 312

diligent 念入りな <F 168

dip 小幅に下落する <F 340

direct 指揮する <F 301

directive （公式の）指示、指令 207

directory 人名簿 31

director 指揮する人、責任者 15

disaster recovery 災害復旧 167

disaster recovery plan 災害復旧計画 <F 173

disciplinary procedures 懲戒手続き 219

discipline 規律、秩序 <F 301

discreet 慎重な 211

disrupt 妨げる 287

disrupt 混乱させる <F 172

disruption 混乱、分裂 311

disruption 混乱 <F 208

dissident 反対派の <F 157

distinguish ~ ～を特徴づける、差別化する <F 304

distributor 販売店 259

distributorship agreement 販売店契約 259

diversification 多様化、分散→分散投資、多角経営 <F 169

divide 割る 143

divide ~ into ... ～を…に分ける <F 289

dividend policy 配当金政策（出資者への見返りである配当に関する基本方針） 271

dizzy 〈形〉目がくらむ 39

Do I hear you! よくぞ言ってくれました！ 207

Do you happen to know ~? ひょっとして～を知らない？ 31

doable 行える 147

double-digit 2桁台の 311

double-digit 2桁 <F 312

downsizing 事業の整理縮小 207

downsizing 事業の整理縮小、リストラ <F 157

downtown 都心（の商業地区）へ 27

draft 起草［起案］する、下書きをする、草稿を書く、～の案をつくる 107, 187
原案（の）、草稿（の） 119

draft ~ ～案 195

draft a term sheet 契約要項案を作成する 187

draft appraisal form 考課表案 119

draft memo 社内メモの草案 155

draw the line between A and B AとBの間の違いを明確に区別する 107

draw up a plan 計画を練り上げる <F 168

dress code 服装規定 219

drink a toast to ~ ～のために乾杯する 43

drive ドライブ、駆動装置 55

drive at ~ ～を目指す、～に言及する 135

drop 下落 339

drop 下落（する）、低下（する） <F 324
（計画を）やめる、中止する <F 173

drop in on someone ～をちょっと訪ねる 155

due diligence デュー・ディリジェンス 187

due することになって、然るべく 83, 187

duly 適切に、然るべく 223

duly reflect 然るべく反映している <F 124

duties 職務 <F 109

E

e-commerce 電子商取引、インターネット取引 <F 196

earnings 利益、収益 335

earnings growth 増益率、利益成長率 311

ease （水準が小幅に）低下する <F 316

ease of use 使いやすさ <F 252

eat away at ~ ～をむしばむ、徐々に減少させる 335

economic growth 経済成長、景気拡大 339

economic indicator 経済指標（経済や景気動向を見る上で目印［基準］となる統計） 335

economic system 経済システム［制度］339

edge 優勢（=advantage）、強み <F 305

efficiency 効率 <F 264

efficient 効率的な 211

efficient 効率的 <F 212

elaborate 詳しく述べる <F 96

elaborate on ~ ～について詳しく説明する 327

elapse 経過する <F 92

elect 選出する、選任する 223

elementary level 初級レベル 95

elicit （～から）引き出す、聞き出す 187

embezzlement 横領 159

emergency 緊急事態 171

emergency 急用 <F 173

emergency drill 防災訓練 171

emergency procedures 緊急時の対応手順 <F 172

emergency response 緊急事態への反応［対処］<F 173

emphasis 強調（点）55

employment history 職歴 103

encompass ～を包み込む、網羅する <F 304

encounter 遭遇する 27

encounter an air pocket エアポケットに入る 27

encourage 促進する、助長する 339

encrypt 暗号化する <F 200

end of the day 業務終了時点 123

end up in ~ 最後は～になる 211

end up with ~ ～で終わる［することになる］239

enforce 実施する 135

enforcement （違反を許さない姿勢で）実施すること 135

engage 雇う、従事させる 147

enhance 高める、促進する <F

264

enhanced 強化された 251

enroll 受講生となる 95

ensuing year 翌年度、次年度 223

ensure 確かにする、（～を）確実にする 123, 259, 263

entail 伴う、引き起こす <F 169

entity （独立の）存在→法人企業、会社、組織体、独立性を備えた団体 <F 156, 301, 327

entry 帳簿への記入、記入された項目 135

equal say in ~ ～における平等な発言権 271

equity 株式、出資持ち分 19, 275

equity department 株式部門 299

equity financing 株式の発行による資金調達 275

erode 目減りさせる、浸食する 335

erratic 移ろいやすい <F 200

error 間違い、（事務手続き上の）ミス 91, 135

estimate 予想する 143

estimated total costs 予想コストの合計額 143

evacuate 避難する 171

evacuation announcement 避難誘導のアナウンス 171

evacuation procedure 避難の手順 171

evasion （検査などの）回避 123

even 同数 271

evidence 証拠、根拠 291

evolve 進化する、発展する <F 304

excel 傑出する 303

exchange rate 為替相場［レート］263

exchange rate fluctuations 為替変動 263

exchange rate variation clause 為替変動（調整）条項 263

exclusive 独占的な 259

execute an order 売買注文を実行する 299

executive committee 経営委員会 299

executive officer 重役、執行役員 135

executive vice president 副社長 <F 16

existing information 既存の情報［資料］123

expand （事業を）拡大する 275

expect ~ ～を待つ、～が来るのを期待する 71

expectation 期待 291

expense report 経費精算書 <F 124

expiration 期間満了 239

expire 期限が切れる 223

export price list 輸出価格表 247

export unit price 輸出単価 247

exposure to risk リスクにさらされること 167

extend credit 貸し付ける <F 45

extinguish 消火する 171

extraneous 余計な、無関係な 155

F

facility 施設、融資枠、借入金 275

fact of life 避けがたい現実 211

facts and figures 数字やデータ、統計 107

facts and figures 数字やデータ、統計（=statistics）<F 108

fail the test 試験に落ちる、条件を満たしていない 327

fail to ~ ～しそこなう、～できない 183, 327

fail to ~ ～しそこなう <F 292

failure to perform 不履行、実

367

INDEX

行できなかったこと 199

fair enough まずまず、妥当な 271

fall by ~ ～だけ減る <F 292

fall into ~ ～に入る 131

fall on ~ （日が）～に当たる 131

fall short of ~ ～に満たない <F 341

familiarize ~ with ... ～に…を周知させる、精通させる <F 172

fault 責任、過失 247

favor 好意、援助 55

feasible 実用化できる、ビジネスとして成り立つ 71

feature 特徴 <F 252

feat 妙技 303

Federal Reserve Board [FRB] 連邦準備制度理事会 339

fee 料金 <F 248

feeble 弱い 291

feeble memory 記憶力が弱いこと 291

feedback 情報共有のための報告・連絡 119

fiduciary duty 受託者責任、忠実義務 315

field うまく受け止める、巧みにさばく、当意即妙に答える 95

field a call from ~ ～からの電話に対応する 95

50-50 持分が等しい、互角の 271

50-50 joint venture 折半出資の合弁事業 <F 240

figure 数字 143

figure 数字、数量 <F 265

file （関係書類を入れた）ファイル［書類入れ］ 55

file （正式に）提出する 159

file criminal charges with ~ ～に告訴する 159

file ~ with ... …に～を（正式に）提出する <F 125

fill in ~ with ... ～に…を書き込む 143

fill out a form 用紙に記入する 95

final interview 最終面接 103, 107

finance ~ ～に出資する <F 144

financial 財務の、財務的な 167

financial conglomerate 金融コングロマリット 247

financial sanctions 制裁金、ペナルティー 219

financing 資金調達 275

financing plans 資金計画 275

findings （調査などの）結果、結論 135

findings 事実認識、見い出されたもの、（調査などの）結果 <F 201

Fine. ＯＫです。大丈夫です。 39

fire drill 火災訓練 171

first half 上期、上半期 311

first things first 大事なことをまず先に、何はさておき 91

fiscal year ended March 31, 2006 2006年3月期 <F 313

fish eater 魚好きの人 43

fit in with ~ ～と適合する <F 241

fix （日にちを）決める、解決する、修繕する 67, 159

fixed income department 債券部門 299

fluctuate 変動する 263

fluctuate 小刻みに上下する <F 313

FOB (price) ＦＯＢ建価格 247

focus on ~ ～に焦点を当てる 183

follow the instructions 指示に従う 91

follow up leads 見込み客のフォロー <F 109

for argument's sake 議論のための議論［仮定の話］だが 135

for less より安い価格で 335

for one's benefit ～のために 287

for one's own account 自社勘定で 259

for sure 確かに 31

for the day きょうのところは 55

foray 急襲 <F 196

force majeure clause 不可抗力条項 199

form 書式、申込用紙 95

Form 10-K 様式10-K <F 161

formula 算式、公式 143

forthwith ただちに 223

forum 公開討論の場、討論会 335

founder 創業者 <F 293

freight （船）荷 251

freight agent 運送会社 251

fresh from college 新卒で 287

freshen up （外出先などから戻って）身繕いをする 27

from a year earlier 前年比で <F 316

from day one 最初［初日］から 155

from ~ ～と比べて <F 312

full-fledged 本格的な 167

full-time 正規の 103

full-year results 通期決算 <F 340

function （組織の）部門（部、事業部など） 123

function 機能→部門 <F 301

functional manager 部門責任者 123

fund ~ ～の資金を調達する 235

funding 資金調達 271, 275

funding 資金面の手当て、財政的支援、資金調達 <F 201

funding problem 資金調達上の困難 <F 149

G

gain 獲得する、得る 335

gap 切れ目、すき間、空白期間 103

gauge 基準、指標 335

GDP [Gross Domestic Product] 国内総生産 335

general counsel 法務部長 159

general job skills 基本的職能 119

general provision 一般条項 235

geographic group 地理的［地域別の <F 300

get a picture of ~ ～がわかる 143

get a refund 返金してもらう 95

get at ~ ～を言おうとする <F 189

get back to ~ ～にあとでまた連絡する 71

get back to ~ ～にあとでまた連絡する <F 96

get dizzy ふらふらになる、目が回る 39

get hold of ~ ～に連絡を取る、～をつかまえる 83

get started 始める 183

get straight to the point 単刀直入に本題に入る <F 72

get stuck in a rut 溝にはまって動けなくなる 51

get through （課題となっていることを）やり遂げる、終える 183

get to ~ ～に入っていく <F 260

get together 集まる 135

get wind うわさを耳にする <F 156

get [put] one's hands on ~ ～を入手する 159

get ~ done ～を済ませる 55

get ~ ready ～を準備する 27

get ~ right ～を正確に理解する 291

get ~ straight ～を把握する、はっきりさせる 247

get ~ up on the screen ～を（パソコン）画面に呼び出す 95

give a presentation プレゼンテーションを行う 287

give away 分かち与える 275

give directions 指示をする 123

give instructions 指示をする 123

give notice 知らせる 239

give rise to ~ ～を引き起こす 167

give ~ a breakdown ～に内訳を示す 251

give ~ discount ～に対して値引きをする <F 272

give ~ to understand ... ～に…と思わせる 259

given that ~ ～ということであれば 167

gizmo なんとかいうもの 315

go （事が）運ぶ、進展する 291

go about ~ing ～に取り組む、～を処理する 95, 39

go about ~ing ～に取り組む、取りかかる <F 148

go ahead どうぞ 195

go along with ~ ～（人・考え）に賛成［同調］する 251, 271

go double ２倍になる、なおさらそうだ 287

go for ~ ～を求める、選ぶ 43

go have a drink 飲みに行く 39

go into ~ （物が）～に収まる、～の詳細に触れる <F 197, 200

go on to do 続いて～する <F 288

go over ~ ～を詳しく検討する、～を振り返る 211, 219

go through ~ （確認のため）～を読み返す 171

go to ~ ～するのに役立つ 327

~ go(es) to show ... ～で…がわかる 327

go to extremes 極端な行動に走る 187

go wrong 故障する <F 137

Good for you. それはよかった。 51

Good to see you again. またお目にかかれてうれしく思います。 15

good with figures 数字に強い 103

goods and services モノとサービス 335

goods in transit 輸送途上の荷 251

got to ~ ～しなければならない 27

government approval 政府の認可 <F 292

graded GS-1 and above 等級がGS-1以上の <F 125

grapevine ブドウのつる、うわさ 211

grooming 身繕い、身だしなみ 119

grooming and appearance 身だしなみと外見 119

ground rules 基本ルール 183

grounds for dismissal 解雇事由 123

grow out of ~ （比喩的に）～は卒業する 39

growth 成長 339

growth 成長、伸び <F 328

guarantee 保証する 259

guarantee 保証する <F 260

guaranty 保証契約 275

guru 専門家として有名な人、権威者 251

H

haggard げっそりした 51

hair-raising 身の毛もよだつような、ぞっとさせる 27

hallway 通路、廊下 171

INDEX

harassment 苦しめること、いやがらせ 219

hard 動かしがたい、事実に基づいた 291

hard cash transaction 現金取引 235

hard facts and figures 確かな事実や（統計上の）数値 291

have a deal 話がまとまる 271

have a mistake corrected 間違いを修正してもらう 91

have an edge over ~ ～に比べて一日の長がある、一歩先んじている <F 305

have an interest 出資している 315

have an obsession with ~ ～に取りつかれる、～で頭が一杯になる 207

have custody of ~ ～を保管している、保管する義務がある 135

have it that ~ ～であると言う 211

have one's eyes on ~ ～に目をつけている、追求している 311

have one's say 意見を言う <F 33

have trouble (in) ~ing ～するのに苦労する 43

have ~ at one's fingertips ～を熟知している、～が口をついて出てくる 303

have ~ do ... ～に…させる 71

have ~ in place ～を整備する <F 172

head 見出しをつける、～の長である 119

head （動）長である、率いる〈名〉（集団の）長、責任者 <F 16

head ~ ～へ向かう 335

head up ~ ～を率いる、～の長である 15

headquarters 本社 31, 303

Heads will [would] roll. ただでは済まない。クビがとぶ。 315

heads-up 早めの情報 155

heads-up 速報、未確認情報 <F 156

hear from ~ ～から連絡をもらう 39

heart 核心 <F 261

hear 耳にする 43

heckle 質問攻めにする 287

help desk ヘルプデスク 55

help request （IT 部門に出す）サポートの依頼 55

Here's to ~. ～に乾杯。 43

Hi,.... It's ~. やあ [こんにちは]…。～です。 103

hierarchy 階層制 159

hire 採用する、雇う 103, 187

hit （障害に）行き当たる 27

hit 襲いかかる <F 173

hit an air pocket エアポケットに入る 27

hold office 任務に当たる、在職する 223

hold ~ to ... ～に…を守らせる 263

hold ~ to ... ～に…を守らせる <F 197

hold 電話を切らずにいる 79

How could that be! どうしてそのようなことが起きるのですか。 247

How could this be anything but ~ ～としか言いようがない 315

how ~ go(es) ～がいかに進むか 291

human resources 人材、人事 <F 300

HR (department) 人事部 19, 39, 119

Human Resources (Department) 人事部 103

hunch 勘 <F 45

I

I am given to understand that ~. 私は～と理解しています。 259

I appreciate the concern. お気づかいありがとう。 51

I couldn't agree more! 同感！ 55

I don't know what to make of ~. 私は～を理解できません。 259

I don't see why we shouldn't ~. われわれは～したほうがいいと思います。 271

I don't see why ~ should .... ～が…するとは思わない。 199

I don't touch alcohol. 私はお酒が飲めません。 39

I have a call for you from ~. ～様からお電話です。 83

I have an appointment with ~. ～とお約束があります。 71

I say we ~. ～してはどうですか。 147

I see your point. おっしゃることはわかります。 239

I take it that ~ ～だと思う [理解する]（が） 131, 167, 195, 235

I tend to ~ （発言をやわらげて）～のようだ、～という気がする 195

I'd better be off. そろそろ行かなくちゃ。 31

I'll put you through. おつなぎします。 83

I'll transfer you. おつなぎします。 79

I'm (all) for ~. ～に（大）賛成です。 155

I'm finished 終わった、済んだ 291

I'm here to see ~. ～にお目にかかることになっております。 71

I'm leaving for the day. きょうはここまでにして帰ります。 55

I'm not sure ~ ～だとは思え

370

ない <F 213

idea 発案、考え、計画 83

identification 特定、同定 <F 168

ID 身分証 95

identify 確認する、特定する、識別する 91, 131, 323, 335

identify 特定する <F 148

immediate supervisor 直属の上司、所属長 15

imminent （悪いことが）今にも起ころうとしている、切迫した <F 157

imminent danger 切迫した危険 171

impact 影響を与える 335

impending 切迫した、今にも起こりそうな <F 157

imperious 尊大な、ごう慢な 327

imperious management style 専制的経営手法［スタイル］327

implementation （計画などの）実行、履行 <F 304

implication 含意、意味するもの 335

imply ～の意味を含む 287

import deal 輸入契約 247

impose ～ ～を課す 259

improve 改善する <F 328

in a row 続けて <F 93

in accordance with ～ ～のとおりに 223

in advance 前もって 247

in brief 手短に、要するに <F 292

in favor of ～ ～に賛成して 223

in favor 賛成して 195

in horror ぞっとする思いで <F 317

in no time すぐに 95

in one's own name 自社名義で 259

in person 本人で、本人の出席で 223

in place 整っている、実施されている 239

in point 適切な 207

in reality 現実には、実際には 291

in reply to ～ ～に応えて 79

in response これに対し 323

in terms of ～ ～の点で 207

in terms of ～ ～の点で <F 304

in that respect その点で 183

in the course of ~ing ～しているところ 247

in the event ～ ～の場合には 259

in the event of a disaster 災害時に 167

in the picture 状況［事情］を知っている <F 157

in the wake of ～ ～のあとで 287

in writing 書面で 91

in your part of the world あなたが住んでいらっしゃるところでは 27

in-kind contribution 現物出資 275

inadequate 不適切な 135

incentive インセンティブ、刺激、動機 167

incentive campaign 販売強化キャンペーン 315

incentive payment インセンティブ、報奨金 167

incident 出来事、事件 91

incident 出来事、事件 <F 157

incidental 付随的な <F 212

incline 心が傾く <F 211

incompetence 無能 211

inconclusive 結論に達しない 159

incorporate one's business 事業を法人化［会社組織に］する 131

incur （費用などを）負担する 335

incur costs コスト［費用］を負担する 335

independent contractor 独立（販売）契約者［請負業者］

259

Index of Leading Economic Indicators 景気先行指数 339

indicate 示す、ほのめかす <F 305

indication 徴候 211

indication 徴候、兆し <F 45

indication of liability （法的）責任を示すもの 211

indicator 指標 335

industry grapevine 業界のうわさ 211

industry sources 業界内の情報源 211

inflation fears インフレ懸念 339

inflation rate インフレ率、物価上昇率 335

influence ～ ～に影響を与える 247

inform 情報を提供する、知識を与える 291

inform ~ of ... ～に…を知らせる 247

ingredient 成分、構成要素 291

initial 初期の、当初の 275

initiative 先を見越した施策、積極的な手 311

initiative 新しいプラン <F 288

inject 投入する、注入する 339

innovation 刷新、新基軸 323

inquiry 調査、質問 211

insider 内部関係者、インサイダー 327

instant success 瞬く間の成功 323

institutional client 法人客、機関投資家（年金基金など大口の資金を運用する投資家）303

instructions 業務上の指示 19

insurance rate 保険料、保険料率 247, 251

intellectual capital 知的資本

371

INDEX

311

intent 意図 187

interact 交流する、たがいに伝達し合う 187

interest 関与の利益、利害関係 159, 315

interest ~ ~の関心をひく、興味を起こさせる <F 72

interest rate(s) 金利（水準）、利率 299, 339

interest rate product 金利連動商品 299

interfere with ~ ~のじゃまをする、を妨げる 107

interim 中間の <F 149

internal audit 内部監査 <F 301

internal auditor 内部監査担当者 135

intern 研修生 19, 303

internship 研修生としての身分、研修期間 19, 299

interview 面接 103

intranet イントラネット、企業内ネット 123

introduce ~ ~を紹介する 15

intuitive 直感的な <F 252

invalidate 効力を失わせる <F 97

inventory 在庫、在庫品 135

inventory costs 在庫を抱えることで生ずるコスト <F 188

inventory risk 在庫リスク <F 168

investigation firm 調査会社、探偵事務所 187

investment 投資 335

investment advisory service 投資助言業務 303

investment banker インベストメント・バンカー、投資銀行業務の専門家 51, 311

investment banking 投資銀行業務 299

Investors' Forum 投資家フォーラム 335

invoice 請求書、送り状 91, 131

involve （仕事などが）必要とす

る <F 148

involved 関与した、絡んだ 159

IPO 新規株式公開 51

iron hand 「衣の下の鎧」相当の句 219

irregularity 不正行為 135, 159

Is that ~? ~さんですか。 91

issue 出す、支給する <F 97

issue a warning 警告を発する 155

IT (department) システム部、IT部 55

it occurred to me that ~ ~を思いついた 71

it should be noted that ~ ~は銘記しておくべきだ 339

item 議題 183, 195

item of business 議案 223

It's on me. それは私が支払います［おごります］。 291

it's worth noting that ~ ~に注目する価値がある 339

It's your call. それはあなたが決めることですから。 187

J

jazz ~ up ~に変化をつけて盛り上げる 287

jazz ups jazz ~ up の名詞形 287

job security 雇用の確保［保障］ 207

jobless rate 失業率 <F 340

join me 私と一緒にやる 43

joint and several liability 連帯責任 275

joint guarantor 共同保証人 275

joint venture 合弁事業 271

just about ほぼ、概ね、まずまず 219, 275

just about ほぼ <F 220

justify such appointment （独占販売店への）指名の合理性を裏付ける 259

K

keep in touch 連絡する 31

keep to ~ ~を守る <F 253

keep up with ~ ~と歩調を合わせる 293

keep ~ posted on ... ~に…のことについて知らせる <F 157

key day 重要な日 131

keynote speech 基調演説、基調講演 335

Know what? わかる？ 19

knowledge and skills 知識と技能 107

knowledge management (KM) 知識管理、ナレッジマネジメント <F 288

L

lacking in ~ ~が欠けている 183

land a commitment 発注の約束をとりつける <F 260

land line 固定電話 83

large audience 大人数の聴衆 287

last 続く <F 289

late shipment 納品の遅れ 219

launch （事業やプロジェクトの）開始、新発売 43 （新製品を）発表する、市場に投入する 323

lay （基礎などを）しっかり置く <F 237

lead time 納品にかかる時間、リードタイム <F 137

leading 先行する 339

leave 休暇 219

leave 結果を招く 207

leave (a job) 離職する 103

leave a message メッセージを残す、伝言を残す 79

leave for ~ ~に向けて発つ 31

leave off やめる、中断する 303

372

leave ~ off （話などを）中断する　251

ledger sheet　帳簿、帳票、元帳　159

legal　法律の、法的な　167

legal　法律の <F　301

legitimate interest　正当な利害関係　159

less ~　〜を引いて　143

less than ~　〜を下回る <F　317

let me see ~　〜を確かめさせてください <F　96

letter of intent　予備的合意書　187

Let's say ~ then.　では〜にしましょう。　67

liability　（法的）責任　167, 275

liability for negligence　過失責任　167

liable　法的責任がある　199

liaison office　駐在員事務所 <F　156

license　使用を認可する　235

license [licensing] agreement　ライセンス契約　235

licensee　ライセンシー、ライセンスを受けた人［企業］　235

life　最も大切なもの　19

life and passion　生きがい　19

line　（一定規格の）商品 <F　109

line of products / product line　製品のラインナップ、一連の製品群　143

line of reasoning　論法、ロジック　251

litigation　訴訟　211

litigious　訴訟好きな　211

locate　〜の所在位置を突き止める　251

logistics　ロジスティックス <F　201

logistics (department)　物流部 <F　17

logistics operator　物流業者 <F　260

logistics provider　物流業者　251

long-term objective　長期目標　323

long-term relationship　長期的関係　239

long-term trends　長期のトレンド <F　201

look at ~　〜に関心をもつ　71

look into ~　〜を調査する、注意深く［詳しく］調べる <F　93, 200

look like ~　〜のように思われる　103

look up ~　〜を調べる　31

loop　輪 <F　157

lose ... to ~　〜に…を取られる <F　137

loser　敗者、失敗作 <F　252

lost sale　逃した販売（機会） <F　188

low-end　低価格の <F　109

lower and upper ends　上限・下限　195

lump-sum　一括払いの　235

M

M&A　企業の合併・買収　299, 323, 327

Maitre d'　メートルドテル　43

majority of votes　投票の過半数　223

majority vote　過半数の投票、多数投票 <F　224

major　専攻科目　19

make a bet　賭けをする　339

make a complaint　苦情を言う　91

make a foray into ~　〜を急襲する、〜に進出する <F　196

make a mental note to ~　〜することを心にとどめておく　155

make a notation　注記をする、メモをつける　91

make a request　依頼［要請］する　119

make a toast　乾杯の音頭をとる　43

make an appointment　アポイントを取る　67

make arrangements　手配をする　27

make for ~　〜に役立つ、寄与する　287

make it　都合をつける　67

make it　都合をつける <F　68

make oneself free　予定をあけておく　67

make one's case　自分の立場を説く　251

make sure　確実を期する <F　96

make ~ the first item　〜から始める　235

manage　（日時の）都合をつける　67

manage　なんとか成しとげる <F　289

manage business risks　ビジネス上のリスクを管理する　167

manage profitability　採算性を図る　207

manage to ~　何とか〜する　55

manageable lot　処理できる作業量　147

management　経営者、管理職　39, 207

Management Committee　経営委員会、経営会議　195

management decision　経営陣の意思決定　271

management hierarchy　会社組織、（階層的）職制　159

management meeting　経営会議　155

management reshuffle　経営陣の入れ替え　327

management review　経営陣による見直し　133

manufacturer　メーカー　259

margin　端、開き、利益率、利幅　143, 311, 335

margin　利幅 <F　265

373

INDEX

margin percentage 利益率 143

mark （出来事を）記念する 43

mark the boundary 境界線 [境目] を示す 131

mark the first time (that) ~ 初めて～した <F 341

market 販売する 259

market 市場、購買者層 <F 304

Marketing マーケティング部、営業部 79

marketing mix マーケティング・ミックス <F 200

marketing people マーケティング部門に属する人たち 71

material risk 重大なリスク <F 168

materialize （はっきりした）形をとる <F 168

~ matter(s) ～が重要である 207

maximize 最大にする 207

meal and rest breaks 食事ならびに一時休息のための休憩時間 219

means 手段、方法 207

mean ささいな 303

measure （比較や判断の）基準、尺度 335, 339

measurement 評価 119

measures 措置 123

measures 対策 <F 172

meet ~ ～に応じる、～を満たす 259

meet a(the) deadline 締め切りに間に合わせる、期限に間に合わせる 183, 219

meet expectations 期待どおり 119

meet one's order ～の注文に応える 199

meet quarterly targets 四半期別目標を達成する 315

memo （社内）連絡メモ 103

mental block 一時的思考の遮断 <F 145

mention ~ ～について話す、触れる 247

mentor 相談相手、指導員 287

merge ~ into ... ～を…に合体する <F 301

merger 合併 43, 327

merger talks 合併に向けての交渉 <F 157

message 趣旨、ねらい 291

meticulous 細かいことにこだわる、綿密な 107

midday 正午 <F 340

middle management 中間管理職 <F 157

milestone マイルストーン <F 149

mind boggling 想像 [理解] しにくい 303

minimize 最小限にする <F 169

minimum purchase obligation 最低購入義務 <F 261

minimum purchase quantity 最低購入数量 <F 272

minimum purchase requirement 最低購入義務 259

minimum purchase requirement 最低購入要件 →最低購入保証（条項）、責任買取額 <F 241

minor details 細かなこと 263

minutes 議事録 183, 219

mirror ～ を映す、反映する 339

miss estimate 予想をはずす <F 341

miss out on ~ ～（好機など）を逃す、～をしそこねる、～の機会を逃す 235, 323

missing 不足している <F 92

missing piece 欠けているもの 71

mishap 不幸な出来事、事故 91

misnomer 似つかわしくない命名、名前負けしていること 55

mob 大集団、群衆 287

moderator 司会役 335

modification 変更・手を加えること <F 97

momentum （加速的に高まる）勢い 323

money supply マネーサプライ、通貨供給量 339

more space on the payment schedule 支払いスケジュールの余裕 <F 272

mortar モルタル <F 196

motion 動議 223

motion （議会・集会での）動議、発議 <F 224

move on to ~ ～に移る 239

move up 繰り上げる、(時間を) 詰める <F 149

move 動議を提出する 223

move 動議を提出する、提議する <F 224

mumbo-jumbo 難解で意味不明の言葉 155

mundane 平凡な、ありきたりの 119

mundane matters ありきたりのこと 183

Must have ~. ～したに違いない。 95

mutually benefit 互いに利益を得る 71

My take, too. 同感です。 123

N

nature and extent 内容 [性質] と範囲 [程度] 187

nay いいえ <F 225

negotiate 交渉する 235

negotiate a contract 契約に向け交渉する 219

negotiated terms of the deal 交渉でまとまった取引条件 <F 124

net 正味 [全額] 91

net income 純利益 311

net loss 純損失 <F 316

net revenues （主として金融

機関の）純収入、純収益 311

net sales 売上 323

Net 30 days （請求日から）30日以内に全額 91

net worth 資産 <F 300

new hire 新入社員 167

newly contracted 新たに契約した 131

Nice to meet you. はじめまして。 15

90 days credit 90日の支払猶予 91

no good 役に立たない、都合が悪い 91

no good 都合が悪い、全然だめ <F 68

no-no 禁じられていること 287

nominating committee 指名委員会 223

nominee 指名された者、候補 223

non-business day 非営業日 131

non-issue 論点になっていない問題 235

normally ふつうに 43

not go beyond the obvious 至極当然 167

not so much ... as ~ …ではなくむしろ~ <F 196

notation メモ、注釈、注記事項、注意書き 91, 247

note 注目する 339

nothing more than ~ ~にすぎない 39

notification of construction 建築届 <F 161

now that ~ ~したからには、~だから、~なので 91, 247

numerical rating 数字による順位づけ 119

O

object 反対する、異議を唱える 95

object 物、対象 <F 212

object to ~ ~に反対する <F

213

objection 異義、異存 271

obligations hereunder 本契約上の義務 199

obstacle 障害 <F 261

obstruction 妨害 123

occasion 場合 <F 104

of higher priority 最優先［最重要］の <F 237

of secondary consideration 二次的に考慮すべき事柄 <F 237

of secondary importance 二次的問題 <F 241, 252

of this magnitude これほど重大な 247

offer [give] a person credit for ~ ~を貸し方に記入する［入金する］、~（著作者であることなど）を認める 95

on ~ ~の負担で 291

on a practical level 実際的には 195

on a scale of one to five 5段階評価で 119

on an internship 研修期間中で 19

on behalf of ~ ~を代表して 335

on one's watch ~の監督下で 159

on or after ~ day ~日またはそれ以降に 131

on-call 要求 (call) 次第来る 123

on-call translator 待機リスト上の翻訳者 123

on-the-job training (OJT) 職場内教育［訓練］ 287

one-on-one presentation 1対1のプレゼンテーション 287

one's fault ~の責任 247

ongoing 進行中の <F 293

ongoing investigation 現在進行中の調査 159

online brokerage ネット証券取引 303

online test オンライン試験

71

open ~ （~の議論の）口火を切る 183

open position 空席となった職 107

operation 事業、営業、業務、運営 15, 207

operational division [unit] 営業部門、実働部隊 299

operational function 業務管理部門 299

opportunity 機会、チャンス 107

opposed 〈形〉反対して 195

opposite ~ ~の向こう側に 119

option 選択肢 67

order 議場での静粛［秩序］ 223

order commitment 注文の約束 <F 168

organize ~ into ... ~を…に（分けて）組織する <F 300

organize centrally 中枢部に集約して一元化する <F 301

organize oneself 態勢を整える、段取りをつける <F 253

organization(al) chart 組織図 19, 299

organizational structure 社内の組織 <F 105

other party 相手方、先方 199

oust ~ ~を追放する <F 156

out of ideas アイディアがなくなって 119

outcome 結果、結末 159

outdo 負かす 235

output （一定期間中の）生産高［量］ <F 292

outside auditor 業務・会計監査を担う社外の者［企業］ 315

outside counsel 外部の弁護士→顧問弁護士 199

outside counsel 顧問弁護士 <F 124

outside parties 外部の関係者たち 123

375

INDEX

outsource 〈動〉外注する、業務を委託する 〈名〉外注 211

outsource service provider 外注業務の発注先 211

outstanding 優（秀）119

outstanding 未処理の、未解決の <F 221, 272

outstanding issue 未解決の論点 275

outweigh ~ ～にまさる 251

overall framework 全体的な[包括的]枠組み 131, 335

overall procedure 全般的な手続き[手順] 235

overdo ~ ～をやりすぎる 107

overkill 行きすぎ、過剰 195

Overseas Marketing 海外営業部門 83

overwhelm 圧倒される、困惑させる <F 145

P

paid vacation 有給休暇 219

party 当事者、関係者 199, 239

passion 夢中になるもの 19

password パスワード 95

patch up （争いなど）を収める 199

pay procedures 給与支給手続き 219

payable 払わなければならない、支払い義務がある 131

payables 買掛金、未払金 131

payment day 支払日 131

payment is due 支払期限が来る 91

payment of overtime 時間外手当の支給 <F 125

payment process 支払い処理 131

payment structure 料金[支払]体系 235

payment terms 支払条件 91

payment terms 支払条件 <F 185

payroll 給与支払い台帳 <F 185

PC パソコン 55

peak ピークに達する 323

penetrate 浸透する、入り込む <F 197

perceive 気づく、認める <F 169, 173

~% advance <F ～%増 340

percentage point （パーセント）ポイント 311

perform 実行する 199

performance 実行、履行 199

performance 成果 <F 292

period 以上、もはや議論の要なし 287

periodic 定期的な、周期的な 135

permanent 正規の 103

permit 許可 <F 161

perpetrate （犯罪などを）行う、（不正行為を）犯す 135

personal qualities （個人の）資質、個性 119

perspective 見方 207

pharmaceuticals 製薬会社 187

physical 物理の→実際の、目に見える 135

physical controls 具体的管理措置 135

physical stocktaking 実地棚卸し 135

pick up ~ ～を車で迎えに行く 27

pick up 再開する 303

pick up where ~ left off 中断する前の続きを行う 303

pick one's brain ～の知恵を借りる 143

piggyback on ~ ～に便乗する 235

place a phone call 電話をかける 79

place an order for ~ ～の注文をする 91

place emphasis on ~ ～に重点を置く <F 264

place ~ on suspension 停職処分にする 159

plan for ~ ～の［～に備えて］計画を立てる <F 172

plan for the day きょうの予定 27

plead ignorance 知らなかったと申し立てる 211

plunge 急落する <F 313

policy 基本方針 <F 240

policy 保険証書 247

policy coverage 保険によってまかなわれる損失の範囲 247

poll 投票、調査 303

polling booth 投票記載台 <F 225

pop ポンとはじけること、一時的な上昇 <F 316

popularity 人気 323

portfolio manager ポートフォリオマネジャー（資産運用の専門家）311

position 勤め口、職、ポスト 107

possible ~ ～候補、～がありうること 211, 263

possible collaboration 協業の可能性 71

possible reason 理由と考えられるもの <F 292

post 知らせる、情報を絶えず流す <F 157

post-amendment 改正後の 147

post-mortem review 事後の審査・調査 <F 137

potential 可能性 107

potential buyer 購入する可能性のある人［企業］、潜在的買い手 187

prattle on とりとめなく話し続ける 39

precarious 危うい、不安定な 207

precaution 予防策［措置］<F 169

precede 先行する 15, 339

predetermined amount 所定

の数量　259

predetermined level　所定の水準　263

predict　予測［予想］する、予言する　263, 339

predict　予想する <F 341

preliminary　仮の、予備的な　159

preliminary findings　暫定的調査結果　159

prematurely　所定の時期より早く　315

premise　土地、施設 <F 300

preparedness　備え、即応態勢 <F 173

prerecorded　あらかじめ録音されている　171

presence　進出していて目につくこと、存在感 <F 237

present　〈形〉出席している、ある　223

preside over ~　～（会議など）を仕切る　219

press conference　記者会見　287

prestigious　名声のある　303

presume that ~　～を前提にする　239

presumptuous　生意気な　167

pretax profits　税引前利益　311

pretty much　ほぼ　55

prevent a recurrence　再発を防止する　91

previous quarter　前四半期 <F 312

price adjustment　価格調整　263

price predictability　価格の予測可能性　263

price　〈動〉値札をつける <F 109

prices　物価、価格水準　335

prices quoted in FOB terms　FOB 建値価格　251

primarily　主として、第一に　235

primary　第一位の、最初の

147

principal transaction　自己売買　299

prior approval　事前承認　195

prior to ~　～に先立って、～より前に　131

prior to ~　～に先立って <F 161

prioritize　～の優先順位を決める　147

priority　優先事項 <F 264

private banking　プライベートバンキング <F 300

problem area　問題のある所　135

procedure　手続き、手順、（手順としての個々の）行為、措置　91, 167, 235, 239

procedures in place　制度、体制　239

proceed　続ける、前進する　219, 323

proceed　前進する <F 225

proceed to ~　～に進む、次に～する　275, 323

proceed with ~　続けて～する　223

processing payables　支払いを処理すること→支払手続き　131

procurement　調達 <F 197

procurement manual　購買業務マニュアル　195

procurement policy　購買の方針［政策］　195

product line　製品のラインナップ <F 237

production capacity　生産［製造］能力 <F 264

productive meeting　有意義な会議 <F 277

productivity　生産性　119, 207

profile　輪郭、素描 <F 168

profit　利益　143

profit distribution　利益分配　271

profit margin　利ざや、利幅　143

progress report　進捗状況報告

書、中間報告書 <F 149

projected　予想される、見込みの <F 237

promotion　昇進　15

promotion plan　販促計画　31

proper security　規則通りの情報保護 <F 93

proposal　提案、議案　71, 223

proposal　企画書 <F 125

propose　提案する　239

propose　提案する <F 200, 224

proposed ~　提案された～、～案　187

proposed ~　提案された～、～案 <F 184

proprietary　自社独自の <F 293

pros and cons　賛否両論　211

proverbial　ことわざにある　219

provide for ~　～を考慮に入れておく、～に備える　199, 275

provide references　照会先を知らせる　187

provide that ~　（契約書や法令などで）～と定めている　95, 239

provider　供給する人［業者］　211

provision　条項、条文、定め、規定　147, 263

proviso　但し書き　159, 239

proxy　（代理）委任状　223

proxy statement　委任状の添付書類　223

public address system　館内放送設備、非常伝達装置　171

publicity　広告、評判、公表　159

purchase order　発注書　91

purchasing power　購買力　335

purpose　目的　183

pursue　追い求める　323

pursue growth　成長を進める　323

push back　延期する、繰り下

377

INDEX

げる <F 149

put across ~ ～をうまく伝える 155

put back 延期する、繰り下げる <F 149

put in ~ ～を申請する 55

put one's money down 支払いをする、資金を投じる 187

put together (計画などを) まとめる 31

put up (闘志・抵抗など) を示す、見せる 199

put up resistance 抵抗を示す 199

put ~ in place ～を制定する、整備する 135, 155

Q

quality as it is now 今の状態の品質 <F 248

quarter 四分の1 → 四半期 (3か月) <F 312

quarter over quarter 前期比で 315

questions be held 質問を控える 287

quorum is present 定足数が満たされている 223

quota 割り当て、ノルマ 119

quota performance ノルマ達成度 119

quote 見積もり 195
　提示する、見積もる 251

R

raise 立たせる、上げる、提起する 27, 135, 195

raise ~ awareness of ... ～に…の認識を高めさせる <F 172

raise ~ with ... ～を…に上げる、提起する 91, 251

rally (株価が) 反発する、停滞していた株価が上昇し始める <F 340

ranging from ~ to ... ～から

…にわたる 211

rat out ~ ～を見つけ出す 315

rate(s) 料金 251

rational 合理的な、道理にかなった 207

rationale (必要性などの根拠となる) 合理的理由、理論的根拠、合理性 195, 239

reach a record high 最高水準に達する <F 313

reach an agreement 合意に達する 275

real-life 現実の 327

real-life example 実例、実際の例 323, 327

realistically doable 現実的に処理できる 147

reasonable 合理的な、妥当な <F 341

reasoning 推論、推理 <F 252

reassure 改めて請け合う <F 260

recall 思い出す (=remember) 91

recap (講演、商談などの最後で) 要約する、繰り返す 219, 315

receipt 領収書 <F 97

receiving dock 搬入口 251

reception (テレビ・電話などの) 受信状態 83

recession 景気後退、(一時的) 不景気 335, 339

reconcile 一致させる 135

reconciling 突きあわせること、照合手続き 135

reconvene 再び集まる、再召集する <F 221

record 記録 (文書) 95

record ~ 記録的な～ 311

record high 最高水準、最高値 <F 311

recover development costs 開発費を回収する 235

recycling purpose リサイクルのため 183

redefine 再検討する 135

redefine 再検討する、見直す

<F 197

refer to ~ ～に言及する 239

refer to ~ as ... ～を…と呼ぶ [言う] 299

reference 照会先、身元保証人 187

refresher training 定期研修、再訓練 <F 173

refund 返金 <F 97

refundable 返金できる 95

regards あいさつ、よろしくとの伝言 31

Regional Director 地域統括部長 15

regular auditing 定期的な業務・会計監査 <F 133

regulatory 取り締まる権限をもつ 123

regulatory 取り締まる権限をもつ→監督官庁の <F 161

regulatory agency 監督庁、取締り機関 123

regulatory authorities 監督官庁 159

regulatory inspector 監督庁の検査官 123

reiterate くり返して言う 155

reject 否決する <F 225

relevant 関係のある (=related) 147

relevant information 関連情報 <F 144

relevant page 該当ページ 147

relief 安堵 39

remain unchanged 横ばいを続ける <F 313

renew 更新する 239

renewal clause 更新条項 239

repair 修理する <F 97

replace 交換する、取り替える <F 97, 301

replace ~ with ... ～を…で置き換える 147

replication 複製 167

report back 改めて報告する 211

report to ~ ～に出頭する [報

378

告する]、〜に属する、〜の部下である、(上司の) 指揮を受ける　19, 299

report to 〜　〜に報告する、〜に属する、(上司の) 指揮を受ける <F　300

reporting deadline　報告書の提出期限 <F　93

reporting requirement　報告要請 <F　261

represent 〜　〜の営業を担当する <F　109

representation　代表者、代表派遣　271

representative　代表者　259

represented by 〜　〜が代わりを務めて、〜による出席で　223

reputation　評判　15

request for quotation　見積もり依頼　219

requirement(s)　必要事項、義務として満たす条件、必要条件　159, 195, 259

requirement　要求されるもの(こと) <F　161

requisition　要求、要求書 <F　200

requisition slip　物品購入申請書 <F　200

rescue　救助、救助する　171

research capabilities　調査分析能力　303

reservation　留保、条件 <F　209

reshuffle　組織改革、人事異動　327

resolution　決議　223

resolution　決議 <F　224

resolve　解決する　207

Resolved(,) that 〜　〜と決議する <F　224

respond to 〜　〜に返答する、応じる　95

responsibilities at one's job　職務、職責　103

responsiveness　敏感さ、即応性 <F　237

restate　言い直す　315

restructure　再構築する、改革する　207

result in 〜　〜に帰着する <F　208

results　業績　311, 315

retail　小売りの、個人対象の　303

retail　小売り <F　328

retail client　個人客・個人投資家　303

retail sales　小売り売上高 <F　340

return on equity　株主資本利益率　311

return one's call　〜の電話に折り返しの電話をかける　79

return(s)　利益、利潤、リターン　327

returns　返品 <F　240

revamp　刷新する、改訂する <F　173

revenue　収益、売上 <F　328

revenue stream　収入の流れ <F　237

review　見直す　135

review　再検討、批評 <F　109

review panel　調査委員会 <F　137

revise　見直す　219

revision　改訂、修正　219

Right　じゃあ／では　31

risk analysis　リスク分析 <F　168

risk environment　リスク環境 (様々なリスク要因の総体) <F　173

risk event　リスク事象、支障となるような事柄 <F　168

risk management　リスク管理　299

road show　ロードショー　51

Rockford　ロックフォード＊米国イリノイ州の都市　27

roll　転がる、動く　131, 315
　名簿　95

roll forward to 〜　〜に繰り延べになる　131

room for 〜　〜の余地　263

rough　荒れた、ひどい　27

round one　最初のラウンド　275

round out　完成に持ち込む　119

routine communications　日常の業務連絡 (で使う文書)　123

royalty　使用料 <F　272

run counter to intuition　直感に反する　207

run late　遅れる、遅刻する　15

run through 〜　〜を振り返る　271

run through　ざっと振り返る <F　293

running royalty　ランニング・ロイヤリティー　235

rut　溝　51

S

S&P500　S&P500種株価指数　327

safe distance from 〜　〜から離れた安全な場所　171

safety and accident rules　労働安全規則　219

salary adjustments　支給額の加減 <F　109

sales　売上高　143

Sales　営業部　31

sales (department)　営業部 <F　17

sales call　営業先訪問、営業の電話　119

sales figures　営業の数字、売上データ <F　73

sales performance　販売実績、営業成績 <F　292

sales prospects　売上予測 <F　184

Same here.　私も同じです。→こちらこそ。　71

sanctions　制裁　219

say farewell to 〜　〜に別れを告げる　31

say hello to 〜　〜にあいさつをする　51

says you called　あなたから電

INDEX

話があったと書いてある 155

say 発言権、決定権 271

scale 目盛り、等級表 119

scenario analysis シナリオ分析 143

schedule ~ ~をスケジュールに入れる、予定表に組み入れる <F 172

scope 範囲 271

screen for ~ （面接などで）~を審査［選別］する 103

screening stage 選考段階 103

seal 封印する 123

seating chart 座席表 19

second 動議を支持する 223

second （動議・提案などを）支持する <F 224

second interview 二次面接 107

seconder 動議の支持者 223

secondhand smoke 二次喫煙、煙害 <F 169

secretary to ~ ~付きの秘書 55

security 安全確保 171

security 安全 <F 252

Securities and Exchange Commission 証券取引委員会 <F 161

securities underwriting 証券の引受業務 303

security risk 機密保持上の危険人物 <F 157

see an end coming 終わりが来るのを見る→決着がつく <F 277

see one's point ~の言い分がわかる 95

see to ~ ~がうまくいくよう取り計らう 299

see to it that ~ （間違いなく）~となるよう取り計らう 123

see to it that ~ （間違いなく）~となるよう取り計らう <F 33, 124

seen in this light この点から見て 327

segregation 分離 135, 183

segregation of duties 職務分掌 135

sell order 売り注文 299

selling price 販売価格、売値 143

send one's regards to ~ ~によろしく伝える 31

senior executives 上級幹部 187

senior management 上級経営幹部 187, 207

senior management 幹部経営陣 <F 157

sense of direction 方向感覚 335

separate ~ from ... ~を…と区別する 147

serve ~ ~にサービスを提供する 299

serve as ~ ~の役目を果たす、~として機能する 195, 263, 335

session 会議 271

set-up 体制 135

set up 起こす、立ち上げる <F 240

set up a meeting ミーティングの段取りをつける 67

set ~ apart ~を区別する、きわ立たせる 303

shall be posted 掲示されなければならない 123

Shall we say ~? ~でどうでしょう。~はいかがですか。 67

shall （規則・法令で）~と定める［すべし］ 183, 199, 239

share information 情報を分かち合う 123

shareholder 株主 315, 327

shelve 棚上げする 147

shipment 出荷、積み荷 251

shipment 配送途上の注文品、積み荷 <F 92

shipment control 物流管理 251

shipment information 配送情報 251

shipping 船積み、輸送 251

shipping department 発送・出荷部門 135

shipping rate 運賃 251

short list 一次選考等で最初の人数を絞り込んだリスト、最終選考候補者リスト 103

shortlisted 最終選考リストに残った 107

should this occur 万一これが起きたら 123

should 万一~なら 183

show 示す、証明する <F 169

show of hands 挙手 <F 225

shred シュレッダーにかける 123

sick leave 病気休暇 219

sift ふるいにかける 147

sift through ~ ~を整理しながら［注意深く］見ていく 147

simple majority 単純多数決 271

simulation 模擬実験 <F 172

sister company 姉妹会社 247

site サイト、情報が置かれている場所 95

16-hour (work)day 1日16時間労働 51

slip 伝票、紙片 <F 200

slip-up 手違い、失敗 247

sluggish 不振な <F 341

smash 粉砕する、割る 171

soothe one's nerves ~の神経を鎮める、~の気持ちをなだめる 55

Sorry to hear that. それはお気の毒です。 27

sound ~ ~のように思われる 71

speak for oneself 自明のことだ 327

specific 具体的な 107

specific steps 具体的［特定の］措置 167

specify ~ ~を具体的に指定する 263

spectrum スペクトル、分布範囲 303

spectrum of products and

services 商品・サービスの
ラインナップ 303

spell ~ ～と綴る 79

spoil the party せっかくの景
気を台無しにする 339

spreadsheet program 表計算
ソフト 143

spreadsheet skills 表計算ソ
フトを使いこなす能力 103

squeeze 絞る、ぎゅっと握る
171

staff 部員、スタッフ 19

stalemate 手詰まり、行き詰ま
り 271

stand for ~ ～を表す、意味す
る 291

stand out 傑出している、抜き
ん出ている <F 305

standard form 定型的書式 *
standard form contract で
「標準約式」235

standard terms and
conditions 標準約款 263

starter 前菜 43

star *のついているキー 79

state （正式に）述べる［記述す
る］、公表する、決める 131,
171, 263, 291

statistical information 統計
情報［資料、データ］<F 108

status 状態 251

status information （…の）現
在位置・処理状況などの情報
251

statutory 法定の、制定法の
167

statutory requirements 法律
上の義務 167

step back 距離をおいて考え
る 259

steps 措置 (=measures)
167

stewardship 経営、管理、支
配 327

stickler うるさ型 <F 93

sticky note 付せん <F 93

stimulate 刺激して促す 339

stock outs 欠品、品切れ <F
188

stock price 株価 207

stockholders meeting 株主
総会 223

stock market 株式市場 339

strategic 戦略的な <F 305

strategy 戦略 207, 323

strength 長所、強み 103

strike a balance バランスを
取る <F 188

strike ~ as ... ～に…だと感じ
させる 155, 247

strong case 十分な理由［言い
分］があること 207

stuck はまり込んで動かなくな
る <F 52

stuff こと（発言や行為など）
39

sub-divide さらに分割する <F
300

subject 話題、テーマ 39, 291

submit 提出する 131, 195

submit 提出する <F 97, 109,
124

submit a claim 保険金を請求
する <F 97

submission （報告書などの）
提出 <F 161

subsequent to ~ ～に続いて
239

substance 内容、実体 155,
235

successful launch 順調な開
始 43

successive length 次に続く
期間 239

successor 後任者 223

sue 訴えを起こす、告訴する
211

suffer a downturn 下降局面
に入る <F 188

suggest 提案する 263

suggest 示唆する、うかがわせ
る <F 45

~ suggested that I call you
～様のご紹介で電話させてい
ただきました 83

suggestion お勧めのもの 43

suit ~ ～の都合に合っている
67

sum 集約する、合計する <F
292

sum up ~ ～を要約する 259

summarize 要約する 219,
327

summary 概要、要約 275

summary 要旨 <F 125

supermajority voting 過半数
より多数を必要とする多数決、
特別多数決 271

supervision 監督、指揮 287

supplier 納入業者 183, 199

supply chain サプライチェー
ン 251

suppose ~ ～と仮定する 211

sure-fire 確実な、誰でも認め
る 119

surname 姓、名字 79

suspension 停止、停職 159

sweep 掃く、左右にまんべんな
く撒く 171

T

table showing a side-by-
side comparison of ~ with
... ～と…との比較対照表
147

take a back seat 二の次にな
る、後回し 251

take a back seat to ~ ～の二
の次になる <F 252

take a sharp upturn 急上昇
する <F 313

take a turn 向きが変わる
239

take a vote 採決する <F 224

take precedence over ~ ～
に優先する <F 252

take the blame (for ~) （～に
対して）責任をとる <F 209

take up ~ ～を再開する 251

talk at cross purposes 互い
にちぐはぐなことを言う <F
248

tally 集計 <F 225

tally with ~ ～と符合する、一
致する 159

tantamount to ~ ～と同等の、

381

INDEX

〜も同然で 95

task （一定期間内にやるべき）仕事 123

task （一定期間に行うべき）業務、仕事 <F 148

tax authority 税務当局 123

tax authority 税務当局 <F 125

tax return 税金の申告書 <F 125

technicalities 専門的な［細かい］問題 271

teething problem 物事の初期に起こる問題 <F 200

teller 投票集計係、投票管理者 223

tempting 食欲（など）をそそる 43

tender offer 株式公開買い付け（TOB）<F 184

tentative proposal 暫定的提案、叩き台 259

terminate an agreement 契約を解除する［終了させる］ 183

termination 契約の終了 239

termination （契約の）終了 <F 240

termination clause 終了条項 235

termination rights （契約の）解除権 <F 189

terminology 用語、用例 147

term 期限 239

terms （契約）条件 95, 187, 251

terms 条件 <F 124

term sheet 契約要項 183

terms and conditions 契約条件、約款 263

terms of the tender offer 株式公開買い付け（TOB）の条件 <F 184

Terms of Use 利用規約 95

terms offered by 〜 〜に提示された条件 199

territorial limitation 契約の適用地域 271

tertiary 三次的な、第三位の

147

(That's) all there is to it. それですべてだ。 171

That's a thought. それはいい考えだ。 271

That's not quite 〜 正確には〜ではない <F 213

That's very kind of you. それはご親切に。ありがとうございます。 67

that's very much 〜 〜について大方そんなところです 235

the Board 取締役会、役員会 271

the bottom line is 〜 結論は〜だ 39

the first half of the week 週の前半 67

the moral of the story その話の教訓 207

The motion is carried. 動議が可決された。 223

the parties （契約を結ぶ）当事者たち 199

the party 楽しんでいる状況→好景気 339

the powers that be 首脳陣、最高幹部 155

the rest そのあと、残り 51

the rest 残り <F 252

the Treasury (Department) 財務省 339

the way we look at it われわれの見方 <F 241

There is all the more reason to 〜. なおさら〜しなくては。 287

there we are （捜していたものが）あった 95

therein （法律文書で）その中に、その点に 239

There's no point in 〜ing 〜してもむだだ <F 277

things 事態、状況 51, 287

thingy 何とかというもの［人］ 323

think aloud 考えていることがそのまま口に出る、ひとりごとを言う <F 197

third party 第三者 199

third quarter 第3四半期 315

those available elsewhere 他社の料金 251

those higher up 上層部の人々、幹部たち <F 161

threshold 区分の境目となる数字、境界点 195

throw 〜 (in) one's way …の行く手に［じゃまになるように］〜を投じる 271

tide turns 流れが変わる 323

time frame 時間的枠組み 147

time frame 時間的枠組み <F 148

time of delivery 納期 183

timeliness 適時、期限どおり <F 237

timeline 時間軸、時間予定表、日程 131, 147

To Do list やるべき仕事の一覧 123

to sum up 要約すると、結論として <F 292

to the exclusion of 〜 〜をそっちのけで 207

to the tune of 〜 〜もの（高）額で 315

to this effect この趣旨の 123

toll ticket （有料道路などの）通行券 27

tone 音色、口調、発信音 79

too mild a word 弱すぎる表現 27

top out ピークアウトする <F 313

tort （賠償請求できる）不法行為 211

tort case 不法行為がらみの事件（損害賠償請求訴訟） 211

(total) revenues 総収入、総収益 311

touch on 〜 〜に触れる、言及する 171, 311

touch on 〜 〜に簡単に言及する <F 185

tough bargaining 厳しい交渉

382

199

track product movements 荷動きを追跡する 251

track termination dates 契約終了日を調べて見つける 239

trainee 研修生 291

transaction 取引 <F 212

transition 移行 291

translate into ~ ～に転化する 311

treasurer 財務担当役員、財務部長 <F 301

Treasury securities 米財務省証券、米国債 339

treasury 金庫 339

trigger ~ ～の引き金［きっかけ］となる 263

triple 3倍 311

tuition 教育、トレーニング、授業料 95

tuition fee 授業料 95

turn out to be ~ ～であることがわかる 199

turn to ~ ～に目を向ける、向かう、取りかかる 207

turnaround artist 企業再建の専門家 <F 301

turnaround time 完了［受注から納品まで］に要する時間 211

turnaround time 一つの仕事［作業］をやり終えるのに必要な時間 <F 253

turnover 離職率 207

TV distribution market テレビ通販 <F 242

two-fold 二つの要素［部分］をもつ 155

typically 通常は <F 265

U

U as in umbrella アンブレラ（傘）のU 79

unanimously 満場一致で <F 225

unannounced audit 抜き打ちの検査 123

unauthorized personnel 権限のない（許可されていない）職員 <F 185

unchanged 変わらずの、変化のない <F 340

under the thumb of ~ ～の言いなりになって 251

undergraduate 学部学生 19

underlying 根底にある 275

underlying 下に横たわる、潜在する、背景にある <F 261, 341

underperform ~ ～の基準に達しない、～を下回る 327

understaffed 人手不足の 55

undertake 引き受ける 275

undertake 進める、遂行する <F 133

underwrite 引き受ける、署名する 303

undisputed 異論がない、誰もが認める 335

unemployment rate 失業率 339

unfair competition case 不正競争防止法違反事件 211

unforeseeable 予測［予見］不可能な 211

unforeseen 予期しない <F 208

unheard-of 聞いたことがない、前例のない 217

unit （組織上の構成）単位 <F 301

unknown quantity 未知数（の人［物］） 235

unpleasant 不愉快な、いやな 27

unproductive 非生産的な 107

unrivaled 競争相手のない、無敵の <F 305

up to ~ ～までの 275

up to a point ある程度までは <F 212

up to speed 同等のレベルにまで 187

up ~ percent from ... …より～%の上昇 311

upcoming 今度の、やって来る 143

upcoming line of products 今度の（新）製品ラインナップ 143

update ~ ～を最新のものにする 147

update 〈名〉最新情報、更新されたもの 147

upfront 前払いの 235

upfront fee 前払い金 <F 248

upfront lump-sum payment 一括前払い金 235

upfront payment 前払い <F 272

upgrade 上級のものに変更する、アップグレードする <F 293

upon ~ing ～したらすぐ 323

upon delivery 納品されるとすぐに 315

upswing 上向きの振り、上昇 <F 313

upturn 上昇 <F 313

user ID ユーザーID、利用者識別番号［英数字］ 95

V

vacillate ぐらぐらする、決断力がない <F 145

vague あいまいな 263

valid 妥当な、もっともな 239

variable 変数 143

variation 変動 263

vehicle sales 自動車販売 <F 341

vendor 納入業者、発注先の業者 195, 211

vendor 納入業者 <F 197

venture capital service ベンチャー投資業務 303

verbal contact （面談、電話など）口頭での連絡 <F 196

verify （調査などで）事実だと証明する 159

viable 実行［成功］可能な 167

vice president 副社長、（金融

383

INDEX

機関の場合は、日本でいう)部長クラス <F 300

Vice President for Marketing マーケティング担当副社長 15

violation 違反 167

visa status (入国査証に示される)在留資格 39

visibility 目に見えること[状態] 251

vital きわめて重要な <F 253

voice recognition technology 音声認識技術 71

voicemail service 社内の電話システムに組み込まれている留守録機能 79

vote 表決、票決 223

vote 表決、票決、投票 <F 224

W

walk through ~ ~の各ステップを確かめる 171

warning 警告、注意 263

warranty 保証書 <F 97

waste segregation ゴミの分別 183

watch out for ~ ~を見張る、気をつける 315

weakness 短所、弱点 103

web-based ネット上の 71

welcome addition 歓迎されて加わる人 19

welcome back to ~ また~にようこそ 271

well-earned 受けるに十分値する 55

well-earned rest 当然の休息 55

We're all set now? 準備完了しましたか。よろしいですか。 275

We're going nowhere with this. <F らちがあかない 277

What a relief! ああ、ほっとした[助かった] 39

What are you driving at? 何

を言おうとされているのですか。 135

what Diana has to say ダイアナの意見 147

What if ~ ? もし~したらどうなりますか。 131

what if ~ ~としたらどうだろう <F 273

what it takes to ~ (ある目標を達成)するのに不可欠なこと[もの] 207

what matters 重要なこと、大事なこと <F 252

What time suits you best? 何時がいちばんよろしいですか。 67

What was it like? それはどんな感じでしたか。 27

what we do 私どもがどういうことをしているか[業務内容] 303

what you call いわゆる 107

whatever the occasion その行事が何であれ 43

what's hot よく売れる商品、売れ筋商品 <F 264

What's the matter with you? 一体どうしたの? 51

Where does ~ leave ...? ~で…はどういう結果になるのか。 207

where I come from 私が感じている[言いたい]ことは 251

While You Were Out memo 電話連絡メモ 155

who does what 誰が何をしているか 39

who reports to who(m) 誰が誰の部下か 19

who we are 私どもがどういう会社か[会社の事業] 303

who's who 誰が誰だか→誰がどのポストにいるか 39

widgets ＊架空のものや製品を言うときに使う語 187, 235

winner 勝者、ヒット商品 <F 252

with class あか抜けて、スマー

トに 287

with profits up ~ % 利益が~%アップして <F 340

with the changes 変更を入れて 147

with the proviso that ~ 但し~であること 159

withdraw from ~ ~から撤退する <F 144

withhold 保留する 131

withholding tax 源泉徴収税、源泉課税 131

~ won't be long. ~はまもなく来ます。 71

Word is, ~ という話[うわさ]だ <F 137

wording 文言、言い回し、言葉遣い 171, 199, 239, 263

work force 労働力(人口) 339

work in ~ ~ (配属された部署)で勤務する 79

work out ~ 熟慮して~の計画を立てる、~を算出[算定、計算]する 167, 323

workaround (急場をしのぐ)予備手段 167

workday 1日の労働時間 51

workflow 業務の流れ 135

working hours 労働時間 219

workplace 職場 123

workplace material 業務で使っている資料 123

work 有効に作用する 293

work 有効に作用する <F 174

Worst comes to worst. 恐れていた最悪の事態となる。 183

worth 価値 323

worth ~ing ~する価値がある <F 185

Would you care to hold? 少々お待ちいただけますか。 83

Would you care to ~? ~していただけますか。 79

written 文書の、書面による 275

written and oral 書面と口頭

の 107
written notice 書面による通知 239
written request 書面による申請書 <F 125
written summary 概要書 275

Y

yada, yada, yada これこれ、なんとかかんとか 291
year-end 年度末の、決算期 315
yield （結果として）〜をもたらす 143
You can say that again. 君の言うとおりだ。まったくだ。 51
You have a strong case. 説得力のある話ですね。 207
You have every right to ~ あなたが〜するのは当然だ 247
(You need) not to worry. 心配無用。 143
Your reputation has preceded you. おうわさはかねがね耳にしております 15
your time そちらの現地時間 79
You've got me there. 一本取られました。 167

■ 著　　　　者	日向清人（ひなた・きよと）

慶應義塾大学講師、和洋女子大学特任教授を務め、2020年3月に退任。ケンブリッジ英検（Cambridge ESOL）元試験委員。『誰も教えてくれなかった外資の社内英単語900』（ジャパンタイムズ）、『経済・ビジネス英語2万語辞典』（日本経済新聞出版社）、『即戦力がつくビジネス英会話2』『即戦力がつくビジネス英単語 頻出200』（DHC）、『知られざる英会話のスキル20』『知られざる基本英単語のルール』（DHC、狩野みきと共著）ならびに『ディクテーションで覚える ビジネス英語必須パターン123』（秀和システム）など著作多数。現在はプライベートオンラインスクールを開講中。https://bit.ly/2BG6O2g

■ イラスト	永井美紀
■ 本文デザイン	一柳 茂〈（株）クリエーターズ・ユニオン〉
■ Ｄ Ｔ Ｐ	株式会社 Sun Fuerza
■ 装　　　丁	萩原弦一郎〈256〉
■ 編集協力	フォースター紀子
■ CDナレーション	Charles Glover / Chris Wells / Kimberly Forsythe / Lenne Hardt / Michael Naishtut / Rumiko Varnes

けいたいばん そくせんりょく えいかいわ
携帯版 即戦力がつくビジネス英会話
き ほん おうよう
基本から応用まで

2020年7月26日　携帯版　　第1刷

著　者	日向清人
発行者	高橋芳枝
発行所	株式会社 DHC
	〒106-0041　東京都港区麻布台1-5-7
	03-3585-1451（営業）
	03-3585-1581（編集）
	03-5572-7752（FAX）
	振替　00160-6-716500
印刷所	株式会社ルナテック
音　声	爽美録音株式会社

© Kiyoto Hinata　2020 Printed in Japan
ご意見・ご感想は下記 URL にあるお問い合わせフォームをご利用ください。
https://top.dhc.co.jp/shop/book/contact/
落丁・乱丁本はお取り替えいたします。
本書の無断転載・複製（コピー）は著作権法により禁じられています。

ISBN978-4-88724-643-0 C0082